Georg von Boguslawski

Verhandlungen der Gesellschaft für Erdkunde zu Berlin

Band III.: Januar bis Dezember 1876

Georg von Boguslawski

Verhandlungen der Gesellschaft für Erdkunde zu Berlin
Band III.: Januar bis Dezember 1876

ISBN/EAN: 9783743615427

Hergestellt in Europa, USA, Kanada, Australien, Japan

Cover: Foto ©Andreas Hilbeck / pixelio.de

Weitere Bücher finden Sie auf **www.hansebooks.com**

VERHANDLUNGEN

DER

GESELLSCHAFT FÜR ERDKUNDE

ZU

BERLIN.

––––––––

HERAUSGEGEBEN IM AUFTRAG DES VORSTANDES

VON

DR. GEORG VON BOGUSLAWSKI.

––––––––

BAND III.

Januar bis December 1876.

BERLIN,
VERLAG VON DIETRICH REIMER.
1876.

Inhalt.

Sitzungen der Gesellschaft.

Vorgänge bei der Gesellschaft.

Vorträge.

Geographische Notizen.

Berichte von anderen geographischen Gesellschaften in Deutschland.

Berichte von auswärtigen geographischen Gesellschaften.

Einsendungen für die Bibliothek

Verlag von Dietrich Reimer in Berlin, SW.
Anhaltische Strasse No. 12.

Heinrich Kiepert's
Physikalische Schul-Wandkarten:

No. 1. 2: Oestlicher und westlicher Planiglob. 10 Blätter. 1872.
Preis in Umschlag 10 Mark. — Auf Leinwand in Mappe
18 Mark. — Auf Leinwand mit Stäben 22 Mark.

No. 3: Europa. 9 Blätter. 1 : 4,000,000. **1873.**
Preis in Umschlag 9 Mark. — Auf Leinwand in Mappe
16 Mark. — Auf Leinwand mit Stäben 19 Mark.

No. 4: Asien. 9 Blätter. 1 : 8,000,000. **1873.**
Preis in Umschlag 12 Mark. — Auf Leinwand in Mappe
19 Mark. — Auf Leinwand mit Stäben 22 Mark.

No. 5: Africa. 6 Blätter. 1 : 8,000,000. **1873.**
Preis in Umschlag 8 Mark. — Auf Leinwand in Mappe
14 Mark. — Auf Leinwand mit Stäben 16 Mark.

No. 6: Nord-America. 5 Blätter. 1 : 8,000,000. **1874.**
Preis in Umschlag 7 Mark. — Auf Leinwand in Mappe
12 Mark. — Auf Leinwand mit Stäben 14 Mark.

No. 7: Süd-America. 4 Blätter. 1 : 8,000,000. **1874.**
Preis in Umschlag 6 Mark. — Auf Leinwand in Mappe
10 Mark. — Auf Leinwand mit Stäben 12 Mark.

No. 8: Der grosse Ocean (Australien und Polynesien). 8 Blätter.
1875. — Preis in Umschlag 12 Mark. — Auf Leinwand
in Mappe 20 Mark. — Auf Leinwand mit Stäben
22 Mark.

Heinrich Kiepert's physikalische Wandkarten sollen,
nach dem zustimmenden Urtheil bewährter Fachmänner, für den
Anschauungsunterricht in den Schulen mit den einfach-
sten Mitteln eine Vorlage bieten, welche den Schülern
einen richtigen Begriff von der physischen Gestaltung der Erd-
oberfläche zu geben im Stande ist, ohne durch Phantasiegebilde
und falsch zu deutende Farben zu verwirren. Die schnelle und weite
Verbreitung dieser Wandkarten giebt den besten Beweis, dass die
in denselben zur Geltung kommenden Grundsätze überall bei den
Lehrern vollen Beifall gefunden haben und ebenso, dass die gelun-
gene technische Ausführung der schönen Karten dieses Princip auch
zur praktischen Anwendung in den Schulen kommen lässt.

VERHANDLUNGEN

DER

GESELLSCHAFT FÜR ERDKUNDE

ZU

BERLIN.

SITZUNGEN
VOM 8. JANUAR und 5. FEBRUAR 1876.

BAND III. N⁰ 1 u. 2.

BERLIN.
VERLAG VON DIETRICH REIMER.
1876.

VERHANDLUNGEN
DER
GESELLSCHAFT FÜR ERDKUNDE
ZU BERLIN.

1876.   **No. 1 u. 2.**

Mittheilungen sind zu adressiren an den Vorstand der Gesellschaft für Erdkunde, Berlin, SW.
Krausenstrasse 42.

Die Referate über die Vorträge sind ausschliesslich von den Vortragenden selbst verfasst, welche für den Inhalt derselben verantwortlich sind.

·

Vorstand und Beirath für das Jahr 1876.

Ehren-Director . . . . Herr **Dove.**

Vorstand:

Vorsitzender	Herr **v. Richthofen.**
Erster stellvertretender Vorsitzender	„ **Bastian.**
Zweiter stellvertretender Vorsitzender . . .	„ **Hartmann.**
Erster Schriftführer	„ **v. Boguslawski.**
Zweiter Schriftführer	„ **Marthe.**
Dritter Schriftführer	„ **Kersten.**
Schatzmeister	„ **Arndt.**
Bibliothekar	„ **Koner.**

Beirath:

Die Herren: **Beyrich, Deegen, v. Etzel, Foerster, Fritsch, Göring, Greiff, Hauchecorne, Hepke, Kiepert, Lange, Meitzen, D. Reimer, v. Strampff, v. Troschke.**

Verzeichniss

der

Mitglieder der Gesellschaft für Erdkunde

am 8. Januar 1876.

(Die beigedruckten Zahlen beziehen sich auf das Jahr der Aufnahme.)

A. Ansässige Ordentliche Mitglieder.

Mitstifter der Gesellschaft aus dem Jahre 1828:

1. Herr Dr. **Baeyer**, Excellenz, General-Lieutenant z. D., Präsident des geodätischen Instituts und des Central-Bureaus der europäischen Gradmessung, (Lützowstr. 42.)
2. „ Dr. **Ehrenberg**, Professor und Geh. Medicinalrath, Mitglied der Akademie der Wissenschaften, (Französischestr. 29.)
3. „ Dr. Freiherr **v. Ledebur**, Geh. Regierungsrath, vorm. Director der Kunstkammer. (Potsdam.)

---

4. Herr Dr. **Abbot**, F. P., Zahnarzt, 1866. (Hausvoigtei-Platz 2.)
5. „ Dr. **Abegg**, W., Admiralitätsrath a. D., 1875. (Königin Augusta-strasse 52.)
6. „ Dr. **Abeking**, E., prakt. Arzt, 1873. (Zimmerstr. 68.)
7. „ Dr. **Albrecht**, Professor, Sectionschef im geodätischen Institut, 1875. (Steglitz.)
8. „ **v. Alvensleben**, G., Hauptmann im Garde-Füsilier-Regiment, 1874. (Schiffbauerdamm 28.)
9. „ Baron **v. Andrian-Werburg**, 1875. (British Hotel.)
10. „ **Aoki, Sinzo**, Japanischer Gesandter, 1875. (Vossstr. 8.)
11. „ **Aristarchi Bey**, Botschafter der Ottomanischen Pforte, 1860. (Leipzigerstr. 137.)
12. „ **Arndt**, F., Geh. Rechnungsrath bei der Hauptverwaltung der Staatsschulden, 1854. (Dessauerstr. 6.)
13. „ Dr. **Arndt**, J. A., Professor, 1872. (Ritterstr. 24.)
14. „ **Aschenheim**, Leopold, Fabrikbesitzer, 1873. (Spandauerstr. 72.)
15. „ — Ed., Kaufmann, 1874. (Markgrafenstr. 88.)
16. „ Dr. **Ascherson**, P., Professor an der Universität, Assistent am Kgl. Herbarium und Botanischen Garten, 1864. (Friedrichsstr. 217)
17. „ **Asmus**, Hilfsarbeiter im Hydrographischen Bureau der Kaiserl. Admiralität, 1875. (Matthäikirchstr. 9.)
18. „ **Bachmann**, A., Kammergerichtsrath, 1875. (Ritterstr. 66.)

19. Herr Dr. **Baehr**, Otto, Ober-Appellations-Gerichtsrath, 1868. (Sigismundstr. 1.)
20. „ Dr. **Baron**, Julius, Professor an der Universität, 1874. (Schöneberger Ufer 23.)
21. „ Dr. **Bartels**, M., prakt. Arzt, 1863. (Kommandantenstr. 55.)
22. „ Dr. **Bastian**, A. Professor an der Universität, 1867. (z. Z. in Central-Amerika.)
23. „ **v. Batocky**, Majoratsherr, 1875.
24. „ **Becker**, Ministerialrath, Director des statistischen Amts des Deutschen Reichs, 1873. (Matthäikirchstrasse 18.)
25. „ Dr. **Becker**, Assistent an der Sternwarte, 1874. (Lindenstr. 103.)
26. „ **Beer**, L., Rittergutsbesitzer, 1874. (Lindenst. 14.)
27. „ **Begas**, Oscar, Professor, Geschichts- und Bildnissmaler, Mitglied der Akademie der Künste, 1871. (Karlsbad 22.)
28. „ **Behnke**, G. W., Ober-Appellations-Gerichtsrath, 1869. (Landgrafenstr. 4.)
29. „ Dr. **Behrend**, F. J., Sanitätsrath, 1870. (Ritterstr. 71.)
30. „ **Beinert**, Geh. Regierungsrath, 1875. (Kleinbeerenstr. 10.)
31. „ **Bellermann**, F., Professor an der Akademie der Künste, 1862. (Anhaltstr. 3.)
32. „ **Bellson**, Rob., Prediger der englischen Botschaft und Resident, 1847. (Königgrätzerstr. 109.)
33. „ **Bendemann**, Geh. Ober-Bergrath, 1874. (Victoriastr. 17.)
34. „ **v. Bentivegni**, R., Oberst a. D., 1861. (Tempelhofer Ufer 36.)
35. „ **Bergius**, R., Oberst-Lieutenant, 1873. (Matthäikirchstr. 23.)
36. „ **Bergmann**, A., Commerzienrath, 1856. (Königgrätzerstr. 140.)
37. „ — , Ober-Tribunalsrath, 1856. (Dessauerstr. 29.)
38. „ — , G. H. W., Rittergutsbesitzer, Director der Centralbank für Bauten, 1873. (Friedrichstr. 105a.)
39. „ **Berner**, Kammergerichts-Rath, 1875. (Luckauerstr. 4.)
40. „ **Bertheim**, Stadtverordneter, 1874. (Victoriastr. 31.)
41. „ Dr. **Bertram**, prakt. Arzt, 1872. (Köpnickerstr. 82.)
42. „ Dr. **Beyrich**, H. Ernst, Professor an der Universität, Mitglied der Akademie der Wissenschaften, 1843. (Karlsbad 9.)
43. „ **Biermann**, W., Lehrer an der Friedrich-Werderschen Gewerbeschule, 1869. (Brandenburgstr. 9.)
44. „ **Bischoping**, Geh. Revisionsrath, 1874. (Puttkammerstr. 17.)
45. „ **Bochenek**, J., Historienmaler, 1869. (Waldemarstr. 54.)
46. „ Dr. **Bode**, Custos am Königl. Museum. 1874.
47. „ Dr. **Boehm**, J. F., Professor am Friedrich-Wilhelms-Gymnasium, 1858. (Friedrichstr. 41.)
48. „ Dr. **Boehr**, Sanitätsrath, 1870. (Brandenburgstr. 40.)
49. „ **Boehtlingk**, A. Rentier, 1872. (Thiergartenstr. 18.)
50. „ Dr. **Boer**, Fr. G., Geh. Hof- und Sanitätsrath, Hof-Medicus, 1869. (Friedrichstr. 129.)

1*

51. Herr **Böttcher**, Al., Architect, 1874. (Zimmerstr. 16 17.)
52.   „ Dr. **v. Boguslawski**, Redacteur der Hydrographischeu Aunalen der kaiserl. Admiralität, 1874. (Lützowstr. 29.)
53.   „ Dr. **Bolle**, Rentier, 1860. (Leipziger Platz 13.)
54.   „ Dr. **Bennell**, E., Gymnasial-Director a. D., 1839. (Kurstr. 53.)
55.   „ Dr. **Borchardt**, Siegfried, Geh. Justizrath und Minister - Resident. 1857. (Französischestr. 32.)
56.   „ Dr.   —   , C. W., Professor, Mitglied d. Akademie d. Wissenschaften, 1860. (Victoriastr. 6.)
57.   „ Dr. **Borrmann**, prakt. Arzt, 1873. (Prinzenstr. 71.)
58.   „ Dr. **Braun**, A., Professor au der Universität, Director des Botanischen Gartens, Mitglied der Akademie der Wissenschaften. 1851. (Neu-Schöneberg 1.)
59.   „ Dr. **Brecher**, A., Oberlehrer, 1870. (Schönhauser Allee 132.)
60.   „ Dr. **Brefeld**, O., Privatdocent an der Universität, 1875. (Mittelstrasse 44.)
61.   „ Dr. **Brehm**, A. E., 1868. (Tempelhofer Ufer 8.)
62.   „ Dr. **Bremiker**, C., Professor, Sectionschef im Königl. geodätischen Institut, 1839. (Flottwellstr. 5.)
63.   „ Dr. **Brix**, Wilhelm, Lehrer an der Königl. Telegraphenschule, 1859. Charlottenburg, Berlinerstr. 14.)
64.   „ **Brose**, Martin, Privatgelehrter, 1856. (Klosterstr. 87.)
65.   „ Dr. **Brüllow**, F., Schulvorsteher, 1859. (Köpenickerstr. 31a)
66.   „ Dr. **Budczies**, F., Schulvorsteher, 1863. (Ritterstr. 31.)
67.   „ **v. Bülow**, O., Geh. Legationsrath, 1873. (Königin-Augustastr. 3.)
68.   „ Dr. **v. Bunsen**, George Mitglied des Reichstages, 1865. (Maienstrasse 1.)
69.   „ **Burchardt**, A., Königl. Hof-Photolithograph, 1860. (Brandenburgstrasse 44.)
70.   „ Dr. **Busch**, Wirkl. Legationsrath, 1875. (Magdeburgerstr. 8.)
71.   „ **Busse**, H., Director der Berlinischen Lebensversicherungs-Gesellschaft, 1869. (Behrenstr. 69.)
72.   „   — , R., Ober-Inspector der Berlinischen Lebensversicherungs-Gesellschaft, 1869. (Behrenstr. 69.)
73.   „ Dr. **Cabanis**, Jean, Professor, erster Custos am Königl. zoolog. Museum der Universität, 1875. (Brandenburgstr. 64.)
74.   „ Dr. **v. Chamisso**, H., Medicinalrath, 1862. (Alexandrinenstr. 33.)
75.   „ Dr. **Claussen**, F., Gymnasiallehrer, 1873. (Elisabeth-Ufer 55.)
76.   „ **de Claparède**, A., Legationsrath, 1874. (Blumeshof 6.)
77.   „ **v. Cranach**, Geh. Regierungsrath, 1874. (Tempelhofer Ufer 32.)
78.   „ **Cohn**, Albert, Buchhändler, 1874. (Mohrenstr. 53.)
79.   „ Dr. **Cremer**, Eduard, prakt. Arzt, 1868. (Markgrafenstr. 34.)
80.   „ Dr. **Curth**, G., 1874. (Krausenstr. 67.)
81.   „ Dr. **Dames**, Docent au der Universität. (Marienstr. 12.)
82.   „ **Dann**, Albert, Rentier, 1875. (Hafen-Platz 6.)

83. Herr **Darmer**, Gust., Capitain-Lieutenant der Seewehr, commandirt zum Hydrogr. Bureau, 1875. (Matthäikirchstr. 9.)
84. „ Dr. **Darmstaedter**, 1874. (Hohenzollernstr. 3.)
85. „ **Davy**, Humphrey, Eisenbahnbau-Unternehmer, 1875. (v. d. Heydt-strasse 4.)
86. „ **Deegen**, H., Kammergerichtsrath, 1861. (Matthäikirchstr. 16.)
87. „ **Delbrück**, A., Commerzienrath, 1855. (Taubenstr. 30.)
88. „ **Deahardt**, Clemens, Architect, 1875. (Bernburgerstr. 22a.)
89. „ **v. Derschau**, Hauptmann im Kaiser-Franz-Regiment No. 2, 1875. (Yorkstr. 10.)
90. „ **Dielitz**, Julius, Geh. Regierungsrath, 1870. (Kleinbeerenstr. 26.)
91. „ **Dobert**, W., Stadtgerichtsrath, 1859. (Königgrätzerstr. 100a.)
92. „ Dr. **Doergens**, Lehrer an der Königl. Gewerbe-Akademie, 1872. (Mathieustr. 11.)
93. „ **Doering**, Herm., Kaufmann, 1875. (Jägerstr. 51.)
94. „ **Dorn**, C., Justizrath und Rechtsanwalt beim Ober-Tribunal, 1859. (Ritterstr. 77.)
95. „ Dr. **Dove**, Geheimer Regierungsrath und Professor an der Universität, Mitglied der Akademie der Wissenschaften, 1830. (Burgstr. 19.)
96. „ Dr. **Drassdo**, Regierungsrath, 1874. (Lindenstr. 103.)
97. „ **v. Dresky**, J., General-Major u. Commandeur d. Garde-Artillerie-Brigade, 1863. (Königin-Augustastr. 38/39.)
98. „ **Drory**, L. G., Dirigent der englischen Gasanstalt, 1866. (Gitschinerstr. 19.)
99. „ **Dünnwald**, H. J., 1874. (Poststr. 31.)
100. „ Dr. **Dumont**, Zahnarzt, 1874. (Hausvoigteiplatz 2.)
101. „ Dr. **Dumas**, Professor, 1874. (Neue Friedrichstr. 84.)
102. „ **Duncker**, Franz, Verlagsbuchhändler, 1858. (Potsdamerstr. 20.)
103. „ Dr. **Eastlacke**, 1874. (Königgrätzerstr. 104.)
104. „ **Ebart**, E., Kaufmann, 1872. (Mohrenstr. 14.)
105. „ —, W., Kaufmann, 1873. (Mohrenstr. 14.)
106. „ **Ebeling**, Hauptmann, 1874. (Dessauerstr. 39/40.)
107. „ **Ebers**, C., Stadtgerichtsrath, 1871. (Köthenerstr. 12.)
108. „ Dr. **Eberty**, G., Stadtgerichtsrath, 1873. (Genthinerstr. 1.)
109. „ **Eberty**, E., Stadtsyndicus, 1875. (Linkstr. 6.)
110. „ **Eding**, H., Ober-Tribunalrath, 1865. (Hafenplatz 2.)
111. „ Dr. **Eggel**, F., prakt. Arzt, 1869. (Markgrafenstr. 107.)
112. „ **Eggers**, Verlagsbuchhändler, 1869. (Wilhelmstr. 84.)
113. „ **Elwanger**, Wirkl. Geh. Ober-Finanzrath, 1874. (Margarethenstrasse 16.)
114. „ Dr. **Engel**, E., Geh. Ober-Regierungsrath, Director des statistischen Bureaus, 1864. (Lindenstr. 32.)
115. „ **Enslin**, Adolph, Verlagsbuchhändler, 1856. (Friedrichstr. 70.)
116. „ Dr. **Erbkam**, S., Geh. Sanitätsrath, 1850. (Mohrenstr. 47.)

117. Herr v. **Etzel**, Fr. A., Excellenz, General der Infanterie z. D., 1867. Victoriastr. 18.)

118. „ Dr. **Euler**, Carl, Professor, erster Civillehrer an der Kgl. Central-Turnanstalt, 1864. (Oranienburgerstr. 62.)

119. „ Dr. **Ewald**, J. W., Mitglied der Akademie der Wissenschaften, 1850. (Matthäikirchstr. 28.)

120. „ **Ewald**, E., Historienmaler, 1874. (Anhaltstr. 14.)

121. „ **Faelligen**, A., Stadtgerichtsrath a. D., 1852. (Königin-Augusta-strasse 45.)

122. „ **Fetter**, C. W., Rechnungsrath und Ober-Lazareth-Inspector, 1870. (Scharnhorststr. 11, Garnison-Lazareth.)

123. „ Freiherr v. **Fircks**, Hauptmann a. D., 1875. (Linden-Hotel.)

124. „ Dr. **Fischer**, Geodät, 1873. (Schwerinstr. 21.)

125. „ **Fischer**, Stadtgerichtsrath, 1875. (Prenzlauerstr. 23, 24.)

126. „ Dr. med. **Fischer**, G. A., 1876.

127. „ Dr. **Flohr**, A., Oberlehrer an der Dorotheenstädtischen Realschule, 1870. (Kanonierstr. 25.)

128. „ **Fleck**, Hauptmann im Ingenieur-Corps, 1873. (Dessauerstr. 23.)

129. „ — , Geh. Regierungsrath, 187' (Königgrätzerstr. 95.)

130. „ Dr. **Foerster**, W., Director de. Sternwarte, Professor an der Universität, 1865. (Lindenstr. 103.)

131. „ Dr. **Foerster**, F., prakt. Zahnarzt, 1865. (Krausenstr. 47.)

132. „ **Fonrobert**, Jules, Kaufmann, 1874. (Leipzigerstr. 103.)

133. „ Dr. **Foss**, R., Professor u. Director der Louisenstädtischen Realschule, Hauptmann a. D., 1855. (Sebastianstr. 26.)

134. „ v. **Frankenberg**, Major a. D., 1875. (Charlottenburg.)

135. „ **Frege**, Banquier, 1874. (Jägerstr. 15.)

136. „ Dr. **Frerichs**, Fr. Th., Geh. Ober-Medicinalrath, Professor an der Universität, 1863. (Bismarckstr. 4.)

137. „ **Friedel**, Stadtrath, 1866. (Dorotheenstr. 62.)

138. „ **Friedländer**, Wilhelm, Kaufmann, 1872. (Leipzigerstr. 37.)

139. „ — . Herrm., 1874. (Kl. Präsidentenstr. 7.)

140. „ **Friedrich**, Rich., Ober-Appellations-Gerichtsrath, 1870. (Kleinbeerenstr. 9.)

141. „ Dr. G., **Fritsch**, Professor a. d. Universität, 1867. (Grossbeeren-strasse 82.)

142. „ **Fritze**, G. H. A., Geh. Kanzleirath im Ministerium der geistlichen Angelegenheiten, 1859. (Oranienstr. 140.)

143. „ **Fröhlich**, Ad., Kaufmann, 1874. (Jägerstr. 73.)

144. „ Dr. **Fuchs**, Alfred, 1875. (Neue Wilhelmstr. 2.)

145. „ Dr. **Gaebler**, E., Geh. Admiralitätsrath und Director der Admiralität z. D., 1852. (Magdeburgerstr. 5.)

146. „ **Gaertner**, C., vorm. Consul des deutschen Reiches in Japan, 1872. (Potsdamerstr. 86a.)

147. „ — , Rud., Verlagsbuchhändler, 1872. (Leipzigerstr. 133.)

148. Herr **Gärtner**, Richard, Besitzer einer chemischen Fabrik, 1875. (Behrenstr. 56.)
149. „ Dr. **Gallenkamp**, W., Director der Friedrich-Werderschen Gewerbeschule, 1863. (Niederwallstr. 12.)
150. „ **Gallisch**, Rentier, 1874. (Leipzigerstr. 114.)
151. „ Dr. **Gandtner**, Königl. Provinzial-Schulrath, 1874. (Bendlerstr. 9.)
152. „ Dr. **Garcke**, A., Professor an der Universität, Custos des Königl. Herbariums, 1868. (Friedrichstr. 227.)
153. „ **Gentz**, Wilh., Geschichtsmaler, 1862. (Thiergartenstr. 21.)
154. „ **Gerhardt**, Rudolph, 1875. (Ritterstr. 72.)
155. „ Dr. **Gessner**, Legationsrath, 1875. (Victoriastr. 20.)
156. „ **Gill**, H., Ingenieur, Betriebs-Director der Berliner Wasserwerke, 1875. (Breitestr. 8.)
157. „ **Gilli**, A., Hofbildhauer, 1869. (Linienstr. 113.)
158. „ Dr. **Glaser**, Redacteur, 1873. (Alte Jacobstr. 172.)
159. „ **Göhring**, Legationsrath, 1875. (Köthenerstr. 2.)
160. „ Dr. **Göppert**, Geh. Regierungsrath und Professor, 1875. (Blumeshof 13.)
161. „ **Goering**, Karl, Geh. Legationsrath, 1872. (Genthinerstr. 41.)
162. „ Dr. **Goldschmidt**, Paul, Gymnasiallehrer, 1864. (Steglitz.)
163. „ **Goldschmidt**, Fr., Director, 1874. (Papenstr. 20/21.)
164. „ Dr. **Goltdammer**, Ed., prakt. Arzt, dirig. Arzt im Diakonissen-Hause „Bethanien," 1871. (Potsdamerstr. 134.)
165. „ **Gossmann**, Jul., Verlagsbuchhändler, 1867. (Magdeburgerstr. 35.)
166. „ **Graefe**, F., Kammergerichtsrath, 1870. (Tempelhofer-Ufer 23.)
167. „ **Greiff**, J., Wirkl. Geh Ober-Regierungsrath und Director im Ministerium der geistlichen Angelegenheiten, 1869. (Genthinerstrasse 13f.)
168. „ Dr. **Grohnert**, Director a. D. (Behrenstr. 26.)
169. „ **v. Grollmann**, Oberst u. Regiments-Commandeur, 1874. (Spandau.)
170. „ **v. Gruner**, G., Wirkl. Geh. Legationsrath und Unter-Staatssecretair, z. D., 1857. (Victoriastr. 27.)
171. „ Dr. **Guessfeldt**, Paul, 1870. (Köthenerstr. 6.)
172. „ Dr. **Guttstadt**, Alb., prakt. Arzt, Privatdocent a. d. Universität, 1873. (Alexandrinenstr. 103.)
173. „ Baron **v. Gyldenkrone**, Secretair der Königl. Dänischen Gesandtschaft, 1875. (Bendlerstr. 8.)
174. „ Dr. **Haarbrücker**, F. Th., Director der Victoriaschule, Professor an der Universität, 1867. (Prinzenstr. 45.)
175. „ **Haase**, Karl, Kaufmann, 1868. (Markgrafenstr. 94.)
176. „ **Hagens**, C., Geh. Regierungsrath, 1869. (Steglitzerstr. 75.)
177. „ **Hahn**, Ober-Stabsarzt, 1875. (Kupfergraben 4.)
178. „ Dr. **Haller**, Regierungsrath im Reichskanzler-Amt, 1873. (Krausenstrasse 74.)

179. Herr Dr. **Hammacher**, Mitglied des Abgeordnetenhauses, 1874. (Regentenstr. 1.)
180. „ **Hammer**, Oberst und ausserordentlicher Gesandter und Bevollmächtigter Minister der Schweizerischen Eidgenossenschaft, 1874. (Bellevuestr. 7.)
181. „ **v. Hartmann**, R., Generalmajor a. D., 1866. (Potsdamerstr. 59.)
182. „ Dr. **Hartmann**, Rob., Prof. an der Universität, 1861. (Dessauerstrasse 5.)
183. „ **Hartmann**, Landschaftsmaler, 1871. (Klosterstr. 72.)
184. „ Dr. med. **Hartung**, 1875. (Leipzigerstr. 22.)
185. „ **Hauchecorne**, Director der Königl. Berg-Akademie und geolologischen Landesanstalt, 1875. (Enkeplatz 4.)
186. „ **Hedinger**, Fr., Hauptmann à la suite des 7. Westphäl. Infanterie-Regt. 56, Militairlehrer im Cadetten-Corps, 1873. (Kanonierstrasse 17—20.)
187. „ Dr. **Heffter**, A. W., Geh. Ober-Tribunalsrath u. D., Kronsyndicus und Professor an der Universität, 1859. (Leipziger Pl. 19.)
188. „ **Heineccius**, G. E., Vice-Präsident des Ober-Tribunals und Mitglied der Königl. Immediat-Just.-Examinat.-Commission, 1863. (Hafenplatz 2.)
189. „ Baron **v. Heintze**, Majoratsherr, 1875. (Behrenstr. 39.)
190. „ **Hellwig**, Wirkl. Legationsrath, 1874. (Tempelhofer-Ufer 31.)
191. „ **Henckel**, Gustav, Particulier, 1868. (Friedrichstr. 85.)
192. „ **v. Hengelmüller**, Kaiserl. österreichischer Botschafts-Secretair, 1875. (Mauerstr. 21.)
193. „ **Henning**, Albert, Ingenieur-Hauptmann z. D., 1873. (Potsdamerstrasse 13a.)
194. „ **Henrici**, C. P., Vice-Präsident des Ober-Appellations-Gerichts, 1870. (Kurfürstenstr. 146.)
195. „ **Henschel**, Louis, Kaufmann, 1876. (Niederlagstr. 5.)
196. „ Dr. **Hepke**, R. F., Geh. Legationsrath z. D. und vortragender Rath im Ministerium der auswärtigen Angelegenheiten, 1871. (Schönebergerstr. 5.)
197. „ Dr. **Hermann**, S., Lehrer am Kölnischen Gymnasium, 1875. (Lützowstrasse. 106.)
198. „ Dr. **Herrmann**, E., Präsident des evangelischen Ober-Kirchenraths, 1874. (Köthenerstr. 38.)
199. „ Dr. **Herrig**, Ludwig, Professor beim Cadetten-Corps und der Friedrichs-Realschule, 1852. (Albrechtstr. 12.)
200. „ **Herzog**, Wirkl. Geh. Ober-Regierungsrath u. Director im Reichskanzler-Amt, 1874. (Victoriastr. 12.)
201. „ **Hertz**, W., Buchhändler, 1852. (Behrenstr. 7.)
202. „ **Herzbruch**, Gustav, Major im 2. Garde-Regiment zu Fuss, 1876. (Linienstr. 137.)
203. „ **Hettermann**, Eduard, Stadtgerichtsrath, 1869. (Ritterstr. 78.)

204. Herr Dr. **Heyden**, O., Professor, Königl. Hofmaler, 1872. (Bellevue-
     strasse 12.)
205.   „ Dr. **Heyder**, E., prakt. Arzt, 1874. (Alexandrinenstr. 21a.)
206.   „ Freiherr **v. d. Heydt**, Bezirks-Präsident a. D., 1875. (Lützower
     Ufer 19b.)
207.   „ **v. Heydwolf**, Hauptmann und Adjutant bei der 4. Armee-In-
     spection, 1875.
208.   „ **Heyn**, H. J., Consul a. D., 1862. (Kurfürstenstr. 130.)
209.   „ **Hirsch**, Leo, Banquier, 1870. (Unter den Linden 47.)
210.   „ — , Herrm., 1874. (Dorotheenstr. 54.)
211.   „ Dr. **Hirsch**, L., Sanitätsrath, 1874. (Charlottenburg.)
212.   „ Dr. **Hirschfelder**, W., Professor am Königl. Wilhelms-Gymnasium,
     1874. (Königgrätzerstr. 39.)
213.   „ **Hoefer**, H., Buchhändler, 1868. (Anhaltstr. 12.)
214.   „ **Hoffmann**, Capitain-Lieutenant in der Kaiserlichen Marine, 1875.
     (Körnerstr. 2.)
215.   „ **Hohagen**, J. F. W., Staats-Ingenieur, 1872. (Mayenstrasse, Villa
     Romana.)
216.   „ **Holländer**, Kaufmann, 1875. (Bellevuestr. 4.)
217.   „ **v. Holleben**, H., Excellenz, General der Infanterie, 1840. (Lin-
     denstr. 4.)
218.   „ **v. Holleben**, Capitain-Lieutenant, 1875. (Genthinerstr. 36.)
219.   „ **v. Homeyer**, Premier-Lieutenant, 1874. (Kurfürstenstr. 55.)
220.   „ Freiherr **v. d. Horst**, Hauptmann im Kaiser Franz Grenadier-
     Regiment, 1875.
221.   „ Dr. **Hübener**, Herm., prakt. Arzt, 1873. (Oranienstr. 131.)
222.   „ Dr. **Hübner**, Otto, Director des statistischen Centralarchivs der
     Preuss. Hypotheken- und der Preuss. Lebensversicherungs-
     Actien-Gesellschaft, 1854. (Friedrichstr. 101.)
223.   „ Dr. **Hülsen**, Fr., Oberlehrer, 1872. (Charlottenburg.)
224.   „ **Humbert**, G., Wirkl. Legationsrath, 1873. (Grossbeerenstr. 69.)
225.   „ Dr. **Jacobson**, H., Stadtrath a. D., 1844. (Thiergartenstr. 8.)
226.   „ **Jähnigen**, Carl, Geh. Finanzrath, 1875. (Potsdamerstr. 14.)
227.   „ **Jähns**, M., Hauptmann im Grossen Generalstabe, 1873. (Marga-
     rethenstr. 7.)
228.   „ **Jahn**, A., Hauptmann a. D., 1875. (Waterloo-Ufer 5.)
229.   „ Dr. **Jagor**, F., 1856. (z. Z. in Indien.)
230.   „ **Jaite**, G., Telegraphen-Secretair, 1871. (Friedenau, Ringstr. 50.)
231.   „ **Jantzen**, Fritz, Kaufmann, 1875. (Alte Jacobstr. 172.)
232.   „ — , Jul., Königl. Baukbuchhalter, 1875. (Alte Jacobstr. 172.)
233.   „ Dr. **Ideler**, C. L. J., prakt. Arzt, dirigirender Arzt der städtischen
     Irrenanstalt, 1868. (Wallstr. 55.)
234.   „ **Johow**, R., Ober-Tribunalsrath, 1870. (Genthinerstr. 40.)
235.   „ **Ising**, Major und Vorstand des Artillerie-Depot zu Berlin, 1874.
     (Schiffbauerdamm 27.)

236. Herr **Jung**, Corvetten-Capitain, 1874. (Sigismundstr. 6.)
237. „ Dr. **Jungk**, F., Professor, 1844. (Ritterstr. 50.)
238. „ **v. Kalckreuth**, Lieutenant im Garde-Füsilier-Regiment, 1875.
239. „ Dr. **Kalisch**, Professor, 1854. (Karlsbad 10.)
240. „ Dr. **v. Kalkstein**, H., Hauptmann a. D. und Ritterlehnsbesitzer, 1849. (Engel-Ufer 9.)
241. „ Dr. med. **Kastan**, 1874. (Leipzigerstr. 29.)
242. „ **Kauffmann**, Jul., Commerzienrath, Aeltester der Kaufmannschaft, 1853. (Neue Grünstr. 18.)
243. „ Dr. **Kayser**, E., Docent an der Berg-Akademie, 1871. (Alte Börse.)
244. „ **Kayser**, C. W., Fabrikbesitzer, 1873. (Moabit.)
245. „ Dr. **Kayser**, P., Stadtrichter, 1875. (Schöneberger Ufer 23.)
246. „ **Kempermann**, Secretair-Interpret der Deutschen Gesandtschaft in Jedo. 1875. (Mauerstr. 53.)
247. „ Dr. **Kern**, H., Professor und Director der Louisenstädtischen Gewerbeschule, 1866. (Dresdenenstr. 113.)
248. „ Dr. **Kersten**, 1875. (Hollmannstr. 20.)
249. „ **Keyssner**, H., Kammergerichtsrath, 1867. (Ritterstr. 111.)
250. „ Dr. **Kiepert**, H., Professor an der Universität, Mitgl. d. Akademie der Wissenschaften, 1843. (Lindenstr. 13.)
251. „ Dr. **Kiepert**, R., Kartograph, 1872. (Lindenstr. 13.)
252. „ Dr. **Kleiber**, L., Director der Dorotheenstädtischen Realschule, 1845. (Georgenstr. 30.)
253. „ **Klentz**, F., Grossherzogl. Mecklenburgischer Consul a. D., 1845. (Königgrätzerstr. 124.)
254. „ Dr. **Klix**, G. A., Königl. Provinzial-Schulrath, 1868. (Tempelhofer Ufer 31.)
255. „ Dr. **v. Klöden**, G. A., Professor an der Friedrich-Werderschen Gewerbeschule. 1838. (Kommandantenstr. 34.)
256. „ **von dem Knesebeck**, Anton, 1876. (Dessauerstr. 23.)
257. „ Dr. **v. Knorre**, Carl, Kaiserl. Russ. Geh. Rath, 1872. (Elisabeth-Ufer 52.)
258. „ Dr. **Knorre**, V., Assistent an der Sternwarte, 1874. (Elisabeth-Ufer 52.)
259. „ Dr. **Kny**, L., Professor an der Universität, 1867. (Dorotheenstrasse 95 96.)
260. „ Dr. **Koehne**, 1874. (Waldemarst. 41.)
261. „ **Koenig**, Carl August, Kaufmann, 1859. (Jägerstr. 61.)
262. „ Dr. **Koner**, W., Professor und Königl. Bibliothekar, Redacteur der Zeitschrift der Gesellschaft für Erdkunde, 1853. (Lindenstrasse 14.)
263. „ **v. Kotzebue**, Ernst, Kaiserl. Russischer Gesandtschafts-Secretair, 1871. (Sommerstr. 2.)
264. „ **Koschwitz**, R., Postdirector, 1873. (Charlottenburg.)

265. Herr **v. Krause**, F. W., Geh. Commerzienrath, 1853. (Leipzigerstr. 45.)
266. „ **v.** — , Major u. Commandeur des Garde-Pionier-Bataillons, 1874. (Köpenickerstr. 143.)
267. „ **Krause**, Ad., Major in der Artillerie, commandirt zur Schiessschule, 1875.
268. „ — , Major a. D., 1876. (Potsdamerstr. 39.)
269. „ — , O., Commerzienrath, 1864. (Alsenstr. 11.)
270. „ Dr. **Krausnick**, C., Wirkl. Geh. Ober-Regierungsrath und Ober-Bürgermeister a. D., 1837. (Königin-Augustastr. 25.)
271. „ **Kretschmann**, C., Kaufmann, 1874. (Kronenstr. 17.)
272. „ **Krokisius**, E., Stadtrichter, 1874. (Charlottenstr. 97.)
273. „ **Krüger**, H., Präsident des Königl. Stadtgerichts, 1875. (Oranienstrasse 95.)
274. „ **Krüger**, Hanseatischer Minister-Resident, 1876. (Potsdamerstr. 22.)
275. „ **Krug v. Nidda**, Wirkl. Geh. Rath u. Ober-Berghauptmann, 1856. (Schellingstr. 7.)
276. „ **Kühn**, Theophron, Grosshändler, 1875. (Werderscher Markt 4.)
277. „ **Kühnemann**, E., Geh. Finanzrath a. D., 1859. (Neuenburgerstr. 24.)
278. „ **Künne**, Carl, Buchhändler, 1874. (Hallesches Ufer 32.)
279. „ **Kuester**, Hauptmann im Ingenieur-Corps, 1863. (Schillstr. 18.)
280. „ **v. Kumanin**, Alexander, K. Russ. Botschafts-Attaché für Finanz- und Handels-Angelegenheiten, 1870. (Dorotheenstr. 47.)
281. „ **Kunau**, Stadtgerichtsrath, 1875. (Kommandantenstr. 49.)
282. „ Dr. **Kunheim**, L. A. H., Geh. Commerzienrath, 1861. (Lindenstrasse 26.)
283. „ **Kupfer**, Ernst, Kaufmann, 1869. (Charlottenstr. 60.)
284. „ **Kurlbaum**, Geh. Ober-Justizrath, 1875. (Potsdamerstr. 53.)
285. „ **Kurtz**, F., 1874. (Königin-Augustastr. 50.)
286. „ **Kurtzwieg**, Regierungsrath, 1872. (Kurfürstenstr. 11.)
287. „ **v. Kusserow**, Geh. Legationsrath, 1875. (Königgrätzerstr. 140.)
288. „ **Lachmann**, Rittergutsbesitzer, 1871. (Mahlsdorf bei Berlin.)
289. „ **Lademann**, Hauptmann im grossen Generalstabe, 1876. (Hagelsbergerstr. 12.)
290. „ Dr. **Lamp**, Assistent um Königl. geodätischen Institut, 1876. (Dessauerstr. 4.)
291. „ Dr. **Lamprecht**, Gymnasiallehrer, 1876. (Schmidstr. 26.)
292. „ **v. Lanckzolle**, Otto, Major z. D., 1875. (Halleschestr. 3.)
293. „ Dr. **Lange**, Henry, Plankammer-Inspector, 1848. (Ritterstr. 41.)
294. „ Dr. **Lasard**, Adolph, Director der vereinigten deutschen Telegraphen-Gesellschaft, 1867. (Hohenzollernstr. 6.)
295. „ **v. Le Coq**, A., Kaufmann, 1858. (Neue Friedrichstr. 37.)
296. „ Freiherr **v. Ledebur**, Ernst, Geh. Archiv-Secretair, 1873. (Gneisenaustr. 108.)
297. „ **Lehmann**, Astronom, 1875. (Grossbeerenstr. 21.)
298. „ **Lehwess**, Assessor, 1874. (Kanonierstr. 17.)

299. Herr **v. Leitholdt**, W., Hauptmann im Neben-Etat des grossen General-
      stabes, 1873. (Kleinbeerenstr. 27.)
300.   Dr. med. **Lender**, 1874. (Königgrätzerstr. 128.)
301.   **Lemelson**, A., Director der Berliner Maschinenbau-Actien-Gesell-
      schaft, 1869. (Chausseestr. 104.)
302.   Dr. **Lenz**, 1876. (Königin-Augustastr. 49.)
303.   **Leo**, H., Bankier, 1870. (Taubenstr. 30.)
304.   Dr. **Lepsius**, R., Ober-Bibliothekar, Professor an der Universität,
      Director der ägyptischen Abtheilung der Königl. Museen, Mit-
      glied der Akademie der Wissenschaften, 1843. (Bendlerstr. 18.)
305.   **Leske**, Kammergerichtsrath, 1875. (Steglitzerstr. 57.)
306.   **Lesser**, A., Ober-Tribunalsrath, 1871. (Karlsbad 12.)
307.   **Lessing**, Robert, Stadtgerichtsrath, 1860. (Dorotheenstr. 15.)
308.   Dr. **Lessing**, Hermann, 1860. (Victoriastr. 14.)
309.   **Leubuscher**, Hermann, Kaufmann, 1873. (Wilhelmstr. 19.)
310.   **Levinstein**, S. O., Kaufmann, 1875. (Linkstr. 7/8.)
311.   Dr. **Liebe**, Th., Oberlehrer an der Friedrich-Werderschen Gewerbe-
      schule, 1865. (Mathieustr. 14.)
312.   **Liebenow**, W., Geh. Rechnungrath, Premier-Lieutenant a. D.,
      1855. (Möckernstr. 66.)
313.   Dr. **Liebermann**, D. C., Professor a. d. Gewerbe-Akademie, 1871.
      (Matthäikirchstr. 29.)
314.   Dr. **Liebert**, Sanitätsrath, 1874. (Charlottenburg.)
315.   **Liepmann**, Julius, Kaufmann, 1873. (Regentenstr. 14.)
316.   Dr. **Liman**, C., Geh. Medicinalrath, Professor an der Universität,
      1868. (Lützowstr. 43.)
317.   Dr. **Loew**, Ernst, Oberlehrer a. d. Königl. Realschule, 1868. (Gross-
      beerenstr. 1.)
318.   **Loewenberg**, Regierungsrath, 1874. (Lützowstr. 71.)
319.   **Loewenfeld**, Director, 1874. (Potsdamerstr. 105.)
320.   Dr. **Lucius**, Robert, Rittergutsbesitzer auf Klein-Ballhausen bei
      Erfurt, 1873. (Zelten 19.)
321.   Dr. **Lüttge**, Oberlehrer, 1874. (Charlottenburg.)
322.   Dr. **Magnus**, P., Docent a. d. Universität, 1870. (Bellevuestr. 8.)
323.   **Mahlmann**, H., Geograph u. Lithograph, 1849. (Kürassierstr. 23.)
324.   **Maier**, Hauptmann im Cadetten-Corps, 1875. (Neue Friedrich-
      strasse 10.)
325.   **Mappes**, J., Rentier, 1872. (Victoriastr. 13.)
326.   Dr. **Maretzki**, L., prakt. Arzt, 1871. (Landsbergerstr. 36.)
327.   Dr. **v. Martens**, E., Professor a. d. Universität, Custos am zoolo-
      gischen Museum, 1863. (Kurfürstenstr. 35.)
328.   Dr. **Marthe**, F., Oberlehrer an der Dorotheenstädtischen Real-
      schule und Lehrer an der Königl. Kriegs-Akademie, 1864.
      (Marienstr. 23.)
329.   Dr. **Martini**, Assistenzarzt, 1874. (Leipziger Platz 12.)

330. Herr Dr. **Martius**, 1874. (Behrenstr. 69.)
331. „ **Mayer**, P., Geh. Rechnungsrath im Finanz-Ministerium, 1861. (Luckenwalderstr. 9.)
332. „ — , Banquier, 1873. (Jägerstr. 15.)
333. „ **Meisnitzer**, L. F., Director der Berlinischen Feuerversicherungs-Anstalt, 1858. (Brüderstr. 11.)
334. „ Dr. **Meltzen**, A., Geh. Regierungsrath u. Professor an der Universität, 1869. (Hohenzollernstr. 9.)
335. „ **Mendelssohn-Bartholdy**, Ernst, Banquier, 1873. (Jägerstr. 52.)
336. „ Dr. **Mentzel**, Jul., Lehrer, 1855. (Ritterstr. 89.)
337. „ **Meyer**, Rittmeister à la suite des 1. Hannoverschen Dragoner-Regiments No. 9, commandirt zum Obermarstall-Amt, 1875. (Breitestr. 33—34.)
338. „ Dr. **Meyer**, F. E., Legationsrath, 1864. (Hinter dem Giesshause 1.)
339. „ Dr. — , Gustav, Sanitätsrath, 1870. (Lindenstr. 14.)
340. „ Dr. — , Ludwig, 1875. (Victoriastr. 33.)
341. „ **Meyer**, H., Geh. expedirender Secretair im Finanz-Ministerium, 1873. (Brandenstr. 47.)
342. „ Dr. med. **Meyer**, Lothar, 1874. (Besselstr. 17.)
343. „ **Möller**, Hugo, Kaufmann, 1875. (Monbijou-Platz 10.)
344. „ **v. Mohl**, Cabinets-Secretair Ihrer Maj. der Kaiserin, 1874. (Prinzessinnen-Palais.)
345. „ **Molenaar**, Rudolph, Banquier, 1871. (Königin-Augustastr. 38/39.)
346. „ Dr. **Mollard**, Ober-Tribunalsrath, 1843. (Königgrätzerstr. 43.)
347. „ **v. Mühler**, C., Vice-Präsident des Königl. Kammergerichts, 1864. (Lützowstr. 43.)
348. „ **Müller**, Major im grossen Generalstabe, 1873. (Halleschestr. 1.)
349. „ Dr. **Müller**, H., Conservator des Königl. kartographischen Instituts, 1849. (Schumannstr. 15a.)
350. „ **Müller**, R., Königl. Landforstmeister, 1873. (Lützowstr. 67.)
351. „ — , W., Prediger a. d. Jerusalemer Kirche, 1857. (Friedrichsstrasse 213.)
352. „ — , G. F. O., Buchhändler, 1871. (Wilhelmstr. 91.)
353. „ Dr. **Münter**, C. F., Zahnarzt, 1873. (U. d. Linden 58.)
354. „ Dr. **Nachtigal**, G., 1876. (Bernburgerstr. 10.)
355. „ **v. Natzmer**, Major im Kaiser Alexander-Regiment, 1875. (Schellingstr. 9.)
356. „ **Neumann**, J. H., Landkartenhändler, 1853. (Jägerstr. 28.)
357. „ — , Franz, Major a. D., Plankammer-Inspector des grossen Generalstabes, 1860. (Derfflingerstr. 1.)
358. „ Dr. **Neumayer**, G., Professor, wirkl. Admiralitätsrath u. Director der Deutschen Seewarte in Hamburg, 1871.
359. „ **Neuss**, Geh. exped. Secretair im Finanz-Ministerium. (Wichmannstr. 2.)
360. „ **Oechelhäuser**, Ph. O., Fabrikbesitzer, 1870. (Grossbeerenstr. 89.)

361. Herr Dr. **Oppenheim**, Alphons, Professor an der Universität, 1873. (Lützow-Platz 14.)

362. „ **Oppenheim**, R., Buchhändler, 1870. (Bernburgerstr. 19.)

363. „ Dr. **Orth**, A., Professor an der Universität und Lehrer am landwirthschaftl. Lehr-Institut, 1871. (Wilhelmstr. 43.)

364. „ Dr. **Orthmann**, Carl, Oberlehrer an der Königl. Realschule, 1866. (Markgrafenstr. 78.)

365. „ **Otto**, C. A. Kaufmann, 1874. (Bendlerstr. 21.)

366. „ **Paetel**, F., Stadtverordneter, 1874. (Karlsbad 16.)

367. „ **Paetow**, Vice-Consul a. D., 1875. (Magdeburgerstr 6.)

368. „ Dr. **Paetsch**, W., prakt. Arzt, 1869. (Enkeplatz 6.)

369. „ Dr. — , Hans, prakt. Arzt, 1873. (Markgrafenstr. 44.)

370. „ **Parey**, Paul, Verlagsbuchhändler, 1869. (Zimmerstr. 91.)

371. „ **Pauly**, R., Geh. Kriegsrath a. D., 1860. (Waterloo-Ufer 10.)

372. „ **v. Pelet-Narbonne**, Major im Kriegs-Ministerium, 1876.

373. „ Dr. **Petermann**, H., Professor an der Universität, Mitglied der Akademie der Wissenschaften, 1838. (Lützow-Ufer 24.)

374. „ Dr. **Peters**, W. C. H., Professor an der Universität und Mitglied der Akademie der Wissenschaften, 1843. (In der Universität.)

375. „ Dr. **Petri**, F., Lehrer a. d. Louisenstädtischen Realschule, 1869. (Melchiorstr. 30.)

376. „ **Pleschel**, C., Legations-Secretair a. D.. 1870. (Dresden.)

377. „ **Plantier**, J. E. F., Justizrath und Divisions-Auditeur, 1871. (Schöneberger Ufer 14.)

378. „ **v. Platen**, R., Major a. D., 1859. (Bernburgerstr. 22.)

379. „ **Plathe**, Isidor, Banquier, 1873. (Breitestr. 6.)

380. „ **Pochhammer**, C., Oberst-Lieutenant z. D., 1860. (Lindenstr. 4.)

381. „ **v.** — , Steuerrath, 1875. (Am neuen Packhof 5g.)

382. „ Dr. **Poggendorff**, J. C., Professor an der Universität, Mitglied der Akademie der Wissenschaften, 1835. (Königgrätzerstr. 97.)

383. „ Dr. **Polsberw**, H. L., Professor am Kölnischen Gymnasium, 1843. (Alte Jacobstr. 35.)

384. „ **v. Pommer-Esche**, Albert, Geh. Regierungsrath, 1873. (Stülerstrasse 5.)

385. „ **Poppe**, A., Kaufmann, 1875. (Neue Friedrichstr. 137.)

386. „ **Preussner**, F., General-Agent der Kölner Hagelversicherungs-Gesellschaft, 1863. (Königgrätzerstr. 56.)

387. „ **Primker**, Rudolph Felix, Justizrath, Rechtsanwalt u. Notar, 1869. Jägerstr. 16.)

388. „ Dr. **Pringsheim**, Professor, Mitglied der Akademie der Wissenschaften, 1874. (Bendlerstr. 13.)

389. „ **v. Prittwitz u. Gaffron**, M., Excellenz, General der Infanterie z. D., 1854. (Bendlerstr. 21.)

390. „ **Pretzen**, Eugen, Kaufmann, 1873. (Leipzigerstr. 81.)

391. Herr Dr. **Pratz,** H., Oberlehrer an der Friedrich-Werderschen Gewerbeschule u. Privatdocent a. d. Universität, 1873. (Victoriastr. 31.)
392. „ Dr. **Quinke,** H., Geh. Medicinalrath, 1846. (Hausvoigteiplatz 12.)
393. „ Dr. **Rabl-Rückhard,** H., Stabsarzt, 1868. (Lützowstr. 54.)
394. „ **v. Radowitz,** Geh. Legationsrath, 1873. (Königsplatz 5.)
395. „ — , Oberst-Lieutenant u. Directions-Mitglied der Kriegs-
Akademie, 1873. (Burgstr. 19.)
396. „ **Reder,** G., Regierungs und Baurath, 1876. (Görlitzerstr. 1.)
397. „ **Regély,** Oberst-Lieutenant im grossen Generalstabe, 1875. (Zie-
ten-Platz 66.)
398. „ **Reiche,** Carl, Baumeister, 1874. (Kochstr. 75.)
399. „ **Reichenheim,** Ferdinand, Fabrikbesitzer, 1873. (U. d. Linden 6.)
400. „ — , Louis, Fabrikbesitzer, 1875. (Oranienburgerstr. 68.)
401. „ Dr. **Reichenow,** Assistent am zoologischen Museum, 1873. (Ja-
cobikirchstr. 3.)
402. „ **Reichensperger,** P. F., Ober-Tribunalsrath, 1865. (Hohenzollern-
strasse 9.)
403. „ Dr. **Reichert,** K. B., Geh. Medicinalrath, Professor an der Universität und Mitglied der Akademie der Wissenschaften, 1863.
(Louisenstr. 56.)
404. „ **Reimann,** Louis, Kaufmann, 1874. (Behrenstr. 53.)
405. „ **Reimer,** Dietrich, Buchhändler, 1850. (Anhaltstr. 12.)
406. „ — , Georg, Buchhändler, 1851. (Anhaltstr. 12.)
407. „ — , Hans, Buchhändler, 1867. (Wilhelmstr. 32.)
408. „ Dr. **Reinhardt,** O., Oberlehrer, 1868. (Oranienstr. 45.)
409. „ **Reiss,** Eugen, Kaufmann, 1875. (Unterwasserstr. 8.)
410. „ **v. Reutern,** Kaiserl. Russischer General à la suite und Militär-
Bevollmächtigter, 1874. (Leipziger Platz 16.)
411. „ **Rheinemann,** A. L., Ingenieur-Geograph im grossen Generalstabe
a. D., 1869. (Königgrätzerstr. 46a.)
412. „ Dr. Freiherr **v. Richthofen,** F., z. Z. Vorsitzender der Gesellschaft f. Erdk., 1862. (Magdeburgerstr. 36.)
413. „ Freiherr **v. Richthofen,** Carl, Assessor, 1875. (Linkstr. 29.)
414. „ **Richter,** C., Geh. Admiralitätsrath, 1873. (Frobenstr. 33.)
415. „ — , Banquier, 1869. (Behrenstr. 1/2.)
416. „ Dr. **Rieck,** prakt. Arzt. (Köpenick.)
417. „ Dr. **Riess,** P. T., Professor u. Mitglied der Akademie d. Wissenschaften, 1842. (Spandauerstr. 81.)
418. „ **Rietz,** J. E. H., Stadtgerichtsrath, 1865. (Alexandrinenstr. 93.)
419. „ **Röber,** A., Professor an der Friedrich-Werderschen Gewerbeschule, 1852. (Ritterstr. 80.)
420. „ Dr. **Röhricht,** R., 1871. (Invalidenstr. 141.)
421. „ Dr. **Rösing,** Geh. Ober-Regierungsrath, 1875. (Roonstr. 8.)
422. „ Dr. **Ruedorff,** H., Professor an der Friedrich-Werderschen Gewerbeschule, 1872. (Annenstr. 58.)

423. Herr **Rüstow,** Lieutenant im Eisenbahn-Bataillon, 1874. (Invaliden-
strasse 88.)

424. „ Dr. **Runge,** G. F. A., Professor u. Director der Friedrichs-Realschule, 1854. (Albrechtstr. 12.)

425. „ Lord **Russell,** Odo, Königl. Britischer Botschafter, 1874. (Leipzigerstr. 137.)

426. Se. Hoheit der Erbprinz Bernhard **von Sachsen-Meiningen,** 1874. (Beet-
hovenstr. 2.)

427. Herr Dr. **Sadebeck,** M., Professor u. Abtheilungschef des geodätischen
Instituts, 1868. (Körnerstr. 23.)

428. „ Dr. — , R., 1868. (Louisenstr. 35.)

429. „ **Jägert,** C. W., Geh. Regierungsrath, 1841. (Potsdamerstr. 138.)

430. „ **v. Saint-Paul-Illaire,** C., Corvetten-Capitain, Hofmarschall, 1865.
(Karlsbad 24.)

431. „ **Sala,** C., Rentier, 1872. (Kochstr. 12.)

432. „ **Saling,** P., Stadtgerichtsrath, 1866. (Königin-Augustastr. 48.)

433. „ **Sass,** B., Geh. Rechnungsrath, 1876. (Lützowstr. 36.)

434. „ Dr. **Sattig,** 1876. (Neuenburgerstr. 20.)

435. „ **Schalow,** Kaufmann, 1874. (Ziegelstr. 23.)

436. „ **Schallehn,** Bernhard, Geh. Regierungsrath, 1875. (Genthinerstrasse. 36.)

437. „ Dr. **Schirmer,** J., Oberlehrer an der Königstädtischen Realschule,
1869. (Landsbergerstr. 9.)

438. „ **Schlenther,** F., Buchhändler, 1873. (Leipzigerstr. 133.)

439. „ **Schlesinger,** Heinrich, Rentier, 1870. (Schadowstr. 11.)

440. „ Graf **Schlippenbach,** Major, Kammerherr Sr. Majestät des Kaisers
und Königs, 1875. (Alsenstr. 10.)

441. „ Dr. **Schmidt,** A., Astronom, 1875. (Belleastr. 82.)

442. „ **Schmidt,** J., Kaufmann, 1874. (Sommerstr. 6.)

443. „ **Schmückert,** H., Justizrath, 1860. (Puttkammerstr. 19.)

444. „ Dr. **Schneider,** F. R., Professor a. d. Universität und Artillerie-
schule, 1855. (Friedrichstr. 98.)

445. „ **Schneider,** Regierungsrath, 1875. (Genthinerstr. 11.)

446. „ — , P., Magistrats-Assessor, 1873. (Poststr. 8.)

447. „ Dr. **Schödler,** F., Professor an der Dorotheenstädtischen Realschule, 1853. (Marienstr. 9.)

448. „ **Schönfelder,** B., Geh. Oberbaurath, 1857. (Köthenerstr. 32.)

449. „ **Schönstedt,** Kammergerichtsrath, 1875. (Dessauerstr. 28.)

450. „ **Schöppenberg,** G., Fabrikbesitzer und Director der Continental-
Pferdeeisenbahn-Actien-Gesellschaft, 1861. (Linienstr. 155.)

451. „ Dr. **Scholle,** Fr., Oberlehrer an der Dorotheenstädtischen Realschule, 1868. (Lützowstr. 79.)

452. „ Dr. **Scholz,** J., Oberlehrer an der Victoriaschule, 1868. (Ska-
litzerstr. 141 a.)

453. Herr Dr. **Scholz**, P., Lehrer an der Friedrichs-Realschule. 1875. (Marienstr. 3.)

454. „ **Schraut**, Regierungsassessor im Reichskanzleramt. 1875.

455. „ **Schröder**, C. G. F., Partikulier. 1840. (Invalidenstr. 32.)

456. „ **Schubert**, C. A., Kaufmann, 1869. (Poststr. 22.)

457. „ Dr. **Schubring**, Oberlehrer, 1875. (Kleinbeerenstr. 10.)

458. „ **Schütze**, F., Major a D., 1865. (Zimmerstr. 92.)

459. „ **Schuhmann**, P. L., Wirkl. Geh. Rath und Unterstaats-Secretair, 1854. (Victoriastr. 13.)

460. „ Dr. **Schultz**, A. W. F., Physicus u. Medicinalrath, 1831. (Linienstrasse 127.)

461. „ Dr. **Schultze**, Oscar, 1874. (Prinzenstr. 74.)

462. „ **Schulz**, F., Major, 1870. (Potsdamerstr. 25.)

463. „ Dr. **Schwalbe**, B., Professor an der Königl. Realschule, 1872. (Albrechtstr. 12 a.)

464. „ Dr. **Schwarz**, A., Stadtgerichtsrath, 1874. (Hallesches Ufer 21.)

465. „ Dr. **Schwerin**, 1874. (Schmidtstr. 29.)

466. „ **Seeger**, C., Rentier. 1874. (Potsdamerstr. 39 a.)

467. „ **Seickmann**, H. J. L., Professor am Kölnischen Gymnasium, 1854. (Blumenstr. 74.)

468. „ **Seeler**, F., 1876. (Behrenstr. 63.)

469. „ **v. Seydewitz**, Kammergerichtsrath, 1876. (Tempelhofer Ufer 21.)

470. „ **v. Siefart**, F., Major im Kaiser Franz-Garde-Grenadier-Regiment, 1865. (Luckauerstr. 11.)

471. „ Dr. **Siemens**, W., Mitglied d. Akademie der Wissenschaften, 1853. (Markgrafenstr. 94.)

472. „ **Simon**, Otto, Kaufmann, 1869. (Hegelplatz 1.)

473. „ Dr. **Söchting**, E. W. C., 1862. (Potsdamerstr. 120.)

474. „ Dr. **Spörer**, G., Professor an dem Astrophysikalischen Institut in Potsdam, 1875.

475. „ **Stahl**, F. M., Kaufmann, 1874. (Markgrafenstr. 87.)

476. „ Dr. **Starcke**, P., Ober-Stabsarzt, dirigirender Arzt der Charité, 1870. (Louisenstr. 46.)

477. „ **Starke**, Wilhelm, Geh. Justizrath, 1870. (Wilhelmstr. 19.)

478. „ **Steinberg**, Rentier, 1863. (Nostizstr. 19.)

479. „ **v. Stosch**, A., Excellenz, Admiral und Chef der Kaiserlichen Admiralität, 1869. (Leipziger Platz 12.)

480. „ Dr. **v. Strampff**, H., Excellenz, Wirkl. Geh. Rath und erster Präsident des Kammergerichts, 1856. (Eichhornstr. 5.)

481. „ **v. Strantz**, Major a. D., 1875.

482. „ **Straube**, J., Kartograph und Inhaber eines geographisch-lithographischen Instituts, 1868. (Zimmerstr. 15.)

483. „ Dr. **Strauss**, Hofprediger, 1847. (Potsdam, Priesterstr. 10.)

484. „ **Streichenberg**, A. J., Professor und Bildhauer, 1863. (Magdeburgerstr. 28.)

485. Herr **Stricker**, Verlagsbuchhändler, 1874. (Melchiorstr. 30.)
486. „ **Struckmann**, J., Ober-Tribunalsrath, 1876. (Magdeburgerst. 6.)
487. „ **Stubenrauch**, H., Justizrath und Rechtsanwalt beim Kreisgericht, 1870. (Charlottenstr. 86.)
488. „ Dr. **Stueve**, G., Geh. Ober-Regierungsrath u. vortragender Rath im Handelsministerium, 1873. (Genthinerstr. 13 d.)
489. „ **Stumm**, Lieutenant im 1. Westphäl. Husaren-Regiment, 1874. (Unter den Linden 61.)
490. „ **Stumpf**, Oberst und Commandeur der 3. Feld-Artillerie-Brigade, 1874. (Hallesches Ufer 19.)
491. „ **Sturz**, General-Consul a. D. (Friedenau, Bahnstr. 3.)
492. „ **Sydow**, Wirkl. Geheimer Rath, Unter-Staatssecretair im Cultusministerium, 1875. (Schöneberger Ufer 36.)
493. „ Dr. **Tamnau**, Fr., 1843. (Markgrafenstr. 11.)
494. „ **Tenzer**, L., Kammergerichtsrath, 1860. (Spittelmarkt 7.)
495. „ **Theremin**, L., Legationsrath und General-Consul a. D., 1870. (Paulstr. 2.)
496. „ Freiherr v. **Thielemann**, Rittergutsbesitzer, 1875.
497. „ Dr. **Thompson**, J. P., Schriftsteller. (Schöneberger Ufer 28.)
498. „ Dr. **Thorner**, Eduard, prakt. Arzt, 1872. (Oranienstr. 45.)
499. „ **Thurein**, H., Oberlehrer an der Dorotheenstädtischen Realschule, 1872. (Chausseestr. 39.)
500. „ Dr. **Tietjen**, F., Professor an der Universität, 1865. (Neuenburgerstrasse 8.)
501. „ Dr. **Töche**, Verlagsbuchhändler, 1875. (Kochstr. 69.)
502. „ Freiherr v. **Trauttenberg**, K. K. österr. Botschafts-Secretair, 1874. (Pariser Platz 2.)
503. „ Dr. **Treschel**, Oberlehrer an der Königstädtischen Realschule, 1842. (Melchiorstr. 29.)
504. „ **Tuttle**, Herbert, Correspondent der New York Tribune und des London Daily News, 1874. (Hohenzollernstr. 22.)
505. „ v. **Uhden**, A., Excellenz, Staatsminister a. D., Chef-Präsident des Ober-Tribunals, 1841. (Margarethenstr. 13.)
506. „ **Ulfert**, Rud., Justizrath, Rechtsanwalt und Notar, 1861. (Markgrafenstr. 78.)
507. „ Dr. jur. **Ullmann**, Stadtrath, 1874. (Margarethenstr. 4.)
508. „ Graf **Unrub**, L., Consistorialrath, 1874. (Landgrafenstr. 4.)
509. „ Dr. **Urban**, Ign., Lehrer, 1874. (Lichterfelde.)
510. „ Dr. **Veit**, Sanitätsrath, 1874. (Matthäikirchstr. 5.)
511. „ v. **Versen**, Adalbert, Hauptmann im 2. Garde-Regiment zu Fuss. 1876. (Friedrichstr. 107.)
512. „ Dr. **Virchow**, R., Geh. Medicinalrath, Prof. an der Universität, Mitglied der Akademie der Wissenschaften, 1872. (Schellingstrasse 10.)

513. Herr Dr. **Vogel**, H., Professor an der Gewerbe-Akademie. 1868. (Regentenstr. 24.)
514. „ Dr. **Voss**, prakt. Arzt, 1870. (Alte Jacobstr. 167.)
515. „ Dr. phil. **Wachsmann**, 1874. (Spittelmarkt 7.)
516. „ Dr. **Wagner**, Adolph, Professor an der Universität, 1870. (Genthinerstr. 23.)
517. „ **Wagner**, Adolph, Fabrikant, 1873. (Ritterstr. 25.)
518. „ — , Ed., Kaufmann, 1875. (Schöneberger Ufer 14.)
519. „ **Walker**, Beauchamp, C. B., General-Major und Militair-Attaché bei der Grossbritannischen Botschaft, 1860. (Leipzigerstr. 1.)
520. „ **Wallich**, Herm., Director d. Deutschen Bank, 1871. (Burgstr. 29.)
521. „ **Wandel**, A. P. H., Geh. Admiralitätsrath, 1868. (Königgrätzerstrasse 45.)
522. „ Dr. **Wattenbach**, Prof. a. d. Universität, 1874. (Lützow-Ufer 1.)
523. „ Dr. **Weber-Liel**, Friedrich Eugen, Docent an der Universität, 1873, (Jägerstr. 75/76.)
524. „ Dr. **Websky**, Professor an der Universität, Mitglied der Akademie der Wissenschaften, 1874. (Königin-Augustastr. 34.)
525. „ Dr. **Wegner**, A., Generalarzt, 1873. (Vossstr. 17.)
526. „ **Weidling**, Buchhändler, 1873. (Dessauerstr. 34a.)
527. „ Dr. **Weiss**, C., Professor, 1873. (Kurfürstenstr. 31.)
528. „ Dr. **Weissenborn**, Fabrikbesitzer, 1874. (Neuenburgerstr. 25.)
529. „ **Welcker**, Kartograph des hydrograph. Büreaus der Kaiserlichen Admiralität, 1875. (Köthenerstr. 28.)
530. „ **Wentzel**, Osc., Geh. Ober-Justizrath, 1872. (Dessauerstr. 12.)
531. „ Dr. **Wenzlaff**, F., Professor und Director der Königstädtischen Realschule, 1860. (Keibelstr. 31.)
532. „ v. **Zur Westen**, B., Stadtgerichtsrath, 1869. (Wilhelmstr. 86.)
533. „ Dr. **Westphal**, Carl, Professor an der Universität und dirig. Arzt an der Charité, 1872. (Kronprinzen-Ufer 6.)
534. „ **Wetzel**, F., Lehrer an dem Königl. Lehrerinnen-Seminar, 1859. (Puttkammerstr. 10.)
535. „ Dr. **Wetzstein**, J. G., Consul a. D., 1862. (Auguststr. 69.)
536. „ **Weymann**, Kaiserl. Regierungsrath, 1874. (Tempelhofer Ufer 2.)
537. „ **Wiebe**, F. K. H., Professor an der Königl. Bau- und der Königl. Gewerbe-Akademie, 1873. (Schöneberger Ufer 14.)
538. „ **Wiegand**, E., Kaufmann, 1876. (Wartenburgstr. 22.)
539. „ **Wieland**, H., Dr. med. und Geh. exped. Secretair im Kriegsministerium, 1864. (Invalidenstr. 59.)
540. „ v. **Wilmowski**, Geh. Cabinetsrath, 1858. (Leipzigerstr. 76.)
541. „ v. **Winckler**, Hauptmann im Garde-Feld-Artillerie-Regiment, 1874. (Carlstr. 40.)
542. „ v. **Windheim**, Kammergerichtsrath, 1875. (Grossbeerenstr. 82.)
543. „ Dr. **Wittmack**, M. C. L., Custos des landwirthschaftl. Museums, 1868. (Schützenstr. 26.)

2*

544. Herr **v. Witzleben**, Premier-Lieutenant im Brandenburgischen Husaren-Regiment No. 3 (Zieten'sche Husaren), command. beim Stabe der 3. Armee-Inspection, 1875. (Dessauerstr. 24.)

545. „ Dr. **Wohlthat**. H. G. F., Schulvorsteher, 1852. (Neue Grünstr. 21.)

546. „ **Woldt**, A., Schriftsteller, 1875. (Fischerstr. 15.)

547. „ **Wolff**, C. D., Banquier, 1863. (Französischestr. 20u.)

548. „ — , Reinh. F., Fabrikant u. Kaufmann, 1871. (Kochstr. 73.)

549. „ — , Alexander, Fabrikbesitzer, 1872. (Victoriastr. 12.)

550. „ — , Reinhold, Privatdocent in Halle und Hülfsarbeiter am landwirthschaftlichen Ministerium, 1875. (Mittelstr. 44.)

551. „ **Wollheim**, Cäsar, Commerzienrath. 1875. (Bellevuestr. 15.)

552. „ **v. Wulffen**, gen. **Küchmeister v. Sternberg**, Arth., Kammerherr Sr. Majestät des Kaisers, 1874. (Alsenstr. 10.)

553. „ **v. Wussow**, Geh. Ober-Regierungsrath, 1874. (Luckenwalderstr. 1.)

554. „ **Zaller**, S., Kaufmann, 1869. (Unter den Linden 61.)

555. „ Dr. **Zenker**, W., 1861. (Charlottenburg, Fasanenstr.)

556. „ Dr. **Zermelo**, Oberlehrer an der Friedrich-Werderschen Gewerbe-schule, 1872. (Brandenburgstr. 43.)

557. „ **Zernecke**, Hülfsarbeiter im hydrograph. Bureau, 1874. (Fischer-strasse 13.)

558. „ Dr. **Zimmermann**, E., 1875. (Kurfürstenstr. 49.)

559. „ Dr. **Zülzer**, Docent und dirigirender Arzt in der Charité, 1874. (Wilhelmstr. 68.)

560. „ **Zwicker**, H., Geh. Commerzienrath, 1873. (Gertraudtenstr. 16.)

B. Auswärtige Ordentliche Mitglieder.

1. Herr **Annecke**, W., Kaiserl. Deutscher Consul zu Shanghai (China).

2. „ **Barchewitz**, Hauptmann a. D., z. Z. in Tyrol.

3. „ Freiherr **v. Berckheim**, Grossherzogl. Badischer Kammerherr in Weinheim.

4. „ **Bernoulli**, Geh. Kanzleirath a. D., zu Wriezen a. Oder.

5. „ **Bismarck**, C., Kaiserl. Deutscher Consul, zu Tientsin in China.

6. „ **Blau**, Kaiserl. Deutscher General-Consul, zu Odessa.

7. „ Dr. **Boergen**, Director des Kaiserl. Marine-Observatoriums, Wilhelmshaven.

8. „ **Brough**, R. S., Assist. Superintendent Electric Gov. tel. of India, in Calcutta.

9. „ **Brunnemann**, Rechtsanwalt in Greifenhagen.

10. „ **Cappel**, A., Director of Traffic, Gov. tel. of India, in Calcutta.

11. „ Freiherr **v. Eisendecher**, Kaiserl. Ministerresident in Japan.

12. „ Dr. **Fritsche**, Director des Kaiserl. Russischen Observatoriums, zu Peking.

13. „ Dr. **v. Fritsch**, Professor, zu Halle a. Saale.

14. Herr Freiherr v. **Hammer-Purgstall**, K. K. Hauptmann a. D. und Reichs-tags-Abgeordneter auf Hainfeld in Steiermark.
15. „ Dr. **Hechler**, Professor und Erzieher des Prinzen Ludwig Wilhelm von Baden, in Baden.
16. „ **Hess**, Gymnasial-Director in Rendsburg.
17. „ Dr. **Hirth**, F., am Kaiserl. Zollamt in Canton, China.
18. „ **Hirth**, Ferd., Königl. Universitätsbuchhändler in Breslau.
19. „ Dr. **Hoering**, Ober-Stabsarzt in Kiel.
20. „ **Hyde**, R. S., Colonel, Master of H. M. Mint, President of the Asiatic Society, in Calcutta.
21. „ Dr. **Kirchhoff**, Professor zu Halle a. Saale.
22. „ Dr. **Kupfer**, prakt. Arzt zu Cassel.
23. „ v. **Lamezan**, Kaiserl. Deutscher Vice-Consul in Odessa.
24. „ **Lindau**, R., Kaiserl. Deutscher Consul, zu Marseille.
25. „ Freiherr v. **Maltzan**, auf Federow bei Waren in Mecklenburg.
26. „ **Medlicott**, H. B., Deputy Superintendent Geological Survey of India, in Calcutta.
27. „ Dr. **Naumann**, Marine-Stabsarzt.
28. „ **Philippi**, R., Kreisrichter in Königsberg i. Pr.
29. „ **Ribbendrop**, India forest department in Lahore (Punjab).
30. „ Freiherr v. **Richthofen**, E., Hauptmann in der 14. Artillerie-Bri-gade, Carlsruhe in Baden.
31. „ **Rickmers**, P., Schiffsrheder, zu Bremerhaven.
32. „ — , R. C., Schiffsrheder in Bremerhaven.
33. „ — , Andreas, Schiffsrheder in Bremerhaven.
34. „ Dr. **Roth**, General-Arzt, zu Dresden.
35. „ Dr. **Sadebeck**, Professor in Kiel.
36. „ Dr. **Schur**, Assistent an der Sternwarte in Strassburg.
37. „ Dr. **Schweinfurth**, Präsident der geographischen Gesellschaft in Cairo, (z. Z. in Cairo.)
38. „ **Schwendler**, L., Expert Electrician, Gov. tel. of India, in Calcutta.
39. „ Dr. v. **Seebach**, Professor in Göttingen.
40. „ Graf v. **Sierakowsky**, A., Waplitz in Westpreussen.
41. „ **Stavenhagen**, Major in Eisenach.
42. „ Dr. **Tuckermann**, z. Z. in New-York.
43. „ **Walter**, F. G. B., Professor a. D., Giessendorf bei Berlin.
44. „ Dr. **Wagner**, G., Professor in Yedo (Japan.)
45. „ **Waterhouse**, R. A., Cap., Assistant Surveyor general of India in Calcutta.
46. „ **Westermann**, George, Verlagsbuchhändler in Braunschweig.
47. „ **Willinek**, Landschaftsmaler, zu Suderode am Harz.
48. „ **Witte**, Appellationsgerichtsrath, zu Breslau.

C. Correspondirende und Ehrenmitglieder.

1. Herr Dr. Avé-Lallemant in Lübeck.
2. „ Dr. v. Baer, Staatsrath, Mitglied der Akademie der Wissenschaften in St. Petersburg.
3. Sir Baker, Samuel W., in London, 1868.
4. Herr Bancroft, George, ehemaliger Gesandter der Vereinigten Staaten von Nordamerika in Berlin, 1868.
5. „ Bates, Henry Walter, Assistant Secretary of the Royal Geographical Society, in London, 1868.
6. „ Dr. Behm. E., in Gotha.
7. „ Bielz, E. A., Finanzbezirks-Commissarius, in Herrmannstadt.
8. „ Dr. Ami Boué, Mitglied der Kaiserl. Akademie der Wissenschaften in Wien.
9. „ v. Blaramberg, Kaiserl. Russischer General-Lieutenant in St. Petersburg.
10. „ v. Brandt, Maximilian, Kaiserl. Deutscher Ausserordentlicher Gesandter und bevollmächtigter Minister in China, 1874.
11. „ Dr. Bruhns, Professor und Director der Königlichen Sternwarte in Leipzig.
12. „ Burton, Richard, Capitain, K. Britischer Consul in Triest.
13. „ Chanikoff, Kaiserl. Russischer Staatsrath, z. Z. in Paris.
14. „ Coëllo, Francisco, Colonel-Capitain der Ingenieure in Madrid.
15. „ Cornelissen, J. E., Director in Utrecht.
16. „ de Crespigny, Claude, K. Grossbritannischer Marine-Capitain.
17. „ Dr. v. Czörnig, Excellenz, K. K. Ministerialrath in Wien.
18. „ Darwin, Charles, F. R. S., in London.
19. „ Desor, E., Professor, in Neufchatel.
20. „ de Dios Ramas Izquierda, Juan, Director des hydrographischen Instituts in Madrid.
21. „ Dr. Dönitz, Professor, in Yedo.
22. „ Domeyko, Ignacio, in St. Jago de Chile.
23. „ Dubois, Lucien, employé au ministère de la marine et des colonies in Paris.
24. „ Engelmann, prakt. Arzt in St. Louis in Nordamerika.
25. „ Faidherbe, General in Paris.
26. „ v. Fliegely, K. K. Feldmarschall-Lieutenant, Director des militair.-geographischen Instituts in Wien.
27. „ Foetterle, K. K. Ober-Bergrath in Wien.
28. „ af Forselt, Carl, Oberst in Stockholm.
29. „ Dr. v. Frantzius, A., Professor, Generalsecretair der deutschen Anthropologischen Gesellschaft, in Freiburg i. Br.
30. „ Fremont, General, in New-York.
31. „ Galton, Francis, F. R. S., Honorary Secretary of the Royal Geographical Society, in London.

32. Herr Dr. **Göppert**, H., Geh. Medicinalrath, Professor in Breslau. 1875.
33. „ **Göth**, Georg, Studien-Director u. Custos am Johanneum in Gratz.
34. „ **Guarmani**, Directeur de l'agence des messageries maritimes in Port-Saïd.
35. „ **v. Gülich**, Königl. Preuss. Minister-Resident, früher in Marokko.
36. „ **Guyot**, Professor, in New-York.
37. „ Dr. **Hann**, Professor und Director des K. K. meteorologischen Instituts zu Döbling bei Wien.
38. „ Dr. **Hayes**, Isaac, in New-Haven, 1868.
39. „ **Hegemann**, Assistent an der Deutschen Seewarte in Hamburg.
40. „ **v. Helmersen**, Gregor, General-Major und Akademiker in St. Petersburg.
41. „ **Henry**, Joseph, Secretary of the Smithsonian Institution in Washington, 1868.
42. „ Dr. **v. Hochstetter**, Ferd., Hofrath, Professor am Polytechnikum und Präsident der K. K. geographischen Gesellschaft in Wien.
43. „ **Hunfálvy**, Johann, Professor und Mitglied der Akademie der Wissenschaften in Pesth.
44. „ **Huxley**, Th. H., E. R. S., Professor in London.
45. „ Dr. **Kirchenpauer**, Bürgermeister in Hamburg.
46. „ Dr. **Kohl**, J. G., Bibliothekar in Bremen.
47. „ **Koldewey**, Abtheilungsvorstand an der Seewarte in Hamburg.
48. „ **de Kok**, im Haag.
49. „ **Kriegk**, Professor in Frankfurt a. M.
50. „ **v. Krusenstern**, Admiral, in St. Petersburg.
51. „ **Kuijper**, J., in Amsterdam.
52. „ **Lindsay**, Hamilton, in London.
53. „ Dr. **Lorentz**, J. R., K. K. Ministerialrath in Wien, 1868.
54. „ Graf **Lütke**, Kaiserl. Russischer Admiral u. Präsident der Akademie der Wissenschaften in St. Petersburg.
55. „ **M'Clintock**, Francis Leopold, F. R. S., Admiral in der Königl. Grossbritannischen Marine.
56. „ **Maddock**, ehemals Gouverneur von Bengalen.
57. „ **Madoz**, Pasquale, in Madrid.
58. „ **Malte-Brun**, V. A., Secretair der geographischen Gesellschaft in Paris.
59. „ **Markham**, Clements R., C. B., in London.
60. „ **de St.-Martin**, Vivien, in Paris.
61. „ Dr. **Meinecke**, Professor und Director a. D., in Dresden.
62. „ **v. Middendorf**, Kaiserl. Russ. Staatsrath und beständiger Secretair der Akademie der Wissenschaften in Petersburg.
63. „ **Mitre**, Bartolomeo. Brigade-General, in Buenos-Ayres.
64. „ **Montgomerie**, T. G., Colonel in Ostindien.
65. „ **Wiesner v. Morgenstern**, Oberst-Lieutenant und Chef des Geniewesens in Paraguay.

66. Herr Dr. **Mouat**, Präsident des medicinischen Collegiums in Calcutta.
67. „ Dr. Baron **v. Mueller**, Ferd., in Melbourne, 1865.
68. „ **Negri**, Cristoforo, Commendatore in Florenz.
69. „ **Ney**, Elias, Assistant Political Resident in Mandalay (Birma.)
70. „ **v. Niemeyer**, Colonel-Ingenieur, in Rio Janeiro.
71. „ Dr. **Nordenskiöld**, A. E., Professor in Stockholm.
72. Se. Kaiserl. Hoheit d. Erzherzog **Ludwig Salvator** von Toskana in Prag.
73. Herr **Olsen**, F. C., Professor in Kopenhagen.
74. „ Baron **v. Osten-Sacken**, Th. R., Mitglied der Kaiserl. Akademie in St. Petersburg.
75. „ **Payer**, Julius, K. K. Oesterreichischer Ober-Lieutenant a. D.
76. „ **Perrot**, Guillaume, in Paris.
77. „ Dr. **Petermann**, August, Professor, Redacteur der „geographischen Mittheilungen" in Gotha.
78. „ Dr. **Philippi**, Professor in St. Jago de Chile.
79. „ Dr. **Plantamour**, E., Director der Sternwarte in Genf, 1868.
80. „ **Przewalski**, K. Russischer Hauptmann in St. Petersburg.
81. „ Dr. **Pruner-Bey**, Mitglied des Instituts in Paris.
82. „ **de Quatrefages**, Mitglied des Instituts in Paris.
83. „ Dr. **Radde**, Gustav, Director des naturhistorischen Museums in Tiflis.
84. „ Dr. **Radloff**, Wilhelm, K. Russischer Staatsrath und Professor, in Kazan.
85. „ Dr. **Rae**, J., in London.
86. Don **Ramon de la Sagra**, in Madrid.
87. Sir **Rawlinson**, Henry, K. C. B., F. R. S., Major-General in London.
88. Herr **Reimand**, J. J., Membre de l'Institut, Paris.
89. „ **Renan**, E., Professor und Mitglied des Instituts in Paris.
90. „ **v. Ricci**, General-Lieutenant in Turin.
91. „ **Richards**, F. R. S., George, Admiral, in London.
92. „ **Rink**, H., Inspector der Dänischen Colonien in Grönland.
93. „ Dr. **Rohlfs**, Gerhard, Hofrath in Weimar.
94. „ Baron **de la Roncière de Noury**, Admiral, Präsident der Société de Géographique in Paris.
95. „ Dr. Graf **v. Roon**, General-Feldmarschall.
96. „ Dr. **Rosen**, Kaiserl. Deutscher General-Consul a. D.
97. „ **de Rosny**, Léon, Professor, Mitglied des Instituts in Paris.
98. „ Dr. **Ruge**, Sophus, Professor in Dresden.
99. „ Dr. Edler **v. Ruthner**, Anton, K. K. Hof- und Gerichts-Advocat in Wien, 1868.
100. Sir **Sabine**, Edward, K. C. B., Pres. R. S., General-Lieutenant, in London.
101. Herr **Salas**, Saturnino, früher Präsident des topographischen Bureaus in Buenos-Ayres.
102 „ **Sanner**, Geograph in Philadelphia.

103. Herr **Sarmiento**, Domingo, früherer Präsident der Argentinischen Republik in Buenos-Ayres.
104. „ **v. Scheda**, K. K. Director, Chef des militairisch-geographischen Instituts in Wien.
105. „ Dr. **v. Scherzer**, Carl, K. K. österreichisch-ungarischer General-Consul in Smyrna.
106. „ Dr. **Schmarda**, Ludwig, Professor der Zoologie in Wien.
107. „ Dr. **Schrenck**, Professor in Dorpat.
108. „ **Schuller**, J. G., Professor in Herrmannstadt.
109. „ **v. Semenoff**, Präsident der Kaiserl. geographischen Gesellschaft in St. Petersburg.
110. „ **Sonklar v. Instätten**, Oberst, Professor an der Militair-Akademie in Wiener Neustadt, 1868.
111. „ **Spratt**, Capt. R. N., in London.
112. „ Dr. **Sprenger**, Aloys, in Heidelberg.
113. „ **Ssewertsoff**, in St. Petersburg.
114. „ **Steinhauser**, K. K. Rath in Wien.
115. „ Dr. **Strehlke**, Professor und Director in Danzig.
116. „ Dr. **Studer**, Professor in Bern.
117. „ **Sundewall**, Capitain zur See, in Schweden.
118. „ **Thayer**, Nathaniel, Esq., in Boston.
119. „ Dr. **Thomas**, Professor und Ober-Bibliothekar in München
120. „ **Torell**, Otto, Professor in Stockholm.
121. „ **v. Tschichatscheff**, A. Platow, in St. Petersburg.
122. „   —   , Peter, in Paris.
123. „ **v. Tschudi**, Naturforscher in Wien.
124. „ **Tyndall**, John, in London.
125. „ Dr. **Ule**, in Halle.
126. „ **Vámbéry**, Herrmann, Professor an der Universität in Pest, 1868.
127. „ **Visconti**, Ferdinand, Oberst in Neapel.
128. „ Dr. **Wagner**, Moritz, Professor in München.
129. „ Dr. **Wappaeus**, Hofrath und Professor in Göttingen.
130. Sir **Waugh**, A. Scott, F. R. S., Major-General, Bengal Engineers.
131. Herr **Weyprecht**, Carl, K. K. Oesterreichischer Schiffslieutenant in Triest.
132. „ **Yule**, Henry C. B., Colonel, in London.
133. „ **Ziegler**, J. M., Ingenieur-Geograph und Gutsbesitzer in Palmengarten bei Winterthur.
134. „ Dr. **Ziegler**, Alexander, Hofrath in Ruhla.

Sitzung vom 8. Januar 1876.

Vorsitzender: Herr v. Richthofen.

Vorgänge bei der Gesellschaft.

Der Vorsitzende begrüsst im Namen des neuen Vorstandes die Versammlung bei dem Beginne des neuen Jahres. Er erwähnt sodann als eines der wichtigsten geographischen Ereignisse die kürzlich (im November 1875) erfolgte Ankunft des Lieutenant Cameron zunächst in Katombela und dann in Loanda an der Westküste von Afrika. Vor $2^1/_2$ Jahren sei Cameron von Zanzibar aus aufgebrochen, um Livingstone aufzusuchen, aber seit Mai 1874 für uns am Tanganyika-See verschwunden; jetzt nach $1^1/_2$ Jahren sei er wieder an der West-küste erschienen, und somit der Erste, welcher Afrika von Osten nach Westen und zwar von Küste zu Küste durchschritten habe.

Herr R. Kiepert knüpft hieran einige Bemerkungen über die Bedeutung dieser Reise für die Kenntniss des Innern von Afrika und seiner Flusssysteme, welche durch die Ergebnisse der Cameron'schen Reise wesentlich modificirt werden dürfte. Nach dem Eintreffen näherer Nachrichten über diese Reise werden weitere Mittheilungen über die-selbe gemacht werden. Unter den eingegangenen Geschenken hebt der Vorsitzende besonders das auf Kosten der belgischen Regierung von van Raemdonck veröffentlichte Facsimile der Erd- und Himmels-kugel von Gerard Mercator. Herr H. Kiepert bemerkt hierbei, dass dieser als verloren betrachtete Globus auf einer Auction in Genf wieder aufgefunden und nun auf photo-lithographischem Wege in 14 Blättern vervielfältigt sei.

Nach Verlesung der von Herrn Dr. Lenz aus dem Okambe- und Asimbe-Land eingegangenen Briefe (s. Verhandl. d. Gesellsch. f. Erdk. Bd. II. 1875 pag. 249 ff.) giebt Herr Nachtigal einige Nachrichten über die anderen deutsch-afrikanischen Expeditionen und deren weitere Aussichten.

Der Gesellschaft sind beigetreten:

Als Ansässige Ordentliche Mitglieder: Herr Gustav Herzbruch, Major im 2. Garde-Regiment zu Fuss; — Herr Adalbert v. Versen, Hauptmann im 2. Garde-Regiment zu Fuss; — Herr B. Sass, Geh. Rechnungsrath; — Herr Dr. med. G. A. Fischer;

— Herr J. Struckmann, Ober-Tribunalsrath; — Herr Anton von dem Knesebeck; — Herr G. Reder, Regierungs- und Baurath; — Herr Baron v. Gyldenkrone, Secretair der Königl Dänischen Gesandtschaft; — Herr v. Seydewitz, Kammergerichtsrath; — Herr Dr. Lenz; — Herr E. Wiegand, Kaufmann; — Herr Louis Henschel, Kaufmann; — Herr Dr. Lamp, Assistent am Königl. geodätischen Institut; — Herr E. Seler; — Herr v. Pelet-Narbonne, Major im Kriegsministerium; — Herr Dr. Krüger, Hanseatischer Ministerresident; — Herr Dr. Sattig; — Herr Dr. Lamprecht, Gymnasiallehrer.

Als Auswärtiges Ordentliches Mitglied: Herr Hess, Gymnasialdirector in Rendsburg.

Vorträge.

Herr Neumayer: Die Pflege der Hydrographie und maritimen Meteorologie in ihrem Einflusse auf verwandte Wissenschaften.

Herr Neumayer wies zunächst darauf hin, dass er schon vor vier Jahren in dieser Gesellschaft einige Vorträge über die Wind- und Stromkarten und deren praktische Verwerthung, ferner über die Anwendung der meteorologischen Instrumente als Werkzeuge der praktischen Schifffahrt, über die Bedeutung der Lehre vom Magnetismus für den Weltverkehr und deren Anwendung auf die Behandlung des Compasses auf eisernen Schiffen gehalten habe, und dass schon die Aufführung dieser Gegenstände, welche sämmtlich in das Gebiet der Hydrographie und maritimen Meteorologie gehören, genüge, um zu zeigen, wie vielgestaltig die leitenden Gesichtspunkte für diese Wissenschaften sein müssen; und dennoch umfassen sie, wie Redner nun ausführlich entwickelte, einen verschwindend kleinen Theil der grossen Aufgaben derselben.

Natürlich ist *Hydrographie* hier nur in dem maritimen Sinne zu verstehen, und nicht in dem geographischen, nach welchem man von der Hydrographie eines Landes spricht und hierunter die Beschreibung der Wasserläufe versteht; diese haben mit unserem Gegenstande nur insofern zu thun, als die Flussmündungen und das Gebiet der Gezeiten in denselben da, wo solche vorhanden sind, interessante Forschungsgegenstände abgeben.

Die Hydrographie im maritimen Sinne, wie sie sich im Laufe der Zeit herausgebildet hat, ist in hervorragendem Masse eine neue Wissenschaft, und die Institute zu ihrer Pflege sind Institute der Neuzeit und gerade deshalb von besonderem Interesse und für die geographische Forschung von eminenter Bedeutung.

Die ältere hydrographische Wissenschaft war nur berufen, die Küsten aufzunehmen und in Karten niederzulegen, analog der Topographie bei den Vermessungen eines Landes. Geht diese Aufnahme an den heimischen Seeufern bis in das kleinste Detail, charakterisirt sie alle Fahrwasser und Zugänge zu den Küsten, so erhalten wir, analog den Aufnahmen des Generalstabes auf dem Gebiete der Topographie, solche Karten, wie sie für die Zwecke der Kriegsführung erforderlich sind.

Dagegen dienen die sich auf die Hauptverkehrswege erstreckenden Aufnahmen vorzugsweise dem Verkehr und geben demgemäss Details auch nur für diesen Zweck wieder. Ausführung und Maassstab der Karten entsprechen in beiden Fällen den Bedingungen für ihre Zweckmässigkeit. Durch das aufgestellte Analogon ergiebt sich ohne weitere Erklärung der Charakter der damit in Verbindung stehenden Arbeiten; die Vermessung nach trigonometrischen Grundsätzen, die Bestimmung der Küstenhöhenverhältnisse, der Küstenprofile, der Wassertiefen, und endlich noch der Bodenbeschaffenheit, deren Erforschung bekanntlich, wenn auch ihre Anwendung für die Zwecke der Nautik noch in den ersten Anfängen steht, und welche, im Interesse der Praxis, noch sehr der Ausbildung bedarf, ein wichtiges Hilfsmittel für maritime Untersuchungen bildet.

Wenn im Mittelalter Portulan und Periplus in den aufgeschriebenen Legenden Alles das zusammenfassten, was dem Schiffer von Nutzen sein konnte, so haben wir in unseren, etwa den gleichen Zweck verfolgenden Arbeiten damit nicht mehr genug, vielmehr vereinigen wir alles Nützliche in Handbüchern, welche die sogenannten Segelanweisungen enthalten. Mit der Ausdehnung des Materials ist die Ausdehnung der Arbeit gewachsen. In der Beschaffung tüchtiger Karten und gediegener Beschreibungen der Küsten liegt eine der ersten Anforderungen an die Hydrographie, und zwar ebenso wohl rücksichtlich der Zwecke des Krieges, als der Bestrebungen des Friedens, des Handels.

Allein nicht nur für die eigenen Küsten hat ein Staat in dieser Hinsicht zu sorgen, sein Handel erstreckt sich, oder ist bestrebt, sich zu erstrecken, auch auf ferne Küsten, denen noch keine Vermessungen zu Theil geworden — und hier ist es Pflicht eines Staates in seinem eigenen Interesse sich auch für die Vermessung solcher fernen Küstengebiete, namentlich für gute Positions-Bestimmungen zu interessiren, gewissermassen in internationaler Weise. Die Schiffe des Staates müssen, wo immer sich die Gelegenheit dazu bietet, solche Aufgaben in Angriff nehmen, oft sind sie besonders dazu ausgesandt. Die Verarbeitung des auf diese Weise gewonnenen Materials ist Aufgabe der hydrographischen Organe einer Kriegsmarine. Aber es ist auch für dieselben nothwendig, das zusammengetragene, verarbeitete, stets sich mehrende, und stetiger Veränderung unterworfene Material zu beherrschen, stets „auf dem Laufenden" zu sein bezüglich Karten, Betonnung, Fahrwasserbeleuchtung u. s. w., ferner der Einsegelungen in allen Theilen der Erde, — welche steten Veränderungen unterworfen sind, — daher es denn weiter erforderlich ist, den Verkehr der einzelnen zur Pflege dieses Theiles der Hydrographie berufenen Institute untereinander zu organisiren, und zwar so, dass der Austausch des Materials rasch, sicher und authentisch wird.

Wenn hierdurch einerseits der Verkehr zur See sicherer — ich möchte sagen, der sichere Verkehr möglich wird — so wird andererseits ein geographisches Material zusammengetragen, welches, wenn systematisch zur Kenntniss gebracht, von hohem Werthe für das Studium der Geographie sein muss, und zwar nicht nur im engeren Sinne, — denn es darf nur daran erinnert werden, dass solches Material auch die Angaben der wichtigsten physikalischen Factoren enthalten muss: über Strömungen an den Küsten, über Gezeitenphänomene, über Boden und Ablagerungsverhältnisse, über Wind und Wetter und über magnetische Erscheinungen, bei diesen vor Allem über die Variation.

In dem, was ich bis jetzt gesagt, liegt nur die Definition der *Hydrographie* im älteren, vielleicht darf man sagen, engeren Sinne des Wortes, obgleich in der That der Wirkungskreis ein weiter ist, und deren Pflege die Blicke höher, bedeutender über die engen Grenzen eines Staates hinaus erhebt, wie wohl kaum eine andere Thätigkeit, und obgleich ferner auch das Feld heute noch ein unendlich grosses ist, wie uns die vor einigen Monaten erschienene neue Karte von Hull, welche den Zustand der hydrographischen Küstenvermessung über die Erde zum Gegenstande hat, dies sehr klar vor Augen führt.

Allein die neuere Zeit hat ein Gebiet hinzugefügt, welches seine Grenzen noch weiter zieht, nämlich die maritime Meteorologie, welche mit der Hydrographie in diesem neueren, weiteren Sinne so innig zusammenhängt, dass eine Trennung fast nirgends, eine Abgrenzung nur nach einzelnen Richtungen hin möglich ist. Die maritime Meteorologie bildet auch denjenigen Wirkungskreis, welchen ich mir heute besonders zur Illustration des Zusammenhanges mit anderen Wissenschaften auserwählt habe: die Erforschung des Meeres nach allen seinen physikalischen Verhältnissen und unter dem Einflusse des dasselbe umgebenden Luftmeeres. Hierhin gehört die Bearbeitung der Fragen über die Circulation der Gewässer, die Strömungen im Ocean. Man forscht nach den primären Ursachen derselben, und ebenso nach den sie modificirenden Einflüssen Ausser der Rotation der Erde, der Temperatur und dem Salzgehalte des Meerwassers sind Gestaltung und Tiefe des Meeresbodens hierbei wichtige Factoren und bedingen Lothungen bis zu den grössten Tiefen, an welche sich, ohne die Arbeit im Geringsten störend zu beeinflussen, Untersuchungen über das thierische und pflanzliche Leben im Oceane anreihen ebenso wohl wie die Untersuchung und Analyse der Bodenarten, theilweise im Interesse des praktischen Verkehrs, theilweise aber auch im

Interesse des Studiums der Genesis und der Umbildung der Kruste unserer Erde.

Zu diesen grossen Aufgaben treten noch die meteorologischen, und auf diesem Gebiete ist vielleicht am klarsten der Einfluss auf die Ausbildung verwandter Zweige zu erkennen. Die Ableitung von meteorologischen Grundgesetzen haben wir in erster Linie von den auf dem Ocean und an den Küsten desselben angestellten Beobachtungen zu erwarten, und haben sie in der That schon erhalten. Die Homogenität der Oberfläche, das nahezu gleiche Niveau gestattet die Untersuchungen über Druck- und Temperatur-Verhältnisse ohne erhebliche Störungen durch locale Einflüsse. Ein Gleiches gilt von der Feuchtigkeit der Luft und dem Winde nach Richtung und Stärke.

Es darf uns mit wohlbegründetem Stolze erfüllen, dass deutsche Gelehrte es waren, die in einer früheren Epoche der Entwickelung dieser Wissenschaft auf die genannten Grundsätze hingewiesen haben, dass aus dem Schosse dieser Gesellschaft nach dieser Richtung hin anregende Gedanken hervorgegangen sind. Und da ist es nicht allein Dove, der Nestor der meteorologischen Forschungen, dessen eminente Verdienste hervorzuheben wären, es ist noch ein Anderer, zwar nicht zu den Todten, wohl aber zu den nahezu verschollenen verdienstvollen Männern Gehörender, dem Worte der Anerkennung an dieser Stelle gezollt werden müssen — es ist Heinrich Berghaus, der in seinem 1842 herausgegebenen Werke „Sechs Reisen um die Erde" aus den Journalen der im Auftrage der preussischen Seehandlung gesegelten Schiffe in Bezug auf Physik und Hydrographie zum ersten Male die Resultate einer Reihe systematischer meteorologischer Beobachtungen zur See zusammenfasste und veröffentlichte. Jene Reisen gehen zurück bis zum Jahre 1823 — und erst im Jahre 1840 wurde zur Organisation meteorologischer Arbeiten zur See in Amerika geschritten unter dem berühmten Maury, dessen Arbeiten die Seerouten um die Erde mindestens um 20 Procent verkürzten.

Die Segelhandbücher der neueren Zeit, welche unter Anwendung meteorologischer Grundsätze die Routen über die Oceane niederlegen, sind das Resultat eines Systems organisirter meteorologischer Thätigkeit, ebenso die Karten, welche die physikalischen Verhältnisse der Oceane und des Luftmeeres darstellen und für die physikalisch-geographische Forschung von grosser Bedeutung sind. Zur Pflege dieses umfangreichen Gebietes bedarf es durchaus guter und zuverlässiger Instrumente, durch welche erst die unternommenen Arbeiten werthvoll werden können. Namentlich gehören hierher die Chronometer und die Compasse und ihre Behandlung an Bord eiserner Schiffe. Die Schwierigkeiten, mit denen der Seemann auf diesem Gebiete zu kämpfen hat, sind zu bedeutend, als dass dieser Punkt nicht ganz besonders betont werden müsste. Es ist nicht richtig, es dem Schiffseigner oder Rheder überlassen zu wollen, ob er sich zuverlässige Instrumente verschaffe oder nicht; keine anderen als sorgfältig geprüfte sollten zur Verwendung kommen; viele Seeunfälle sind auf Rechnung nicht hinreichend untersuchter nautischer Instrumente und auf die damit unvermeidlich verknüpfte Unsicherheit in ihrer Behandlung zu setzen.

Die hydrographischen Institute, denen solche Prüfungen obliegen, gliedern sich natürlich in mehrere Departements, deren jedes zwar eine gewisse wissenschaftliche Selbstständigkeit besitzt, die aber alle im Zusammenhange stehen müssen. Als Mittel zu sachgemässer Ausführung ihrer Arbeiten dienen den hydrographischen Instituten im engeren Sinne in erster Linie die Expeditionen für Tiefseeforschung, Vermessung etc., wie sie in neuester Zeit von der englischen „Challenger" der amerikanischen „Tuscarora" und der deutschen „Gazelle" ins Werk gesetzt sind; aber auch das aus der Kauffahrtei-Marine fliessende Material wird die eminent wichtigen Zwecke erheblichst fördern, wenn es von wissenschaftlichen Centralstellen verarbeitet und verwerthet wird. Die Sammelstellen sind vorzugsweise meteorologischer Natur, obgleich die Beschaffung und Prüfung tauglicher Instrumente auch in anderer Hinsicht zur Thätigkeit anregt. Und hierzu tritt daher auch passender Weise die Pflege der Küstenmeteorologie mit ihren Organen, sowie die der Wetter- und Küstentelegraphie.

Als Forschungsmittel für die maritime Meteorologie sind die Hunderte und Tausende von Reisen zu betrachten, welche im Interesse der Handelsthätigkeit unternommen werden und dabei die Gelegenheit zu Beobachtungen gewünschter Art benutzen. Ein Sporn zu solchen Beobachtungen ist die Reciprocität des Vortheils; die gewissenhaftesten Beobachter sind meistentheils diejenigen, deren Schiffe die besten Reisen auf der grossen Fahrt machen.

Beide Arten der oben erwähnten Institute — die hydrographischen und die Centralstellen für maritime Meteorologie können nicht nur, sondern müssen sogar in wohlgeordneten staatlichen Einrichtungen und Verhältnissen neben einander bestehen; sie müssen sich gegenseitig unterstützen und ergänzen, während ein Uebereinandergreifen in den Arbeitsgebieten zu vermeiden ist.

Nun noch ein Wort über die mit der Hydrographie verwandten Wissenschaften, deren Entwickelung durch die hydrographische Arbeit, in einem weiteren Sinne aufgefasst, gefördert werden kann, wenn die Organisation so gestaltet ist, wie sie eben dargelegt worden ist.

Die Definition der verwandten Wissenschaften ist einmal leicht und und auch wieder schwer; ersteres, weil fast alle Zweige der Naturwissenschaften durch eine weise Organisation gefördert werden können, letzteres, weil es gründliche Kenntniss in den einzelnen Gebieten erfordert, um diesen Einfluss in seinen fernsten Wirkungen erkennen zu können. Für den heutigen Zweck mögen folgende Bemerkungen genügen.

Die festere Begründung der physikalischen Geographie ist eigentlich mit Rücksicht auf die Meere nur durch die hydrographischen Arbeiten gelungen; Configuration der Ländermassen und deren Erkenntniss ist eine Grundbedingung für fast alle Folgerungen, die mit den Bewegungen im

Wasser zusammenhängen. Genaue Kenntniss der Figur der Erde durch astronomische Ortsbestimmungen und Untersuchungen der Niveauverhältnisse in Verbindung mit Pendel-Beobachtungen verdanken wir hydrographischen Expeditionen, ebenso Beobachtungen über die Gezeitenphänomene. Die allgemeine Meteorologie hat stets die grössten Vortheile aus den Beobachtungen auf See gezogen, ebenso die Lehre vom Magnetismus durch allgemeine Untersuchungen sowohl als durch die Special-Erscheinungen auf eisernen Schiffen. Dasselbe gilt von der Mechanik und der Wissenschaft der Instrumente. Pflanzen- und Thiergeographie des Meeres, Geologie und Bodenforschung, ebensowie Anthropologie, Ethnologie und Ethnographie können nicht nur, sondern werden sogar wesentlich und oft allein durch Reisen zu hydrographischen Zwecken gefördert, ja selbst Staatswissenschaft und Nationalökonomie können und müssen Vortheil daraus ziehen. Es erhellt daraus mit Evidenz die Bedeutung richtig organisirter hydrographischer Arbeiten für die verschiedensten Zweige der Forschung und für — den Staat. Die Einrichtung von Instituten, welche die gekennzeichneten Arbeiten pflegen sollen, ist daher eine Pflicht für den Staat und es ist eine weise Fürsorge, die nöthigen Mittel dafür zu beschaffen. Doch nur eine Leitung dieser Institute, welche sich auf den höheren Standpunkt auch im Interesse aller anderen Wissenschaften stellt, vermag nachhaltig wohlthätig zu wirken. Ein enger Gesichtspunkt mag nach einer Richtung nützen — die Lösung der eigentlichen Aufgabe verlangt umfassende Ziele! In Deutschland sind die Grundpfeiler dafür gelegt in drei Instituten, deren Entwickelung stetig fortschreiten muss: im hydrographischen Bureau der kaiserlichen Admiralität, in der deutschen Seewarte und in der Kieler Kommission zur Erforschung der deutschen Meere, welche sich schon so vielfache Verdienste erworben hat. Diese Institute sind berufen, die Wissenschaften, in deren Dienst sie errichtet wurden, in erster Linie zu fördern, sodann dem vaterländischen Handel und dem Verkehr zur See zum Vortheil zu gereichen, und den verwandten Wissenschaften, wo, wie und wann immer es möglich ist, zu dienen. Mögen sie ihren hochwichtigen Beruf stets erkennen und erfüllen.

Sitzung vom 5. Februar 1876.

Vorsitzender: Herr v. Richthofen.

Vorgänge bei der Gesellschaft.

Der Vorsitzende gedenkt zunächst des beklagenswerthen Verlustes, den die Gesellschaft durch den Tod des Königlichen Ober-Baurathes Erbkam erlitten hat. Der Verstorbene gehörte der Gesellschaft seit 1846 an und war eines der hervorragendsten Mitglieder derselben. Der Vorsitzende theilt ferner mit, dass der Verein für deutsche Nordpolarfahrt in Bremen eine wissenschaftliche Forschungsreise nach Westsibirien in die Thalgebiete des Obi und Jenissei ausrüsten will und die Leitung derselben dem Herrn Dr. Finsch übertragen hat. Die Herren Dr. Brehm und Graf Waldburg-Zeil werden sich dieser Expedition anschliessen.

Von dem Vorstande des internationalen orientalischen Congresses in St. Petersburg ist eine Einladung an die Gesellschaft für Erdkunde zur Entsendung eines Delegirten zu der für den 1. September d. J. festgesetzten Versammlung, sowie zur sonstigen zahlreichen Betheiligung eingegangen.

Der Vorsitzende begrüsst hierauf im Namen der Gesellschaft die von der Loango- resp. Angolaküste zurückgekehrten Herren Major v. Mechow und Oberlieutenant Lux. Letzterer gab hierauf eine Schilderung seiner Thätigkeit und Erlebnisse auf afrikanischem Boden (siehe Vorträge).

Der Gesellschaft sind beigetreten:

Als Ansässige Ordentliche Mitglieder: Herr v. Gilsa, Oberst-Lieutenant, Director der Königl. Artillerie-Schiessschule; — Herr Philippi, Hauptmann und Lehrer an der Königl. Artillerie-Schiessschule; — Herr v. Pelet-Narbonne, Rittergutsbesitzer; — Herr Freiherr v. Bodenhausen, Capitain-Lieutenant; — Herr Benecke, Buchhändler; — Herr Dr. Theodor Bach, Director der Sophien-Realschule; — Herr Dr. Abraham, Lehrer an der Sophien-Realschule; — Herr Dr. E. Wunschmann, Lehrer an der Sophien-Realschule; — Herr Ende, Baumeister; — Herr Dr. W. Ermann, Assistent an der Königl. Bibliothek; — Herr Buchholz, Hauptmann im Eisenbahn-Regiment.

Vorträge.

Herr k. k. österr. Oberlieutenant Lux (Mitglied der Angola-Expedition der deutschen afrikanischen Gesellschaft, als Gast): Reise von Malange bis Kimbundu und zurück.

Am 2. Mai 1875 kam ich in Loanda an der Westküste Afrika's an, und hörte aus dem Munde des Gouverneurs der portugiesischen Besitzungen

des Herrn Vice-Admiral Andrade, dass Herr Major v. Homeyer bereits in
Pungo-Andongo angekommen sei und dort auf meine Ankunft warte.
Ich benützte sobald als möglich den Dampfer, der im Quanzo-Flusse
(Coanzo) bis Dondo geht, musste mich aber dort noch längere Zeit wegen
Mangel an Trägern aufhalten und kam am 10. Juni in Pungo-Andongo an.
Ich fand dort Herrn v. Homeyer sehr krank am Fieber und Gelenk-
rheumatismus. Er war fest entschlossen, nicht in das Innere zu gehen,
sondern nach Europa zurückzukehren. Dieselbe Absicht hatte auch Herr
Soyaux.

Als ich dies hörte, entschloss ich mich, allein in das Innere zu gehen,
da ein längerer Aufenthalt hierselbst auch für mich gefährlich werden
konnte. Ich blieb daher nur den 11. Juni dort, vervollständigte meine
Ausrüstung und ging am 12. Juni mit Herrn Dr. Pogge nach Malange.

Malange liegt schon bedeutend höher und die Hitze lässt dort nach.
Wir hielten uns dort vier Wochen auf, wurden zwar vom Fieber etwas
befallen, jedoch nicht so bedeutend, dass wir hierdurch zur Rückkehr veranlasst worden wären. Wir mietheten 75 Träger zum Tragen des Gepäcks
und der Tauschartikel und noch 39 andere Schwarze, im Ganzen also
114 Mann. Die letzteren wurden theils als Sclaven, theils als Treiber für
die 8 mitgenommenen Reitstiere benützt.

Am 14. Juni reisten wir von Malange ab und schlugen zuerst den Weg,
der sich über das *Talamongonga-Gebirge* nach *Cassandsche* zieht, ein. Wir
gingen auf diesem Wege nur drei Tage weiter und von da schlugen wir
eine südöstliche Richtung ein. Der *Quango-Fluss*, den wir zu überschreiten
hatten, war, wie wir hörten, in seinem Oberlauf schon bedeutend ge-
schwollen und das Passiren sehr schwierig. Wir trachteten nach Süden
zu kommen, um weniger Wasser zu treffen. Wir kamen nach 23 tägiger
Reise in „terra da mussessa" an. Bei *Porto da mussessa* überschritten wir den
Quango-Fluss. Ich hielt mich vier Tage daselbst auf; Dr. Pogge blieb mit
seinen Leuten hier zurück, während ich beabsichtigte, an die Quelle des
Quango zu kommen, und will hier schon bemerken, dass der *Kassaby-Fluss*,
wie ich vermuthe, der Congo-Fluss ist; ich stütze meine Vermuthung auf
die Benennung in seinem Ober-, Mittel- und Unterlauf. Er heisst nämlich
von seiner Quelle ab im Oberlauf Kassaby, sodann Kassai und endlich bis
zur Einmündung in den bereits bekannten Zaïre (Congo) — Kassare. Es
kommt nun in den Negersprachen häufig vor, dass Silben oder Buchstaben
(besonders Nasallaute) manchen Wörtern vorgesetzt werden können, ohne
die Bedeutung zu ändern. So ist es mit der Silbe „Ka" in der Sprache
der Kioko. Lässt man nun diese Silbe bei den verschiedenen obigen
Namen weg, so wäre dann die Ableitung des „Zaïre" von „Kassaby" leicht
hergestellt.

Nach 44 Tagen kamen wir in *Kimbundu* an. Kimbundu liegt nach
einstweiliger Angabe, da ich meine Berechnungen noch nicht controliren
konnte, in 19° 31' östlicher Länge und etwas über 10° südlicher Breite.
Auf dieser Reise durchreisten wir drei Länder: zunächst das *Songo-Ge-*

biet; dieses beginnt bereits bei *Sansa.* Dieser Ort liegt an der Grenze der portugiesischen Besitzungen im 16° 59' östlicher Länge. Bei den Massongo's (so heisst das Volk in „Songo") kommen gewöhnlich die Könige (deren ich 32 sah) mit einem grossen Gefolge, um den Reisenden zu begrüssen und bringen Geschenke. Die Geschenke bestehen in Schafen, Ziegen, Schweinen und einem Strohgeflecht (N'Kinda) mit Mehl, welches aus der Maniok-Wurzel bereitet wird und das Hauptnahrungsmittel der Schwarzen bildet. Es ist von gräulicher Farbe und sehr nährend, jedoch nicht sehr schmackhaft; es schmeckt nur — wenn man drei Tage nichts anderes zu essen bekommen hat. Natürlich werden diese Geschenke nur in der Absicht gegeben, um reichlichere Gegengeschenke zu erhalten. Diese bestehen in Schnaps, Rum, Perlen, Zeug, Pulver, Messingdrath etc. und Feuersteingewehren. Von diesen hatten wir 30 Stück mit, die wir nach und nach an diese Könige abgaben. Sonst sind die Massongo's ein ruhiges friedliches Volk, das öfter mit portugiesischen Kaufleuten des Handels halber in Berührung kommt. Um an das linke Ufer des Quango-Flusses zu kommen, machen viele Kaufleute den Umweg durch dieses Land, weil die hier lebenden Völkerstämme den Weissen leichter passiren lassen, als die Quissama, Libollo und Bailundo.

Das Songo-Gebiet ist in drei Theile getheilt, wovon jeder dieser Theile unter einem bevorzugten Könige steht, und das Ganze steht wieder unter einem Könige, welcher der mächtigste des ganzen Territoriums ist. Es ist dies der Soba von Marimba.

Das Songo-Gebiet liegt an beiden Ufern des Quango und reicht bis zum Fusse des *Mossamba-Gebirges,* welches die rechte Thalwand des Flusses bildet. Hier hört jedoch bereits das Geschenkegeben auf. Die hier wohnenden Leute sehen nur höchst selten portugiesische Kaufleute und wissen nicht, wie sie mit ihnen verkehren sollen.

Vom Fusse des Mossambe-Gebirges kamen wir in das Land der *Kioko.* Es zieht sich weit nach Süden und umfasst die Quellen des Quango und und Kassaby. *Kimbundu* liegt schon in diesem Lande und gehört zu den Ländern, die dem *Muata Yanvo* tributpflichtig sind. Die Hauptstadt des *Muata Yanvo* heisst *Mussumbe,* und *Lunda* das ganze Land. Lunda ist ganz speciell zu unterscheiden von einem Orte, welcher auch Lunda heisst und die Hauptstadt des Muata Cazembe ist und wieder tributär dem Muata Yanvo ist.

Ueber die zwei Gebirgsketten Talamongonga und Mossamba, welche die beiden Thalwände des Quangothales bilden und von einem, von vier kleinen Bergen (Cassula, Carita, Cacoco und Cazembe) gebildeten Gebirgsstocke, auf welchem der Quango und Kassaby entspringen, ausgehen, kann ich nur sagen, dass die erstere eine durchschnittliche Höhe von 5000 Fuss hat. Dort, wo wir den höchsten Punkt überschritten, betrug die Höhe nach meiner Berechnung 4200 Fuss. Höher ist das Mossamba-Gebirge; es ist über 5000 Fuss hoch; wo ich jedoch das Gebirge überschritt, war es nur 3700 Fuss hoch. *Kimbundu* liegt auf einer Sandfläche, und wie mir die Einwohner sagten, steigt das Land nur einigermassen um die Mitte zu, so dass bedeutende Höhendifferenzen weiter im Innern gar nicht mehr vorkommen. Es berechtigt daher zu dem Glauben, dass das Plateau Inner-Afrika's bereits mit dem Mossambagebirge beginne.

Der Marsch von der Westküste Afrika's ins Innere geschieht auf Ochsen oder zu Fuss oder in der Tipoia. Letztere nahm ich mit, für den Fall, dass Einer von uns erkranken sollte. Die Hauptschwierigkeit des Marsches bieten aber nicht die Flüsse, sondern die Sümpfe. Wir hatten im Ganzen von Malange bis Kimbundu 19 Flüsse überschritten, welche Wasser hatten; freilich waren diese nicht sehr tief. Jedoch der Uebergang des *Quango* und des *Cucumbi* war sehr gefährlich. Wir überschritten ersteren auf einer Hängebrücke, gebildet aus Linnengewächsen. Es wurde eine Liane in der Dicke eines Armes über den Fluss gespannt; diese reichte mit ihrem tiefsten Punkt 2—3 Fuss unter das Wasser; eine zweite in der Höhe von 2 Fuss über der ersteren diente dazu, dass sich die Leute anhalten können, denn sie mussten auf der unteren Liane balanciren. Weil wir nicht durch das Wasser gehen wollten, mussten wir den Uebergang auf den Schultern unserer Träger unternehmen. Die Leute hatten Mühe, uns und das Gepäck (jedes Collo 100 Pfund schwer) über den Fluss zu bringen. Schafe, Ziegen u. s. w. mussten einzeln hinübergetragen werden, was noch schwieriger war, weil die Thiere, unruhig gemacht, fortwährend lärmten und sich befreien wollten. Die Stiere selbst schwammen durch das Wasser. Der Uebergang über den Cucumbi fand auf Baumstämmen statt, die auf die Oberfläche des Wassers gelegt und wieder mit Lianen fest unter einander verbunden waren. Wir hatten bereits 50 bis 60 Leute am anderen Ufer, als Eingeborene kamen, mehrere von ihnen sich auf die Brücke niedersetzten und Niemanden passiren lassen wollten. Wir mussten nach einer längeren Besprechung sie bezahlen, damit sie uns die Benützung der Brücke wieder gestatten.

Sehr schwierig sind auf diesem Wege die Sümpfe zu passiren, nicht sowohl für den Menschen als für die Thiere. Ich verlor einen Stier und zwar den besten im Sumpfe bei Mutu a mbau, wo er stecken blieb und nach 36 Stunden Arbeit nicht aus demselben entfernt werden konnte. Die Sclaven wollten ihn herausheben, dabei sanken sie immer tiefer in den Sumpf und alle weiteren Bemühungen waren vergebens. Ich liess das Thier erschiessen. Merkwürdigerweise weigerten die Schwarzen die Annahme des Fleisches; den Grund hiervon konnte ich nicht erfahren, jedenfalls mag es die widernatürliche Todesart gewesen sein, welcher der Stier erlag.

Am 26. August kam ich in Kimbundu an, nach einer 2½ monatlichen Reise von Pungo Andongo aus. Ich wurde vom Fieber hier sehr stark mitgenommen. Nach einiger Zeit, nachdem ich meine wissenschaftlichen Beobachtungen beendet und auch die Ortsbestimmung durchgeführt hatte, beschloss ich wieder nach Europa zurückzukehren, weil meine Gesundheit zu sehr geschwächt war.

Da ich auf demselben Weg, den ich bis hierher eingeschlagen hatte, nicht wieder zurückkehren wollte, entschloss ich mich durch das Thal von *Cassandsche* (durch die Länder *Maschinschi* und *Bangelas*) zu gehen. Die Leute in Kimbundu riethen mir zwar sehr davon ab und meinten, dass die Völker im Cassandsche-Thal sehr blutdürstig wären, und dass ich ganz bestimmt nicht durchkommen würde. Ich wusste mir jedoch bald den Ursprung dieses Abrathens vorzustellen und meine Voraussetzung fand sich später bestätigt.

Im Jahre 1800 haben sich nämlich die Bangelas im Cassandschet-Thal von der portugiesischen Herrschaft frei gemacht. Veranlassung dazu war die rohe Behandlung der Schwarzen von Seiten der Portugiesen. In Cassandsche, dem Hauptorte der Bangelas wohnten im Jahre 1860 27 weisse Kaufleute, von diesen, meist Portugiesen, wurden 19 niedergemetzelt, während die Anderen sich auf grossen Umwegen wieder in das Küstenland retten konnten. Seit dieser Zeit hatten die Bangelas Alles, was sie nur an die frühere Anwesenheit der Gehassten erinnern konnte, vertilgt, und beispielsweise auch die Orangenbäume, deren viele dort gepflanzt waren, bis auf den Boden rasirt.

Das Reisen im Cassandschet-Thal ist also dem Weissen nur dann gefährlich, wenn er ein Portugiese ist. Die Portugiesen sind eben seit obigem Jahre hier verhasst und es darf keiner wagen durch diese Länder zu reisen. Nicht so mit den anderen Reisenden, welche von Seite der Schwarzen sehr gut von den Portugiesen unterschieden und allgemein „Inglese" genannt werden. Meine Leute kamen jedoch zu mir und baten mich durch das Maschinschi-Land so schnell als möglich zu reisen. Wir marschirten daher durch 4 Tage je 9 Stunden und kamen dann in das Land *Bangelas*. Der Soba von „Bansa Cassandsche" ist der mächtigste im ganzen Gebiet; er ist weit mächtiger als der Soba von Cassandsche selbst.

Wir überschritten den Cucumbi und Quango an zwei aufeinander folgenden Tagen zum zweiten Male und mussten für die Ueberfahrt je ein „grosses Stück" Baumwolle zu 12 Yard bezahlen. Vom Quango aus wollte ich jedoch nicht die Reise auf demselben Wege machen, den Livingstone im Jahre 1854 einschlug und hielt mich daher an der Südlehne des Thales. So kam ich his N'Bungu. Hier liess ich meine Leute zurück und begab mich in's Thal hinab um Cassandsche zu sehen. Nach N'Bungu zurückgekehrt, setzte ich meinen Marsch fort, überschritt den Loari und Luhyfluss, dann bei Catenia wieder die Talamongonga-Kette und kam am 4. October nach 26tägiger Reise wieder in Malange an.

Die Maschinschi sind, wie selbst die Schwarzen sagen, ein sehr gefürchtetes Räubervolk. Der Maschinschi setzt sich an den Rand des schmalen Fussweges in das hier üppig wachsende und jede Fernsicht hindernde Gras hinein mit dem Gewehre auf die Vorüberziehenden lauernd. Wenn nun eine Träger-Colonne der Portugiesen oder anderer Kaufleute kommt, so schiesst er sein Gewehr in die Luft ab, nicht auf den Träger. Dies genügt jedoch vollkommen, um den schwarzen Träger zu veranlassen, seine Last fortzuwerfen und davon zu laufen, während der Maschinschi diesen Augenblick benutzt, die Last stiehlt und in das Gras hineinläuft. Nach derartigen Räubereien ist eine Wiedererlangung des Geraubten nicht möglich.

Nicht so ist es mit den Schwarzen, die man sich als Träger schon in der portugiesischen Provinz gedungen hat.

Es ist nothwendig, dass sich der Reisende vor der Reise ein Verzeichniss anlegt und sich darnach notirt, was in jedem Collo sich befindet und den Werth berechnet. Weiter bemerkt er den Namen des Trägers und des Königs. Geht nun einer der Träger mit dem Collo durch, so braucht man nur zum Könige zu gehen, welcher ohne Widerrede das Gestohlene bezahlt. Umgekehrt ist dies jedoch auch der Fall. Wenn ein Untergebener eines Weissen im Lande etwas stiehlt, so kommt der König und verlangt Schadenersatz, der ebenfalls geleistet werden muss.

Ich hielt mich vom 4. bis zum 14. October in Malange auf und trat dann den Rückweg an die Küste nach Loanda an, wo ich am 2. November v. J. ankam. Am 4. November ging der englische Dampfer nach Europa; ich schiffte mich auf demselben ein und kam glücklich im December in Funchal auf Madeira an, von wo ich nach kurzem Aufenthalt über Lissabon weiter zu Land nach Oesterreich zurückkehrte und in meiner Heimath am 14. Januar d. J. eintraf.

Herr von Horn von der Horck (als Gast): Reise von Vadsoe durch Lappland bis zum Bottnischen Meerbusen und von da durch Finnland bis Petersburg. *)

Herr von Horn von der Horck hatte im Sommer 1875 eine Reise in das Polarmeer, nördlich von Norwegen zu zoologischen Zwecken und zu Tiefseeforschungen unternommen und seinen Aufenthalt im norwegischen

*) Zur Erläuterung der in diesem Vortrage erwähnten Namen geben wir hier ein kurzes Vocabularium der Endungen der lappischen und finnischen Namen.

Lapp.	Finnisch.	Norw.		Deutsch.
1. Jokk	Joki	Elv	=	Fluss.
	(Oja = Bach)			
2. koski	koski	{ Fors	=	Wasserfall.
		stromdrag	=	Stromschnelle.
3. { Jaur	{ Järvi	Sö	=	See.
traesk	lampi			
4. vuodne	vuomo	fjord	=	Bucht.
5. jarga	jarga	halvöen	=	Halbinsel.
6. sauri	saari	{ Oen	=	Insel.
		oder O		
7. Dudder	Tunturi	Fjeld	=	Berg u. Gebirge.

Im Finnischen bedeutet Toore nicht einen kahlen Berggipfel, sondern einen bewaldeten Bergkegel (wie mir die Quänen und Lappen, welche die Namen meist selbst gegeben, erklärten). Ferner bedeutet Selkä ein offenes Wasser — auch eine Höhenfläche, mindestens wird es für beides verwendet. (Selka wie Kankaat in Bezug auf Gebirge.)

Lappland sowie mehrere Ausflüge in das Innere dieses Landes zu anthropologischen Forschungen benutzt. Seine Rückreise vom Eismeere über Land durch Lappland bot ihm vielfache Gelegenheit zu speciellen geographischen und geognostischen Untersuchungen, welche den Gegenstand dieses Vortrages bilden.

Die Geschichte der Reisen durch Lappland bis zum Bottnischen Meerbusen ist eine sehr kurze.

Als im September des Jahres 1807 der berühmte Geologe Leopold von Buch seine interessante Reise nach dem Norden Europa's machte, kehrte er über Land von *Bossekop* nach *Tornea* zurück.

Hinter ihm her zog nun eine Fluth von Reisenden, u. A. Brooke, Rae etc., welche alle diese von ihm schon so vollständig beschriebene Tour wiederholten. Ich darf aber hier nicht die Reise des Botanikers G. Wahlenberg vergessen, welche derselbe zu Anfang dieses Jahrhunderts als Theilnehmer der Expedition des Freiherrn von Hermelin ausführte. Diese Reise kommt meiner Route am nächsten und kreuzt die meinige am Ivallo — doch schlug Wahlenberg mehr eine südöstlichere, ich dagegen eine südwestlichere Richtung durch Lappland ein; — er versuchte zwar auch den Ivallo hinauf zu reisen und über die Gebirge mit Booten zu kommen, doch konnte er nur bis zum *Rittakoski* und dem kleinen *Satayoki* gelangen, wo er dann sich hinüber nach *Muttania-Sombio* schlug und von dort weiter nach *Sodankyla* und *Rovanemi* schräg über Land ging.

Er war zuerst von Hammerfest nach dem Nordcap, und dann dem Tana-Fjord und Fluss bis Puolmak, sodann den Uzypokki hinunter nach Enare und von dort über den Enaresee nach der Ivallo-Mündung gereist.

Bis zum Jahre 1807 wussten wir wenig über das Innere dieses nördlichen Theils von Europa. Es war, wenn auch nicht so unbekannt, wie das Innere Afrika's, doch in ein beträchtliches Dunkel gehüllt. Pontoppidans Karten waren nur mangelhaft ausgeführt; — und so ist es daher das besondere Verdienst des rastlosen Forschers Leopold von Buch gewesen, nicht allein der Welt über die interessanten Formationen der wundervollen Fjorde eine genaue Vorstellung zu geben, sondern auch durch seine Reise über Land der Wissenschaft äusserst werthvolle geographisch-geognostische Beiträge zu liefern.

Die Küste hinter dem *Nordcap* bis zum *Weissen Meer* hat sich weniger des Besuches wissenschaftlicher Reisenden zu erfreuen gehabt. Wer sich einmal in die Fjorde der Westküste vertiefte, der wurde wohl abgeschreckt von dem uninteressanten Bilde, welches die kahle, öde, einförmige Küste jenseits des berühmten Vorgebirges bietet.

Meine im Sommer 1875 durchgeführte Reiseroute über Land ist bis jetzt, meines Wissens, noch nicht eingeschlagen worden, wenigstens ist noch keine Beschreibung derselben an die Oeffentlichkeit gedrungen. Sie ist allerdings schon mehrmals an beiden Enden angefangen, doch noch nie vollständig durchgeführt worden.

Im Jahre 1827 fuhr der von Dänemark ausgesandte Geologe B. M.

Keilhau einen Theil des *Pasvigs* hinauf, doch kehrte er nach zweitägiger
Reise wieder zurück. Prof. Friis aus Christiania machte auch eine kleine
Reise den *Pasvig* hinauf, und kehrte zurück, um über *Kola* durch einen Theil
Russisch Lapplands, durch das *Karelenland* und *Finnland* zu gehen.

Ich war von einer Tour im Innern an die Küste zurückgekehrt, als
ich in *Vadsö* den Graf Visconti, einen Marine-Officier und Mitglied der
Pariser geographischen Gesellschaft antraf, welcher an der Russischen
Polarküste geographische Beobachtungen anzustellen beabsichtigte und,
von Archangel kommend, meine Zurückkunft erwartete, um mit mir
gemeinschaftlich die Reise in das Innere Lappland's zu unternehmen.
Wir trafen nun sofort alle nöthigen Schritte, um unsere Abreise zu beschleunigen. Ich schickte den grössten Theil des von mir bisher gesam-
melten Materials: Schädel, Gypsabgüsse, Instrumente etc. mit dem Schiff
nach dem Süden zurück und behielt nur die für die Reise nöthigen Instrumente bei mir. Wir nahmen auch genügend Proviant mit; con-
servirtes Fleisch, Dörrfleisch, Zwieback in verschlossenen Blechbüchsen,
welche sich vorzüglich zur Reise eigneten. Dazu hatten wir noch
einige Kisten mit Rothwein und Liqueuren, sowie den von meinem
Begleiter mitgebrachten Caravanen-Thee, welcher ein angenehmes Ge-
tränk in den kalten Nächten war. Auch hatte ich eine Kiste Patronen
und Gewehre mitgenommen; da diese Gegenden reich an Wild jeder
Art sind, wie die Flüsse an Lachsen und Forellen, so brauchten wir um
unsere Nahrung nicht sehr besorgt zu sein. Alsdann miethete ich
meine Leute und Boote und Alles war zur Abreise bereit, doch konnten
wir wegen widriger Stürme nicht über die See kommen, bis endlich am
4. Tage das Wetter es gestattete, dass wir in der Nacht gegen 1 Uhr am
26. August aus dem kleinen Hafen hinter der Insel *Vadsö* stiessen, und am
nächsten Tage nach einer noch ziemlich stürmischen Fahrt den *Boge-Fjord*
und bald darauf die Flussmündung erreichten, welche wir hinauf fuhren
bis wir in *Elvenaes* bei dem Wohnhause des Lensmannes Herrn Klerck
anlangten.

Hier wurden wir einige Tage aufgehalten, ehe wir die nöthigen Fluss-
mannschaften zusammen hatten; während dieser Zeit machte ich noch
einige kleine Touren in die Gebirge, um dort anthropologische Nachforschungen anzustellen, und hatte daneben noch eine reiche Jagd. Die Gebirge sind hier kaum mehr als 2—300 Fuss über dem Meeresspiegel, und
gehören meist der Sandsteinformation an. So sind an den steilen hohen
Ufern an der Mündung mehrere Höhlen im Gestein, in welchen die Skolter
oder Russischen Lappen mitunter Gottesdienst halten; in einer derselben war ein hölzernes Kreuz errichtet mit einer langen Inschrift, diese
Höhle war circa 6 Fuss über dem Wasser in der steilen Felswand und war
ungefähr 10 Fuss lang, 8 Fuss breit und 5 Fuss hoch. Die Höhlen sind
mit Kiefern (Pinus sylvestris), Birken (Betula nana. B. alba) bedeckt,
zwischen welchen sich die verschiedenen Moose und Grasarten vorfinden.

Der *Pasvig* oder *Pattsyokki* (Lapp. *Pattse-raigge*), der *Heilige Fluss* der

Lappen ist ein breiter Strom, der seinen Ursprung im Enare-See hat oder vielmehr in einem Arm desselben, der von den Lappen *Luossa-Jnara* genannt ist. Von dem ersten Wasserfall am Anfange des Flusses bis zu *Boris le gleb*, dem letzten Wasserfall, eine Strecke von ca. 11—12 geogr. Meilen, hat der Paswig einen Fall von 4—500 Fuss, und es ist hieraus die unzählige Menge der Stromschnellen und Wasserfälle, welche im höchsten Grade malerische Bilder gewähren, leicht zu erklären; in dieser kurzen Strecke sind nicht weniger als 27 grössere Stromschnellen, wovon die eine (welche aus einer Reihe von hintereinanderfolgenden Wasserfällen und Stromschnellen besteht) über 1¼ deutsche Meile lang ist. Hierzu kommen noch 8 grössere Wasserfälle, von denen der höchste ungefähr 20—22 Fuss Fall hat. Es stellt der Strom eine Kette von grösseren und kleineren Seen dar.

Der *Paswig* bildet die Grenze zwischen *Russisch* und *Norwegisch Lappland*, welche sich mitten durch den Fluss entlang zieht, so dass die eine Hälfte norwegisch die andere russisch ist. Nichtsdestoweniger wird der Strom von den russischen Lappen beherrscht, und von ihnen das Recht auf den reichen Lachsfang behauptet. Diese Grenze, welche schon früher unter den Lappen selbst festgestellt wurde, ist der Grund vieler Streitigkeiten und Kriege gewesen. Eigenthümlich in der That ist in dieser Beziehung das kleine viereckige 1 norw. Meile im Quadrat grosse Stück, welches in das norwegische Lappland hineinragt. Die russischen Missionäre hatten hier eine Kapelle auf dem westlichen Ufer erbaut und das Stück Land deshalb beansprucht; — doch ahnte Niemand, wie wichtig dieses Stückchen war, denn es beherrscht den reichen Fischfang des ganzen Flusses.

Die Beschaffenheit des Landes ist verschieden. An der Mündung des Flusses haben wir die gegen 500 Fuss hohen steilen felsigen Ufer, meist aus Sandstein bestehend, welche oben mit Fichten bedeckt sind. Einige Meilen hinauf finden wir schon mehr Birken auf den Anhöhen bis zum ersten Wasserfall. Hier werden die Ufer wieder allmälig etwas niedriger. Es zeigen sich nun an beiden Ufern mächtige Steingerölle, aus ungeheuren Felsblöcken bestehend; die Abhänge der Ufer sind ganz mit Fichten bedeckt. Bei dem ersten Wasserfall und besonders bei dem zweiten boten sich solche herrliche Bilder dar, wie man sie nur selten sieht; sie erinnerten zum Theil an den Kennebec, zum Theil an die felsigen Ufer des St. Croix-Flusses Nord-Amerika's. Der erste Wasserfall hat eine Höhe von ca. 20 Fuss und nimmt die ganze Breite des Stromes ein, sodann eilt er in einer mächtigen Stromschnelle weiter; unterhalb des Falles sahen wir die neu erbaute russische Missionscapelle mit ihren grellgrünen Kuppeln, daneben das alte im Verfall begriffene Missionshaus von vielen Lappenhütten umgeben. Stromaufwärts zog sich ein langer stiller See, dessen spiegelnde Oberfläche von hohen steilen Bergen verdunkelt wurde. Kaum als wir den ersten Fall passirt hatten, hörten wir schon den zweiten, welcher noch schöner als der erste und etwas höher

war. Er wird von den Lappen *Karäkoski* genannt; es stürzt die unge-
heuere Wassermenge aus dem darüber liegenden Hvalogas jaure zwischen
zwei hohen senkrechten Felsblöcken, wie durch einen Thorweg hervor,
während das Becken sich unterhalb kesselförmig ausdehnt.

Ueber den Wasserfall ragt ein kahler nackter Felsen, von welchem
ich eine gute Aussicht auf das umgebende Terrain hatte. Die Ufer waren
nicht mehr so steil, sondern schienen immer niedriger zu werden. Es
zeigten sich viele Birken und Espen; höher hinauf stiegen Fichten empor.
Nirgends sahen wir in der Nähe höhere Berge, nur weit nach Süden hin
bemerkten wir einige im blauen Dunst gehüllte Gipfel, welche sich später
als Kegel eines langen von Süden nach Norden laufenden, ca. 1200 bis
bis 1300 Fuss hohen, Bergrückens erwiesen — des heiligen Gebirges (Piattsam
dudler). Der eine Kegel heisst *Tjerres-oairri* und die hohen am östlichen Ufer
des *Kjöolme jaure* liegenden Berge *Getschim-oairratsch* und *Gorre-oairratsch.*
Wir hatten viele Schwierigkeiten die Wasserfälle zu passiren, da wir die
Boote auf Land über gefällte Baumstämme ziehen mussten. Obwohl es
um Tage ziemlich warm war, so fiel das Thermometer nach Sonnenuntergang sehr schnell gegen Morgen bis auf fast 0°, ja schon nach
den ersten Nächten bis einige Grade unterhalb 0°, es war daher schwierig,
sich während der Nacht unter ziemlich freiem Himmel warm zu halten,
selbst neben einem starken Lagerfeuer. Am vierten See dem *Kjöolme jaure*
(wir hatten vorher den Gnotschin-jaure (Forellen See) zum Theil in der
Dunkelheit passirt), wurden wir plötzlich von einem Schwarm von schwim-
menden Lemmingen (mus lemmus) umzingelt, welche in die Boote zu
klettern suchten, so dass wir mit den Rudern um uns schlagen mussten, um
dieselben zu vertreiben, wobei sie ein den Mäusen ähnlich quiekendes
Geschrei erhoben. Diese Thierchen finden sich zuweilen zu Millionen in
einem Schwarm, und sie kommen dann von den Gebirgen herunter und
verfolgen eine bestimmte Richtung, während sie alles was essbar ist, auf-
zehren und zerstören; deshalb bauen wahrscheinlich die Skoltenlappen
ihre kleinen Vorrathshäuser auf Stelzen, gegen 1 Meter über der Erde.
Diese Schwärme werden weder durch Ströme noch durch kleinere Seen
an ihrem Marsch gehindert, welche sie beide mit Leichtigkeit durchschwim-
men, bis sie au die Meeresküste kommen, von wo sie dann, nie von der
einmal verfolgten Richtung abschweifend, ins Meer hinein schwimmen und
endlich ermüdend zu Tausenden unter den Wellen verschwinden. Sie
haben ein auf dem Rücken gelblichbraun und schwarzgeflecktes Fell, während es auf dem Bauche weiss erscheint. Sie graben sich kleine Löcher unter
Baum- und Strauch-Wurzeln, wo sie sich dann ihre Nester bauen, häufig
auch zwischen Steinen und in Steinritzen, wo Bäume und geeigneter Boden
fehlen. Vom *Kjöolme jaure*, welcher eine Kette von drei kleinen Seen zu-
sammenfasst, kamen wir in den *Menikö jaure.* Hier ist nun das Land völlig
flach geworden und es sieht mehr den Ufern des Niederrheins oder der
Schelde ähnlich mit seinen grasbewachsenen Ufern. Hinter uns liegt
Piattsam dudder oder das heilige Gebirge, wo ich mehrere alte Gräberstätten

der Lappen vermuthete, denn dem Namen nach muss dieses früher der
Schauplatz ihrer Opferdienste und Zauberkünste gewesen sein, ebenso wie
der jetzt nur durch seine heidnischen Begräbnissplätze sich kennzeichnende
Ort *Pasrig* oder *Pattsrik*, welcher auch eine geweihte Stelle zu sein schien.
Hier lagen noch überall neben den zerfallenen Erdhütten der früheren Bewohner unordentlich durcheinanderlaufende Erdhaufen und Steinhügel,
welche die Gräber kennzeichneten. In dem *Meniko jaure* (Insel-See) liegt
eine ungefähr 3—4 Meilen lange und 1½ Meilen breite Insel, woher der
See seinen Namen hat. Diese theilt den Fluss in zwei Arme, wovon der
eine sehr eng ist. Wir schlugen letzteren ein, da bei dem heftigen Sturm
die Wellen in unser Boot hineinschlugen. Dieses kleine Fahrwasser hatte viel
Aehnlichkeit mit einem künstlichen holländischen Canal. Die Ufer waren
niedrig, sumpfig und mit Weiden bedeckt, hinter welchen etwas höher
schlanke hohe Birken standen. Längs der Ufer war der Graswuchs
ein sehr üppiger, speciell das „Senu" (Carex vesicaria), welches
die Lappen im Herbste schneiden, und zwischen zwei Steine in feine
Fibrillen zerschlagen, welche sie getrocknet aufbewahren und um ihre
Füsse wickeln statt des Strumpfes; und wirklich bieten sie die weichste
und zugleich wärmste und trockenste Fussbekleidung dar; ich gebrauchte
sie stets, so lange ich, wie es meist der Fall war, lappländische Fussbekleidung trug. Hier und da waren an den Bäumen aus Birkenrinde angefertigte Kasten aufgehängt, in welche die Vögel Eier legen sollten, welche
herausgenommen werden. Kurz nachdem wir in diesen engen Arm einge-
fahren waren, kamen wir zu einer Niederlassung von Skolterlappen. Es
waren ungefähr 10—12 kleine, aus Erde und Birkenstämmen gebaute Hütten,
welche mehr kleinen Erdhaufen ähnlich sahen. Daneben befanden sich
eine Menge kastenförmige kleine Vorrathshäuser, welche auf vier Pfählen
ca. 3 Fuss über die Erde ragten. Wir nahmen hier noch einen russischen
Lappen mit seiner Frau und seinem Nachen mit uns; ausserdem hatte er,
was selten war, eine grosse graue Katze. Dieses Thier wird nur selten
unter den Lappen angetroffen.

Bald kamen wir zu zwei Wasserfällen, dem unteren und dem oberen
Menikas koski und nun hoben sich die Ufer wieder rasch; es waren wieder
grosse steinerne moosbedeckte Felsblöcke zu sehen und Fichten zeigten
sich überall. Nun folgte eine Stromschnelle nach der andern, über welche
wir meist hinaufgehoben wurden, ein interessantes aber gefährliches Vergnügen, und bei weitem mit mehr Schwierigkeit und Gefahr verbunden,
als das Hinunterschiessen. Die Insel sowohl, wie die ganze Gegend, schien
bedeutenden Waldbränden ausgesetzt gewesen zu sein, wahrscheinlich von
den Lagerfeuern der Lappen herrührend.

Von *Meniako jaure* kamen wir in den fünften grösseren See, den *Botts jaure*,
an dessen östlichem Ufer sich wieder hohe Bergrücken zeigten; die zerklüfteten Felsen längs der steilen Abhänge, welche wir aus der Entfernung be-
obachteten, zeigten interessante Formationen. Die Höhe der Bergrücken
mochte wohl gegen 400 Fuss betragen und in der Ferne schienen sie in einem

hohen Berggipfel zu endigen. An einigen Stellen sahen die verwitterten Felsblöcke zerfallenen Schlössern, oder den Ruinen alter Festen gleich, während
an anderen Stellen sich stufenweise Steingerölle mit Wällen zeigten und
auf diesen, wie von Menschenhand gesteckte weisse Pfähle, die Ueberreste abgestorbener Fichten, zwischen denen grüne Sträucher wuchsen und
dem Ganzen eine äusserst täuschende Aehnlichkeit mit den hinter Wal-
portsheim im Ahrthal gelegenen Weinbergen geben. Diese Gebirge sahen
nach Thonschiefer aus, doch glaube ich eher es waren Quarzblöcke, mit
denen die Ufer hier wie besäet sind. Von hier kamen wir am Ende des
ziemlich breiten Sees plötzlich wieder an eine Reihe von Wasserfällen und
Stromschnellen. Diese gewährten mit den hügeligen Ufern des hier engen
Stromes reizende Bilder; die Ufer sind mit dichten, dunkelen Fichten-
wäldern besetzt, zwischen welchen sich das weisse Renthiermoos wie ein
weisser, zarter Teppich hinwegzieht.

Nachdem wir mit Mühe diesen engen Flusstheil passirt hatten, kamen
wir zum *Kaldeluckal jaure*, dessen Ufer wieder bei weitem niedriger und
sumpfig erschienen, so dass wir bis zum Ende des Sees fahren mussten,
wo wieder die Stromschnellen anfingen, ehe wir auf einer kleinen Insel
einen passenden hochgelegenen trockenen Ort für unser Nachtlager fanden. Vom *Kaldeluchal* schleppten wir die Boote durch eine Reihe von
Wasserfällen, bis wir in den grössten dieser Kette von Seen kamen, den
Uagoldin jaure, der eine Länge von gegen 3½ deutsche Meilen hat,
und dessen grösste Breite ungefähr 2½ deutsche Meilen betragen
mag. Weit in der Entfernung zeigten sich mehrere hohe Bergrücken,
welche 500 — 600 Fuss hoch waren; der See selbst war von vielen
kleinen Inseln durchsetzt, zwischen welchen wir oft Schwäne, wilde
Gänse und unzählige Gattungen von wilden Enten fanden, von denen
einige äusserst wohlschmeckend, mich lebhaft an die berühmten *„Canvas
backs"* Amerika's erinnerten. Gegen das Ende des Sees kamen wir zu einem
kleinen Dorf von Skolter-Lappen; es bestand aus einigen Häusern nebst
den kleinen Vorraths- oder Speicherkammern. Von hier biegt sich der
See beinahe rechtwinklig um nach Osten hin, und im Verlaufe von gegen
1 Meile kommt man an mehrere enge Stromwindungen mit niedrigen, mit
Sumpfgras bewachsenen Ufern. Wir hatten nun schon den 70° und soeben
69° nördl. Br. passirt, und konnten nur noch wenige Meilen haben, bis zu
der Stelle, wo die im Jahre 1826 bestimmte Grenze zwischen Russisch-
und Norwegisch-Lappland, den Pasvig durchkreuzte. Nun hörten die Seen
auf — wir hatten fortan bis zum Luossa Inara, dem Anfang des Patsjokkis
einen Wasserfall hinter dem andern. Wir hatten in der kurzen Strecke
von gegen 4½ deutschen Meilen nicht weniger als 17 grössere Wasserfälle
zu passiren, von denen zwei, Langkoski und *Reja-Nyarg* und *Varatsch*
(an der soeben besprochenen Grenze liegend) aus einem Wasserfall und
einer Stromschnelle bestehen, welche übereinander liegen und von denen
der erstere 1 deutsche Meile lang, die letztere noch länger ist.

Besonders malerisch sind die Wasserfälle der *Reja Nyarg* und *Varatsch*.

Doch trotz der grossen Anzahl derselben waren die Fälle doch im Grunde ziemlich verschieden, und nahmen das Interesse immer wieder in Anspruch. Ich machte hier, da wir uns an der Grenze befanden, eine Excursion in die Gebirge, welche jetzt wieder eine beträchtliche Höhe erreichen. Nach langem Wandern kam ich endlich zu der Lichtung, welche die Grenze bezeichnet und welche von den Lappen mit grösster Sorgfalt aufrecht erhalten wird. Von dem Punkte aus, wo ich stand, konnte ich einen Ueberblick auf das Land, meilenweit im Umkreise, werfen. Die Höhe war wohl gegen 450 Fuss, zum Theil mit Fichten bedeckt, während auf dem entgegengesetzten Ufer, welches etwas niedriger war, sich Birken und Wälder zeigten; dahinter stieg nach Osten hin das Land und in einiger Entfernung nach Süd-Ost hin bemerkte ich mehrere hohe Bergkegel, welche theils kahl, theils bis zur Mitte hinauf mit Birken- und Fichten-Wäldern bedeckt waren. Soweit ich nur sehen konnte, erhoben sich kahle Berge hier und da, und das Ganze bot das Bild eines mässig unebenen Terrains, wobei die Wälder sich mehr am Strom entlang hielten, die Fichten im Thal — weiter hinauf mehr Birken, welche hier noch immer ziemlich klein sind. Tief unten im Fluss-Thal hörte man das Brausen der Wasserfälle, und konnte an einigen Stellen den weissen Schaum durch die Bäume hindurch schimmern sehen, während an den Abhängen sich viele grosse Quarzblöcke, deren Oberfläche mit weissen Lichenen bewachsen waren, zeigten.

Der Holzreichthum dieser Gegenden ist ein ziemlich beträchtlicher, doch nicht so gross, als man glauben würde, wenn man nur den Fluss entlang fährt — denn wenn man die Berge erstiegen hat, sieht man, dass sich der Wald fast nur allein auf das Flussthal beschränkt, während die Höhen kahl und sumpfig, *tundra*-artig sind. Auch ist es ein Hinderniss für die Verwerthung des Holzes, dass es nicht von Ort und Stelle fortzubringen ist, denn der einzige Weg, auf dem es an die Küste gelangen könnte, wäre der Fluss; doch hier sind die vielen Wasserfälle ein Hinderniss, welches den Fluss für immer aus der Reihe der Fahrstrassen streichen wird. Das Einzige, was ihm noch bleibt, ist der reiche Lachsfang, welcher von den Lappen mit Eifer ausgebeutet wird. Von wilden Thieren sind hier der Bär und der Vielfrass sehr zahlreich zu finden; letzterer richtet unter den Renthieren grossen Schaden an. Wölfe und Füchse sind ebenfalls äusserst zahlreich in den Wäldern, so auch Hasen und viele kleine Thiere, u. A. in grossen Schaaren der röthlich-gelbe und schwarz gefleckte Lemming.

Nachdem wir nun alle Stromschnellen passirt hatten, kamen wir in den „*Luossa Jnara*", wo der Fluss eine beträchtliche Breite und nur geringe Strömung zeigte.

Unsere Boot-Mannschaften wurden durch die schwere Arbeit, das Schleppen der Boote, sehr missmuthig und verweigerten mehrmals, weiter zu gehen, so dass ich nur mit grösster Mühe sie durch Geld vom Zurückkehren abbrachte; als wir jedoch den Enara-See erreichten, liessen sie uns auf einer kleinen kahlen Insel Nachts um 2 Uhr in Stich, und fuhren mit dem Boote, welches uns gehörte, zurück. Nur durch einige Fischer-Lappen, welche hier den Fischfang betrieben, gelang es uns, fort zu kommen.

Der Enara-See, welcher die Form eines Dreiecks oder vielmehr eines unregelmässigen Trapezoids besitzt, ist der grösste Lapplands. Vom *Patsjokk* bis zur nordwestlichen gegenüberliegenden Seite hat der *Enara* eine Breite von ca. 11 deutschen Meilen, während die grösste Breite ungefähr 15 deutsche Meilen beträgt; die grösste Länge dagegen von Südwest bis Nordost ist 18—20 deutsche Meilen. Er hat eine Menge von Zuflüssen, von denen die grössten der *Kamasjokki* und der *Irallo* sind. Tausende von kleinen Inseln, zum Theil kahle kleine Felsen, zum Theil mit Fichten und Birken, Espen, Vogelbeerbäumen bewachsen, bedecken die Wasserfläche, von denen die grössten kaum mehr als $3/4$ deutsche Meile lang sind; speziell ist der südöstliche Theil reich mit Inseln besäet; nur in der Mitte und zwar mehr im nördlichen Theil soll die Wasserfläche auf eine Strecke von 6 Meilen breit und gegen $8\frac{1}{2}$ Meilen lang, ziemlich frei von Inseln sein. Der Anblick dieser unzähligen kleinen Inseln erinnerte mich lebhaft an den *Huronen-See* mit seinen „dreissigtausend", und viele derselben stimmten in der Form und der Bewaldung mit letzteren überein. Die Vegetation des Bodens, hier wie auch meist am *Patsjokk (Paswig)*, ist eine äusserst dürftige, und, wenn man das allerdings überall üppig wuchernde Renthiermoos entfernt, so kommt man sofort zu dem nackten Gestein; es erstrecken sich daher die Baumwurzeln über grosse Flächen; doch haben sie keinen richtigen Halt, sondern oft findet man die Stämme in einem wilden Durcheinander liegen, so wie sie vom Sturm umgeworfen wurden. Die ganze Erde ist mit grösseren und kleineren Quarzblöcken, in denen sich ausserdem noch Glimmer und Granat findet, bedeckt; zuweilen sind diese Gerölle so mächtig, dass man nur mit Mühe sie passiren kann, indem man von Stein zu Stein springt.

Die Küstenentwickelung dieses Sees ist eine sehr zackige und buchtenreiche; lange schmale Buchten erstrecken sich weit in das Land hinein; eine der grössten, 3—4 Meilen östlich von der Ivallomündung liegend, heisst *Nangruodnu*.

Der *Kamasjokki* entspringt ungefähr 16 Meilen ONO. von der auf der anderen Seite des Sees liegenden Lappen-Mission *Enara*, und vom Nordost-Ende des Sees ungefähr 16 Meilen und von der Ivallo-Mündung ungefähr 10 Meilen entfernt.

Der *Irallojokki* entspringt in *Peldoruoma tunturi* und soll ungefähr eine Länge von 30 Meilen haben. Sein Lauf ist erst ONO. bis zum *Kur oje*. Dann macht er eine grosse Biegung nach O. und vom *Sotajokki* wendet er sich gegen N., vom *Riita tunturi* geht er in ziemlich gerader Richtung nach NNO. und mündet in den *Enara-See*, ungefähr 5 Meilen von der *Enara-Mission* und 9 Meilen vom *Patsruodno (Luossa Inara)*. An seiner Mündung fanden wir niedrige sandige Ufer, — und den Fluss mit vielen Sandbänken erfüllt. Als wir weiter hinauf stiegen, fanden wir die ersten Tannen, kleine schlanke Exemplare, welche zum Theil an den schiefen Abhängen der Ufer, wo der sandige Boden unter ihnen hinweg gerutscht ist, ihre Wurzeln weit in die Luft streckten, oder zerstreut umher lagen, da, wo sie vom Winde umgeworfen wurden, während im Flussbette selbst sich oft Baumstämme festgesetzt hatten, und den Booten Gefahr bereiteten.

Ungefähr 6 Meilen den Fluss aufwärts fingen die Stromschnellen an. Auch veränderte sich hier sofort die Natur. An den Ufern sah man Birken. Espen, und die hübschen Sperber-Bäume (Norw. Rönn) oder wie ihn die Finnen nennen: *Pihlaya*. Auch fanden sich am Wasserrande viele Kieselsteine. Zwischen den Bäumen sah ich öfters Dornbüsche (*Rosa cinnamoma*). In *Türmannen*, nahe am *Stosoja*, eine kleine Niederlassung von Quänen (Finnen), kamen Perlfischer, welche in kleinen Flaschen und Säcken uns eine Menge Perlen aus dem nahe gelegenen *Luttoflusse* vorlegten und zum Verkauf anboten. Diese Perlmuschel (uniofera margaritana), eine Süsswassermuschel, wird eifrig von Lappen und Finnen gefischt, indem diese in dem eiskalten Gebirgsstrome untertauchen und dieselben heraufbringen. Die Leute boten uns wunderhübsche Perlen zu einem erstaunlich billigen Preise an, oder auch zum Tausch; mir fielen besonders zwei auf, welche den so hoch geschätzten rosafarbenen Schimmer hatten.

Vom Stosjoki kamen wir wieder in die Stromschnellen, welche fortan ohne Ende waren. Die grösseren hiessen: *Miehenkoski*, *Lammaskoski*, *Riitakoski* und *Porttikoski* an den Goldwäschereien von Kultala. Zwischen diesen liegen viele kleine, zum Theil sehr tiefe Seeen. Die Ufer werden immer höher und steiniger, grosse Felsblöcke bedecken die Abhänge und die Tannenwälder nehmen hier ein ausgedehnteres Gebiet in Anspruch. Um unsere Reise zu beschleunigen, denn der Winter eilte in schnellen Schritten hinter uns, versuchten wir in der Nacht durch die Stromschnellen hindurch zu kommen und zu diesem Zwecke liess ich Fackeln herrichten, welche vorne am Boote befestigt wurden, und nun versuchten wir dieses gefährliche Experiment, zum Erstaunen der Leute, die solches nicht gewohnt waren. Wir gelangten auch glücklich und nach manchen Gefahren über die Stromschnellen und reisten weiter.

Des Nachts hatten wir sehr von der Kälte zu leiden. Am 11. September, Morgens 3 Uhr, sah ich nach unserem Thermometer und fand, dass wir ungefähr 30 Fuss vom Feuer — 4°.8 R. hatten; es war dieses desto unangenehmer, da die Temperatur am Tage eine ziemlich warme war. Diese Region soll ja aber auch nach den meteorologischen Karten des Professor Mohn, die er aus Beobachtungen der Stationen Vadsö, Elvenaes und in Torneå, sowie an mehreren andern Stellen mehr im Innern zusammengestellt hat, das Kälte-Centrum des europäischen Contingents bilden, und es sollen hier die grössten Unterschiede zwischen den Extremen beobachtet worden sein. In *Elvenaes* geht das Thermometer auf — 50° C. hinunter und bis + 22° hinauf, während das Maximum der Kälte in dem nur wenige Meilen über die Varangerbucht entfernten Vadsö nur — 15° C. sein soll. Ich fand, dass wir den grössten Temperatur-Unterschied am Ivallo und auf der Wasserscheide hatten, doch konnte dies wegen unseres kurzen Aufenthaltes nicht genauer bestimmt werden.

Wir kamen in *Kultala* am Portiikoski gerade an, als die Arbeit in den Minen oder Goldwäschereien zu Ende war (woher die Station ihren Namen Kulta, d. h. Gold hat). Es befinden sich hier die im Jahre 1870 entdeckten Goldminen des Ivallo, welche jetzt von der Regierung bearbeitet werden; es sind in diesem Jahre einige 90 Minenarbeiter hier, unter denen ich alte Californier und aus den australischen Minen zurückgekehrte Leute traf. Diese kommen jedes Frühjahr mit dem Regierungs-Ingenieur über die Gebirge, aus dem Süden Finnlands hinauf und kehren Mitte September sämmtlich wieder zurück. Der Betrag dieses Jahres war noch nicht zusammengestellt, doch sah ich viele kleine Säcke voll hübscher gelber Körner. Vor einigen Jahren war der Ertrag ca. 52,000 Gramm. Der grösste Klumpen wog 63 Gramm. Man gewinnt das Gold, indem man den Sand in der Pfanne oder Schaukel, oder auch in langen Rinnen auswäscht. Doch hat man in diesem Sommer einige anscheinend reiche Goldadern im Gestein getroffen und hofft hier noch grössere Erfolge.

Die Natur des oberen Ivallo und hier bei Kultala speciell ist wunderschön. Der Fluss zieht sich in vielen Krümmungen zwischen steilen Felsklüften hindurch; man sieht an einigen Abhängen ungeheure Gerölle von Quarzblöcken, oder Gebilde in den Gesteinen, welche alten Ruinen gleichsehen, besonders ist dieses an dem hohen *Palsi tunturi* der Fall. Am Flussrande finden sich viele grosse und kleine runde Kieselsteine; die grösseren sind fast von blendender Weisse und liegen in regelmässigen Reihen oft wie von Menschenhand zusammengehäuft. Besonders auffallend waren die Wasserspiegelungen bei Sonnenuntergang; das Wasser sah aus wie geschmolzenes Glas; die weissen Steine um Wasserrande spiegelten sich so, dass man weder die Wassergrenze unterscheiden noch beurtheilen konnte, welche Steine über und welche unter derselben waren, die Farben der Gräser, Bäume etc. schienen noch deutlicher hervorzutreten. Ich konnte die Ursache dieser Erscheinung nur in der grossen Tiefe des Wassers, in der vollkommenen Ruhe der Oberfläche und in der Klarheit der Luft suchen. Diese Klarheit ist so gross, dass weit entfernte Gegenstände, wie in der nächsten Nähe scheinen, z. B. Berge etc., und nur, nachdem man sich hieran gewöhnt, ist man im Stande Distanzen zu beurtheilen. Die auffallende Häufigkeit dieses Phänomens im Norden überraschte mich. Oft sah man eine weitentfernte Insel in Form eines Ungeheuers, zuweilen wie ein Fisch, der in der Luft schwebte, während die darunter befindlichen Luftschichten einen eigenthümlich schimmernden, fast silbernen, Glanz hatten. Einen wundervollen Eindruck machte ferner am Ivallo die prächtige Färbung des Herbstlaubes, die Farbennüancirungen waren solch brillanter Art, wie sie wohl nur selten zu sehen sind; besonders boten die Birken und Sperberbäume (Pihlaya Finn.), welche nebeneinander in kleinen Gruppen zwischen den dunkeln Tannen standen, prächtige Bilder dar. Im südlichen Finnland und in Schweden und Norwegen sah ich dies nicht wieder in dem Maasse. Die Umgebung von Kultala gewährt ein Bild, welches an vielen Stellen an Californien erinnert. An dem Ufer des Ivallo sieht man hohe Steinhaufen, welche von den eifrig nach dem edlen Metall suchenden Menschen ausgesprengt und mit der Picke ausgehauen worden sind. An den Felswänden ziehen sich lange hölzerne Rinnen viele Tausend Fuss entlang, in welchen Gold gewaschen wird. Ausser Gold hat man neuerdings noch andere Metalle gefunden: etwas Eisen, Iridium etc. Auch findet sich Glimmer in ziemlich mächtigen Lagern und im Quarz viel Granat.

Der Ivallo ist sehr fischreich, es befinden sich in ihm viele Lachse und Lachsforellen, welche hier merkwürdiger Weise ganz in der Art und Weise „gespeert" werden, wie von den Indianern in Minnesota.

Nachdem wir mit vieler Mühe Lappen bekommen hatten, um nur die nöthigsten Sachen zu tragen und wir zuletzt wegen Mangel an Trägern den grössten Theil des Gepäcks zurücklassen mussten, traten wir den Marsch über die Gebirge nach dem *Kitinin* an. Wir gingen längs der gegen 450 Fuss hohen steilen Abhänge hinauf, bis wir auf ein sich leicht erhebendes, doch bald mehr ebnes Gebirgsplateau kamen, ein tundra-artiges sumpfig morastiges Tafelland, welches von unzähligen kleinen Quellen Bächen und Flüssen durchkreuzt wird. Das Wetter war herrlich, und wenn wir über das trockne Moos marschirten, war auch das Gehen angenehm; doch oft mussten wir durch Sümpfe marschiren, wo wir bis an die Kniee, ja bis an die Hüften durchs Wasser wateten. Tannen-Wälder bedeckten das Land und überall durchkreuzten sich die wohlbetretenen Spuren der wilden Renthiere, welche eine lohnende Jagd bieten. Der *Kiri joki*, ein Nebenfluss des Ivallo zieht sich hier hinauf, und am Abend desselben Tages erreichten wir seinen Ursprung, einen kleinen See, der letzte einer kleinen Kette von Seen, welcher sich in Form eines grossen Sumpfes darstellte, während der grösste See *Warolo lampi* auf dem Höhenpunkte der Wasserscheide liegend, den Hauptwasserbehälter bildet, und so aus ihm nach zwei Richtungen hin die Flüsse auslaufen; der nach Süden fliessende *Warolo oja* mündet in den *Kitinin* und am anderen Ende der *Kiri oja* (Steinbach), der nach Norden ausläuft und sich mit dem Ivallo verbindet. Wir haben daher hier einen nach zwei Richtungen abfliessenden See, und so ist von N. nach S. eine ununterbrochene fast in grader Linie sich erstreckende Wasserverbindung zwischen dem Eismeer und dem bottnischen Meerbusen vorhanden. Den Lappen war die Eigenthümlichkeit dieser Erscheinung auch aufgefallen, und sie machten mich darauf aufmerksam.

Wir übernachteten auf dieser Höhe, welche gegen 800 — 900 Fuss betragen kann, unweit vom See. Am nächsten Morgen bei Tages-Anbruch (ca. 3 Uhr) legte ich den Weg wieder zurück, um den See und seine Abflüsse noch genauer zu beobachten und Skizzen aufzunehmen. Der See hat eine etwas ovale Form und scheint ungefähr $3/4$ Meile lang und $1/2$ Meile breit zu sein. An seinem südwestlichen Ende konnte man den directen

Ausfluss des *Warolo oja* beobachten, während der nördliche Theil des Sees in ein tiefes mit dichtem Sumpfgras bewachsenes Wasser auslief, aus dem der *Kiri oja* hervorgeht. Die Ufer auf der östlichen Seite sind hoch gelegen und stark mit Nadelhölzern bewaldet. Weiter entfernt in derselben Richtung liegen einige Gebirgsgipfel. Der See ist äusserst fischreich, mit Forellen überfüllt und auf seiner Oberfläche schwammen Schaaren von Wasservögeln umher.

Wir setzten alsdann unsern Marsch durch die Tannen- und Birkenwälder, die Sümpfe und Moräste fort, bis wir gegen Abend des zweiten Tages in *Rorancn* am Kitinin ankamen, dies ist eine aus einer Quänen-Familie bestehende Niederlassung. Während wir unterwegs waren, zeigten mir die Leute den Lappen-Compass, es waren die Fichten und Tannen (zumeist schwarzbehaarte), deren Aeste ziemlich regelmässig nach Süden hin weit länger als gegen Norden sind, wo sie häufig zum Theil ganz fehlen.

Ausserdem richten sich die Lappen nach dem Stand der Sonne und nach der Windströmung, auch bezeichneten sie mir den Polarstern, den sie kannten und den *Nuorratum nasti* — den „festgenagelten Stern" nannten.

Von Rovanen fuhren wir nun den breiten Kitinin hinunter, dessen Ufer sich dicht mit Birken bewaldet zeigten, auch häufig Fichten und Tannen. Der Kitinin entspringt in einem grossen Sumpf und See unweit dem *Relduruome dudder* gelegen, — dem *Aapagn-ara*. — Er läuft von hier gegen Ost, dann SO bis zur Mündung des ersten grösseren Nebenflusses, des *Tankajoki*, eine Strecke von ungefähr 20 Meilen, dann bis zur Mission *Sodenkyla* 8—9 Meilen beinahe südlich und dann noch 10 Meilen bis zur Mündung in den Kemi nach SSO. Wir haben hier wieder eine Reihe von Seen und Wasserfällen, von denen die grösseren *Portiikoski*, *Orakoski* und *Kaaretkoski* heissen. Der schönste Wasserfall ist der Portiikoski; er drängt sich zwischen zwei hohen schwarzen Felswänden, welche mit Moos und Tannen bewachsen sind, hindurch. Der *Kitinin* hat ca. 28 kleine und grössere Nebenflüsse, von denen die grössten *Tankajoki*, *Satosjoki*, *Jesinjoki* und *Lwirojoki* heissen. Er hat zum Theil eine beträchtliche Breite, welche bis zum Kemi immer zunimmt. Der *Kemi*, welchen wir bis zum Bottnischen Meerbusen weiter verfolgten, ist ein grosser mächtiger Strom, doch werden die Stromschnellen und Wasserfälle niemals denselben schiffbar machen. *Kemi Traesk* ist ein grosser See von gegen 4¼ M. Länge und 3½ M. Breite, in welchen sich der Fluss erweitert.

Wegen der eingetretenen äquinoctialen Stürme verliessen wir die Boote und da wir hier die ersten Pferde bekamen, reisten wir mit ihnen weiter nach Rovaniemi an der Mündung des *Ounasjoki* ziemlich unter dem Polarkreise gelegen. Wir beschleunigten nun unsere Reise wegen der empfindlichen Kälte und erreichten bald *Uleaborg*, wo wir bei dem Gouverneur herzliche Aufnahme fanden. Nachdem ich mich einige Tage in Uleaborg ausgeruht hatte, reiste ich zu Pferde über Land durch malerische Gegenden Finnlands bis Idensalmi, von wo ich über das grosse finnische Seennetz Onkivesi, Kallavesi, Haukivesi, Pihlasavesi und den grossen Saima-See nach

Lauritsala gelangte; von da aus verfolgte ich noch den Ausfluss des Saima in den Ladoga, den *Vuoksi* mit seinem grossartigen Wasserfall dem *Imatra* und trat dann über Simola die Reise nach Wiborg und Petersburg an; von dort reiste ich über Finnland nach Schweden und Norwegen zurück.

Herr Professor Dr. Rein (als Gast): Reise von Tokio nach Kioto in Japan.

Der Vortragende schilderte seine Reise von *Tokio* nach *Kioto* längs des *Nakasendo*, welche er in Gesellschaft des Regierungsassessors Dr. Koenigs aus Berlin im Sommer vorigen Jahres unternommen hat. Redner erwähnt die beiden Landwege, welche die Hauptstädte Japan's, *Yedo*, jetzt *Tokio*, und *Saikio* oder *Kioto* mit einander verbinden, nämlich den *Tokaido* und den *Nakasendo*.

Diese alten Landstrassen sind nicht mit unseren Chausséen zu vergleichen, nicht nach einem Systeme angelegte Kunststrassen, sondern sehr verschieden in der Breite und in Bezug auf das Material, woraus sie bestehen, selten chaussirt oder gepflastert. Beschattet werden sie vom Lieblingsbaum der Japaner, der Kiefer (Pinus densiflora und Pinus Massoniana), selten von der prächtigen Cryptomeria.

Der *Tokaido* führt durch das schöne *Hakonegebirge* und oft der Küste entlang; er gewährt häufig den schönen Anblick des Meeres und des unvergleichlich grossartigen vulkanischen Kegels, Fuji-no-yama, und hat eine Gesammtlänge von 125 ri (2 ri = 1 deutsche Meile). Dagegen lernt man in Verfolgung des 132 ri langen *Nakasendo* das Innere des Landes, vor Allem die Provinz *Shinano* mit ihren mächtigen Grenzgebirgen kennen, sowie einige Beschäftigungen, welche auf dem Tokaido fremd sind, vor Allem die Seidenzucht.

Redner schildert sodann die Art des Reisens: zu Fuss, zu Pferd, in den sogen. *Jinrikisha*, *Norimono* und *Kago*, bespricht die japanischen Gasthäuser (*Yadoya's*) und Theehäuser (*Chaya's*), die Bewirthung und sonstige Dinge in ihnen, namentlich auch die Art der Begrüssung der Gäste. Dies führt ihn zu einigen allgemeinen Bemerkungen über Cosmetica der Frauen. Als Haaröl dient allgemein das Oel aus den Samen der Camellien (Camollia japonica et C. sasanqua), welche Gewächse dieses Oeles wegen viel angebaut werden. Junge Mädchen reiben sich Gesicht und Hals mit einem Brei aus unreinem Bleiweiss ein, um eine zarte Haut zu bekommen, und röthen ihre Lippen mit Carthamin (jap. Beni); ältere Mädchen über 20 Jahr und verheirathete Frauen unterlassen das Röthen der Lippen, färben sich dagegen mit einer Art Tinte, welche sie an den Zähnen erzeugen, diese schwarz. Höflichkeit und freundliches, friedfertiges Wesen sind lobenswerthe Züge im japanischen Volkscharakter.

Die erste Strecke des Nakasendo führt durch die Ebene von *Kuwanto*

4*

(sprich *Kanto*), so hat der Vortragende jene fruchtbare Ebene benannt, welche nördlich von der Yedobucht sich ausbreitet, vom *Tonegawa* und seinen Nebenflüssen durchströmt und von schönen, hohen Gebirgen im Norden und Westen begrenzt wird, vor Allem von dem *Nikko-Gebirge* und dem Gebirge um den *Hakone-See.* Diese Ebene ist etwa 30 ri lang und eben so breit. Sie erzeugt Reis, Baumwolle, Eierpflanzen, Colocasien, Bataten, Indigo (Polygonum tinctorium), Sesampflanzen und andere, womit sie im Sommer wie ein grosser Garten bebaut ist. Im Winter hüllt der Schnee zeitweise Gerste, Weizen und Reps ein, welche erst gegen Frühjahr zur Entwickelung gelangen.

Der japanische Winter dauert 6 Monate, natürlich nicht mit der Strenge wie bei uns. Dr. Rein versteht hier unter Winter die ganze Periode, während welcher blattwechselnde Bäume und Sträucher nackt dastehen, der Rasen abgestorben ist und überhaupt nur wenige Gewächse zur Entwickelung gelangen. In der Ebene von *Kwanto* sinkt während dieser Zeit das Thermometer Nachts (im Februar) manchmal auf — 4° R., während es im Sommer auf + 28° R. steigt. Die grosse Artenfülle und Ueppigkeit der japanischen Vegetation ist vor Allem dem Zusammenwirken bedeutender Niederschläge mit einer langanhaltenden hohen Sommerwärme zuzuschreiben. —

Die Strecke von *Tokio* bis *Takasaki* wurde von den Reisenden im Postwagen, dem einzigen Japans, zurückgelegt, dann ging es zu Fuss über die Wasserscheide des *Tonegawa* und *Shinanogawa* aus der Provinz *Kotsuke* nach *Shinano.* Der *Nakasendo* führt hier über den 1215 Meter hohen *Usui-töge*, einen Pass, welcher eine reizende Aussicht gewährt, vor Allem auf den noch thätigen, über 2500 Meter hohen Vulcan *Asamayama*, welcher vom hochgelegenen Orte *Oiwake* aus erstiegen wurde.

Berichte von anderen Geographischen Gesellschaften Deutschlands.

Verein von Freunden der Erdkunde in Leipzig.

Sitzung vom 24. November 1875. Vorsitzender Prof. Dr. Bruhns. Von dem Afrikareisenden Hildebrandt, der seiner Zeit eine Beihülfe aus der Leipziger Carl Ritter-Stiftung erhielt, sind verschiedene ethnographische Gegenstände eingegangen und an das Museum für Völkerkunde abgegeben worden. An Stelle des wegen Kränklichkeit ausgetretenen Kassirers Georg Lampe-Bender war von dem Vorstande der Banquier Hermann Schmidt als erster Kassirer cooptirt worden; diese Wahl wurde von der Versammlung bestätigt; zwei Rechnungsrevisoren wurden ernannt, 37 neue Mitglieder aufgenommen. Der Afrikareisende Dr. Bary, früher

Vereinsmitglied, hat von Seiten der Leipziger Carl Ritter-Stiftung eine Unterstützung von 100 Mark zur Beschaffung von Instrumenten erhalten und stellt Berichte von seiner Reise in Aussicht. Dem Architecten Denhardt aus Berlin, welcher am Dschubaflusse in Ostafrika einzudringen gedenkt, sind die früher von Dr. Otto Kersten in Jerusalem benutzten magnetischen Apparate zur Verfügung gestellt worden. Der Vorsitzende berichtet über die Sitzungen des vom Reichskanzleramt nach Berlin berufenen Comité's, welches über die Thunlichkeit einer neuen deutschen Nordpolar-Expedition ein Gutachten abzugeben hatte. Dieses Comité hat den Vorschlag gemacht, eine feste meteorologische Hauptstation an der Küste von Ostgrönland und einige Nebenstationen auf Jan Mayen und Spitzbergen zu errichten und hofft, dass England, Russland und die Vereinigten Staaten diesen Bestrebungen sich anschliessen werden. Herr E. Debes spricht über die vom „Palestine Exploration Fund" ausgeführten Expeditionen zur Aufnahme und Erforschung von Palästina. Der Maler Anton Göring schildert unter Vorlegung von Karten, Durchschnitten und selbst ausgeführten Aquarellen seine Ersteigung der Sierra Nevada von Merida in Venezuela.

Sitzung vom 15. December 1875. Der stellvertretende Vorsitzende Prof. Dr. Ebers macht der Versammlung die Mittheilung, dass die anthropologische Section des Vereins von jetzt an als solche aufhören werde, ersucht aber alle diejenigen Mitglieder des Vereins, die sich specieller für Anthropologie interessiren, sich unmittelbar an den Anthropologischen Verein in Deutschland anzuschliessen und sich zu diesem Behufe an Dr. Hermann Obst, Director des Museums für Völkerkunde in Leipzig, zu wenden. — Dr. Richard Andree hielt einen Vortrag über Werthmesser bei Naturvölkern. Der Vortragende ging von der Münzreform des Deutschen Reiches aus und gab einleitend einige Data über die Geschichte des Geldes, welches, wie Brandis nachwies, Erfindung der kleinasiatischen Griechen ist, während die Bestimmung der Maasse und Gewichte, welche der Erfindung des Geldes vorangehen mussten, Verdienst der Babylonier ist. Babylonier, Aegypter, Juden und Phönizier besassen ihrerseits nur Barrenverkehr, thaten aber nicht den letzten Schritt, um wirklich geprägtes Geld, mit dem Garantiestempel für Einheit und Gewicht, sowie dem Ursprungsorte, herzustellen. Bei uns erinnert der Name „Rubel" noch an den alten Barrenverkehr (von rubit, abhauen); er ist ein Stück Silber, das man ursprünglich vom Barren abschlug. Auch der Ausdruck der Finnen in Russland: „Geld brechen" statt „Geld wechseln" deutet noch auf Barrenverkehr. Heute besteht Siberbarrenverkehr noch in einem grossen Theile Innerasiens (z. B. in Tibet) und in China, während Japan schon zum amerikanischen Dollar (yen) überging. Die europäischen Münzen und Münzsysteme verbreiten sich mehr und mehr über die Erde, wie dieses die Weltmünzkarte von Eggers (Bremen 1873) zeigt. An der Verbreitung des Maria-Theresia-Thalers, dessen geographische Grenzen er fixirt, zeigt der Vortragende, wie eine europäische Münze unter Naturvölkern Aufnahme findet, denn bei etwa 70 Millionen Afrikanern ist er bekannt, abgesehen von seinem Uebergreifen nach Arabien etc. Stoffe aus allen drei Reichen, die als Schmuck, Tauschmittel, zur Herstellung von Kleidern, Waffen, Geräthen oder zur Nahrung dienen, werden bei den Naturvölkern als Werthmesser benutzt. Nach Kubary schildert der Vortragende das wunderbare Steingeld, Andou, der Palau-Insulaner, die Mühlsteinartigen Arragonitscheiben auf Yap, und weist nach, wie die letzteren als Nawalne auf den Neuen Hebriden als Geld benutzt worden, woraus sich interessante ethnographische Schlüsse ergeben. Zum Muschelgelde übergehend, stellte der Redner eine Anzahl Data zur Geschichte der Kauris zusammen. Ihr malayischer Name Beja bedeutet Pflicht, Zoll, Steuer, und weist somit auf eine alte Benutzung derselben als Geld hin. In den Grab-Urnen Pomerellens fand man Kauris, ebenso bei den Ausgrabungen in Birka (Schweden) zusammen mit Kufischen Münzen aus den Jahren 893—963, desgleichen zwischen angelsächsischen Alterthümern. Masudi erwähnt ihre Gewinnung auf den Lakkadiven, und der chinesische Reisende Fa-hien (IV. Jahrh.) bezeugt, dass sie damals schon in Indien galten. Cadamosto traf sie 1455 an der Guineaküste als Zahlmittel. Nachdem das Gebiet der Kauris in Afrika (nordwestliche Grenze Segu am oberen Niger) und in Asien begrenzt war, ging der Vortragende zum Muschelgelde in Nordamerika über (Wampum und Dentalium pretiosum im Nordwesten). An und für sich werthlos, wie Stein- und Muschelgeld, sind die als Werthmesser geltenden rothbefiederten Spechtkopfhäute bei den Kahroks in Californien, die Porzellanscheibchen in Siam, die Thierschädel bei den Mischmis in Assam (nach Cooper), die Haifischzähne auf den Fidschi-Inseln. — Eisengeld, bei Römern und Griechen in Stablform in Verwendung, auch in Britannien benutzt, gilt jetzt noch in den Senegalländern, einem grossen Theil Innerafrikas, bei den Bongo (die von Schweinfurth geschilderten Loggo-Kulluti), in Kambodia etc. — Oft verdrängt das Kupfer und Messing das Eisen und der umfangreichste Werthmesser aus Erz sind die Kanonen der Dajaks auf Borneo. Salz wird von Marco Polo als Scheidemünze in Caindu (jetzt Kiän-tschang) erwähnt. Noch jetzt sind in Abessinien die Amolen (Salzstücke) Scheidemünze. Eine grosse Verbreitung haben Zeugstoffe als Werthmesser, wie die Toben im Sudan, die Makuten aus Palmfasern an der Congoküste, die, um ihren Werth festzustellen, von den Portugiesen gestempelt wurden und für die man äquivalente Kupfermünzen prägte, welche den Namen des Stoffes erhielten. Die Tscherkessen rechneten nach Bokassinen (Leinwandstücken). Pelzwerk ist Werthmesser in Sibirien und Nordamerika. Das Heerdenvieh war bei Griechen, Römern und bei unsern Vorfahren Werthmesser, und ist es noch jetzt in vielen Gegenden Afrikas sowie bei den Osseten. Schliesslich musste der Mensch dem Reichen als Werthmesser dienen, und auf Neu-Guinea, wie in manchen afrikanischen Ländern ist der Gefangene noch jetzt die grosse Münze. Hierauf sprach Dr. Paul Güssfeldt, der bisherige Führer der deutschen Expedition zur Erforschung des äquatorialen Afrika, über seine

Thätigkeit an der Loangoküste. Er schilderte, nachdem er über die Vorbereitungen und über die Reise kurz berichtet hatte, Land und Leute an jener Westküste Afrika's, die Arbeiten auf der Station Chinchoxo, die Versuche zum Eindringen in das Innere, die Hindernisse, die sich diesem Eindringen entgegengestellt haben, namentlich das Missgeschick mit den unbrauchbaren Trägern. Die eine Aufgabe, ein tieferes Eindringen in das afrikanische Binnenland, sei an unüberwindlichen Hindernissen gescheitert, während die andere, auf die naturwissenschaftlichen Forschungen aller Art gerichtete, in erfreulicher Weise gelöst worden sei.

Sitzung vom 12. Januar 1876. Der Vorsitzende, Professor Dr. Bruhns, theilte mit, dass die Deutsche Seewarte in Hamburg am 1. Januar ihre Thätigkeit amtlich begonnen habe und besprach die zu erwartenden Resultate von den zahlreichen meteorologischen Stationen, welche an den deutschen und (skandinavischen) Ostsee- und Nordseeküsten wie im Binnenlande hergestellt worden sind, und deren tägliche Beobachtungen zum grossen Theile auch im „Leipziger Tageblatt" mitgetheilt werden sollen. — Dr. Richard Andree zeigte eine grosse Anzahl ethnographischer Gegenstände vor, welche Herr M. Hildebrandt aus Ost-Afrika eingesandt hat. Es waren dies geflochtene und theilweise gefärbte Matten, Taschen, Peitschen aus Rhinoceroshaut, Kämme, Angeln, Stöcke, Handwerkszeuge, Gerb- und Faserstoffe, Lederschläuche, Kochgeschirre, Löffel, geflochtene Wasserflaschen und Töpfe, „Plaids" aus Schafleder für Männer und Frauen, Holzbeile, Waffen, Schilde aus Rhinoceros- und Beisa-Antilopenhaut, prächtige Körbe, Milch- und Essgefässe, Sandalen, Sommer- und Wintermützen, Kopfkissen für Kranke etc. Der Vortragende gab ausserdem eine Uebersicht der von dem Reisenden besuchten Gebiete und schilderte namentlich den Stamm der Somali. — Prof. Dr. Otto Delitsch sprach sodann über Stanley's und Cameron's Reisen im äquatorialen Afrika. Er schilderte zuerst die Art und Weise, wie i. J. 1869 Bennet, der Besitzer des „New-York-Herald" seinem Reporter Stanley den Auftrag gegeben hatte, Livingstone zu finden und wie Stanley mit der Energie eines Amerikaners und unbeschränkt in den Mitteln und der Art der Ausführung, Livingstone aufgesucht und gefunden habe, und knüpfte daran einen ausführlichen Bericht über Stanley's Reise nach dem Ukerewo-See im Jahre 1875. Er schilderte die Ausrüstungen in Zanzibar, den schwer zu regierenden Tross von mehr als dreihundert schwarzen Trägern, das sehr brauchbar zerlegbare Boot „Lady Ellice", die Nothstände, namentlich den Mangel an Lebensmitteln während der Reise, die harten, aber mit Feldherrntalent und Glück durchgeführten Kämpfe in Linyata, die Ankunft an dem grossen See, die Umfahrung und Aufnahme desselben, den Besuch bei dem Könige Mtesa und das Zusammentreffen mit Linant de Bellefonds. Sodann gab der Vortragende Bericht über Cameron's Reisen, über dessen glückliche Ankunft in Benguela und Angola die ersten, wenn auch noch unvollständigen Nachrichten eingegangen waren.

Einsendungen für die Bibliothek.

Januar-Sitzung.

Geschenke.

Informe y colleccion de articulos relativos a los fenomenos geologicos verificados en Jalisco en el presente año y en epocas anteriores. T. 1. II. Guadalajara 1875.

The west coast of Africa, P. II. from Sierra Leone to Cape Lopez. Transl. by L. Chenery. Washington 1875.

Rougnairol, Le globe terrestre reconnu vivant ou physiologie de la terre. Paris 1847.

Payer, Die österreichisch-ungarische Nordpol-Expedition. Lief. 6, 7. Wien 1875.

Rohlfs, Expedition zur Erforschung der libyschen Wüste. Bd. I. Cassel 1875.

v. Klöden, Das Areal der Hoch- und Tieflandschaften Europa's. Berlin 1873. Mit 2 Karten.

Statistica del bestiame. Animale etc. Roma 1875.

Van Raemdonck, Les sphères terrestre et céleste de Gérard Mercator. Saint-Nicolas 1875.

Schwarz, Ueber die Integration der partiellen Differentialgleichung $\dfrac{d^2 u}{d x^2} \times \dfrac{d^2 u}{d y^2} = o$ unter vorgeschriebenen Grenz- und Unstetigkeits-bedingungen. Berlin 1870.

Almanach für Freunde der Stolze'schen Stenographie. 1875. Berlin.

Durch Umtausch.

Mittheilungen der K. K. geographischen Gesellschaft in Wien. 1875. No. 11.

Cosmos di Guido Cora. Vol. III. No. II, III. Torino 1875.

Mittheilungen des Vereins für Erdkunde zu Leipzig, 1874 und XII. Jahresbericht. Leipzig 1875.

Bulletin de la Société de géographie. 1875. Novembre 1875.

Petermann's Mittheilungen 1875. Heft XII. und Ergänzungsheft No. 44. Gotha.

Boletin de la Sociedad de geografia y estadística de la republica Mexicana. 3. epoca. T. II. No. 7. Mexico 1875.

1. Jahresbericht des Vereines der Geographen an der K. K. Universität Wien. Wien 1875.

Annalen der Hydrographie und maritimen Meteorologie. 1875. Berlin.

Oesterreichische Monatsschrift für den Orient. 1875. Wien.

Die Einsendungen für die Bibliothek in der Februarsitzung werden in der nächsten Nummer dieser Verhandlungen etc. mitgetheilt werden.

Verlag von **Dietrich Reimer** in Berlin.   Druck von **Kerskes & Hohmann** in Berlin.

BERLIN
Druck von Kerskes & Huhmann
SW., Zimmerstrasse 94.

VERHANDLUNGEN

DER

GESELLSCHAFT FÜR ERDKUNDE

ZU

BERLIN.

SITZUNG VOM 11. MÄRZ 1876.

BAND III. N° 3.

BERLIN.

VERLAG VON DIETRICH REIMER.

1876.

VERHANDLUNGEN
DER
GESELLSCHAFT FÜR ERDKUNDE
ZU BERLIN.
1876.   No. 3.

Mittheilungen sind zu adressiren an den Vorstand der Gesellschaft für Erdkunde, Berlin, SW.
Friedrichstrasse 191.

Anzeige.
Vom 1. April d. J. an befindet sich die Bibliothek der Gesellschaft
für Erdkunde Friedrichstrasse 191.

Sitzung vom 11. März 1876.
Vorsitzender: Herr Hartmann.

Vorgänge bei der Gesellschaft.

Der Vorsitzende theilt zunächst mit, dass zur Feier des 50jähri-
gen Doctorjubiläum des Ehrendirectors der Gesellschaft, Herrn Geheimen Regierungsrath Professor Dr. Dove, der Vorstand dem Jubilar persönlich im Namen der Gesellschaft die herzlichsten Glückwünsche zu dieser seltenen Feier überbracht habe. Herr Hartmann
hat, an Stelle des durch schwere Krankheit in seiner Familie
verhinderten ersten Vorsitzenden, Freiherrn von Richthofen, bei
dieser Gelegenheit die Ansprache an den Jubilar gehalten, welcher
sich die Herren Nachtigal im Namen der Afrikanischen Gesellschaft und Neumayer im Namen der Deutschen Seewarte
anschlossen. Der Jubilar beantwortete hierauf diese Glückwünsche
in warmen und bewegten Worten. An dem im Englischen Hause
veranstalteten Festessen zu Ehren des Geheimen Rath Dove betheiligten sich sehr viele Mitglieder der hiesigen und auch auswärtiger

geographischen Gesellschaften. Im Namen der Gesellschaft für Erdkunde zu Berlin brachte Herr Neumayer bei der Festtafel einen
Toast auf Heinrich Wilhelm Dove aus.

Der Vorsitzende erwähnt sodann die zu Ehren des nach Hamburg übersiedelnden bisherigen ersten stellvertretenden Vorsitzenden
der Gesellschaft für Erdkunde, des Directors der Deutschen Seewarte,
Wirkl. Admiralitätsrathes Prof. Dr. Neumayer am 8. März veran-
staltete Abschiedsfeier, an welcher die Mitglieder der Gesellschaft für
Erdkunde sich ebenfalls zahlreich betheiligt hatten.

Er macht hierauf einige Mittheilungen über die Abreise der Mitglieder der in der vorigen Sitzung erwähnten Westsibirischen
Expedition, der Herren Dr. Finsch, Dr. Brehm und Graf Waldburg-Zeil, sowie über den grossen Reichthum der von den deutsch-
afrikanischen Expeditionen eingelaufenen Sammlungen.

Schliesslich begrüsst derselbe den als Gast anwesenden Grafen
Béla Szechényi, welcher im Begriff stehe, einen in grossartiger
Weise ntworfenen Plan einer Forschungs-Expedition in die unbekann-
testen und unwirthlichsten Theile Central-Asiens, im Süden des Lop-
nor und entlang den nördlichen Abfällen des Kwen-lun aus eigener
Veranlassung und auf eigene Kosten auszuführen.

Der Gesellschaft sind beigetreten:

Als Ansässige Ordentliche Mitglieder: Rev. George
Palmer Davies; — Herr Oswald Freiherr v. Richthofen, Kreis-
Assessor, attachirt dem Auswärtigen Amt; — Herr L. Callies,
Schiffscapitain, Vorsteher der Seemannsschule in Stralau; — Herr
Westphal, Assistent am geodätischen Institut; — Herr Georg
Suekey, Kaufmann; — Herr Dr. Johäntgen; — Herr Dr. Bur-
tin; — Herr Dr. Fink, Professor an der Königl. Gewerbe-Akademie;
— Herr Philippi, Forstmeister; — Herr v. Bosse, Hauptmann
im Eisenbahn-Regiment; — Herr Dr. F. Voigt, Professor an der
Königl. Realschule; — Herr E. Friedländer, Kaufmann.

Als Auswärtiges Ordentliches Mitglied: Herr Dr. Rein,
Professor der Geographie in Marburg.

Vorträge.

Herr Richard Kiepert: Ueber Lieutenant Cameron's Reise quer durch Afrika 1874/75.

An zwei grossen Wandkarten im Maasstab von 1:1,000,000 erläuterte der Vortragende Cameron's epochemachende Reise. Die erste ältere zeigte das Gebiet der letzten Livingstone'schen Reisen aus den Jahren 1865 bis 1873. (s. Verhandlungen der Gesellschaft für Erdkunde zu Berlin, Bd. II., 1875, S. 59); die zweite ad hoc entworfene war eine dreifach vergrösserte Reproduction der Cameron'schen Originalkarte, wie dieselbe in den Proceedings of the Royal Geographical Society Vol. XX, No. II veröffentlicht worden ist. Nur soweit als die in London angelangten Karten reichen, nämlich vom Tanganyikasee an bis westlich etwa zum 20. Grade ö. L. Greenwich war das Flussnetz auf derselben wirklich eingetragen, westlich vom 20. Grade dagegen der Raum frei gelassen, um später die noch nicht bekannt gewordenen Ergebnisse der Rückreise Cameron's, der Erforschungen des Lieutenants Lux (s. diese Zeitschrift, 1876, No. 1 und 2, S. 33) und Grandy's, welche auf die früheren Reisen eines Magyar, Livingstone, Bastian berichtigend einwirken, nachzutragen.

Einer Erläuterung dieser Karten folgte die Nachweisung, wie durch Cameron's Reisen und Erkundigungen wenigstens im Osten und Süden das Stromgebiet des mächtigen Ugarowa (der Lualaba Livingstone's, der kein anderer Strom sein kann, als der Kongo) umgrenzt und die Wasserscheide gegen die Zuflüsse des Indischen Oceans hin festgestellt worden ist, wie die Quellen des Malagarazi, der von Osten her in den Tanganyika - See strömt, des Tschambeze, der den Bangweolo-See durchfliesst, des Lufira, Lualaba, Luburi, Lomami, Kassabe die äussersten Anfangspunkte des Kongosystems bilden, dessen nördliche Grenze wohl jenseit des Aequators zu suchen ist, nicht aber nördlicher, als beim 4. Grade nördlicher Breite. Denn dass der von Norden her in den Ugarowa fliessende mächtige Lowa mit Schweinfurth's Uelle identisch sein könne, dem stehen Nachtigal's Erkundigungen entgegen, wonach der Uelle seinen westlichen Lauf beibehält und zum Bahr Kuta wird (vgl. Zeitschrift der Gesellschaft für Erdkunde 1875, Bd. 10, Tafel 10).

Besonders betonte der Vortragende, wie Cameron's Reiseweg durch die unvergleichliche Menge der von ihm angestellten astronomischen und hypsometrischen Beobachtungen zur Grundlage für jede zukünftige Karte Inner-Afrikas wird, zur Correctur für alle vorangegangenen Reisen und Aufnahmen, zur Controle für alle zukünftigen. Hat er doch von den nahezu 3000 englischen Meilen, welche seinen Weg quer durch Africa ausmachen, etwa 1200 auf vorher nie betretenem Boden zurückgelegt. Bis zu dem Orte des Unterhäuptlings Lunga Mandi, noch nicht ³/₄ des gesammten Weges, hat er nicht weniger als 85 Punkte durch 706 Längen- und Breiten-

Beobachtungen bestimmt und 3718 Höhenbestimmungen, gewöhnlich 3 an jedem Tage, vorgenommen. Letztere werden ein treffliches Profil von dem, im Allgemeinen niedrig gelegenen, durchwanderten Gebiete abgeben. Wie epochemachend diese wissenschaftlichen Arbeiten sind, wird klar, wenn man bedenkt, dass bis jetzt die Karte jener riesigen Gebiete auf einer einzigen, unsicheren Mondbeobachtung in Udschidschi beruhte, während Cameron an verschiedenen Punkten deren 35, 61, ja 142 ausgeführt hat. Von besonderem Interesse sind auch die politischen Verhältnisse jener Länder, welche insgesammt dem immer noch mächtigen Muati Yanwo in Káhebe tributär zu sein scheinen. Doch liegen darüber von Cameron selbst noch keine speciellen Nachrichten vor, welche sich vielmehr auf zwei nicht sehr ausführliche Schreiben beschränken, deren deutsche Uebersetzung sodann verlesen und an der Karte erläutert wurde.

Herr Professor Dr. Rein: Reise von Tokio nach Kioto in Japan.

Im Anschluss an seinen letzten Vortrag erörterte Prof. Dr. Rein zunächst die hydrographischen und orographischen Verhältnisse der allseits von Gebirgen umgebenen, hochgelegenen Provinz *Shinano*. Im Südosten derselben, wo der Grenze von Kai der etwa 2300 Meter hohe Kinpozan sich erhebt, entspringt der Chikumagawa, welcher nach einem 26 ri langen Laufe in nördlicher Richtung sich mit·dem von Südwesten kommenden Saigawa vereinigt und nun den Namen *Shinanogawa* führt. Sein Bett liegt hier 360 Meter über der See. Wenige Meilen weiter tritt er in die Provinz Echigo ein, durchströmt dieselbe in nordöstlicher Richtung und mündet nach einem Gesammtlaufe von 120—130 ri rechts von Niigata in das japanische Meer. Sein bedeutendster Nebenfluss ist der Onogawa, welcher von dem Grenzgebirge der Provinzen Kotsuke und Echigo kommt. Unter den Sandaika (drei grössten Flüssen) Japans ist der Shinanogawa der ansehnlichste. Obgleich seine Länge kaum der des Main gleichkommt, wälzt sich doch eine viel bedeutendere Wassermenge seinem Bett entlang, was in Anbetracht der hohen, fast das ganze Jahr mit Schnee bedeckten Gebirge, welche ihn speisen, sowie eines jährlichen Niederschlages von 70—80 Zoll leicht begreiflich ist. Hohe Dämme müssen in seinem unteren Laufe die fruchtbare Ebene von Echigo vor Ueberschwemmungen schützen; aber wenn im Hochsommer der Schnee geschmolzen und die Regenzeit vorbei ist, füllt er nur unvollkommen sein breites Bett. Alsdann bilden Untiefen und Sandbänke ein grosses Hinderniss für die Schifffahrt, und da das Gebirge so nahe und das Gefäll der ihm entspringenden Nebenflüsse ein sehr bedeutendes ist, so sind die Massen von Detritus, welche nach jedem heftigen Regen dem Shinanogawa zugeführt werden, sehr gross und ein bestandiges Hinderniss für eine ausgedehntere Schifffahrt. — Der zweitgrösste Fluss Japans, der *Kisogawa*, hat ebenfalls in der Provinz Shinano seine Quellen. Sie liegen im südwestlichen Theil derselben, nicht weit vom Nakasendo, da wo die Strasse Toriitöge, die Wasserscheide zwischen dem Saigawa und Kisogawa, überschreitet. Letzterer tritt später in die Provinz Mino ein, empfängt hier zahlreiche Nebenflüsse, bildet dann die Grenze zwischen Owari und Ise und mündet endlich bei der Stadt Kuwana in das Meer von Ise (Ise no umi). Der dritte unter den Sandaika, der *Tonegawa*, dessen bereits bei der Ebene von Kuwanto, die er bewässert, gedacht wurde, empfängt keinen Beitrag aus Shinano. Dagegen ist der *Tenriugawa* noch zu erwähnen, der Abfluss des Suwa-Sees (Suwa-ko od. Suwa-no-kosui), welcher sich gleich dem Kisogawa dem Stillen Ocean zuwendet und in die Bucht von Mikawa mündet.

Der Suwa-ko, einer der grössten Seen Japans, liegt 650 Meter über dem Meer in einer kleinen fruchtbaren Reisebene. Seine grösste Tiefe beträgt 30—40 Meter; grosse Strecken längs der Ufer sind sehr seicht, mit Leichkräutern und anderen Süsswasserpflanzen bedeckt. Nach der Aussage seiner Uferbewohner bedeckt er sich in der zweiten Hälfte des Winters mit so dickem Eise, dass der Verkehr auf demselben möglich ist. Wo der Kisogawa in die Provinz Mino eintritt, liegt sein Bett noch 320 Meter über dem Meer; nicht tiefer dürfte das des Tenriugawa beim Uebergang in die Provinz Tótomi gelegen sein. Es ergiebt sich hieraus, dass selbst die tiefsten Stellen von Shinano noch mindestens 1000 Fuss über der See liegen.

Vom Suwa-ko aus erblickt man in südöstlicher Richtung durch eine Einsenkung im Gebirge den Fuji-no-yama. Ueber jene Depression führt der Weg vom Nakasendo nach Kofu, der Hauptstadt von Kai, die nur 18 ri entfernt ist. Der achtgipfelige Yatsugatake und der schon erwähnte Kinpozan bleiben zur Linken; aber auch rechts steigt das Grenzgebirge bald wieder zu ansehnlichen Gipfeln empor, unter denen namentlich der Komagatake, Pizogatake und der Toyama an der Grenze der Provinzen Kai, Suruga, Tótomi und Shinano hervorzuheben sind. Ueber den geologischen Charakter dieser Berge ist Nichts bekannt, doch muss erwähnt werden, dass die von ihnen gespeisten Flüsse, der Oigawa und Fujikawa, da wo sie nahe ihrer Mündung vom Tokaido überschritten werden, in ihrem Sande und Geröll wenig vulkanische Spuren zeigen. Vom Toyama aus zieht ein Zweig dieses Gebirges als Grenze zwischen Kai und Suruga nach Südost, ein anderer bildet in südwestlicher Richtung die Grenze zwischen Shinano und Tótomi. Jener führt in Kai Serpentin, sowie goldhaltigen Quarz und liefert vor Allem einen geschätzten bläulichen Schiefer, der unter dem Namen „Amabata" in ganz Japan bekannt ist und zu Tischschalen allgemeine Verwendung findet. Ebenso bekannt sind die Bergkrystalle (Suishó) vom Kinpozan, welche man mit Pyropensand schleift und hochschätzt. Früher zahlte man für eine wasserhelle Kugel von 3 bis 4 Zoll Durchmesser wohl 3—400 Dollars. Seitdem man das Glas kennt und den Bergkrystall imitirt, sind die Preise des letzteren gesunken. In China und Japan zählte Bergkrystall zu den Shippo d. h. den sieben kostbaren Dingen (Gold, Silber, Smaragd, Koralle, Achat, Bergkrystall und Perle). —

Die Wasserscheide zwischen Suwako und dem Chikumagawa wird durch ein vulkanisches Gebirge gebildet, das mit dem Yatsugatake in Verbindung steht, im Tateshima-yama sich 2000 Meter hoch erhebt und vom Nakasendo im 1400 Meter hohen Wata-töge überschritten wird. Dieser Pass von Wata gewährt einen prächtigen Ueberblick über einen grossen Theil der Provinz Shinano und ihre hohen Gebirge, von denen noch mancher Gipfel am 24. Juli mächtige Schneefelder zeigte. Insbesondere gilt dies von dem Schneegebirge an der Grenze von Hida im Westen. welches im Ontake nicht weit vom Nakasendo 3000 Meter Höhe erreicht. Auch der Komagatake*), welcher in der Wasserscheide zwischen Kisogawa und Tenriugawa liegt, wird kaum ganz frei von Schnee. Alle diese hohen Gipfel scheinen erloschene Vulkane zu sein, aber die Vorberge im Gebiete der erwähnten zwei Flüsse, sowie des Saigawa, bestehen aus krystallinischen Gesteinen und Schiefern, die vielfach an den Flussufern anstehen, das Geröll bilden und jene zahlreichen Erdrutsche verursachen, welche das Auge in dieser Gegend wahrnimmt. Dieselben treten als scharfbegrenzte lehm- oder rostfarbige Glatzen auf, welche gegen das sie allseits umgebende Grün sehr abstechen und selten im vulkanischen Gebirge vorkommen.

Im Norden von Shinano, an der Grenze von Echigo, tritt als Wasserscheide zwischen dem Shinanogawa und einer Reihe kleiner Küstenflüsse, ein Gebirgsland auf, in welchem viele mächtige Kegel 1500—2000 Meter Höhe erreichen. Das vorherrschende Gestein desselben ist Trachyt. An dieses Gebirge reihen sich, sowohl nach dem Meere hin als auch östlich, Tertiärbildungen mit viel Braunkohle, namentlich in der Gegend von Takata im südlichen Echigo. Der Pass von Nojiri, durch dessen Ueberschreiten man von Takata aus in das obere Shinanogawathal gelangt, ist 694 Meter hoch. Endlich bildet nach Osten ein Gebirge die Grenze zwischen Shinano und Kotsuke, welches mit dem Grenzgebirge von Echigo zusammenhängt, aus Diabas und alten Schiefern besteht, nach Süden an Höhe zunimmt und hier ganz von vulkanischen Bildungen überlagert ist, als deren höchste und letzte der noch thätige Asamayama auftritt.

Aus den hier erwähnten orographischen Verhältnissen der Provinz Shinano ergibt sich, dass sie vorherrschend eine hochgelegene Gebirgslandschaft ist. Ihre Winter sind streng aber heiter. Auf Nojiri töge liegt im Winter 7—10 Fuss Schnee; auf dem viel höheren Usui töge stellt er sich selten höher als 1,5 Fuss. Dieser Unterschied ist nicht etwa der südlicheren Lage des letztgenannten Passes zuzuschreiben, denn die Differenz beträgt kaum einen halben Breitegrad, vielmehr den verschiedenen Ein-

---

*) Komagatake ist ein häufig wiederkehrender Name für hohe Berge in Japan.

flüssen der benachbarten Meere. Die Provinzen des Hokurokudo (Wakasa, Echizen, Kaga, Noto, Echu, Echigo und Insel Sado) sind den Winter über ganz unter der Herrschaft kalter sibirischer Winde, deren Temperatur durch die Wärmeausstrahlung des japanischen Meeres allerdings bedeutend gemässigt wird. Dieselben bringen den genannten Provinzen vorherrschend trübe Tage und viel Schnee, der in einzelnen Thälern, z. B. dem oberen Tetorigawa-Thale der Provinz Kaga, oft 18 und mehr Fuss hoch liegt, an Stellen, die kaum 700 Meter Seehöhe haben. Das Gebirge, welches die genannten Provinzen gegen Südosten, insbesondere gegen die Provinzen Kotsuke, Shinano, Hida und Mino abgrenzt, ist eine Wetterscheide so scharf, wie eine zweite in ganz Japan nicht vorkommt. Es schützt die Ebene von Kuwanto vor den Einflüssen der kalten Nordwestwinde und gestattet den wärmeren Winden vom stillen Ocean ungestörten Zugang, Winde, die selbst noch auf das hochgelegene Shinano insoweit einwirken, dass sie mit als Ursache des geringen Schneefalls auf Usuitôge und des heiteren Himmels von Shinano angesehen werden müssen.

Vom hochgelegenen Oiwake am Fusse des Asamayama führt der Naka-sendo bis zum Chikumagawa, der hier sein Bett in alte Asche des mächtigen Vulkans eingegraben hat, beständig abwärts und bietet sonst wenig Interessantes. Bis nach Wata kommen wir auf ihm durch ein sich mehrere Meilen weit ausdehnendes Gebiet, das durch seine vielen Ginsengpflanzungen bemerkenswerth ist. Solche fand der Reisende zwar auch in der Provinz Aidzu, aber in viel beschränkterem Maassstabe. Die Wurzeln von Panax Ginseng, einer Araliacee, die unseren Doldengewächsen nahesteht, bilden die Cinchona der Chinesen, Koreaner und Japaner, die wichtigste und theuerste Arzenei, welche gegen Schwächezustände aller Art, Fieber und andere Krankheiten gebraucht wird. Eine japanische Redensart sagt, man könne durch viel Ginseng-Essen wohl gesund werden, sterbe aber nachher den Hungertod. Die walzenförmigen Wurzeln werden etwa fingerdick, sind weiss, von mohrrübenartigem Geruch und Geschmack. Sie bedürfen zu ihrer Entwickelung vier Sommer. Im April steckt man die Samen 2—3 Zoll entfernt in Reihen, die etwa einen Fuss von einander abstehen und deren 2—3 auf jedes Beet kommen. Die Beete laufen von Ost nach West und sind in etwa ⅔ Meter Höhe mit Strohdächern überdeckt, welche auf Pfählen und Stangen ruhen, nach Süden neigen und dazu dienen, die Pflanzen gegen Sonnenstrahlen und heftige Regen zu schützen. Im ersten Sommer werden die jungen Pflänzchen 3—4 Zoll hoch und entwickeln nur wenige dreitheilige Blätter; im zweiten Sommer erscheinen fünffingerige Blätter, und sind die Ränder der Blättchen wie auch bei älteren Pflanzen gesägt; im dritten Jahre kommen die Pflanzen zur Blüthe. Kleine Dolden bilden sich am Ende der ½ Meter hohen Stengel; ihren grünlich-weissen Blüthchen folgen scharlachrothe Früchte, welche unter dem dünnen Fleische netzförmig geriefte Samen haben, von der Grösse der Hanfsamen. Endlich im August des vierten Jahres findet die Ernte der Wurzeln statt. Sie werden ausgegraben, abgewaschen, von den

kleineren Würzelchen befreit, mit Wasserdampf abgebrüht und dann rasch
an der Sonne getrocknet. Hierauf bindet man dieselben in kleine Bündel
und verkauft sie zu 5—7 Dollar das Pfund.

Immergrüne Gewächse giebt es wenig in Shinano, und auch für den
Theebau ist das Klima zu rauh. Dagegen wird in allen Thälern die Seidenzucht emsig betrieben, in einigen Distrikten auch die Zucht des Eichen-
spinners (Yama-mai). Dr. Rein bespricht dieselbe ausführlicher und hebt
namentlich auch hervor, dass die Yama-mai-Seide für Japan lange nicht
die Bedeutung besitze, welche man ihr früher in Berichten irrthümlicher-
weise zugesprochen habe. —

Der schönste Theil des Nakasendo führt durch die engen Thäler des
oberen Saigawa und des Kisogawa. An letzterem liegt Mitte Wegs zwischen
Tokio und Kioto das Städtchen Fukushima, von dem aus 4—5000 Pilger
alljährlich aufbrechen, um den Gipfel des Ontake oder Mitake, der 11 ri
entfernt ist, zu ersteigen. Dr. Rein und seine Begleiter folgten ihrem
Beispiele am 28. und 29. Juli, hatten sich dabei eines vortrefflichen Wetters
zu erfreuen und konnten auf diesem zweithöchsten Borge Japans lehr-
reiche Sammlungen veranstalten und Messungen machen, als deren Resultat
unter Anderm hervorzuheben ist, dass die drei höchsten Vulkane des
Landes, der Fuji-no-yama, Outake und Hakusan nahezu in einer Linie
liegen, welche 63—64 Grad nach Südost geneigt ist. Im Thal des Kisogawa,
sowie in einem von Ontake kommenden Seitenthälchen steht Granit an.
Darüber lagern Quarzit und Schiefer bis zu 1100 Meter Höhe, dann folgen
vulkanische Bildungen, worunter Trachyt vorherrscht. Der lange Bergrücken
des Ontake trägt oben acht grössere Kratere, welche durchschnittlich 800 bis
1000 Meter Umfang haben, und von denen 6 in einer Reihe von Norden
nach Süden liegen. Man kann bei den meisten an der Verwitterung des
Gesteins, mehr aber noch an der Art, wie die Vegetation in ihnen und an
ihren eingefallenen Wänden Platz gegriffen hat, deutlich das relative
Alter erkennen. Hiernach erscheint der nördlichste Krater, der jetzt
einen kleinen See trägt, und dessen Wände eine reiche botanische Ausbeute lieferten, der älteste zu sein. Dann folgten der zweite und dritte von
Norden her, endlich der vierte und höchste. Jeder dieser Kratere liegt
im Mittel 15—20 Meter höher als der nächst vorhergehende. Die zwei
Seitenkratere, sowie der südlichste dürften etwa gleichzeitig mit dem
zweiten oder dritten entstanden sein. Dagegen ist der sechste von Norden
her, welcher ganz von der Wand des fünften umschlossen ist, eine verhältnissmässig ganz neue Bildung. Seine steilen, zerklüfteten Wandungen
stehen noch frisch und aller Vegetation baar da, als sei das Feuer erst
kürzlich erloschen.

Grasige Abhänge mit Phragmites japonica, Lespedeza-Arten, Adler-
farren, Liliaceen, Compositen und Campanulaceen als vorherrschenden Ge-
wächsen finden sich bis zu einer Höhe von 1500 Metern. Hin und wieder
tritt in ihnen eine essbare Kastanie, eine blattwechselnde Eiche, eine
Birke oder ein Strauch von Hydrangea paniculata auf, auch fehlt Panax

edulis dieser Region selten. An andern Stellen finden wir statt der Gras-
fläche einen ausgedehnten Wald aus einem bunten Gemisch der verschiedensten Bäume und Sträucher. Bis zu 1200 Meter Höhe herrscht Nadelholz vor, insbesondere Kiefern, Retinisporen und Tannen. Höher hinauf
treten Buchen, Ahorne, Magnolien, Birken, die japanische Rosskastanie
(Aesculus turbinata Bl.), Erlen und blattwechselnde Eichen in ihre Rechte.
In etwa 1500 Meter Höhe begegnen wir unserm Epilobium angustifolium.
Hier sind die meisten der genannten Laubbäume verschwunden; nur Birken,
Erlen, sowie eine der Eberesche ähnliche Art (Pyrus sambucifolia) nehmen
als grössere Bäume an der Zusammensetzung des Waldes noch Theil. Das
Nadelholz wiegt vor, doch sind die Kiefern, Retinisporen und Cryptomerien
verschwunden und andere Arten, insbesondere Abies Tsuga, Abies bicolor etc.,
sowie Larix Leptolepis an die Stelle getreten. Die Zwischenräume aber
zwischen den einzelnen Stämmen bedeckt ein Zwergbambus (Phyllostachys
bambusoides S. u. Z.). Noch höher, in 1800—2000 Meter Höhe sind die
vorerwähnten Laubhölzer nur noch strauchförmig, die Nadelhölzer gar
nicht mehr zu finden; an ihrer Stelle aber begegnen wir einer Art Knie-
holz, der Yezokiefer (Pinus parviflora). Zwischen und unter diesen grösseren Sträuchern finden wir eine Menge interessanter Gebirgspflanzen,
z. B. Rhododendron Metternichii, S. u. Z., Schizocodon soldanelloides,
S. u. Z., Cornus canadensis L., Campanula circaeoides Schm., Campanula
lasiocarpa Cham., aber auch bekannte aus unseren eigenen Wäldern wie
Vaccinium Vitis Idaea L., V. uliginosum L., Solidago, Virga aurea L.,
Majanthemum bifolium L., Oxalis Acetosella L. und Trientalis europaea
L. Diese Gewächse gehen zum Theil wie Alnus viridis L., Pyrus sam-
bucifolia Cham, Pinus parviflora S. u. Z., Vaccinium uliginosum, Salix
Reiniana Fr. u. Sav., und andere bis zu den höchsten Gipfeln. Dort
gesellen sich noch hinzu Coptis trifolia Salisb. Anemone narcissiflora
L., Viola biflora, Geum rotundifolium, Geum dryadoides Fr. u. Sav.,
Saxifraga androsacea L., Diapensia lapponica L., Rhododendron chry-
santhum Pall., Azalea procumbens L., Phyllodoce taxifolia Salisb.,
Cassiope lycopodioides Don. und andere Ericineen, endlich die Avant-
garde aller Pflanzen auf japanischen Vulkanen, welche am Fuji-no-yama
bis zu 10,000 Fuss Höhe ansteigen, nämlich Polygonum Weyrichii Fr.
Schmidt, Stellaria florida Fisch. und Carex tristis M. B. Dies ist
im Wesentlichen die Flora des Ontake und anderer hoher Berge Japans,
die der Vortragende erstieg und auf die er in einer späteren pflanzen-
geographischen Arbeit ausführlicher zurückkommen wird. Botaniker aber
werden aus dem Angeführten bereits die interessanten Eigenthümlichkeiten
der japanischen Gebirgsflora erkennen, insbesondere die Anklänge an
die arktisch-alpine Flora und die nahe Verwandtschaft mit der von
Kamtschatka. —

Mit dem Austritt des Nakasendo aus der Provinz Shinano nimmt die
Physiognomie der Gegend einen anderen Charakter an. Ein wellenförmiges
Hügelland, ansehnliche Theile der Provinzen Mino, Owari und Mikawa

umfassend, einförmig und unfruchtbar, mit Ausnahme er Thälchen, voll nackter, weisser oder lehmfarbiger Stellen, folgt auf die schön bewaldeten oder doch ganz in Grün gehüllten, höheren Berge von Shinano. Die meisten der Hügel sind flachrückig, 100—250 Meter hoch, mit Kieselgeröll bedeckt, hier und da an den Abhängen grauweisse Thonlager zeigend Niedriges Gebüsch, insbesondere krüppelhafte Kiefern, Wachholder und Smilax deuten die Unfruchtbarkeit des Bodens genügend an. An mehreren Stellen, z. B. zu Tsukiyoshi in Mino trifft man Pflanzenabdrücke und jungtertiäre Meeresconchylien. An anderen Stellen, wie an der Grenze von Owari und Mino steht fossilfreier Schiefer an, an noch anderen ragen stark verwitterte anstehende Granitblöcke über das Geröll hervor. Die reichen Thonlager aber, sowie der verwitterte Feldspath eines Schriftgranits an der Grenze der genannten drei Provinzen sind die Grundlagen einer ausgedehnten Porzellanindustrie geworden, als deren Centrum Feto in Owari anzusehen ist.

Geographische Notizen.

Die neueste Expedition an der Südküste von Neu-Guinea. Fahrt des „*Ellengowan*" auf dem Fly-Flusse.

In neuester Zeit sind die Ströme, welche an der Südküste von Neu-Guinea münden, von zwei verschiedenen Seiten her in den Bereich der näheren geographischen Forschung gezogen worden, nämlich durch die Missionäre der Londoner Missions-Gesellschaft und durch die Regierung der australischen Colonien, welche Neu-Guinea als neues Colonisationsobject sich ausersehen hat.

Das neueste Heft von Petermann's Geographischen Mittheilungen (vom 1. März 1876) enthält nebst einer Karte die Beschreibung der wenig erfolgreichen Fahrt Macleay's (aus Sydney) auf dem *Katau-Strome* an der Südküste von Neu-Guinea im Juli 1875, wo er mit der Barke „*Chevert*" nur 8—9 Meilen aufwärts von der Flussmündung gelangte, sodann der von dem Missionar M'Farlane Anfang September 1875 mit Erfolg auf dem Schiffe „*Ellengowan*" ausgeführten Fahrt auf dem *Mai-Kassa* oder *Baxter*-Flusse, dessen Mündung er am 1. September mit seinen Begleitern Stone und Runcie, dem Capitain des Missions-Dampfers „*Ellengowan*" in 9° 8' Nord-Breite und 142° 18' Ost-Länge von Greenwich entdeckt hatte. *Mai-Kassa* nennen die Eingeborenen diesen Fluss, *Baxter-River* hat ihn Rev. M'Farlane genannt, zu Ehren der Miss Baxter aus *Dundee*, welche für die Londoner Missions-Gesellschaft den Dampfer „*Ellengowan*" auf ihre Kosten ausgerüstet hatte, um Entdeckungsfahrten an der Südküste von Neu-Guinea auszuführen. Mr. Stone hat unter dem 7. September 1875, an welchem Tage der „*Ellengowan*" den Strom wieder hinunter dampfte, an die R. Geographical Society von London einen eingehenden Bericht abgesandt, in welchem er u. A. sagt: „Es ist ohne allen Zweifel, dass der südliche Theil von Neu-Guinea sich entweder in einen Archipel auflöst oder doch durch Flüsse und Ströme von bedeutenden Längen durchschnitten wird."

Ein solcher bedeutender Strom ist der *Fly-Fluss,* vor dessen Mündung Capitain Evans schon in den Jahren 1843—1845, als er auf seinem Schiffe „*Fly*" die Küste von Süd-Neu-Guinea auf nahezu 100 engl. Meilen zu beiden Seiten der Spitze des Papua-Golfes vermessen hatte, während der Ebbe 10 engl. Meilen weit vom Lande süsses Wasser gefunden hat.

Der oben erwähnte Missionar M'Farlane hat mit dem italienischen Naturforscher d'Albertis und dem Polizei-Lieutenant Chester aus *Somerset (Cap York)* im Dec. 1875 mit dem Dampfer „*Ellengowan*" von Cap York aus, auf Veranlassung der Londoner Missions-Gesellschaft eine Expedition nach dem Fly-Flusse unternommen und auch glücklich und mit ausserordentlich grossem Erfolge ausgeführt.

Die neueste australische Post hat einen ausführlichen Bericht M'Farlane's über diese Expedition, welche am 8. December von Cap York ausging und am 27. desselben Monats wieder dahin zurückkehrte, gebracht. Wir theilen hier nachstehend diesen in geographischer und ethnographischer Beziehung höchst interessanten Bericht nach der „Weser-Zeitung" vom 26. März d. J. mit:

„Am 8. Dec. trat die Expedition mit dem kleinen Schraubendampfer „Ellengowan" die Reise an und langte nach mehrfachem Aufenthalte bei den Missionsstationen an der Küste von Neu-Guinea und vielen durch die vor der Mündung des Flusses liegenden Sandbänke verursachten Schwierigkeiten am folgenden Tage im Fly-Flusse an. Um sich den Eingeborenen verständlich zu machen und wenn möglich freundschaftliche Beziehungen anzuknüpfen, hatte man die Häuptlinge der beiden auf dem Hauptlande liegenden Dörfer Katau und Turituri, deren Bewohner mit den an der Mündung des Flusses lebenden Eingeborenen in Freundschaft leben sollten, aufgefordert, die Expedition zu begleiten.

Der Missionär M'Farlane berichtet alsdann wörtlich: „Die Katau-Leute beschrieben uns die Bewohner als sehr zahlreich und grosse Krieger, vor denen man mehr Furcht haben müsse, als vor den Weissen mit ihren grossen Kanonen, und in der That fanden wir sehr bald, dass Mainou, der Häuptling von Katau, nicht so sehr Unrecht gehabt hatte. An der Mündung des Flusses, der dort etwa 5 englische Meilen breit und fünf Faden tief ist, bemerkten wir zwei grosse Dörfer, deren einzelne Häuser zwischen drei und vierhundert Fuss lang waren. Der Fluss wird nach dem Innern des Landes zu etwas breiter. In der ersten Nacht ankerten wir nach einer sehr beschwerlichen Fahrt durch ein enges Fahrwasser, das wir nur durch beständigen Gebrauch des Lothes finden konnten, bei einer kleinen Insel etwa 16 Seemeilen von der Mündung, und nicht lange dauerte es, so er-

schienen fünf bis sechs Canoes, kleine einfache Fahrzeuge, aus den beiden
Dörfern, doch konnten die in jedem derselben befindlichen fünf bis sechs
Eingeborene der starken Ebbeströmung wegen den Dampfer nicht erreichen.
Am nächsten Morgen kamen fünf Boote von einem 3 Meilen weiter stromaufwärts liegenden Dorfe und da die Eingeborenen grüne Büsche als Zeichen des Friedens zeigten, so erlaubten wir ihnen an Bord zu kommen,
um ihre Yams gegen irgend welche Kleinigkeiten einzutauschen. Wir
schleppten mehrere der Canoes nach ihrem Heimathsdorfe, wo der Häuptling uns besuchte und versprach, uns am nächsten Morgen auf der weiteren Fahrt zu begleiten. Trotzdem wir in grösster Freundschaft schieden,
so kamen weder er noch seine Unterthanen, so dass wir gezwungen waren,
allein unseren Weg zu suchen. Nachdem wir etwa sechs Meilen gedampft
waren, bemerkten wir fünf grosse mit bewaffneten Wilden angefüllte Fahrzeuge von einer vor uns liegenden Insel abstossen und quer über den
Fluss und in einen Bach hineinfahren, in dessen Nähe wir vorbeikommen
mussten. Gleich darauf erschienen bei derselben Insel vier andere Canoes,
die auf uns abhielten, augenscheinlich in der Absicht, uns, wenn wir die
Fahrt mit der gleichen Geschwindigkeit fortsetzten, von beiden Seiten anzugreifen. Die Flucht nehmen konnten wir nicht, da einestheils das Fahrwasser zu gefährlich war, anderntheils die Boote der Eingeborenen viel
leichter und schneller sich rudern liessen, als unser Dampfer mit voller
Kraft fahren konnte. Es blieb uns also nichts übrig, als Feindseligkeiten
durch Feindseligkeiten vorzubeugen, und wir durften das um so eher thun,
als dadurch den Eingeborenen eine gute Lection gegeben wurde, damit
sie ein ander Mal nicht wieder einen Angriff auf ein europäisches Fahrzeug machen sollten und damit sie die Ueberlegenheit der Schusswaffen
erkennen möchten. Die Canoes der Eingeboren enthielten je 25—30 Mann,
von denen etwa zwei Drittel die Ruder handhabten und die übrigen, Pfeil
und Bogen in der Hand, kampfbereit standen. Alle hatten ihre Kriegs-
rüstung an: Helm, der bei einigen mit Federn von Paradiesvögeln geschmückt war, wodurch der Besitzer fast das Aussehen eines nordameri-
kanischen Indianers erhielt, Schild und Armschienen. Die Wilden mit
den Federbüschen waren augenscheinlich die Häuptlinge, denn sie trieben
die Ruderer durch Geschrei und Gesticulationen zur Thätigkeit an. Unter-
dessen hatte sich uns ein kleineres Canoe genähert, um zu recognosciren,
dessen fünf Insassen uns mit Hohngelächter und spöttischen Reden antworteten, als wir ihnen durch Mainou zuriefen, wir beabsichtigten keine
Feindseligkeiten. Die Wilden waren ihres Sieges gewiss und schwelgten
wohl schon in dem Gedanken an die Plünderung des Schiffes und unsere
Ermordung, als sie mit wildem Geheul zum Angriff heraneilten. Gar zu
nahe durften wir sie nicht herankommen lassen, wollten wir nicht von
ihren, vielleicht vergifteten Pfeilen getroffen werden, wir feuerten deshalb
einen Schuss vor dem Bug des ersten Canoes vorüber. Einen Augenblick zögerten die Wilden, dann aber kamen sie mit vermehrter Schnellig-
keit heran, so dass wir gezwungen waren, zwei Kugeln durch den Bug des

einen Fahrzeuges zu senden. Die Wirkung war eine ergötzliche. Die
Krieger warfen ihre Waffen hin und ergriffen ebenfalls Ruder und nun
ging eine Wettfahrt an, als ob sie nur dadurch ihr Leben retten könnten,
wobei wir, um die Wirkung des bereits erzielten Erfolges noch zu verstärken, sie durch einige weitere über ihre Köpfe hinweg gerichtete Schüsse
zu noch grösserer Eile antrieben. Der Eingeborenen waren etwa 200 gewesen und höchst wahrscheinlich waren dieselben durch unseren Freund
vom vorhergehenden Tage zu dem Angriffe aufgestachelt worden, denn
während unserer Fahrt hatten uns mehrere Meilen weit einige der Wilden
beobachtet.

Am folgenden Tage änderte sich die Vegetation an den Ufern des
Flusses. Hier und dort erschienen grössere Grasflächen, verschiedene
Palmenarten wurden zahlreicher, auch sahen wir wilde Muscatnuss-, Mango-
und Brodfruchtbäume. Dagegen trafen wir Eingeborene erst wieder, als
wir uns 24 Meilen von der Angriffsstelle bei einer kleinen theils bewaldeten, theils mit Sagopalmen bestandenen Insel näherten. Der Kapitän
und ein Theil der Mannschaft hatten sich an das Land begeben, um Holz
zu fällen und Herr D'Albertis hatte sich dem Kapitän angeschlossen, um
sich die Fauna genauer zu betrachten, als plötzlich drei Canoes mit Bewaffneten auf der anderen Seite des Flusses erschienen. Ein Pfiff der
Dampfpfeife rief die Mannschaft vom Lande zurück. Der Anblick des
besetzten Bootes schien die Wilden in ihrem Beschlusse wankend zu
machen, sie hielten eine kurze Berathung und kehrten nach ihrem Dorfe
zurück, aber nur, um nach etwa 2 Stunden mit bedeutender Verstärkung
wiederzukommen. In sechs Canoes kamen etwa 150 Mann, die in gleicher
Weise wie die Krieger am Tage vorher bewaffnet waren und in die Flucht
geschlagen wurden. Wir schickten unser grosses Boot zur Verfolgung
ab und es gelang demselben, eins der leeren Canoes wegzunehmen, das an
Bord gebracht und zur Strafe als Brennholz verwandt wurde. Am nächsten Morgen setzten wir die Fahrt mit der Fluth fort und bald näherten
sich uns bei dem Dorfe, von wo aus der Angriff auf uns unternommen
war, etwa zwanzig Canoes, deren Insassen Friedenszweige schwenkten, aber
dennoch nicht an Bord gelassen wurden, weil wir in einiger Entfernung
andere bewaffnete Boote bemerkten und deshalb Verrätherei fürchteten.
Zwölf Meilen weit folgten sie uns den Fluss hinauf, erst dann verliessen
sie uns, wahrscheinlich weil dort das Gebiet eines anderen Stammes begann. Von hier ab wurde das Bett des Flusses schmaler und das aus
rothem Thon bestehende Ufer höher. Da hier gutes Brennholz zu bekommen war, so wollten wir wieder unser Boot an das Land schicken,
als wir das Kriegsgeschrei der Eingeborenen hörten, die sich jedoch als
weniger kriegerisch wie die weiter abwärts wohnenden Stämme erwiesen
und wohl mehr ihr Gebiet zu vertheidigen, als uns anzugreifen beabsichtigten, da sie die am Lande mit dem Einsammeln von Holz beschäftigte
Mannschaft vollkommen unbelästigt liessen. Weiter aufwärts sahen wir
keine Wilden mehr, woraus wir schlossen, dass die Stämme nicht aus dem

Innern des Landes nach der Küste zu, sondern von der Küste nach dem Innern zu vorgedrungen sind.

Nachdem wir genügend Holz gefällt, setzten wir unsere Fahrt weiter fort. Das Land war noch immer niedrig und sumpfig und der Boden mit einer groben Grasart bedeckt. Abends befanden wir uns etwa 150 Meilen von der Mündung des Flusses, der an unserem Ankerplatze die bedeutende Tiefe von 17 Faden hatte. Von hier aus fuhren wir mit dem Boote noch sechs bis sieben Meilen weiter aufwärts, bis zu einer kleinen Insel, die wir nach unserem Schiffe „*Ellengowan*" nannten, beschlossen dann aber, da der Fluss sich noch Meilen weit in gleicher Tiefe und Breite nach Nordwest erstreckte, auch in der weitesten Ferne noch kein Bergland sichtbar wurde und unsere Zeit und Mundvorräthe zu Ende gingen, die Rückfahrt anzutreten. Mehrere von der Mannschaft lagen bereits am Fieber erkrankt, die Regengüsse fielen immer öfter und heftiger und auch die Europäer begannen über eine skorbutähnliche Krankheit zu klagen. Dabei wurden wir von den Muskitos und anderen Insekten auf das schrecklichste geplagt, trotzdem wir uns von Kopf bis zu Fuss mit Petroleum wuschen. So ungern wir auch zu unserem Entschlusse kamen, es blieb uns nichts anderes übrig, wollten wir nicht riskiren, die Rückkehr uns überhaupt unmöglich zu machen. Von Eingeborenen hatten wir in den letzten 4 oder 5 Tagen Nichts mehr gesehen, obgleich Mr. D'Albertis in der Nähe der Insel Ellengowan Spuren von einer Jagdpartie wahrgenommen hatte.

Am 15. December traten wir unsere Rückfahrt an, die wir ungehindert fortsetzten, bis wir wieder in die Nähe der Eingeborenen kamen, die nochmals einen Versuch machten, uns anzugreifen, denselben aber aufgaben, als wir ihnen einige Kugeln zusandten. Als wir zu den grossen Dörfern kamen, wo wir auf der Fahrt stromaufwärts angegriffen waren, stiess eine Flotte von Canoes vom Lande ab, so dass wir das Schiff in Bereitschaft setzen mussten, um einen etwaigen geplanten Angriff abzuschlagen. Ein Boot näherte sich uns bis auf einige hundert Yards, wollte aber trotz unserer lebhaften Versicherungen, dass wir durchaus keine Feindseligkeiten beabsichtigen, nicht an das Schiff anlegen, vielmehr suchten die Insassen sich von Weitem das Räthsel zu lösen, auf welche Weise unser Dampfer ohne Segel und Ruder fortbewegt werde. Auch die ihnen gezeigten Tauschgegenstände, Beile, Messer, rothes Zeug u. s. w. konnten sie nicht veranlassen, heranzukommen, in Folge dessen legten wir einige Gegenstände in ein Boot, das wir vom Schiffe abtreiben liessen. Die Wilden nahmen die Sachen und fuhren mit denselben zur Berathung nach ihren Freunden zurück, worauf uns die ganze Flotte in angemessener Entfernung folgte, was uns um so unangenehmer war, als die flachen Stellen des Flusses uns jeden Augenblick in Gefahr brachten, zu stranden. Um uns deshalb die Eingeborenen vom Leibe zu halten, warfen wir eine Dynamitpatrone mit langem Zünder über Bord, die ihre gute Wirkung that. Die Wilden verspürten den Stoss und sahen das Wasser aufbrausen und Alles warf sich platt in die Boote nieder, nicht wagend, uns noch weiter zu verfolgen. Eine halbe

Stunde später geriethen wir wirklich auf eine Sandbank, von der wir trotz aller Bemühungen nicht wieder freikommen konnten, und als das Wasser mit der Ebbe fiel, lief das Schiff vollständig trocken, wodurch wir Gelegenheit bekamen, einen Bruch unseres Schraubenschaftes in der Nähe zu betrachten.

Unsere Lage war nichts weniger als angenehm. 75 Meilen von der Mündung des Flusses, 200 Meilen von Cap York entfernt, in der Nähe der uns beobachtenden Eingeborenen mit kranker Mannschaft, mangelndem Proviant und bei strömendem Regen blieb uns nichts weiter übrig, als so schnell als möglich die Schraube auszunehmen, das Schiff wieder flott zu machen und die Fahrt unter Segel fortzusetzen. Glücklicherweise gelang es uns, den Dampfer schon mit nächster Fluth wieder abzubringen, und da wir auch mit den Eingeborenen ein einigermassen freundschaftliches Verhältniss herzustellen vermochten und sie veranlassen konnten, ihre Yams, Schweine u. s. w. gegen Beile etc. einzutauschen, so war unserer Noth für den Augenblick gesteuert. Am nächsten Morgen kamen zwei Häuptlinge an Bord, mit denen wir auf's neue Freundschaft schlossen; ohne Furcht besichtigten sie das ganze Schiff und nur als sie in einem grossen Spiegel ihr Bild erblickten, schienen sie etwas wie Furcht zu empfinden. Wir schieden in aller Freundschaft und es ist deshalb nicht wohl anzunehmen, dass sie auf das nächste europäische Schiff einen Angriff unternehmen werden. Nach fünf Tage langem Kreuzen kamen wir endlich an der Mündung des Flusses an, wo wir eine günstige Brise benutzten, unsere Reise nach Cap York fortzusetzen, das wir am 27. December erreichten.

Zu den wichtigeren Resultaten der Expedition kann man zählen, dass jetzt die Schiffbarkeit des Flusses bis weit in's Innere des Landes hinein festgestellt ist, die bisher vielfach angezweifelt wurde, dass mit den Eingeborenen freundschaftliche Beziehungen angeknüpft sind, und einiges über den Charakter des Landes bekannt geworden ist, namentlich auch, dass man bis 200 Meilen in dasselbe hinein kein Hochland findet, und endlich, dass der untere Lauf des Flusses von Mischlingen der Papuas und Malayen bewohnt wird, die verschiedene Dialekte sprechen und auf dem Kriegsfusse zu einander stehen. Die naturwissenschaftliche Beute ist ebenfalls nicht gering ausgefallen. Was die eigentlichen Zwecke der Missionsgesellschaft anlangt, so ist als sicher anzunehmen, dass das Wort Gottes den Eingeborenen nur durch ihre eigenen Leute, die auf den Missionsstationen Bekehrung und Belehrung empfangen haben, verkündet werden kann." —

Berichte von anderen Geographischen Gesell-schaften Deutschlands.

Verein von Freunden der Erdkunde in Leipzig.

Sitzung vom 9. Februar 1876. Der Vorsitzende, Prof. Dr. Bruhns, macht bekannt, dass 14 neue Mitglieder in den Verein etc. aufgenommen worden sind, dass am 8. März das fünfzehnte Stiftungsfest des Vereins gefeiert wird, endlich dass das Vereinsmitglied Otto Kuntze von einer zweijährigen, in botanischem Interesse ausgeführten Reise um die Erde kürzlich zurückgekehrt ist. Der Genannte, der in Westindien, Venezuela, Costarica, den Vereinigten Staaten von Nordamerika bis nach Wyoming und Kalifornien, Japan, China, Annam, Vorderindien seinen Studien obgelegen hat, hat frische Bananenfrüchte von Aegypten mitgebracht, welche er in der Versammlung vertheilte.

Pastor Moritz Lüttke aus Schkeuditz, früher Prediger bei der evangelischen Gemeinde in Alexandrien, hält einen Vortrag über Aegypten als den Zukunftsstaat des Orients.

Der Thiermaler Heinrich Leutemann, Mitglied des Vereins, gibt hierauf ausführliche Mittheilungen über den Dresdener Gorilla, welche durch eine Anzahl Abbildungen — vom Redner selbst aufgenommene Aquarellbilder illustrirt wurden.

Einsendungen für die Bibliothek.

Februar-Sitzung.

Geschenke.

Coasts of the Mediterranean Sea. P. I. Transl. by H. H. Gorringe. Washington 1875.

C. Sonklar Edler v. Innstädten, Leitfaden der Geographie von Europa. 2. Aufl. Wien 1876.

Seiff, Reisen in der Asiatischen Türkei. Leipzig 1875.

Sprenger, Die alte Geographie Arabiens. Bern 1875.

Quesada, La Patagonia y las tierras australes del continente Americano. Buenos-Ayres 1875.

Edlund, Meteorologiska jakttagelser i Sverige utgifna af Kgl. Svenska Vetenskaps-Akademien. 1870, 1871, 1872. Stockholm 1872—74.

Meinicke, Die Inseln des Stillen Oceans. Thl. II. Leipzig 1876.

Payer, Die österreichisch-ungarische Nordpol-Expedition in den Jahren 1872—74. Lief. 8—10. Wien 1876.

Ule, Die Erde und die Erscheinungen ihrer Oberfläche. Lief. 22, 23. Leipzig 1875.

Sturz, Die deutsche und die chinesische Aus- und Rückwanderung. Berlin 1876.

Statistische Nachrichten von den Preussischen Eisenbahnen. Bearbeitet von dem technischen Eisenbahn-Bureau des Ministeriums. Bd. XXII. Berlin 1875.

Military sketch of the Transkeian Territory surveyed and drawn by G. Pomory Colley ed J. Murray. London 1875.

Map of South Western Arabia. 1 : 633,000. London 1874.

Josef Ritter v. Scheda, Generalkarte von Central-Europa. M. 1:576,000, in 47 Blättern. Wien 1871.

Durch Umtausch.

Petermann's Mittheilungen. 1876. No. 1. Gotha.

Mittheilungen der K. K. geographischen Gesellschaft in Wien. 1875. No. 12.

Bulletin de la Société de géographie. 1875. Décembre. Paris.

Cora, Cosmos. Vol. III. No. IV., V. Torino 1875.

Gaea. 1875. Hft. 11, 12. 1876. Hft. 1. Köln und Leipzig.

Bijdragen tot de taal-land-en volkenkunde van Nederlandsch-Indië. 3. Volg. D. X. St. 2, 3. s'Gravenhage 1875.

The Journal of the Roy. Asiatic Society of Great Britain and Ireland. New. Ser. Vol. VIII. P. 1. London 1875.

Mittheilungen aus dem Vereine der Naturfreunde in Reichenberg. Jahrgang 5, 6. Reichenberg 1874/75.

Mittheilungen des deutschen und österreichischen Alpenvereins. 1876. No. 1. Frankfurt a. M.

Vierteljahrshefte zur Statistik des Deutschen Reiches. 1875. Hft. III. Abthl. 2, 3. Hft. IV. Abthl. 1. Berlin 1875.

Ergebnisse der Beobachtungsstationen an den deutschen Küsten über die physikalischen Eigenschaften der Ostsee etc. 1875. Hft. 1. Berlin 1876.

Durch Ankauf.

Bellew, Kashmir and Kashghar. London 1875.

L'Explorateur géographique et commercial. 1875. T. I, II. Paris.

März-Sitzung.

Geschenke.

Wild, Repertorium für Meteorologie, herausg. von der Kaiserl. Akademie der Wissenschaften. Bd. IV. Heft 2. St. Petersburg 1875.

Studj bibliografici e biografici sulla storia della geografia in Italia. Roma 1875.

Studj sulla geografia naturale e civile dell' Italia. Roma 1875.

Payer, Die österreichisch-ungarische Nordpol-Expedition. Lief. 12, 13. Wien 1876.

74

Berichte über den internationalen geographischen Congress und die damit
verbundene geographische Ausstellung zu Paris 1875. Wien 1875.

Schomburgk, The Flora of South Australia. Adelaide 1875.

Margary, Notes of a journey from Hankow to Ta-li-fu. Shanghai 1875.

Bulletin of the United States Geological and Geographical Survey of the
Territories Sec. Ser. Nr. 5, 6. Washington 1876.

v. Middendorff, Sibirische Reise. Bd. IV. Thl. 2. Lief. 3. St. Petersburg 1875.

Das schöne Mädchen von Pao. Eine Erzählung aus der Geschichte China's
im 8. Jahrhundert vor Christi. Aus dem Chinesischen übersetzt von
Arendt. Yokohama 1875.

Fritsche, Geographische und magnetische Bestimmungen an 26 Orten,
erhalten auf einer Reise von St. Petersburg nach Peking im Jahre 1874.
St. Petersburg 1875.

Jackson, Descriptive catalogue of the photographs of the United States
Geological Survey of the Territories. 2d. edit. Washington 1875.

Durch Umtausch.

Petermann's Mittheilungen. 1876. No. II. Gotha.

Proceedings of the Roy. Geographical Society. Vol. XX. No. I, II. London 1876.

Bollettino della Società geografica italiana. Vol XII. Fasc. 10—12. Roma
1876.

Bulletin de la Société de géographie. 1876. Janvier. Paris.

Mittheilungen der k. k. geographischen Gesellschaft in Wien. 1876. Hft. 1.
Wien.

Mittheilungen der deutschen Gesellschaft für Natur und Völkerkunde Ost-
Asien's. Hft. 8. 1875. Yokohama.

Transactions of the Asiatic Society of Japan. Vol. III. P. 2. Yokohama
1875.

Mémoires de la Société des sciences physiques et naturelles de Bordeaux.
2e. Ser. T. 1. Cah. 2. Paris 1876.

Bulletin de la Société Imp. des Naturalistes de Moscou. 1874. No. 3, 4.
1875. No. 1, 2. Moscou.

The Transactions of the Roy. Irish Academy. Vol. XXV. No. XI—XIX.
Dublin 1875.

Gaea. XII. Hft. 2. Köln u. Leipzig 1876.

Annalen der Hydrographie und maritimen Meteorologie. 1876. Hft. I, II.
Berlin.

Zeitschrift für das Berg-, Hütten- und Salinenwesen im Preussischen Staate.
Bd. XXIII. Lief. 5, 6. Berlin 1875.

Verlag von **Dietrich Reimer** in Berlin.   Druck von **Karakas & Hohmann** in Berlin.

BERLIN

Druck von Kerekes & Hohmann

SW., Zimmerstrasse 94

VERHANDLUNGEN

DER

GESELLSCHAFT FÜR ERDKUNDE

ZU

BERLIN.

SITZUNGEN VOM 8. APRIL u. 6. MAI 1876.

BAND III. N°. 4 u. 5.

BERLIN,

VERLAG VON DIETRICH REIMER.

C 1876.

VERHANDLUNGEN
DER
GESELLSCHAFT FÜR ERDKUNDE
ZU BERLIN.

1876.   **No. 4 u. 5.**

Mitheilungen sind zu adressiren an den Vorstand der Gesellschaft für Erdkunde, Berlin, SW.
Friedrichstrasse 191.

Anzeige.

Vom 1. April d. J. an befindet sich das Bibliothekslocal der Gesellschaft für Erdkunde Friedrichstrasse No. 191, 3 Treppen (Ecke der
Kronenstrasse).

Vorgänge bei der Gesellschaft.

Sitzung vom 8. April 1876.
Vorsitzender: Herr v. Richthofen.

Der Vorsitzende begrüsst zunächst die zu der Delegirten-Versammlung der Deutsch-Afrikanischen Gesellschaft in dieser Sitzung
anwesenden Abgesandten der geographischen Gesellschaften von
Dresden, Leipzig, Hamburg und Halle, sowie als Gast der Gesellschaft den Herrn Grafen von Enzenberg, bisherigen Ministerresi-
denten in Mexico. Er theilt sodann mit, dass durch die Gnade
Sr. Majestät des Kaisers und Königs der Afrikanischen Gesellschaft
für dieses Jahr 30,000 Mark huldreichst bewilligt sind, ferner, dass
Se. Excellenz der Herr Cultusminister Dr. Falk abermals eine Summe
von 1500 Mark zur Förderung der wissenschaftlichen Zwecke der
Gesellschaft überwiesen hat.

Sitzung vom 6. Mai.

Vorsitzender: Herr v. Richthofen.

Der Vorsitzende macht zunächst die Mittheilung von der Stiftung zweier neuer geographischer Gesellschaften zu Madrid und zu Lissabon (s. S. 105. 106) und legt sodann die eingelaufenen Geschenke vor.

Der Gesellschaft sind beigetreten in der April-Sitzung:
Als Ansässige Ordentliche Mitglieder: Herr Fuhrmann, Kaiserl. Postdirector; — Herr E. Strehmann, Kaufmann: — Herr Dr. Fröhlich, Geh. Regierungsrath; — Herr Lohaus. Regierungsassessor; — Herr v. Twardowski, Hauptmann im grossen Generalstabe; — Herr F. W. Hecker, Geh. Justiz- und Kammergerichtsrath; — Herr Otto Friedberg, Kreisgerichtsrath; — Herr Ferd. Springer, Verlagsbuchhändler; — Herr Gaupp, Regierungsrath; — Herr Bütow, Geh. Rechnungsrath; — Herr Hüter, Geh. Rechnungsrath; — Herr Dr. med. Aschoff; — Herr Schnelle, Ingenieur; — Herr Dr. Löwenherz.

Als Auswärtige Ordentliche Mitglieder: Herr Friedrich Simon, Hauptmann und Oberlehrer am Maria-Magdaleneum in Breslau; — Herr Dr. Zöppritz, Professor in Giessen.

Der Gesellschaft sind beigetreten in der Mai-Sitzung:
Als Ansässige Ordentliche Mitglieder: Herr F. Milner, Rentier; — Herr Woworski, Fabrikbesitzer; — Herr Dr. Otto Richter, Oberlehrer am Askanischen Gymnasium.

Als Auswärtige Ordentliche Mitglieder: Herr Ernst Debes, Kartograph in Leipzig; — Herr Dr. Huppé, zugetheilt der Kaiserlich Deutschen Gesandtschaft in Peking.

Vorträge.

Sitzung vom 8. April.

Portulan aus dem Jahre 1539; Geschenk von Herrn Spitzer.

In ausführlicher Besprechung legt der Vorsitzende ein von Herrn Friedrich Spitzer in Paris übersandtes Geschenk vor, nämlich eine Reproduction des in dessen überaus reicher Sammlung mittelalterlicher Kunstgegenstände befindlichen Portulans, welchen Kaiser Karl V. seinem Sohne Philipp II. geschenkt hat. Das Original, aus 14 mit hoher Vollendung auf Pergament gezeichneten Karten bestehend, bildete, nebst einer ebenfalls Herrn Spitzer gehörigen Sammlung mittelalterlicher astronomischer und mathematischer Instrumente, einen anziehenden Gegenstand in der österreichischen Abtheilung der geographischen Ausstellung in Paris im Jahre 1875, und es wurde dem Besitzer eine Medaille erster Klasse dafür zuerkannt. Herr Spitzer hat im Interesse der Wissenschaft die Kosten nicht gescheut, um eine mit hoher Vollendung ausgeführte und reich ausgestattete photographische Reproduction dieses Atlas in beschränkter Zahl von Exemplaren herstellen zu lassen, in der Absicht, sie an verschiedene gelehrte Körperschaften zu vertheilen. Derselbe hat dem Werk eine mit Sachkenntniss und Kritik in Gemeinschaft mit Herrn Wiener verfasste Vorbemerkung beigedruckt. Es ergiebt sich aus den Untersuchungen, dass die Anfertigung des Portulans im Jahre 1539 geschah, als Philipp II. erst 12 Jahre alt war. Der Verfasser des Portulans lässt sich nicht mit Genauigkeit ergründen, doch ist es wahrscheinlich, dass letzterer auf der Insel Majorca angefertigt wurde, welche damals der Sitz hervorragender Kartenzeichner war. Neben der feinen Ausführung der Zeichnung und Schrift ist auch die hohe künstlerische Vollendung der Randverzierungen der Karten hervorzuheben, welche von Meisterhand herrühren und wohl mit Rücksicht auf den hohen Geber mit besonderer Sorgfalt angefertigt worden sind. In Miniaturmalerei, mit lebhaften und wohlerhaltenen Farben hergestellt, enthalten sie Portraits und allegorische Darstellungen, welche zum Theil die in jener Zeit noch sehr allgemein gebräuchlichen Einzeichnungen von Thieren und Menschen in den Meeren und Ländern selbst ersetzen. Die Karten des Portulans sind von diesen störenden Decorationen frei und erheben sich durch die nüchternere und wissenschaftlichere Behandlung über das allgemeine Niveau ihrer Zeit.

Bei der Betrachtung der einzelnen Karten zeigt sich im westlichen Europa, im Mittelmeer und Schwarzen Meer eine ausserordentliche Genauigkeit in den Details der Contouren, wie sie seit dem Jahr 1300 allmälig gewonnen worden war und auch auf anderen Karten jener Zeit in annähernder Weise zu finden ist. Bemerkenswerther ist die subtile und im Allgemeinen richtige Zeichnung des grössten Theils der Küsten von Central- und Süd-Amerika. Die Verfasser der Vorrede glauben, dass die weit geringere Richtigkeit der Darstellung auf anderen gleichzeitigen Karten daher rühre, dass man die erworbene und an den höchsten Stellen gesammelte Kenntniss aus politischen Gründen nicht allgemein mittheilte, sondern in den Archiven behielt, daher bei diesem für den Thronfolger bestimmten Atlas manche Kunde benutzte, die erst in weit späterer Zeit allgemeines Eigenthum wurde. Wenn diese Erklärung richtig ist, so dürfen wir vielleicht auch durch sie die Darstellung des südlichen und östlichen Asien erklären, die in vieler Beziehung derjenigen, welche wir um ein Jahrhundert später antreffen, voransteht. Allerdings ist zu bemerken, dass die Weltkarte auf Tafel 4 manche Auffassungen enthält, welche von denen auf einzelnen Detailkarten erheblich abweichen. Dies fällt insbesondere hinsichtlich der Südküste von Asien auf, wie sie auf Tafel 12 dargestellt ist, wo Indien eine extrem in die Länge gedehnte Gestalt hat, und Hinterindien mit Sumatra, auf welches noch immer (wie auch bei Behaim) der Name Taprobane übertragen ist, in annähernd richtigen Umrissen erscheint, während die Darstellung derselben Küsten auf der Weltkarte jene Reminiscenzen an Ptolemaeus zeigt, von denen sich noch Spuren bei Mercator finden. Da dieselbe in den meisten übrigen Ländern, besonders in Amerika, mit den Detailkarten übereinstimmt, so lässt sich vermuthen, dass die Kunde von Süd-Asien zu ungenau war, um den neu erhaltenen Küstenzeichnungen absolut Glauben zu schenken, und dass daher die ältere Darstellung noch einmal daneben gesetzt wurde. Bemerkenswerth ist auch auf Taf. 12 die richtige Zeichnung der Küste Ost-Asiens von Singapur bis zu dem, zum ersten Male im Jahre 1517 erreichten Canton, sowie der Umstand, dass der Name China in seiner jetzigen Schreibweise angebracht ist. Die Karte ist so sorgfältig gezeichnet, dass jenseits der grossen Meeresbucht von Canton, welche den Endpunkt des Bekannten bezeichnet, die Küste nicht weiter eingetragen ist. — Herr Spitzer hat sich durch die Reproduction dieses kostbaren Portulans, welcher zu den wichtigeren in der Geschichte der Geographie gerechnet werden darf, ein dankenswerthes Verdienst erworben. Derselbe hat neuerdings sein Museum geographischer Alterthümer vermehrt, und es dürften von dem kenntnissreichen Sammler weitere Beiträge für die Geschichte der Geographie zu erhoffen sein.

Herr Oberstlieutenant Regely legt eine heliotypische Reproduction der grossen Mondkarte von Professor Julius Schmidt, dem Director der Sternwarte in Athen, vor. Dieselbe ist das Werk einer fünfunddreissigjährigen unausgesetzten und angestrengten Arbeit und übertrifft weitaus Alles, was bisher an Nachbildungen der Mondober-

fläche versucht und in der Ausführung bekannt geworden ist. Um
möglichst vollständige Genauigkeit in der Construction zu erzielen,
hat Schmidt eine Art Triangulationsmethode angewandt, indem er
Punkte erster und zweiter Ordnung auf der Mondscheibe bestimmte
und dadurch das Netz für das ganze Bild feststellte. Durch öfters
wiederholte Darstellung jedes einzelnen Theiles bei verschiedener Beleuchtung durch die Sonne hat er dann das Detail, welches bei der
angewendeten Vergrösserung erkennbar war, aufzeichnen und in seinen
charakteristischen Formen wiedergeben können. Der hohe wissenschaftliche Werth dieses nur in einem Exemplar angefertigten Monu-
mentes einer seltenen Arbeitskraft hat das Cultusministerium veranlasst, die Karte käuflich zu erwerben, und dieselbe ist in den Besitz
der königlichen Sternwarte übergegangen. Die heliotypische Verviel-
fältigung ist von dem k. Generalstab ausgeführt worden, gegenwärtig
aber erst in wenigen Abzügen vorhanden. Eine Veröffentlichung der
25 grossen Blätter dieser Karte nebst einem erklärenden Text wird
von den Herren Professor Förster und Professor Auwers in Berlin
besorgt werden.

Herr Eduard Mohr aus Bremen (als Gast), welcher von der
Afrikanischen Gesellschaft im Mai d. J. ausgesandt werden wird, um
die Forschungsreisen in das Innere Afrika's vom Westen her, und
zwar von den portugiesischen Besitzungen an der Angola-Küste aus,
im Anschlusse an die frühere Expedition des Lieutenant Lux, und
mit Benutzung der von dem Lieutenant Cameron gemachten Erfahrungen fortzusetzen, erläutert seinen hierauf bezüglichen Reiseplan.
Er hat seinen ursprünglichen Plan, von Natal aus über die Victoria-
fälle des Zambesi, ein ihm aus seinen früheren Reisen bereits be-
kanntes Terrain, vorzudringen, aufgegeben und will nun die Strassen
aufzufinden suchen, auf welchen sich die den Handel zwischen Osten
und Westen vermittelnden Kaufleute treffen.

Herr Hartmann hielt einen Vortrag über die zoologisch-
zootomischen Sammlungen der Mitglieder der deutsch-
afrikanischen Expedition in Beziehung zur Thiergeographie des
afrikanischen Continentes. Der Vortragende rühmte die Reichhaltigkeit der Sammlungen sowie deren meistens guten Erhaltungsstand.
Nachdem er eine allgemeinere Schilderung der in den Hauptbereich
neuerer Forschung gezogenen Beobachtungsgebiete, der Wüsten-,

Steppen- und Waldregionen voraufgeschickt, entwarf er eine Skizze
der im Westen, in den Gabungegenden, in Congo, Loango und Angola
vertretenen Säugethierformen, deren charakteristischste Typen
er an der Wandtafel in Kreideskizzen aus freier Hand veranschaulichte.
Die stark vorgerückte Zeit hinderte die Vollendung des Vortrages,
welcher ausführlicher, wenn auch in etwas veränderter Form, im
Correspondenzblatt der deutsch-afrikanischen Gesellschaft erscheinen
wird.

Herr R. Meyer, Asst. Eng^r Pal.-Expl^n-Society (als Gast):
Ueber die amerikanischen Aufnahmen in Palästina.

Von der amerikanischen „*Palestine-Exploration-Society*" wurde im vergangenen Sommer (1875) eine Expedition in das östliche Syrien entsendet.
Als Mitglied derselben erlaube ich mir einige Mittheilungen über die daselbst begonnene Arbeit zu machen.

Die obenerwähnte Gesellschaft bezweckt die wissenschaftliche Erforschung Palästina's in ähnlicher Weise, wie sie von dem englischen
„*Palestine-Exploration-Fund*" gegenwärtig unternommen wird, und zwar
soll das amerikanische Unternehmen Hand in Hand mit dem englischen
gehen und sich ihm anschliessen. Deshalb wurde, einem freundschaftlichen
Uebereinkommen gemäss, das ganze zu erforschende Gebiet durch den
Jordan in zwei Theile getheilt, von denen der westliche der englischen,
der östliche der amerikanischen Gesellschaft zugewiesen wurde. Nach
Beendigung des geodätischen Theiles beider Arbeiten soll eine gemein-
schaftliche Karte des ganzen Landes veröffentlicht werden, im Maassstabe
von einem englischen Zoll zu einer englischen Meile, welche den sich an-
schliessenden archäologischen, naturhistorischen und ethnologischen Forschungen zur Grundlage dienen soll.

Im Juni vorigen Jahres verliess die Expedition New-York unter Leitung des Obersten James C. Lane, Chef-Ingenieur. Die übrigen Mitglieder
derselben bestanden aus: Professor Dr. S. B. Mercill, Archäologe,
Herrn Harvey Treat, Volontair, und mir selbst als zweitem Ingenieur.

Beirut erreichten wir am 9. August, wo wir von dem „*Adrisory Committee*" unserer Gesellschaft empfangen wurden, welches unter Vorsitz des
Dr. W. M. Thomson aus dort ansässigen Amerikanern, — Missionaren
und Lehrern an der amerikanischen Schule daselbst — besteht. Es wurde
hier beschlossen, dass der eigentlichen Vermessung eine Recognoscirung
über das ganze Gebiet vorhergehen sollte, um nach der hierdurch gewonnenen Erfahrung den Operations-Plan für das ganze Unternehmen fest-
stellen zu können.

Am 2. September traten wir unsere Reise an. Dr. Lewis, Professor
der Geologie am amerikanischen Institut, und Herr Henry Van Dyk

schlossen sich uns an. Letzterer spricht die Landessprache wie ein Ein-
geborener und ist mit Sitten und Gebräuchen derselben durchaus vertraut.
Es wurde unserer Gesellschaft auch ein Photograph, Herr Dumas, beigegeben und zwei Zöglinge der amerikanischen Schule, die Dolmetscher-
Dienste versehen konnten.

Wir nahmen unseren Weg über *Dêr el Komr, Btedin, Kefr Nebrach*,
überschritten den Libanon in einer Passhöhe von etwa 6000 Fuss, dann
die zwischen dem Libanon und dem Anti-Libanon gelegene *Litany*-Ebene,
passirten den Fluss in der Nähe von *Djibb Djennin* auf einer alten Römer-
Brücke und erreichten am 4. September *Raschêya*, welches schon am Abhange des *Djebel esch Schéch* oder *Hermon*-Gebirges liegt. Am 7. September bestiegen wir die höchste Spitze desselben, den *Kasr-Antar*, die
nahezu 10,000 Fuss über dem Meeresspiegel sich erhebt, und von wo aus
Winkelbeobachtungen mit grossem Vortheil angestellt werden konnten.
Ganz Palästina liegt vor dem Beschauer von hier aus wie eine Landkarte
ausgebreitet. Die Klarheit der Luft lässt ein Erkennen selbst sehr ent-
fernter Punkte zu; erwähnen will ich jedoch, dass das Todte Meer — wohl
des ungünstigen Standes der Sonne wegen — von uns nicht gesehen wurde,
der See von Tiberias war eben nur noch erkennbar.

Banias, das alte *Caesarea Philippi* erreichten wir am 8. September und
verweilten hier einige Tage, um den Thieren die nöthige Rast zu geben,
und die nothwendigen photographischen und anderen Aufnahmen zu machen.
Die Einwohner leben hier während des Sommers in kleinen von Laub gebauten Hütten, die auf den flachen Dächern ihrer Häuser errichtet sind, und
zwar so, dass der Fussboden auf freistehenden, etwa drei Fuss hohen Ge-
stellen liegt, um sich gegen die Scorpione zu schützen, welche während
dieser Jahreszeit die Häuser unbewohnbar machen.

Hier waren wir am eigentlichen Gebiet unserer künftigen Thätigkeit
angelangt; die Gränzen unserer beabsichtigten Vermessung sind in Kurzem
folgende:

Am *Kasr-Antar*, der höchsten *Hermon*-Spitze, beginnend folgt sie der
Wasserscheide des *Hermon*-Gebirges und dessen nördlichen Ausläufern bis
in den Breitengrad von *Damascus*, auf diesem dann östlich bis zu 37 Grad
östl. Länge von *Greenwich*, wendet sich darauf nach Süden und behält diese
Richtung bei bis in die Gegend von *Salchat*, am Süd-Abhange des *Hauran*-
Gebirges, wo sie eine südwestliche Richtung annimmt bis etwa zu 36° 30'
Ost-Länge, welchem Meridiane sie dann nach Süden folgt bis zu ungefähr
31° 10' Nord-Breite, und geht von hier nach Westen bis zum Süd-Ende
des Todten Meeres. Von hier bildet die Ost-Seite des Todten Meeres, des
Jordan, des See's Tiberias und wiederum des Jordan die Gränze, bis
sie wieder die südlichen Ausläufer des *Hermon*-Gebirges erreicht, denen
sie bis zum *Kasr-Antar* folgt.

Von *Banias* aus besuchten wir *Tell el Kadi*, einen unscheinbaren Hügel
in der Jordan-Thal-Ebene, an dessen Fuss sich die grösste Jordanquelle
befindet. Der Jordan wird hier gleichsam in Mannes-Grösse geboren, das

Wasser strömt kalt und klar aus einem über 100 Fuss breiten Becken gewaltsam hervor und vereinigt sich als *el Leddan* eine halbe Stunde weiter südlich mit dem von *Banias* kommenden Jordan-Zufluss, der aber weit weniger Wasser zuführt, ebenso wie der viel weiter nördlich herkommende des *Nahr Hasbani*.

Ein anderer, sehr interessanter Ausflug wurde auf das nahe liegende Schloss von *Banias*, *Kulat es Subeibeh*, unternommen, dessen grossartige Ruinen, auf der isolirten Spitze eines schmalen Bergrückens gelegen, in ihrer jetzigen Gestalt wohl am meisten an die Kreuzfahrer-Zeiten erinnern, während der Unterbau aus mächtigen fugen-rändrigen Quadern wieder auf ein bedeutend höheres Alter hindeutet. Es gelang uns auch, den photographischen Apparat auf den sehr beschwerlichen Wegen unbehindert hinauf und herunter zu befördern und einige gute Aufnahmen im Innern des Schlosses zu machen.

Banias verliessen wir am 13. September. Nach einer Weg-Stunde ändert sich die Färbung der Landschaft; wir überschreiten hier nämlich die westliche Gränze des grossen plutonisch-vulkanischen Gebietes des nordöstlichen Syriens. Das verwitterte vulkanische Gestein erzeugt einen rothbraunen Humus, welcher gegen die bisherige Kalksteinformation von graulicher Färbung scharf absticht und eine fruchtbare Acker-Erde erzeugt. Der kleine See *Birket er ran*, welchen wir zunächst erreichten, ist jedenfalls schon ein erloschener Krater von bedeutendem Umfange. Fast kreisförmig beträgt der Durchmesser etwa eine halbe englische Meile. Das Wasser ist unrein, schmeckt brackisch und bildet den Aufenthalt unzähliger Blutegel und Frösche, während zahlreiche wilde Enten die Oberfläche des Beckens beleben.

Sasa erreichten wir am 14. September auf recht beschwerlichem Wege über eine steinbesäete Ebene. Am folgenden Tage wollten wir nach *Mismieh* kommen; es gelang uns aber nicht, weil die Nacht uns noch eine Stunde davon entfernt ereilte. Wir befanden uns hier am *Lohof* oder an dem Rande des als „*Leja*" bekannten Lava-Plateaus, welcher von den über einander geflossenen und erstarrten Lava-Wellen gebildet, die Mauer dieser uneinnehmbaren Naturfestung bildet. Die zerklüftete und selbst zu Fusse an vielen Stellen schwer zu überschreitende Lava bietet dem terrainkundigen Vertheidiger überall Gelegenheit zu Schlupfwinkeln und Hinterhalten; daher scheint es auch erklärlich, wie im Jahre 1838 5000 Drusen dem Andrange von 30000 Mann unter Ibrahim Pascha erfolgreich widerstehen konnten. Der hübsche kleine, noch wohl erhaltene Tempel in *Mismieh*, mit seinen vielen griechischen Inschriften wurde photographirt unter lebhaftem Zudrange der Bevölkerung, und unseren Weg fortsetzend, immer dem Süd- und West-Rande des *Leja* folgend, erreichten wir *Zora* oder *Eskra*, wie es von den Bewohnern genannt wird, das, wie ich höre, von einigen Gelehrten für das biblische Edrëi gehalten wird.

Am Sonnabend den 18. September gelangten wir nach *Kerati*, einem unbedeutenden Ruinen-Ort mit guter Quelle zum Lagern. Die Aussicht von dem niedrigen Hügel ist merkwürdig wegen der, ich möchte sagen, zahllosen Städte- und Dorf-Ruinen, welche von hier aus übersehen werden können, die, meistens unbewohnt, Zeugniss geben von der einst dichten Bevölkerung und Blüthe dieses jetzt fast verödeten Landes.

Am 20. erreichten wir *Kanawat* am West-Abhange des *Hauran*-Gebirges, berühmt durch seine prachtvollen Ruinen. An die hier lebenden Drusen waren wir gut empfohlen, weil einige der Söhne aus den herrschenden Familien ihre Erziehung in *Beirut* auf der amerikanischen Schule erhalten hatten, wodurch freundschaftliche Beziehungen entstanden waren. Wir wurden überall gastlich aufgenommen und mit grösster Bereitwilligkeit herumgeführt und auf die Sehenswürdigkeiten und Inschriften aufmerksam gemacht.

Von hier aus bestiegen wir auch den *Kleb Hauran*, dessen schöne, kegelförmige, scharf von den übrigen Bergen sich absondernde Form von uns schon vom *Hermon* aus gesehen und gemessen worden war. Auch dieser Berg ist ein Vulkan, der kleine Krater ist etwas unterhalb der höchsten Spitze an der Seite des Berges; seine Höhe beträgt nach unserer Messung 5800 Fuss.

Ueber *Atil* und *Sureideh* gingen wir nach *Salchat*, wo überall die photographische Ausbeute recht ergiebig war. *Salchat* hat eine grossartige Schloss- oder Kastell-Ruine, die in einem erloschenen Krater gebaut ist; es war der östlichste Punkt, welchen wir erreichten, dann wandten wir uns wieder westlich über *Kreyeh* nach *Bosra*, wo wir uns einige Tage aufhielten. Hier liegt eine kleine türkische Besatzung in der alten Citadelle, welche selbst, wie auch die übrige Stadt, sehr interessante Ruinen aufzuweisen hat, die wohl bis in das höchste Alterthum hinaufreichen.

Der Gouverneur, ein türkischer Oberst, erbot sich, uns mit einigen seiner Soldaten auf einem Ausfluge nach *Um el Djémal* (wahrscheinlich dem biblischen *Beth Gamul*) zu begleiten.

Der Vorschlag wurde mit Dank angenommen und am 27. September ausgeführt. Auf dem Wege dahin stiessen wir auf ein grosses Beduinen-Lager, das nach der Zahl der Zelte auf etwa tausend Seelen geschätzt wurde. Es herrschte dort grosse Aufregung, die wir Anfangs der Annäherung der nie gerne gesehenen türkischen Soldaten zuschrieben, doch stellte sich bald heraus, dass ein anderer Stamm soeben einen Raubzug ausgeführt hatte, wobei es ihm gelungen war, eine Anzahl Kameele mit fortzutreiben. Ein Theil der Leute schickte sich an, den Räubern auf Kameelen nachzusetzen, während andere damit beschäftigt waren, den übrig gebliebenen Thieren ein Vorderbein am Knie zusammenzuschnüren, um sie zu verhindern, sich weiter zu zerstreuen. Dabei wurde ein allgemeiner Kriegs-Gesang gesungen, in den auch die Frauen lebhaft mit einstimmten. Letztere schienen überhaupt den Verlust am schwersten zu empfinden und suchten die Männer auf diese Art zur Wiedererlangung des verlorenen Gutes zu begeistern.

Nach siebenstündigem Ritt über eine wellenförmige Ebene, von einzelnen meist in südwestlicher Richtung laufenden trockenen Wasserläufen durchschnitten, dann und wann durch Gazellenheerden belebt, erreichten wir unser Ziel, hatten aber unsere Erwartungen etwas zu hoch gestellt, denn ausser einem schön gebauten Reservoir und den ziemlich weitläufigen Ruinen einer christlichen Kirche oder eines Klosters war nichts von Bedeutung zu erblicken. Die Häuser-Ruinen erstrecken sich allerdings über eine ansehnliche Fläche und zeugen dadurch von der einstigen Grösse des Ortes. Auffallend erschien uns nur die Breite der Hauptstrasse, welche, volle 100 Fuss breit, den Ort dadurch von jeder anderen von uns besuchten Stadt-Ruine unterscheidet.

Bosra verliessen wir am 29. September, erreichten *Djerasch* am 1. October und verweilten dort bis zum 6. October. *Djerasch* ist berühmt seiner zum Theil wohl erhaltenen Ruinen wegen, die wohl meistens aus dem 2. und 3. Jahrhundert stammen und jetzt vollständig unbewohnt sind. Furchtbare Erdbeben haben hier gewüthet. Fast jede noch stehende Säule zeugt davon durch die seitliche Verschiebung ihrer Theile; die prachtvolle Doppel-Colonnade korinthischer Säulen, welche den Eingang des kleineren am Süd-Ende der Stadt gelegenen Tempels zierte, liegt über den Abhang hingestreckt — nur eine Säule des Peristyls steht noch. Wenn man von einem Sitz des daneben liegenden grossen Amphitheaters — das wohl 5000 Personen fassen konnte — die Stadt überschaut, so geben die noch vorhandenen Ueberreste der Pracht-Bauten genug Anhalt, um sich ein Bild des Ganzen, wie es war, im Geiste vorstellen zu können. Man staunt unwillkürlich über die Kraft und den Unternehmungsgeist eines Volkes, das diesen entfernten Gegenden den Stempel seiner Kunst und Cultur so aufdrücken konnte, dass er noch heute nicht völlig verwischt ist.

Von hier an wurde unsere Reise leider oft durch Krankheiten gehindert, die erzeugt waren durch schlechtes Wasser und durch den Einfluss der syrischen Sonne. Von den 22 Personen der Expedition hatten wir hier einmal 11 auf der Krankenliste, darunter einige ernstliche Fälle. Herr Treat musste in Folge einer heftigen Erkrankung die Expedition verlassen und nach Amerika zurückkehren.

Nach *Es Salt* kamen wir am 6. October; von hier aus bestiegen wir noch den *Djebel Oscha*, gingen über *Amman*, *Muschitta* und *Ziza* nach *Hesbon*, und besuchten dann noch *Djebel Néba* und den Ruinen-Platz *Main*. Letzterer war der südlichste Punkt, den wir erreicht und bestimmt haben.

Die Absicht, *Kerak* zu besuchen, mussten wir aufgeben, weil wir befürchteten, von den Herbstregen ereilt zu werden, und auch die Dauer der Reise dadurch über die beabsichtigte Länge hinausgeführt worden wäre. Wir hatten ja auch unseren Zweck, das Feld unserer Thätigkeit durch eigene Anschauung kennen zu lernen, um danach Kosten-Anschläge und einen Operations-Plan machen zu können, vollständig erreicht.

Am 25. October passirten wir den Jordan an der Pilger-Furth, erreichten am selben Tage *Jerusa'em* und hatten unser Lager auf dem Oelberge daselbst bis zum 28. October.

Die Rückreise, theilweise auf der rechten Jordan-Seite, bot Gelegenheit, Vergleiche über Terrainschwierigkeiten der beiden Vermessungen anstellen zu können; dieselben liessen auf unserer Seite ein stärkeres Ingenieur-Corps wünschenswerth erscheinen, weil die Wildheit und Unzugänglichkeit namentlich der auf den unteren Jordan und das Todte Meer auslaufenden Schluchten ein gleichzeitiges Operiren mit mehreren Winkel-Instrumenten erfordern; auch schon weil ein längeres Erhalten der trigonometrischen Punkte, in einem Lande, wo der Aberglaube der Bewohner den Fremden überhaupt mit Argwohn betrachtet, — seine besonderen Schwierigkeiten haben dürfte.

Auf dem Rückwege überschritten wir den Jordan wieder auf der *Djisr Medjâmia,* statteten *Um Keis* und den heissen Schwefelquellen daselbst einen Besuch ab und folgten dann dem Jordan-Ufer, bis wir am 4. November wieder *Tell el Kadi,* die Jordanquelle, erreichten. Zwei weitere Tagereisen brachten uns nach *Beirut,* wo wir am 6. November, zwar in verminderter Anzahl aber doch zufrieden mit der Erreichung unseres Zweckes, wieder anlangten.

Hier wurde vom Oberst Lane ein vorläufiger Bericht an das *Advisory Committee* gemacht, in welchem er seine zeitweilige Rückkehr nach *New-York* befürwortete, um das Ingenieur-Corps zu verstärken und bei Aufbringung der hierdurch verursachten Mehrkosten des Unternehmens persönlich mitwirken zu können.

Dieser Plan wurde gut geheissen und ist jetzt in der Ausführung begriffen. Im Herbste dieses Jahres, Anfang September, wollen wir wieder im Felde sein, um dann auf der Ebene bei *Bosra* mit der Basis-Messung zu beginnen. Der vollständige Bericht mit den Resultaten dieser Reise, mit den Orts- und Höhen-Bestimmungen wird nächstens in New-York publicirt werden. Die Dauer der Arbeit hat Oberst Lane auf drei Jahre und die Kosten auf 25,000 Dollar jährlich veranschlagt.

Diese Summe wird durch freiwillige Beiträge zusammengebracht, welche sich in Einzelfällen auf bedeutende Posten belaufen, doch ist ein Jeder durch einen Jahres-Beitrag von zehn Dollar zu den Publicationen der Gesellschaft und einem Exemplar der Karte, wenn sie vollendet ist, berechtigt. Von der Regierung werden wir durch Stellung der nothwendigen Instrumente unterstützt, deren Gebrauch uns durch einen besonderen Congress-Beschluss bis zur Vollendung der Arbeit bewilligt ist, so dass hierdurch in der Ausrüstung bedeutende Summen gespart werden konnten.

Ueberhaupt erfreut sich unser Unternehmen in Amerika einer grossen Theilnahme in den weitesten Kreisen. Es wird gewissermaassen als Pflicht und Vermächtniss der Nation angesehen, den amerikanischen Forschungen eines Robinson, Smith, Lynch, Thomson und Barclay auf diese Art einen würdigen Abschluss zu geben.

Herr v. Richthofen: Ueber den Seeverkehr nach und von China im Alterthum und Mittelalter.

(Auszug.) *)

Der Vortragende gab, da es bis zum ersten Jahrhundert unserer Zeit-rechnung an bestimmt gefassten Nachrichten über einen directen Seeverkehr nach Ost-Asien von Seiten westlicher Schriftsteller vollständig fehle, eine Uebersicht desjenigen, was sich in den chinesischen Ueberlieferungen und Annalen über das Bestehen einer Schifffahrt an den Küsten von China in den ältesten Zeiten entnehmen lässt, und zeigte, dass, wenngleich sie schon sehr früh stattgefunden habe, sich doch weder ihre Ziele von China aus, noch auch die Länder, aus denen fremde Schiffe dorthin kamen, genauer angeben lassen. Ebenso sei aus den Angaben hebräischer, griechischer, indischer und römischer Geschichtsschreiber und Geographen klar, dass entlang den südlichen Küsten von Asien seit hohem Alterthum eine Küsten-schifffahrt bestanden habe, die in ihrer kettenförmigen Aneinanderreihung von Land zu Land die Producte ferner östlicher Gegenden nach Mesopo-tamien, Arabien und Aegypten zu bringen im Stande gewesen sei. Die erste Nachricht über Fahrten, die sich von westlichen Häfen bis nach China erstreckten, gab, wahrscheinlich um 80 bis 90 n. Chr., der unbe-kannte Verfasser jener Segelanweisungen, welche als der Periplus des erythräischen Meeres bekannt sind. Dieser Fortschritt scheint eine Folge der kurz vorher (um 50 n. Chr.) von Hippalus eingeführten Neuerung der Benutzung der periodischen Winde gewesen zu sein, indem man nun, anstatt den Küsten entlang zu fahren, im Stande war, über die weiten Meerbusen des südlichen Asien hinzusegeln. Nachdem der Verfasser jenes Werkes Anweisungen für die Schifffahrt auf der ganzen Strecke vom Rothen Meer bis nach dem fernen Land *Chryse*, welches zwar gewöhnlich der Name für das entfernteste und daher am goldreichsten gedachte Land zu sein pflegt, hier aber wohl die Halbinsel *Malakka* mit dem zunächst ge-legenen Archipel bezeichnen dürfte, gegeben hat, führt er fort: „Jenseits dieses Landes geht das Meer zu Ende irgendwo in dem Lande *Thin*, und im Innern dieses Landes, ganz im Norden, liegt eine sehr grosse Stadt, welche *Thinae* heisst. Von ihr werden rohe Seide, gesponnene Seide und seidene Gewebe über Land durch *Baktria* nach *Barygaza* gebracht, wie sie andererseits über den Ganges nach *Limyrike* gehen. Es ist aber nicht leicht, nach diesem *Thin* zu gelangen, und nur Wenige kommen zu weit auseinander gelegenen Zeiten von dort. Der Ort liegt ganz unter dem kleinen Bär und man sagt, dass sein Gebiet zunächst den Ländern liege, welche an den Pontus und das Kaspische Meer grenzen." Der Vortragende

---

*) Die literarischen Belege werden den betreffenden Capiteln eines im Druck befind-lichen grösseren Werkes des Vortragenden über China beigegeben werden.

weist darauf hin, welch auffallend richtige Combination der damaligen Kenntnisse von Ost-Asien, im Vergleich zu späteren, in dieser Hinsicht weit unvollkommeneren Auffassungen, sich aus der angeführten Stelle ergebe, indem der Verfasser des Periplus von dem Zusammenhang des Landes *Thin*, das man zu Schiffe erreichte, mit den weiter im Norden gelegenen Gegenden, von welchen die Seide über Land nach Westen gebracht wurde, eine deutliche Vorstellung besass. Ebenso zeige er an einer andern Stelle, dass es ihm nicht unbekannt war, wie man von den Gangesmündungen zu Lande nach demselben Lande *Thin* gelangen könne. Erst in weit späterer Zeit wurde ein so deutlicher Ueberblick der allgemeinen geographischen Verhältnisse Ost-Asiens wieder erreicht.

Eine umständlichere Beschreibung des Seeweges nach China gab um das Jahr 100 n. Chr. Marinus von Tyrus. Er hatte sie den mündlichen Erzählungen eines Griechen Alexandros, der die Reise selbst ausgeführt hatte, entnommen. Das leider verloren gegangene Buch kennen wir nur aus den Anführungen von Ptolemaeus, und dieser giebt vor, in seinem um das Jahr 150 verfassten geographischen Werk die Mittheilungen anderer Reisender zur Ergänzung und Berichtigung benutzt zu haben. Die wohlbekannte, unvollkommene Vorstellung, welche der grosse Geograph von der Gestalt des erythräischen Meeres besass, macht sich am meisten im fernsten Osten geltend, und es scheint, dass er die erhaltenen Schifffahrtsangaben dort vor Allem seiner Theorie einer südlichen Verbindung der Küste von Afrika mit derjenigen von Ostasien anzupassen suchte. Die Schwierigkeit, die einzelnen ihm zugekommenen Nachrichten, bei denen neben den continentalen Küsten vielleicht auch die Westküste von Borneo eine Rolle spielte, zu einem Bild zusammenzufügen, mochte dieser Theorie Nahrung geben und ihn veranlassen, die von der Halbinsel *Malakka* nach Nordosten gerichtete Küste über Osten nach Süden umbiegen zu lassen und damit auch den nordöstlichen Cours der Seefahrer in einen südlichen umzukehren. Das letzte Ziel der Schifffahrt ist bei Marinus und Ptolemaeus die Stadt *Kattigāra* an dem Fluss *Kottiaris*, zugleich die erste bedeutende Stadt in dem Land der *Sinai*, nach dessen Hauptstadt, *Sina Sinarum*, man von *Kattigāra* aus in nordöstlicher Richtung, und zwar zu Lande, zu reisen hatte. Das interessanteste Problem, das sich mit Rücksicht auf den östlichen Seeverkehr des Alterthums bietet, ist die Feststellung der Lage von *Kattigāra*, da dieser Ort die Grenze des damaligen Wissens bezeichnet. Mit Recht haben, nach der Ansicht des Vortragenden, die zahlreichen Gelehrten, welche die Lösung desselben versucht haben, die Zeichnung des Verlaufs der Küste des sinischen Landes nach Süden und die Ansetzung der Stadt *Kattigāra* im Süden des Aequators unberücksichtigt gelassen, da sich analoge irrthümliche Küstenzeichnungen in vielen anderen Fällen und, was die Küste von China betrifft, speciell bei den Arabern, welche sie von Südost nach Nordwest verlaufen liessen, sowie bei den Reisenden aus der Mongolenzeit nachweisen lassen. Mit gleichem Recht hat man in höherem Grade den Entfernungen Rechnung getragen, wie sie sich aus der Karte von Ptolemaeus ergeben, da man annehmen darf, dass man diese annähernd von Station zu Station gekannt hat[*]). Ausserdem hat man, zur Feststellung der Lage von *Kattigära*, phonetische Anklänge jetzt bestehender Namen an den von Ptolemaeus gegebenen und die heutige mercantilische Bedeutung einzelner Orte an der Küste von Ostasien als Anhaltspunkte angenommen. Die Resultate, zu denen man gelangt ist, weichen sehr weit von einander ab und bewegen sich zwischen den extremen Punkten *Tenasserim* und *Nan-king*. Letztere Stadt wurde bereits vor d'Anville als das *Kattigära* der Alten betrachtet, und diese Deutung hat bis in unsere Zeit manche Anhänger gefunden. Dieselben versetzen *Sina Sinarum* nach der wirklichen Hauptstadt von China, welche damals *Lóyang* war. Ist es schon an sich unwahrscheinlich, dass in jener Zeit die Schiffe des Westens, die selbst noch 400 Jahre später ohne jede Anwendung von Eisen gebaut waren und den chinesischen bedeutend nachstanden, das stürmische Meer von China bis in so hohe nördliche Breite befahren konnten, um hier in einem Fluss bis oberhalb der Stelle, zu welcher die Fluth die Schiffe trägt, hinaufzusegeln, so haben wir auch aus chinesischen Quellen die bestimmte Nachricht, dass *Nan-king* erst in weit späterer Zeit zu einer Stadt ersten Ranges erhoben wurde, und es wird uns aus der Periode der Han-Dynastie, sowie sehr lange nachher, nichts über den Verkehr von Fremden an diesem, den cultivirtesten Gegenden China's doch so nahe gelegenen Ort berichtet. — Nach *Tenasserim* wird *Kattigära* von Gosselin angesetzt, dessen auf kleinlichen phonetischen Anklängen beruhende Erklärungen der Geographie

---

[*]) Es ist jedoch zu bemerken, dass Durchschnittszeiten für die Fahrten zwischen den einzelnen Häfen nur an den besuchteren Küsten genau bekannt sein konnten, während die Angaben über die Fahrzeiten, wenn man sie, wie in dem Fall von Ost-Asien, den Mittheilungen eines einzelnen oder einer sehr geringen Zahl von Reisenden entnahm, nur ein Abbild seiner oder ihrer persönlichen Erfahrungen gewesen sein werden. Daher dürfte den Entfernungsangaben des Ptolemaeus, soweit sie das östliche Asien betreffen, mindestens von der Südspitze von *Malakka* an ein sehr beschränkter Werth beizulegen sein. Wie gross die in solchen Fällen sich ergebenden Divergenzen sein können, zeigt sich in den Angaben aus der Blüthezeit der arabischen Schifffahrt nach China. Denn während Soleyman (um 851) nach seinen eigenen Erfahrungen lange Reisezeiten angiebt, bis er *Khanfu* erreicht, und die ebenfalls aus persönlichen Erlebnissen hervorgegangenen Zeitfahrten des späteren Ibn Batuta (im Anfang des 13. Jahrhunderts) davon erheblich abweichen, gibt der Geograph Ibn Khordadbeh (Ende des 9. Jahrhunderts) die Entfernungen zwischen den chinesischen Häfen in Zahlen an, welche mit denen der beiden Reisenden nicht übereinstimmen und, da sie weit geringer sind und der Dauer der heutigen Segelfahrten von Ort zu Ort gut entsprechen, offenbar die Durchschnittszahlen sind, welche in der Periode des günstigen Monsuns erforderlich waren. Indessen ist, selbst wenn man die Entfernungsangaben auf der Karte von Ptolemaeus als maassgebend annimmt, das Resultat der in diesem Vortrag begründeten Theorie, dass *Kattigära* in *Tongking* lag, nicht ungünstig. Denn das wirkliche Verhältniss der Küstenlänge von *Cap Comorin* bis zur Südspitze von *Malakka* zu derjenigen von hier bis zur Mündung des *Songkoi* entspricht ziemlich genau dem Verhältniss auf der Karte des Ptolemaeus, wenn man *Kattigära* statt der Mündung des *Songkoi* setzt. Dennoch darf man sich für das Detail nicht zu genau daran halten; denn, wie im Westen Ceylon in viel zu grossem Maassstabe gezeichnet ist, so ist es auch mit der Strecke von *Cambodja* nordwärts der Fall, gegenüber derjenigen zwischen *Cambodja* und der Südspitze von *Malakka*.

von Ptolemaeus sich überhaupt keiner Anerkennung erfreut haben und fast ausnahmslos längst als unhaltbar verworfen sind. D'Anville versetzt die Seestadt an die Küste von *Cochinchina*, indem er sich auf die der Geographie des Ptolemaeus in unverstandener Weise entnommene Angabe des arabischen Geographen Edrisi von einer Stadt *Cnilagara* an derselben Küste stützt und den Klang von *Sina-Sinarum* in dem jetzigen Ort *Sin-hwa* zu finden glaubt. Er hat darin keinen Nachfolger gehabt, nicht allein weil diese Stadt viel zu unbedeutend ist, sondern auch, weil bei Namen, die wir aus neuerer Zeit kennen, die phonetische Aehnlichkeit mit solchen des Alterthums nur einen bedingten Werth hat. Klaproth glaubt, dass die Seestadt am Ausfluss des *Me-kong* gelegen habe, die Landeshauptstadt aber in *Canton* zu suchen sei, was indess Beides zu verwerfen ist, da der letztere Ort damals von geringer Bedeutung war und die Reise zwischen beiden Plätzen des Ptolemaeus zu Lande gemacht wurde, dies aber von der Mündung des *Me-kong* aus unthunlich gewesen sein würde. Eine andere Ansicht stellte Vivien de St. Martin auf. Dieser hervorragende Forscher auf dem Gebiet historischer Geographie identificirt *Kattigāra* mit *Singapur* und nimmt dieses als den „Hafen der *Sinai*" an. Doch entspricht diese Auffassung weder der Beschreibung, welche Ptolemaeus von dem Seeweg giebt, noch seiner Kartenzeichnung, noch dem Umstand, dass jene Stadt im Lande der *Sinai* selbst lag, noch der Angabe eines Landweges nach der Landeshauptstadt. Abgesehen von der Küste von Borneo ist ausser den genannten Orten noch *Canton* als das Endziel der damaligen Schifffahrt ausersehen worden, da dies in unserer Zeit der erste Hafen von China ist, seine Lage es zu einem wichtigen Handelsplatz macht, und der durch Corruption im Munde der Portugiesen aus dem einheimischen *Kwang-tschöu-fu* entstandene Name *Canton* einige Analogie mit *Kattigāra* bietet. Die Anhänger dieser Theorie, zu der sich auch Lassen bekennt, betrachten *Nan-king* als das *Sina Sinarum*. Allein damals hatte das jetzige *Canton* den Numen *Nan-wu-tschöng*, an dessen Stelle erst im Jahre 210 die Benennung *Kwang-tschöu-fu* trat. Noch später, nämlich erst im Jahr 700, wurde es zu einem Hafen für die fremde Schifffahrt gemacht.

Der Vortragende glaubt, dass die Frage nach der wirklichen Lage von *Kattigāra* weder durch ausschliessliche Anwendung der philologischen noch der geographischen Methode gelöst werden könne, und dass es, um neben so vielen verschiedenen Erklärungen zu einem befriedigenden Resultat zu kommen, erforderlich sei, das historische Moment in Rechnung zu ziehen und die Frage umzukehren, so dass das Problem lautet: Welcher Seehafen in China war zu den Zeiten von Marinus und Ptolemaeus für die fremde Schiffahrt geöffnet? Zu jeder Zeit wenn fremden Nationen der Zugang an der Küste von China gewährt wurde, war ihnen, schon wegen der Controle der Eingangszölle, ein bestimmter Hafen angewiesen. An diesem fand dann in den betreffenden Perioden auch die Landung derjenigen Gesandtschaften statt, welche zur See nach China kamen. Dieser Hafen für den Fremdhandel aber war im zweiten Jahrhundert n. Chr.

derjenige von *Kiau-tschi*, wie man die Hauptstadt von *Tong-king* und einen Theil des angrenzenden Landes nannte. Für erstera hat sich der Name, in *Ketscho* verwandelt, bis heute erhalten. *Kiautschi* bildete aber selbst wieder einen Theil des Landes *Ji-nan*, welches ganz *Tong-king* und mindestens einen Theil von *Cochinchina* umfasste. Dieses Land *Jinan* war im Jahre 220 v. Chr. unterworfen und 111 v. Chr. dem chinesischen Reich einverleibt worden. Es blieb ein Bestandtheil desselben bis 263 n. Chr. Aus dieser Periode, insbesondere aus dem 2. Jahrhundert n. Chr., erhalten wir mehrfache Nachrichten über einen Fremdenverkehr in *Kiautschi*. Dort landete jene merkwürdige Gesandtschaft des Kaisers 'An-tun von dem Reich *Ta-Tsin*, d. i. dem römischen Kaiser Marcus Aurelius Antoninus, um dann zu Lande nach der Hauptstadt zu gehen; und von demselben Hafen trat sie ihre Rückreise an. Kurze Zeit nachher kam in *Kiautschi* eine indische, und einige Jahrzehnte später übermals eine römische Gesandtschaft an. Neben mehrfachen ähnlichen Nachrichten wird noch, kurze Zeit ehe die Chinesen den Hafen verloren, der Ankunft eines Kaufmanns aus *Ta-Tsin* oder dem römischen Reich gedacht, welcher dem Gouverneur der Stadt vorgestellt und zu dem König des Landes (wahrscheinlich *Jinan*) begleitet worden, dann nach *Kiautschi* zurückgekehrt und wieder in seine Heimath entlassen worden sei. Aus keiner andern Seestadt von China wird uns aus jener Zeit Aehnliches berichtet, und wir dürfen daraus schliessen, dass der Hafen von *Tong-king*, welcher ohnehin für die Malayen, als dem nächstbenachbarten seefahrenden Volk, am bequemsten erreichbar war und wahrscheinlich seit alter Zeit von ihnen besucht wurde, damals speciell für die aus der Fremde kommenden Schiffe, die Gesandtschaften und den auswärtigen Handel geöffnet war.

Der Hafen von *Kiautschi*, gleichviel an welcher Stelle im Delta des *Songkoi* die Stadt lag — ob dort, wo das spätere *Ketscho* (das jetzige *Hannoi*) erbaut wurde, oder wo vor 200 Jahren die Portugiesen und Holländer ihre Handelsstation *Hien* gründeten, oder in einem andern Theil des breiten Mündungslandes — entspricht auch den verschiedenen Bedingungen, welche wir an *Kattigära* stellen müssen. Einerseits war dies in der That der erste bedeutende Hafen jenes Landes, für welches der Name *Sinai* sich mit geringen Umlautungen erhalten hat. Ferner erreichte man hier die einzige grosse Meeresbucht*). Jenseits *Kattigära* beschreibt Ptolemaeus das Land als flach, sumpfig und mit Schilf bewachsen. Auch dies entspricht dem Charakter des Deltalandes des *Song-koi*, findet aber keine Anwendung

---

*) Der von Ptolemaeus angegebene tiefe Meerbusen der *Sinai* kann nur hier gesucht werden, da gerade die lange östliche Begrenzung durch die Halbinsel *Lui-tschiu* und die Insel *Hainan* zu der eigenthümlichen Küstenzeichnung des Ptolomaeus Anlass geben mochte. Dies widerspricht scheinbar der Annahme der Lage von *Kattigära* an der Mündung des *Songkoi*. Doch konnte die Verschiedenheit der Reiseberichte manche Irrthümer veranlassen, indem sich beispielsweise aus dem einen die Thatsache der Umbiegung der Küste in dem sinischen Meerbusen, aus einem zweiten deren scheinbare Fortsetzung an der Westküste von Borneo ergab, während die Ableitung der Reisezeiten aus anderen Berichten dazu führen mochte, *Kattigära* südlich vom Aequator anzusetzen.

auf die anderen vorher genannten Orte, mit Ausnahme der Mündung des *Me-kong*, welche aus anderen Gründen nicht in Betracht kommen kann. Endlich ist auch die Entfernung *Kattigara's* von der Südspitze von *Malakka*, wo Kiepert die Stadt *Sabana* so glücklich mit der Insel *Sabong*, auf welcher *Singapur* liegt, identificirt hat, eher ein Beleg für als gegen die Richtigkeit der hier ausgesprochenen Ansicht.

In Anbetracht so vieler, gut miteinander übereinstimmender Umstände glaubt der Vortragende, dass die Identification von *Kattigara* mit dem *Kiautschi* der Chinesen kaum einem Zweifel unterliegen könne, und er weist darauf hin, ohne es für ein maassgebendes Zeugniss zu halten, dass dieser Ort allein eine etymologische Analogie von *Kattigara* mit einem in alter Zeit gebräuchlich gewesenen und bis heute forterhaltenen Namen giebt. Man könne selbst einen Anklang zwischen *Jinan**) und dem *Sinai* des Ptolemaeus finden; jedenfalls hätte letzterer den bei den Chinesen gebräuchlichen Namen in nicht passenderer Weise umschreiben können, wenn er es hätte versuchen wollen. Dies veranlasst den Vortragenden, noch einmal auf den Gegenstand eines frühern Vortrages, nämlich den Ursprung des Namens China, zurückzukommen, dessen Ableitung von demjenigen der *Tsin*-Dynastie seit 200 Jahren so allgemein angenommen sei, dass diese Theorie fast den Werth eines Axioms bekommen habe. Bei jener Gelegenheit war der Beweis geführt worden, dass der Name jener Dynastie sich nicht zu Lande verbreitet und zu irgend welcher Benennung der Chinesen durch die westlichen Völker Anlass gegeben habe, und dass alle Namen, welche unter den Formen *Thin*, *Tschin*, *Tsin* und *Sin* oder *Sinai* nach Westen gekommen seien, ausschliesslich aus dem Seeverkehr entstanden und wahrscheinlich, wie bereits Klaproth angedeutet hat, zuerst den malayischen Lootsen entnommen waren, welche den Weg nach der Küste des südlichen China kennen lehrten, indem die Malayen sich, so weit zurück wir davon Kenntniss haben, zur Bezeichnung des Küstenlandes des südlichen China bis nach *Cochinchina*, des Namens *Tschin* bedient haben und noch bedienen. Nun hat zwar Klaproth die Vermuthung ausgesprochen, dass sie diesen Namen erst erfunden hätten, als im Jahre 220 v. Chr. der grosse Kaiser *Tsin-Schi-hwang-ti* seinen Feldzug nach dem südlichen China unternahm, indem dieses Ereigniss einen grossen Schrecken verbreitet habe, und dass daher der Name China doch in seiner ursprünglichen Form der *Tsin*-Dynastie entnommen sei. Allein es ist in hohem Grade unwahrscheinlich, dass die aus verschiedenen, weit voneinander entfernten Hafenplätzen kommenden Malayen einstimmig einen früher bei ihnen gebräuchlich gewesenen und uns nicht mehr bekannten Namen für jene Küste wegen eines zwar entscheidenden aber doch nur vorübergehenden Feldzuges verworfen und mit einem neuen vertauscht haben sollten, ohne später in gleicher Weise denjenigen der bereits im

---

*) Das J in Jinan ist wie im Französischen auszusprechen.

Jahre 205 v. Chr. auf den Thron gelangten Han-Dynastie, welche bei den Chinesen hoch gefeiert war und im Jahre 111 v. Chr. das südliche China dem Reich einverleibte, zu substituiren. Es liegt selbst die Möglichkeit vor, dass der bereits sehr lange vor der Tsin-Dynastie bei den Chinesen gebräuchliche Name *Jinan*, welcher die phonetische Nachbildung eines einheimischen Namens ist, und dass das Küstenland von *Tong-king* und *Cochinchina* seit uralten Zeiten einen solchen Namen führte, aus welchem ebenso die Malayen *Tschin* als die Chinesen *Jinan* bilden konnten. Der Umstand, dass letzteres Wort eine bestimmte Bedeutung hat, ist kein entscheidender Einwand gegen eine solche Derivation desselben, da die Chinesen bei der Umschreibung fremder Namen immer trachten, ihnen eine passende Bedeutung beizulegen. Es ist nicht bekannt, in welcher Ausdehnung die Malayen in jener frühen Zeit den Namen *Tschin* anwendeten. Später gebrauchten sie ihn auch für die Küsten des südlichen China, wie noch Marco Polo fand, und es ist zu bemerken, dass auch die Chinesen die Provinz *Fo-kien* zuweilen *Tschin* nannten. Ueberhaupt fehlt es, wie schon der Pater Martini erkannte, nicht an Anhaltspunkten für eine sehr frühe und von der Tsin-Dynastie ganz unabhängige Ableitung des malayischen Namens für China.

Was endlich die Hauptstadt *Sina Sinarum* betrifft, welche nordöstlich von *Kattigāra* in unbestimmter Ferne gelegen sein sollte, so ist zu beachten, dass die Reise nach der damaligen Hauptstadt von China von *Tongking* aus naturgemäss zu Lande und zunächst in nordöstlicher Richtung stattzufinden hatte, bis man das Netz der Flussschifffahrt im Innern von China erreichte. Wahrscheinlich hatten die Seefahrer in *Kattigāra* gehört, dass man auf jenem nordöstlichen Wege in weiter Ferne zur Residenz des Kaisers gelange, welcher damals über das Land herrschte, und daher wird unter *Sina Sinarum* gewiss nur die Reichshauptstadt zu betrachten sein, und zwar dieselbe, welche Ptolemaeus auf dem Landwege, ohne den Zusammenhang zu ahnen, als *Sera Metropolis* bezeichnete.

Ueber diese erste Periode der Seeschifffahrt nach China ist nach Ptolemaeus keine weitere directe Nachricht auf uns gelangt. Doch darf man annehmen, dass sie noch einige, wenn auch nur kurze Zeit fortdauerte, indem in den folgenden Jahrhunderten die sonst so maassgebenden Ansichten des genannten Geographen in dem Fall des Sinischen Meerbusens berichtigt wurden, und die alte, der Theorie entnommene Vorstellung eines den asiatischen Continent im Osten begrenzenden Meeres wieder hergestellt wurde. Man nannte es den Serischen Ocean.

Während der ganzen Zeit des Seeverkehrs nach China lässt sich, wie es scheint, ein wechselweises Vordringen von Westen und von Osten nachweisen, und zwar so, dass, wenn die westlichen Schifffahrer den Bereich ihrer östlichen Fahrten einschränkten, die Chinesen, dem Triebe den Handel fortzusetzen folgend, mit ihren eigenen Fahrzeugen westliche Länder zu erreichen strebten, dieselben aber das Feld wieder räumten, sobald unternehmende Schifffahrer des Westens abermals ihre Waaren selbst nach

chinesischen Häfen brachten und die Landesproducte dafür eintauschten.
So geschah es nach der Periode des Ptolemaeus. Zunächst entstand
ein Emporium auf der Insel *Pinang*, welches von chinesischen Schiffen
stark besucht wurde; und am Ende des vierten Jahrhunderts kamen dieselben zum ersten Mal nach Ceylon. Durch ungefähr 350 Jahre hatten
sie nun die Schifffahrt wesentlich in ihrer Hand. Ceylon wurde, wie dies
ebenso von den Chinesen als von dem Mönch Cosmas Indicopleustes beschrieben wird, das grosse Emporium zwischen Westen und Osten; dorthin
brachten Malayen und Chinesen die Producte des östlichen Asien, während die persischen und arabischen Schiffe von Westen kamen, um die gesuchten Handelsartikel gegen ihre eigenen Waaren auszutauschen. Aber
wie uns arabische Schriftsteller mittheilen, waren die chinesischen Schiffe
durch ihre Bauart weit überlegen. Von der Mitte des fünften Jahrhunderts
an kamen sie bereits nach dem persischen Meerbusen und bis zur Stadt
Hira am Euphrat, wo, nach dem Zeugniss arabischer Schriftsteller (allerdings aus einer späteren Zeit), chinesische Fahrzeuge in jedem Jahr in Front
der Häuser der Stadt lagen. Aus dem Anfang des siebenten Jahrhunderts
besitzen wir von den Chinesen selbst Beschreibungen des Seeweges bis
zum Euphrat. Nach Edrisi sollen sie sogar bis nach *Aden* und anderen
Plätzen am Rothen Meer gekommen sein.

In einer dritten Periode, die um das Jahr 700 anfängt, begannen per-
sische und arabische Schiffe, die wahrscheinlich in ihrer Construction durch
Nachahmung chinesischer Bauart verbessert worden waren und durch die
vermuthlich damals eingeführte Kenntniss des Compasses sich dem Meere
sicherer als früher anvertrauen konnten, ihre Fahrten bis nach der Küste
von China auszudehnen, während gleichzeitig die chinesischen sich in
engeren Grenzen hielten und bald wieder auf Ceylon beschränkt waren,
bis sie von der Mitte des achten Jahrhunderts an auch diese Insel verliessen und für einen Zeitraum von 500 Jahren nicht mehr besuchten. Die
ersten Nachrichten über die Schifffahrt der Araber und Perser in dieser
Periode haben wir aus chinesischen Quellen. *Tong-king* gehörte nicht
mehr zum Reich; der zunächst nördlich gelegene Hafen trat an die Stelle
von *Kattigara*. Diesmal war es *Canton*, wo im Jahre 700 ein Markt für
die Fremden errichtet und ein Zollcommissar eingesetzt wurde. Im Jahr
705 wurde die von da an bis vor wenigen Jahrzehnten von so hoher Wichtigkeit gebliebene Strasse über den *Mei-ling*-Pass gebaut, welche das Flussnetz von *Canton* mit demjenigen des mittleren China verbindet. Eine Plünderung von *Canton* durch die Perser und Araber, die sich mit der Beute
auf ihren Schiffen entfernten, verursachte nur eine kurze Unterbrechung;
aber im Jahre 795 wurde *Canton* definitiv verlassen, da die chinesischen
Behörden zu hohe Zölle einzogen. Wahrscheinlich überschritten sie in dieser
Beziehung ihre Befugniss, da sie so weit von dem Sitz der kaiserlichen
Macht entfernt waren. Dazu mochte ein anderer Grund kommen, und zwar
derselbe, welcher es verursacht hat, dass der bis 1810 so blühend gewesene
Handel von *Canton* seitdem allmälig zurückgegangen ist, nämlich die un-

8*

geeignete Lage dieses Hafenplatzes für die Versorgung der grössten und volkreichsten Theile von China, die am naturgemässesten von den Mündungen des *Yang-tsze* aus geschieht. Wie in unserer Zeit *Schang-hai*, so erblühte damals der Hafen von *Khanfu*, wie ihn die Araber bezeichneten, (dem *Kan-pu* der Chinesen), dessen Lage in der Nähe der überaus grossen und reichen Handels- und Manufacturstadt *Hang-tschou-fu* zuerst durch Klaproth festgestellt worden ist. — Der Vortragende gab in gedrängter Uebersicht die Nachrichten, welche Abu Saïd im Jahre 920 nach einer Anzahl von Gewährsmännern über den blühenden Handel von *Khan-fu* und dessen gänzlichen Untergang im Jahre 878, in Folge einer Rebellion, bei welcher 120,000 Mohamedaner, Juden, Nestorianer und Magier getödtet worden seien, zusammengestellt hatte. Er wies darauf hin, eine wie vollkommene und richtige Kenntniss der chinesischen Sitten und des chinesischen Charakters damals nach dem Land der Khalifen gelangt sei, ohne jedoch eine wissenschaftliche Verwerthung zu finden, und ging dann näher auf die Lage verschiedener von den Arabern erwähnter Hafenplätze an der chinesischen Küste ein. Auch in diesem Fall sei es von besonderem Interesse, die äusserste Grenze des damals auf dem Seeweg erreichten Wissens festzustellen. Der Ort *Kantu*, welcher nach Ibn Khordadbeh sechs Tage jenseits *Ganfu*, d. i. *Khanfu*, lag, konnte bisher nicht identificirt werden, da die Bedeutung des grossen Hafens von *Kiau-tschou* an der Südküste der Provinz *Schantung* wenig bekannt war. Obgleich im Lauf der Jahre durch die Hebung der Küste versandet, war dies doch der wichtigste Seehafen des nördlichen China, bis die Europäer *Tschi-fu* eröffneten und den Handel dorthin zogen. Der genannte Schriftsteller fährt nun fort: „Was jenseits China liegt, ist unbekanntes Land. Aber dicht vor *Kantu* steigen hohe Berge auf; sie liegen in dem Lande *Sila*, welches reich an Gold ist. Mohamedaner, welche dieses Land besuchen, lassen sich durch die Vorzüge desselben oft bewegen, sich dort niederzulassen. Man exportirt von dort Ghorraib, Kino-Harz, Aloë, Kampfer, Segel, Sättel, Porzellan, Atlas, Zimmt und Galanga". Man hat in diesem Land *Sila* sehr allgemein Japan zu finden geglaubt; doch dürfte es nach der Feststellung von *Kantu* kaum einem Zweifel unterliegen, dass damit Korea gemeint ist, welches seit 668 im Besitz der *Tang*-Kaiser war und dessen südlicher Theil den Namen *Sin-lo* führte. Es steigen in der That vor *Kiau-tschou* hohe Berge auf, die der Seefahrer, wenn er gegen Osten fährt, kaum mehr aus dem Gesicht verliert, und als deren Fortsetzung man wohl Korea ansehen durfte. So streng auch der Handel mit letzterem Land verboten ist, mochte er doch zu einer Zeit blühen, als Korea zu China gehörte. *Kiau-tschou* aber war dann das natürliche Entrepôt für die Schifffahrt zwischen beiden Ländern. In diesem nördlichen Theil von China ist sie stets wesentlich in den Händen der Bewohner der Provinz *Tsche-kiang* gewesen, in welcher *Khan-fu* lag. Die Koreaner haben sich durch ihre Schifffahrt nie ausgezeichnet. Daher werden die Rheder von *Khanfu* dieselbe über *Kantu* bis nach *Sila* oder Korea hin beherrscht haben, und sie konnten den Arabern

Gelegenheit geben, beide Gegenden kennen zu lernen. Für die Identität von *Sila* und dem südlichen Korea spricht insbesondere auch das Verzeichniss der Producte. Denn dasselbe ist eine Mischung koreanischer und japanischer Handelsartikel, wie sie bei dem lebhaften Verkehr zwischen beiden Ländern wohl von Korea, aber gewiss nicht von Japan bezogen werden konnten. So sind Porzellan und Atlas koreanische Erzeugnisse, während Sättel und Kampfer von Japan dorthin gebracht wurden, und mit Ghorraib ist wahrscheinlich das werthvollste Product von Korea, die in der Arzneikunde von Ostasien so hoch geschätzte Ginseng-Wurzel, gemeint.

Das Jahr 878 beschloss die Periode des lebhaftesten Seeverkehrs, welcher vor dem 16. Jahrhundert nach China stattgefunden hat. Durch eine Zeit von beinahe vierhundert Jahren erhalten wir dann auffallend wenig Nachrichten, welche auf irgend ein Bestehen directer Verbindungen mit China hindeuten. Die arabischen Geographen dieser Zeit schreiben von einander die Nachrichten über Ost-Asien ab, oder versuchen neue Combinationen derselben mit solchen aus dem Alterthum, wobei sie natürlich stets scheitern, und wir müssen daher wohl annehmen, dass, wenn auch die stets unternehmend gewesenen Perser, welche bis zur Ankunft der Portugiesen die Schifffahrt an der Südküste von Asien beherrschten, noch zeitweise weit nach dem Orient hin vorgedrungen sein mögen, der Zugang zu China ihnen doch versperrt gewesen ist. Wahrscheinlich kamen ihnen chinesische Schiffe nach einem auf halbem Wege gelegenen Emporium entgegen, und so mag sich ein Austausch vollzogen haben.

Erst in der zweiten Hälfte des dreizehnten Jahrhunderts, als Kublai-Khan, der erste mongolische Kaiser, der über ganz China herrschte, die Schifffahrt mächtig anregte, begannen die Chinesen ihre Fahrten nach Ceylon wieder aufzunehmen und dehnten sie bis zur Küste von Malabar aus, an welcher es eine Anzahl wichtiger Handelsplätze gab. Marco Polo trat seine Rückreise von China von *Zaytun* an der Küste der Provinz *Fo-kien* an, welches in der Zeit der Mongolenherrschaft der grösste und blühendste Seehafen von China war, und fuhr auf einem chinesischen Schiff bis Malabar, während nach ihm katholische Missionäre bis in die Mitte des folgenden Jahrhunderts häufig Passage in umgekehrter Richtung von Malabar nach China nahmen. Ein lebhaftes Bild von der Bedeutung der chinesischen Schifffahrt in den Häfen von Malabar gab Ibn Batuta bei der Beschreibung seiner abenteuerlichen Reisen. Obgleich er sagt, dass die Chinesen allein den Seeverkehr nach Osten hin in ihren Händen hätten, mag doch auch zuweilen ein persisches oder arabisches Schiff bis nach China gelangt sein, wo den Fremden damals der freieste Verkehr an der Küste und durch das ganze Land gestattet war; denn die arabischen Geographen waren mit dem Emporium *Zaytun*, das die genannten Reisenden als den grössten Hafenplatz der Welt schildern, wohlbekannt, und Abul-féda weiss, dass *Khanfu* auch *Hansa* heisse, d. i. *King-sså* oder die Residenzstadt, ein auch bei Marco Polo und anderen Berichterstattern (welche *Kinsay, Campsay, Cassai* etc. schreiben) für *Hang-tschåu-fu* gebräuchlicher Name, der erst im 13. Jahrhundert angewendet wurde und daher den frühern arabischen Reisenden nicht entnommen sein konnte. War schon in diesem besonders günstigen Zeitalter der directe Seeverkehr von Persien nach China im besten Fall nur unbedeutend, so berechtigt uns nichts, seine Fortführung nach dem Regierungsantritt der *Ming*-Dynastie (1368) anzunehmen. Die zweite Hälfte des vierzehnten und das ganze fünfzehnte Jahrhundert sind die ärmste Zeit an Nachrichten über einen Verkehr nach China zu Land und zur See. Doch wissen wir aus chinesischen Quellen, die in den singhalesischen ihre Bestätigung finden, dass die Schifffahrt von China nach Ceylon fortbestand, und zwar bis zur Mitte des 15. Jahrhunderts, während dessen erster Hälfte die *Ming*-Kaiser durch eine bis nach dem Rothen Meer ausgedehnte Flottenexpedition sich die Oberhoheit über Ceylon erwarben. Nach dem Jahr 1450 zerfiel, wie es scheint, der Schifffahrtsverkehr an der Süd- und Ost-Küste von Asien wieder in einzelne Theile, die sich zu einer Kette aneinander reihten, wie es in früherer Zeit der Fall gewesen war. Eine ganz neue Periode begann mit der Ankunft des ersten portugiesischen Schiffes in *Canton* im Jahre 1517. Damit war der Seeverkehr mit China wieder ausschliesslich in die Hände der westlichen Nationen gelegt, aber nicht mehr derjenigen des westlichen Asien, sondern der Europäer, deren Concurrenz die Perser bald überall erliegen mussten. Wie früher, wenn ihnen der Handel zugebracht wurde, haben die Chinesen kein Bedürfniss gehabt, ihn wieder in ihre eigenen Hände zu nehmen. Seitdem sind die Handelsflotten Europas stetig in den chinesischen Gewässern gewesen. Ist auch der Verkehr durch drei Jahrhunderte nur langsam gestiegen, so hat er doch in den darauf folgenden Jahrzehnten einen nie geahnten Aufschwung genommen, und die Cultur des Occidents hat China als das wichtigste auswärtige Glied in den Weltverkehr gezogen.

Es lassen sich hiernach die folgenden Perioden im Seeverkehr mit China unterscheiden:

1) Allmälige Ausdehnung der westasiatischen Schifffahrt während der zweiten Hälfte des ersten Jahrhunderts unserer Zeitrechnung bis nach *Kattigära*, d. i. *Kiau-tschi* im Mündungsland des *Song-koi* in *Tong-king*, wo bis zum Anfang des dritten Jahrhunderts verschiedene römische und indische Gesandtschaften landen. Verfall wahrscheinlich spätestens von 250 n. Chr. an.

2) Von ungefähr 350 n. Chr. Ausdehnung der chinesischen Schifffahrt nach Westen, erst bis *Pinang*, vor Ende des 4. Jahrhunderts bis *Ceylon*, im 5. Jahrhundert bis *Hira* am Euphrates und vielleicht bis nach *Aden*. Die Schifffahrt nach Persien und Mesopotamien dauert bis gegen das Jahr 700, diejenige nach Ceylon bis in die Mitte des 8. Jahrhunderts.

3) Periode der arabischen und persischen Schifffahrt nach China, und zwar von 700 bis 795 nach *Canton*, von da bis 878 nach *Khanfu* bei *Hangtschou-fu*. Das fernste bekannte Land ist *Sila*, d. i. Korea. Von 878 an hört der directe Seeverkehr zwischen Persien, Arabien und Indien einer-

seits und China andererseits durch ungefähr 400 Jahre wahrscheinlich ganz
auf, oder ist höchstens auf eine geringe Zahl persischer Schiffe beschränkt.

4) In der zweiten Hälfte des 13. Jahrhunderts entwickelt sich eine
lebhafte Schifffahrt der Chinesen von *Zaytun* aus nach *Ceylon* und den
Häfen von *Malabar*, während von Westen her wahrscheinlich nur wenige
Schiffe nach China kommen. Dies dauert bis 1450. Dann tritt Still-
stand ein.

5) Im Jahre 1517 beginnt die fünfte Periode, diejenige der europäischen
Schifffahrt nach China, während welcher weder diejenige von Persien
nach Ost-Asien noch die von China nach dem Westen gerichtete je wieder
zur Geltung kommen.

In der sich an den Vortrag des Herrn v. Richthofen knüpfenden
Discussion spricht Herr Kiepert seine von denen des Vortragenden
abweichenden Ansichten in Bezug auf die Identification gewisser, bei den
alten Geographen und speciell bei Ptolemaeus erwähnten Punkte aus.
Er habe diese seine Ansichten hierüber in einem Vortrage in der
Akademie der Wissenschaften niedergelegt, welcher demnächst erscheinen wird. Der Versuch, Namensformen zu identificiren, sei bedenklich, da man ja nicht wisse, woher und aus welchen Sprachen
die Griechen ihre geographischen Namen hergenommen haben, und
weil so viele Wechsel bei den Namen in jenen Gegenden vorgekom-
men seien. Sodann glaubt Herr Kiepert, dass die Ansicht von der
weiten Ausdehnung der Schifffahrt anzufechten sei. Es sei diese
allerdings schon von Gosselin aufgestellt worden, habe aber bald vielen
und gegründeten Widerspruch erfahren. Doch stimme er mit Herrn
v. Richthofen darin überein, dass man bei den alten Mittheilungen
mehr den Angaben über Distanzen als über die Himmelsrichtungen einen
Werth beizulegen habe. Wollte man aber Kattigara an die Küste von
Tongking verlegen, so müsse man die Angaben des Ptolemaeus über die
Distanzen an der Küste China's auf ein Erhebliches reduciren. — Herr
v. Richthofen erwidert hierauf, dass seine Argumente für die Lage
von Kattigara in Tong-king, ebenso wie diejenigen für die Ausdehnung
der chinesischen Schifffahrt nach Westen, wesentlich den chinesischen
historischen Quellen entnommen seien, und er glaube, dass diese bei
der Auslegung der Nachrichten des classischen Alterthums über den
fernsten Osten überhaupt noch zu wenig in Rechnung gezogen würden.

Geographische Notizen.

Dritte Versammlung des internationalen Orientalisten-Congresses zu St. Petersburg am 1. September 1876.

Am 1. Septbr. 1876 wird in St. Petersburg der dritte internationale Orientalisten-Congress eröffnet werden. Die hauptsächliche Thätigkeit dieser Versammlung wird diesmal (dem Sitze derselben in St. Petersburg entsprechend) auf das russische Asien gerichtet sein, und zwar nach folgenden geographischen Sectionen geordnet: 1. Ost-Sibirien; 2. Mittel-Asien innerhalb der russischen Grenzen, sowie die unabhängigen Khanate von West-Turkestan; 3. Kaukasien; 4. Transkaukasien; 5. Ost-Turkestan; 6. Indien, Persien, Malayischer Archipel; 7. Türkei und Arabien. In jeder dieser sieben Sectionen werden Kartographie, Linguistik, Geschichte und Literatur des betreffenden Gebietes betrachtet werden, während Archäologie und Numismatik eine besondere achte Section bilden, der sich als neunte die Religionsverhältnisse anschliessen.

Das Organisations-Comité besteht aus folgenden Herren:

Basile Grigorief, Professor der orientalischen Geschichte und Dekan der Facultät der orientalischen Sprachen an der Kaiserlichen Universität zu St. Petersburg, Präsident des Comités.

Mitglieder des Comités sind die Herren: Kéropé Patkanof, Professor der armenischen Sprache an derselben Universität. Daniel Chwolson, Professor der Hebräischen, Chaldäischen und Syrischen Sprache an derselben Universität. Alexander Kuhn, dem General-Gouverneur von Russisch-Turkestan für die archäologischen Untersuchungen beigegeben. Friedrich Baron von Osten-Sacken, früherer Vice-Director des asiatischen Departements im Ministerium der auswärtigen Angelegenheiten, jetzt Director der persönlichen Angelegenheiten in demselben Ministerium. Bernhard Dorn, wirkliches Mitglied der Kaiserlichen Akademie der Wissenschaften zu St. Petersburg für die muselmännischen Literaturen und Alterthümer. Wladimir Veliaminof-Zernof, wirkliches Mitglied derselben Akademie für dieselbe Specialität. — Als Secretär für die auswärtige Correspondenz fungirt: Baron Victor von Rosen, Professor der arabischen Sprache an der Kaiserlichen Universität zu St. Petersburg, und als Secretär für die mit dem Congresse verbundene Ausstellung verschiedener auf die Archäologie, Paläographie, Ethnographie und Literatur des Orients bezüglichen Gegenstände Herr Lerch, Secretär der Kaiserlichen Commission für Archäologie.

Folgende Herren sind correspondirende Mitglieder des Comités für die Länder Europas: in *London* für Grossbritannien: Hr. Robert Douglas, Professor der chinesischen Sprache und Conservator am British Museum; in *Paris* für Frankreich: Hr. Ch. Schefer, erster Dragoman der Regierung.

Administrator der Special-Schule für die lebenden orientalischen Sprachen; in *Wien* für Oesterreich: Baron Alfred von Cremer, Hofrath im Ministerium der auswärtigen Angelegenheiten: in *Leipzig* für Deutschland: Hr. Ludolf Krehl, Professor und Chef-Bibliothekar an der Universität; in *Florenz* für Italien: Hr. Angelo de Gubernatis, Professor an der Universität; in *Leyden* für die Niederlande und die niederländischen Colonien in Asien: Hr. Jean de Goeje, Professor an der Universität; in *Copenhagen* für Dänemark: Hr. A. J. Mehren, Professor an der Universität in *Lund* für Schweden: Hr. C. J. Tornberg, Professor an der Universität; in *Christiania* für Norwegen: Hr. J. Lieblein, Professor an der Universität; in *Löwen* für Belgien: Hr. Felix Nève, Professor an der Universität; in *Bern* für die Schweiz: Hr. Aloisius Sprenger, Professor an der Universität; in *Buda-Pesth* für Ungarn: Hr. Hermann Vambery, Professor an der Universität; in *Constantinopel* für die Türkei: Hr. Paul Schweder, Dolmetscher bei der Deutschen Botschaft.

Nachstehende Fragen sollen nach dem Vorschlage des Organisations-Comités bei der dritten Versammlung des internationalen Orientalisten-Congresses zu St. Petersburg berathen und discutirt werden:

1. Die Denkmäler der Geschichte weisen nach, dass Sibirien 2000 Jahre hindurch ein Volk nach dem andern nach Central-Asien entsendet hat. Welche Umstände haben dieses Uebermaass von Bevölkerung veranlasst, und warum haben diese und die Auswanderungen mit der Eroberung Sibiriens durch die Russen aufgehört?

2. Ist der Schamanismus, welcher noch bis zum heutigen Tage bei den heidnischen eingeborenen Völkerschaften Sibiriens vorherrscht, bei allen gleichartig, oder zeigt er vielmehr Unterschiede je nach den ethnographischen Familien, welchen seine sibirischen Anhänger angehören?

3. Wir wissen, dass fast jeder Stifter einer neuen nomadischen Monarchie in Central-Asien seinen Unterthanen besondere Gesetzbücher octroyirte. Welche Beweggründe und welchen Zweck hatten diese aufeinanderfolgenden Systeme von Gesetzen bei der wohl bekannten Gleichförmigkeit der Gewohnheiten und der Lebensweise dieser nomadischen Völkerschaften?

4. Gab es vor *Djingis-Khan* ein Volk oder einen Stamm mit dem Namen *Mongol*, oder ist dieser Name nur ein dynastischer, welchen *Djingis* für das von ihm gestiftete Reich angenommen hat?

5. Welche Beweise sprechen zu Gunsten der allgemein angenommenen Ansicht, dass die türkischen Manuscripte mit uïgurischen Schriftzeichen, welche sich in den verschiedenen Bibliotheken Europa's befinden, wirklich in der uïgurischen Sprache geschrieben sind, da diese Schriftzeichen auch von anderen türkischen Völkerschaften zu derjenigen Zeit, auf welche sich die betreffenden Manuscripte beziehen, angewendet worden sind?

6. Bis zu welchem Punkte stimmen die Nachweisungen über die jährlichen Feste des östlichen und westlichen Turkestan, die man in den offi-

ciellen chinesischen Annalen bis zur Zeit der *Thang* findet, mit denen des Al-Biruni über die Kalender der Charesmier, der Soghdianer, und theilweise auch der Tokharen, überein? Worin unterscheiden sich diese Kalender von dem persischen Kalender zur Zeit der Achämeniden und von dem der Sassaniden?

7. Was wissen wir von der sogbdianischen Schrift? in welchen Denkmälern ist sie für uns erhalten worden? Ist es möglich, wenn auch nur annähernd, die Epoche ihrer Einführung nach Transoxiana zu bestimmen?

8. Bis zu welchem Zeitpunkte kann man in den historischen Urkunden die ethnographischen Namen ,,*Sart*'' und ,,*Tadjik*'' verfolgen? Welche Schlüsse könnte man hieraus in Bezug auf die ursprünglichen und die späteren, successiven Bedeutungen dieser Namen ziehen?

9. Welchen Ursachen kann man die Stabilität der neupersischen Sprache beimessen, welche vom 10. Jahrhundert an bis jetzt kaum eine irgendwie bemerkenswerthe Aenderung in den grammatikalischen Formen erfahren hat?

10. Gestatten uns die zahlreichen elamitischen Eigennamen, die sich noch erhalten haben, aus ihnen entscheidende Schlussfolgerungen über die Nationalität der Elamiten zu ziehen?

11. Kann man auf genaue Weise vom ethnographischen und geographischen Gesichtspunkte aus die Namen ,,*Rutenu*'' und ,,*Cheta*'' bestimmen, welche in den ägyptischen Inschriften der 18. und 19. Dynastie als die Erbfeinde dieser beiden Dynastien bezeichnet werden?

12. In welchem Lichte erscheinen in den ägyptischen Inschriften die Bewohner von Palästina vor der Invasion der Hyksos?

13. Bis zu welchem Grade können die gegenseitigen Beziehungen der arabischen Stämme vor Mohamed zur Aufklärung über den politischen Zustand der israelitischen Stämme zur Zeit der Richter dienen?

14. Die von den Inschriften der Münzen der muselmännischen Dynastien herrührenden chronologischen und topographischen Angaben werden allgemein für viel glaubwürdiger gehalten, als die der Chroniken und anderer nicht officieller Denkmäler; ist diese Ansicht vollkommen unangreifbar? und haben wir stets das Recht, die Angaben der Chroniken nach denen der Münzen zu berichtigen?

15. Aus welchen Gründen hörte zu Anfang des 11. Jahrhunderts der Handel zwischen dem muselmanischen Orient und dem Norden Europa's, welcher vom 7. bis zum 10. Jahrhundert ohne Unterbrechung geblüht hatte, plötzlich auf?

Geologische Reise des Herrn Tchékanovsky entlang den Flüssen Lena und Olenek.

In der Sitzung der K. Russ. geographischen Gesellschaft vom 3. März 1876 (s. Seite 106) theilte der Secretär der Gesellschaft, Herr Wilson, einige

Einzelheiten über die in geologischer und naturhistorischer Beziehung wichtige Reise des Herrn Tchékanovsky mit. Der ausführliche Bericht wird später in den Jahresberichten der Gesellschaft erscheinen. Schon im vorigen Jahre hat Herr Tchékanovsky das Vorkommen der Triasformation in den Gebirgen von *Verkhoïansk* erkannt und war, nach dem näheren Studium der Beschaffenheit der mesozoischen Formationen des unteren Olenek und der unteren Lena, zu der Vermuthung gelangt, dass diese Formationen sich weithin längs der Lena bis in jene Gegenden erstreckten, wo man bisher die Existenz der Kohlenformation annahm. Herr Tchékanovsky stellte sich nun die Aufgabe, in geologischer Hinsicht den Lauf der Lena unterhalb Jakutsk und den unteren Olenek zu erforschen. Herr Venglovsky begleitete ihn auf dieser Forschungsreise.

Beide Reisende brachen am 15. Mai 1875 von *Irkutsk* auf und langten am 1. Juni in *Jakutsk* an; nach Beendigung der Vorbereitungen für die Flussschifffahrt verliessen sie Jakutsk am 7. Juni; bei den fortwährend wehenden Winden welche den Sommer 1875 in Sibirien kennzeichneten, hatten sie bei der Befahrung der Lena grosse Schwierigkeiten, so dass sie oft aufgehalten wurden und erst am 1. Juli zu *Jigansk* und am 29. Juli in *Bulun* eintrafen. Da der Wind sich nicht beruhigte und Herr Tchékanovsky die nördliche Tundra erforschen wollte, verliessen die Reisenden das Schiff zu *Aïakit* (25 Werst unterhalb Bulun) und wandten sich nach dem Olenek, dessen Lauf sie folgten und dessen Mündung sie am 26. August erreichten. Sie gingen alsdann weiter ostwärts bis zum Cap des Kreuzes (cap de la Croix), dem äussersten Punkte ihrer Reise, wo sie am 1. September eintrafen; am 18. September kamen sie wieder in Bulun an, doch mussten sie einen Monat auf das Gefrieren der Flüsse und die Rückkehr der Bewohner in ihre Winterquartiere warten.

Am 18. October verliessen die Reisenden Bulun und erreichten (über *Verkhoïansk* und Jakutsk) Irkutsk in den letzten Tagen des Dezember.

Die von den Reisenden von Aïakit aus durchforschte Tundra unterscheidet sich wesentlich von der sumpfigen Tundra Westsibiriens. Das schöne Herbstwetter begünstigte die Untersuchungen der Reisenden. Am 22. August, in $72^{1}/_{2}^{\circ}$ nördl. Breite fanden sie eine sommerliche Temperatur und Gewitter; die Vegetation behielt ihre Frische bis zum 26. August; die darauf folgende Kälte hielt nur kurze Zeit an, am 15. September konnten sie in $71^{1}/_{2}^{\circ}$ nördl. Breite noch Neuropteren herumfliegen sehen.

Die Reiseergebnisse sind:
1) Eine Wegaufnahme, geognostische Aufnahme und ein Tagebuch der Reise von Jakutsk bis zur Mündung des Olenek;
2) eine paläontologische Sammlung von mehr als 1600 Objecten, sämmtlich aus der mesozoischen Zeit;
3) ein Herbarium, welches über 3000 Pflanzenarten enthält;
4) eine entomologische Sammlung von mehr als 7000 Exemplaren.

Berichte von anderen Geographischen Gesellschaften Deutschlands.

Verein von Freunden der Erdkunde in Leipzig.

Fünfzehntes Stiftungsfest am 8. März 1876. Nach Verlesung des Protocolles wurden sechs neue Mitglieder aufgenommen. Der Vorsitzende, Prof. Dr. Bruhns, erstattet den Jahresbericht. Die Zahl der Mitglieder ist von Jahr zu Jahr regelmässig gestiegen, am stärksten im Jahre 1875. Der Verein begann mit 17 Mitgliedern und zählte am Schlusse 1875 bereits 363 Mitglieder, darunter 15 Ehrenmitglieder; seitdem hat eine weitere Erhöhung um 28 Mitglieder stattgefunden. Der Vorsitzende gedenkt der im Laufe des Jahres verstorbenen Mitglieder Prof. Peschel, Kaufmann Gustav Flinsch, Kaufm. Friedrich Dürr-Rousset, Kaufm. G. F. Förtsch, Kaufm. Rob. Kästner, Kaufm. Heinrich Lomer sen., sowie des am 15. Februar d. J. verstorbenen Kassirers Bankier Hermann Schmidt. Die Beziehungen des Vereins nach aussen sind durchgängig erfreulicher Natur gewesen, auch die Karl-Ritter-Stiftung hat nach Kräften ihre Thätigkeit entwickelt; dem Afrika-Reisenden Hildebrandt sind 300 M., dem Reisenden De Barry, einem ehemaligen Mitgliede des Vereins, zu einer Reise in Tripolitanien 100 M. gezahlt worden, dem Reisenden Denhardt wurden die bisher von Dr. Otto Kersten in Jerusalem gebrauchten magnetischen Apparate zur Benutzung bewilligt.

Nach den Statuten hatten der erste Vorsitzende, Prof. Dr. Bruhns, und der erste Schriftführer, Prof. Dr. Otto Delitsch, auszuscheiden. Der Erstere wurde wiedergewählt, an Stelle des Zweiten, der wegen Ueberhäufung mit Geschäften eine Wiederwahl ablehnte, wurde der Direktor des städtischen statistischen Bureaus, Ernst Hasse und als erster Kassirer Bankier Franz Schlick gewählt.

Hierauf hielt Direktor Ernst Hasse einen längeren, mit Demonstrationen an grossen Stadtplänen und statistischen Tableaux verbundenen Vortrag: „Statistische Wanderungen durch Leipzig.“

Verein für Erdkunde zu Dresden.

Monatsversammlung am 3. März 1876. Vorsitzender: Prof. Dr. Ruge. Es werden die Vereinsbeamten für das Vereinsjahr 1876/77 gewählt. In den Vorstand werden wieder, bez. neu gewählt: Prof. Dr. Ruge (1. Vorsitzender), Generalarzt Dr. Roth (2. Vors.), Prof. Dr. Abendroth (1. Schriftführer), Stabsarzt Dr. Helbig (2. Schriftführer), Hugo Friedemann (1. Bibliothekar), Dr. Urbach. (2. Bibliothekar), Bernh. Hänsel (1. Kassirer), Em. Richter (2. Kassirer). — Sitzung vom 10. März. Dr. O. Schneider bespricht seine zweite, im Sommer 1875 ausgeführte Reise von Tiflis auf der grusinischen Militärstrasse über den Kasbekpass nach Wladikaukas und zurück. — Sitzung vom 24. März. Vors.: Dr.

O. Schneider. Prof. Dr. Meinicke spricht über das äquatoriale Seengebiet in Afrika; Prof. Dr. Ruge theilt nach der Petersburger Deutschen
Zeitung (1876 No. 50) Genaueres über Nordenskiöld's Reise durch Sibirien
längs des Jenissei mit; Ingenieur Weber berichtet über die Hochfluth der
Elbe am 20. Februar d. J. und vergleicht sie mit den Hochfluthen von
1862 und 1845.

Section für Auswanderungsangelegenheiten. Sitzung vom
3. März. Vors.: Dir. J. Löhnis. Custos Th. Müller hält einen Vortrag
über die jetzigen Verhältnisse in den Goldfeldern Australiens.

Verein für Geographie und Statistik in Frankfurt a. M.

In dem Winter-Semester 1875/76 wurden folgende Vorträge gehalten.
28. October 1875; Dr. Nachtigal (Berlin): Ueber seine Reise in das
nördliche Central-Afrika. 3. November; Prof. K. Hausknecht (Weimar):
Ueber Familienleben, Sitten und Gebräuche der Perser. 10. und 17. November; Lehrer P. Diehl (Frankfurt a. M.): Die deutschen Kolonien in
Südrussland. 24. November; Dr. med. W. Stricker (Frankfurt a. M.):
Ueber den Schmuck und die absichtliche Verunstaltung des Körpers bei
verschiedenen wilden Völkern. 1. Decbr.; Wissenschaftliche Sitzung;
Mittheilungen verschiedener Art, alsdann Vortrag des Dr. phil. Bücher:
Das Leben und Wirken des verstorbenen Oscar Peschel. 8. und 15. De-
cember; Prof. Dr. Rein: Ueber Japan. 22. December; Wissenschaftliche Sitzung; Geschäftliche Mittheilungen, alsdann Vortrag des Dr.
Rein: Ueber die landwirthschaftlichen und industriellen Erzeugnisse Japans, verbunden mit einer Ausstellung. 5. und 12. Januar 1876; Dr.
Bücher (Frankfurt a. M.): Die Urform des Eigenthums bei verschiedenen
Völkern. 19. Januar; Lehrer Christmann (Frankfurt a. M.): Die Eisen-
bahnverbindungen zwischen dem Atlantischen und Stillen Ocean. (Fortsetzung eines im vorigen Winter von demselben gehaltenen Vortrages.)
26. Januar und 2. und 9. Februar; Dr. Finger (Frankfurt a. M.): Geographische Vorurtheile älterer und neuerer Zeit. 16. Februar; Professor
K. Hausknecht (Weimar): Ueber das religiöse Leben der Perser. 23. Februar; Wissenschaftliche Sitzung; Geschäftliche Mittheilungen, alsdann Vortrag des Handelskammer-Secretairs H. Glogau (Frankfurt a. M.):
Die neuesten Fortschritte der Erdkunde in Afrika. 1. März; Capitain
Bade (Swinemünde): Ueber Zweck und Ausrüstung arktischer Expeditionen.
8. März; Dr. O. Kersten (Berlin): Ueber seine Reise an das Todte Meer
im Jahre 1874. 15. März; Dr. v. Boguslawski (Berlin): Ueber die Resultate der neuesten Tiefseeforschungen. 29. März; Prof. Vambéry (Pest):
Rückerinnerungen aus den Wanderungen eines Bettelderwisches in Central-
Asien. 5. April; Prof. Dr. v. Fritsch (Halle a. S.): Ueber den Vulka-
nismus in der geologischen Vorzeit. 12. April; Wissenschaftliche
Sitzung; Geschäftliche Mittheilungen, alsdann Vortrag des Handels-

kammer-Secretairs H. Glogau: Ueber die neuesten Fortschritte der Erdkunde in Australien.

Geographische Gesellschaft in München.

Hauptversammlung am 24. Februar 1876. Vorsitzender: Prof.
v. Jolly. Dr. L. Graff giebt einen sehr umfassenden Bericht über die
Challenger-Expedition, welchem er Auszüge aus Briefen von R. v. Wille-
moes-Suhm an Prof. C. Th. Siebold zu Grunde legt. Hauptversammlung vom 9. März. Vorsitzender: Prof. Arendts. Dr. Graff schliesst
seinen Bericht über die Challenger-Expedition, indem er vorzugsweise die
geologischen Forschungsresultate auf der Fahrt von Melbourne nach Ho-
nolulu hervorhob. Hauptversammlung am 23. März. Vorsitzender:
Prof. v. Jolly. Capitain Bade, s. Z. 2. Offizier der „Hansa" der zweiten deutschen Nordpol-Expedition, hält einen Vortrag über die Schicksale
des Schiffes und der Mannschaft während jener Expedition. Hauptversammlung am 30. März. Vorsitzender: Prof. v. Jolly. Hauptmann
Ruith schildert die Jotunfields und deren Umgebung in Norwegen, die derselbe während einer Reise im Sommer 1875 besuchte.

Berichte von auswärtigen geographischen Gesellschaften.

Royal Geographical Society, London.
Präsident: Sir Henry Rawlinson.

In den Sitzungen vom Januar bis April 1876 sind nachstehende grössere
Vorträge gehalten worden:

In der Sitzung vom 24. Januar 1876 las Sir Frederik Goldsmith
eine Abhandlung des Capitain G. Napier, Hon.: „Reise an die turko-
manische Grenze von Persien".

Febr. 14. „Auszüge aus dem Tagebuche des verstorbenen Mr. Margary von Hankow nach Talifu".

Febr. 28. Mr. Ney Elias: Ueber eine Reise nach West-Yunnan
Mr. C. M. Markham: Ueber Afghanische Geographie.

März 13. Rev. Mac Farlane: Ueber die Fahrt auf dem Fly-Flusse
in Neu-Guinea. Mr. Oct. C. Stone: Bericht über seine neueren Forschungsreisen im Innern von Neu-Guinea.

März 27. Capitain Anderson: Ueber die nordamerikanische Grenze
von dem „Lake of the Woods" bis zu den „Rocky mountains".

April 11. Unter dem Vorsitze des Herzogs von Edinburg hielt
Lieut. Cameron einen Vortrag über seine Reise quer durch Afrika.

Geographische Gesellschaft zu Paris.

In der Sitzung vom 19. Januar 1876 wurde mitgetheilt, dass die „Commission Centrale" der Pariser Geographischen Gesellschaft das Bureau derselben für 1876, aus folgenden Herren bestehend, gebildet hat: Präsident Mr. Malte Brun; Vicepräsidenten MMrs. Levasseur und Daubrée; Secretaire MMrs. Maunoir, Duveyrier und Girard.

In den fünf Sitzungen vom 5. Januar bis 1. März 1876 sind folgende grössere Vorträge gehalten worden: Mr. Romanet du Caillaud: Ueber die Etymologie des Wortes Tong-King. (Tong-King = Ost-Hauptstadt von Annam auf die ganze Provinz übertragen, während Tay-King = Süd-Hauptstadt von Annam ist). Mr. Aymmonnier: Ueber die Bewohner von Kambodja. Mr. Gabriel Granier: Ueber die europäischen Entdeckungen an der Westküste Afrika's (mit Ausnahme der portugiesischen). Mr. Charles Velain: Die Insel Réunion. Mr. de Fontbonne: Neuer Entwurf eines Schifffahrtskanals durch den Isthmus von Darien.*) Mr. E. Reyes: Schriftlicher Bericht über den Amazonas und seine Nebenflüsse. Mr. Victor Guerin: Bericht über die wissenschaftliche Mission nach Palästina.

Italienische Geographische Gesellschaft zu Rom.
Präsident: Commend. Cesaro Correnti.

Die Gesellschaft zählt gegenwärtig 2068 Mitglieder. In den Sitzungen vom 9. Januar bis 17. Februar d. J. wurden folgende Vorträge gehalten: Sr. de Gubernatis: Ueber seine sechsjährigen Arbeiten in Epirus. Sr. Correnti: Ueber eine italienische Expedition nach Centralafrika (Ziel dieser Expedition soll das innere afrikanische Gebiet zwischen dem Reich Schoa und der Ostküste des Victoria-Nyanza Sees sein). Mr. B. de Beaumont (Präsident der Geographischen Gesellschaft in Genf): Ueber den ersten Meridian. (Er schlägt vor, ihn durch die Behring-Strasse zu ziehen).

Spanische Geographische Gesellschaft zu Madrid.

Diese Gesellschaft ist Ende März 1876 zu Madrid von Don Juan Maldonado (Director des öffentlichen Unterrichts), Don Francisco Coello und Don Eduardo Saavedra gestiftet worden. Das organisirende Committee besteht aus 15 Mitgliedern (unter dem Vorsitze von Don Fermin Cavallero), zu denen u. A. Don Antonio Aguilar, Director der Sternwarte und beständiger Secretair der Akademie der Wissenschaften, gehört.

---

*) In der Sitzung der „Commission de Géographie commerciale" zu Paris vom 27. Januar d. J. hielt Mr. Léon Drouillet einen Vortrag über eine neue Vermessung des Isthmus von Darien für die Zwecke der Erbauung eines Schifffskanals. Dieselbe Commission hat einen Aufruf an alle geographischen Gesellschaften der Erde erlassen, in welchem sie zur Betheiligung an den hierauf bezüglichen Berathungen durch eine internationale Commission auffordert.

Portugiesische Geographische Gesellschaft zu Lissabon.

Unter dem Präsidium des Vicomte de San Januario hat sich diese jüngste geographische Gesellschaft am 8. April 1876 zu Lissabon constituirt; erster Secretair ist Sr. Luciano Cordeiro, welcher die Gesellschaft auch gestiftet hat.

Ein Permanentes Central-Comité für Geographie zu Lissabon ist laut Decret des Königs von Portugal vom 17. Februar 1876 eingesetzt und dessen Organisation angeordnet. Es gehört zum Ressort des Marineministeriums und soll in drei Sectionen zerfallen: 1) für Geographie, 2) für Ethnologie, 3) für Anthropologie und Naturwissenschaft. Der jeweilige Minister der Marine und Colonien ist Präsident der Commission (gegenwärtig Senhor de Andrade Corvo). Secretair des Permanenten Comité's ist Sr. Jose Julio Rodrigues.

Aegyptische Geographische Gesellschaft zu Kairo.
Präsident: Dr. Schweinfurth.

In den beiden Sitzungen vom 26. Januar und 18. Februar 1876 sind folgende Vorträge gehalten worden: Ferdin. de Lesseps: Ueber die alte Geographie des Isthmus von Suez. General Stone (Chef des ägyptischen Generalstabes): Ueber die verschiedenen Recognoscirungs-Arbeiten der Offiziere seines Stabes in Aegypten von 1871—1874 zum Zwecke der Kartirung. Dr. Schweinfurth: Stanley's und Cameron's neuere Expeditionen. Dor Bey: Beschreibung des Somal-Landes.

Kaiserl. Russische Geographische Gesellschaft zu St. Petersburg.
Präsident: S. Kais. Hoheit Grossfürst Constantin Nikolajevitsch.

In den beiden Sitzungen (unter dem Vorsitze des Vicepräsidenten der Gesellschaft Semenof) vom 14. (26.) Januar und 3. (15.) März 1876 wurden folgende Vorträge gehalten: Vicepräsident Semenof: Mittheilungen über die verschiedenen Expeditionen, welche auf Kosten oder mit Hülfe der Kais. Russ. Geographischen Gesellschaft thätig sind. Secretair der Ges. Wilson: Bericht über Tchékanovsky's geologische Explorationen in Nord-Sibirien (s. S. 100).

Verlag von Dietrich Reimer in Berlin.   Druck von Kerskes & Hohmann in Berlin.

BERLIN
Druck von Korsken & Hohmann
SW., Zimmerstrasse 94.

VERHANDLUNGEN

DER

ESELLSCHAFT FÜR ERDKUNDE

ZU

BERLIN.

SITZUNG VOM 10. JUNI 1876.

BAND III. № 6.

BERLIN,

VERLAG VON DIETRICH REIMER.

C 1876.

VERHANDLUNGEN

DER

GESELLSCHAFT FÜR ERDKUNDE

ZU BERLIN.

1876. No. 6.

Mittheilungen sind zu adressiren an den Vorstand der Gesellschaft für Erdkunde, Berlin, SW. Friedrichstrasse 191.

Die Referate über die Vorträge sind ausschliesslich von den Vortragenden selbst verfasst, welche für den Inhalt derselben verantwortlich sind.

Vorgänge bei der Gesellschaft.

Sitzung vom 10. Juni 1876.

Vorsitzender: Herr v. Richthofen.

Der Vorsitzende theilt zunächst den Tod des Herrn Müller, Prediger an der Jerusalemer Kirche, mit, welcher der Gesellschaft seit 1857 angehörte und stets ein reges Interesse an dem Gedeihen derselben gezeigt hat. Er begrüsst sodann den in der Sitzung anwesenden Capitain z. See Freiherrn von Schleinitz, Commandant Sr. Maj. Schiff „Gazelle" während ihrer fast zweijährigen Forschungsreise im Atlantischen, Indischen und Stillen Ocean, welche erst ganz vor Kurzem nach Europa zurückgekehrt ist, hebt die grossen Verdienste hervor, welche sich sämmtliche Officiere der „Gazelle" und der sie begleitende Naturforscher Dr. Studer um die Erdkunde, namentlich um die Kenntniss der oceanischen Verhältnisse, erworben haben und dankt dem Chef der Kaiserl. Admiralität, General von Stosch, dass er die „Gazelle" und die Offiziere derselben für ihre wissenschaftlichen Aufgaben und deren Lösung so trefflich ausgestattet habe.

Herr Nachtigal theilt hierauf einige Briefe des Herrn Dr. Lenz aus dem *Okande-Land* mit (s. pag. 126).

Freiherr von Schleinitz hält sodann den angekündigten Vortrag über die Expedition Sr. Majestät Schiff „*Gazelle*" in den Jahren 1874—1876 und erläutert denselben durch Karten und Zeichnungen an der Tafel.

Der Gesellschaft sind beigetreten in der Juni-Sitzung:

Als Ansässige Ordentliche Mitglieder: Herr L. Dierbach, Rector und Vorsteher einer höheren Töchterschule; — Herr Bethge, Lieutenant zur See; — Herr von Horn von der Horck.

Als Auswärtige Ordentliche Mitglieder: Herr Dr. Bernhard Voltz, Gymnasialdirector in Potsdam.

Vorträge.

Capitain z. See Freiherr von Schleinitz: Uebersicht über die Forschungsreise Sr. Majestät Schiff „Gazelle" in den Jahren 1874—1876.

(Erster Theil.)

Hochgeehrte Versammlung! Von dem Herrn Vorsitzenden der Gesellschaft für Erdkunde ersucht, einen Vortrag über die so eben beendete Expedition Sr. Majestät Schiff „*Gazelle*"[*]) zu halten, die unter meiner Leitung stattfand, bedaure ich, für heute nur eine skizzenhafte Darstellung von der Reise, von den Aufgaben, die uns gestellt waren, und von der Art und Weise, wie wir versucht haben sie zu lösen, geben zu können, weil es mir bisher an Zeit und Gelegenheit gefehlt hat, mich für einen tiefer eindringenden und mehr wissenschaftlich gehaltenen Vortrag vorzubereiten; ich werde überdem auch heute nicht im Stande sein, die Beschreibung der ganzen Reise zu geben, sondern nur die Hälfte und das Uebrige mir für eine spätere Gelegenheit vorbehalten.

---

[*]) Vgl. Verhandl. der Ges. f. Erdk. Juli 1874. Sr. Maj. Schiff „*Gazelle*" unter dem Commando des Capitain z. See Freiherrn von Schleinitz, ging am 21. Juni 1874 von Kiel aus in See und kehrte nach fast zweijähriger Abwesenheit am 28. April 1876 in denselben Hafen zurück, nachdem sie den Atlantischen Ocean zweimal, den Süd-Indischen und Indischen Ocean dreimal und den südlichen Stillen Ocean zwischen Neu-Guinea, Australien und Süd-Amerika durchkreuzt, und dabei im Ganzen 48,797 Seemeilen zurückgelegt hatte. A. d. H.

Die Indienststellung Sr. Majestät Schiff „*Gazelle*" wurde bereits im Jahre 1873 zunächst zwar für einen wissenschaftlichen, aber doch nur einseitigen Zweck in Aussicht genommen, nämlich um eine astronomische Expedition nach der zur Beobachtung des Venusdurchganges gewählten Station im Indischen Ocean überzuführen. Die Kaiserliche Admiralität hielt es für angemessen, diese Gelegenheit nicht unbenutzt zu lassen, um das wissenschaftliche Streben unter den Seeofficieren anzuregen und zu fördern, und zu diesem Behufe erschien es erwünscht, den für die „*Gazelle*" zu designirenden Officieren noch eine besondere Instruction über astronomische Beobachtungen zu ertheilen, die sie in den Stand setzte, ein völliges Verständniss für die Beobachtungen der Astronomen zu gewinnen und sich mit Nutzen für die Sache und für sich selbst daran zu betheiligen.

Da zu dieser Zeit das englische Kriegsschiff „*Challenger*" bereits seine oceanischen und hydrographischen Beobachtungen im Nord-Atlantic begonnen hatte und allmälig die ersten interessanten Resultate derselben bekannt wurden, lag der Gedanke nahe, auch Seitens Sr. Majestät Kriegsschiff „*Gazelle*" auf diesem, jeder Marine ja sehr nahe liegendem Gebiete der Meereskunde Forschungen anzustellen. Bei den grossen Anforderungen, welche der Schutz der auswärtigen deutschen Interessen und die militairischen Pflichten an unsere junge, und daher immer noch beschränkte Marine stellen, hätte jener Gedanke kaum zur That werden können, wenn sich nicht eben diese oceanischen und hydrographischen Beobachtungen mit den astronomischen Aufgaben, welche von Sr. Majestät Schiff „*Gazelle*" bereits in Aussicht genommen waren, hätten vereinigen lassen, ohne dem militairischen Dienste weitere Kräfte an Schiffen und Personal zu entziehen. Es wurden nunmehr mit Rücksicht auf diese weiter gestellten Ziele die Officiere der „*Gazelle*" designirt und nach Berlin berufen, um einen kurzen Lehrcursus in den betreffenden wissenschaftlichen Disciplinen durchzumachen, der von dem jetzigen Director der deutschen Seewarte Dr. Neumayer abgehalten wurde.

Damit übrigens nicht ein falscher Maassstab an die wissenschaftlichen Leistungen der „*Gazelle*" gelegt werde, wird die Bemerkung am Platze sein, dass die wissenschaftlichen Forschungen neben den militairischen und seemännischen Pflichten von den Officieren auszuführen waren, da Sr. Majestät Schiff „*Gazelle*" nicht den Charakter eines wissenschaftlichen Expeditions-Schiffes, sondern den eines Kriegsschiffes hatte und an dessen militairische und seemännische Leistungen dieselben Anforderungen gestellt waren, wie an jedes andere Schiff, wie denn auch dieses Schiff während der Reise thatsächlich mehrfach für die handelspolitischen Interessen Verwendung gefunden hat. Diese Bemerkungen glaubte ich vorausschicken zu sollen, weil es einer Erklärung dafür bedürfen wird, dass einerseits vor dem Antritt der Expedition über wissenschaftliche Zwecke derselben kaum etwas in weiteren Kreisen bekannt geworden ist, dass andererseits eben deshalb keine Betheiligung von Fachgelehrten stattfand, es vielmehr mir, als Commandant, überlassen war, die Officiere und Aerzte des Schiffes ihren Fähigkeiten entsprechend mit den einzelnen Beobachtungszweigen zu betrauen.

Recapitulirend bemerke ich, dass die Aufgaben der „Gazelle" sich — selbst nach der erfolgten Erweiterung derselben — auf die folgenden naturwissenschaftlichen Gebiete beschränkten: erstens Hülfsleistung bei den astronomischen Beobachtungen des Venusdurchganges; zweitens hydrographische und oceanische Untersuchungen; drittens meteorologische und viertens magnetische Beobachtungen, wozu dann noch auf der Kerguelen-Insel die Bestimmungen der Länge eines Sekunden-Pendels hinzutraten. Von diesen Aufgaben waren die zweiten bei weitem die wichtigsten, weshalb ich in der Folge auf diese etwas eingehender zurückkommen werde. Wenn es möglich geworden ist, neben diesen eigentlichen Aufgaben des Schiffes noch einige Untersuchungen zu machen auf den Gebieten der Zoologie, Botanik, Ethnographie und Geologie und auch ein Geringes zur Bereicherung der Geographie beizutragen, so lag dies in der Gunst der Umstände und in unserem Wunsche, soweit es in unseren Kräften und Fähigkeiten stand, möglichst keine Gelegenheit vorübergehen zu lassen, um der Wissenschaft und den deutschen naturwissenschaftlichen Instituten, für welche wir Material sammelten, zu nützen.

Für die vorbesprochenen Zwecke wurde Sr. Majestät Schiff „*Gazelle*" am 2. Juni 1874 von mir in Dienst gestellt und ausgerüstet. Schon die Aufgabe, die astronomische Expedition nach einer unbewohnten Insel überzuführen und dort selbst über vier Monate zu verweilen, machte es nothwendig, dem Schiffe besondere Einrichtungen zu geben, um die nöthigen Proviantquantitäten an Bord nehmen zu können, denn Kriegsschiffe vermögen in Folge ihrer grossen Besatzung in der Regel nur für drei Monate Provisionen einzunehmen. Gleicherweise mussten besondere Einrichtungen getroffen werden zur Unterbringung der sechs astronomischen Begleiter, sowie der auf den unbewohnten Kerguelen-Inseln für die Beobachter und zur Aufstellung der Beobachtungs-Apparate zu errichtenden Häuser und endlich der zahlreichen astronomischen und anderen wissenschaftlichen Instrumente, welche Unterbringung eine Reducirung der Armatur des Schiffes auf die Hälfte der Geschütze erforderte. Diese Reducirung der Armatur liess es angängig erscheinen, auch die von der Geschützzahl abhängige Bemannungsstärke des Schiffes um ca. 50 Köpfe herabzusetzen, und der auf diese Weise doppelt gewonnene Raum konnte ausgenutzt werden, um Einrichtungen für eine Verproviantirung von über sechs Monaten zu treffen. Ich bemerke hierzu, dass Schiffe heut zu Tage fast nie mehr in die Lage gerathen, so lange Zeit auf hoher See zu sein, weil sie nur da segeln, wo sie günstige Winde finden, und selbst grosse Reisen von Hafen zu Hafen gewöhnlich nur acht bis zehn Wochen beanspruchen. Die „*Gazelle*" jedoch ist vielfach in ganz anderer Lage gewesen. Wir haben aus wissenschaftlichen Rücksichten verschiedentlich grosse Strecken gegen die herrschenden

Winde gehen müssen und deswegen musste das Schiff ganz besonders geeignete Einrichtungen haben.

Nach Vollendung obiger Einrichtungen verliess das Schiff am 21. Juni den Hafen von Kiel und am 3. Juli Plymouth, nachdem hier die hauptsächlichsten Apparate für oceanische Beobachtungen, nämlich Tiefseelothleinen, Netze, Schleppleinen, eine Dampfmaschine zum Aufwinden des Lothes u. s. w. an Bord genommen und aufgestellt waren. Mit dem Eintritt in den Atlantischen Ocean begannen die wissenschaftlichen Arbeiten, welche ununterbrochen auf der ganzen Fahrt fortgesetzt wurden und deren nähere Zwecke, Organisation und Ausführung ich daher hier skizziren will.

Während auf allen anderen Gebieten der Naturwissenschaften seit Jahrhunderten durch fortgesetzte umsichtige Beobachtungen und Untersuchungen das Material zur Beurtheilung der Erscheinungen und ihrer gegenseitigen Beziehungen zusammengetragen worden ist, haben die Oceane in Bezug auf ihre physikalischen Eigenschaften bis vor wenigen Jahren fast völlig brach gelegen; man kannte von ihnen wenig mehr als die ungefähren Temperaturen der Oberfläche, den Salzgehalt derselben an einzelnen Punkten und die Mehrzahl der stärkeren und regelmässigen Oberflächenströmungen, letztere jedoch nur ungenau, da sie selten vermittelst eigentlicher Strommessungen, vielmehr fast immer nur durch die sogenannten Stromversetzungen von Schiffen festgestellt worden waren. Als tägliche Stromversetzung eines Schiffes wird nämlich die Differenz angenommen zwischen dem durch die täglichen astronomischen Beobachtungen bestimmten geographischen Orte des Schiffes und dem durch die sogenannte Loggerechnung (d. i. eine Rechnung auf Grund des Compasscurses und der auf der Oberfläche des Wassers durch ein Logg gemessenen Geschwindigkeit gefundenen Orte. Die nach dieser Methode berechnete Versetzung eines Schiffes ist aber vielfach nicht, oder doch nicht ausschliesslich durch die Strömung erzeugt, sondern durch ungenaues Steuern, falsches Loggen und durch ein nicht richtig in Anschlag gebrachtes Abtreiben des Schiffes durch starken Wind. Man gelangt daher auf diese Weise nur zu ungenauen Resultaten. Es kommt noch hinzu, dass die auf diese Weise gefundene Strömung sich nur auf die Oberfläche des Wassers beziehen kann, d. h. auf eine Tiefe, die dem Eintauchen des Schiffes entspricht; was ist aber diese geringe Tiefe von 3—4 Faden gegen die durchschnittliche Tiefe des Oceans von über 2000 Faden!

Man hat versucht, aus diesen allmälig bekannt gewordenen Strömungen und den gefundenen Wassertemperaturen eine Art System für Oberflächenströmungen aufzustellen; bei dem sowohl lückenhaften wie unzuverlässigen Material konnte dieser Versuch aber nur sehr unvollkommen ausfallen. Allerdings sind bereits in den dreissiger Jahren und etwas vorher einzelne Temperaturen auch in grösseren Tiefen der See durch Anwendung von Maximal- und Minimal-Thermometern gemessen worden, indess waren es einerseits eben nur einzelne Messungen, andererseits ergab sich bald, dass sie unrichtig waren, weil die gebrauchten Thermometer durch den Wasserdruck influirt worden waren. Sie gaben in Verbindung mit der falschen Annahme, dass Seewasser bei 4 Grad Celsius, ebenso wie süsses Wasser, die grösste Dichtigkeit besitze, Veranlassung zu der Aufstellung einer falschen Theorie, nämlich der Theorie, dass die unteren Wasserschichten durchschnittlich eine Temperatur von 4 Grad Celsius hätten und dass es einen gewissen Breitenparallel gebe, auf welchem das ganze Meer von der Oberfläche bis zum Boden eine gleichmässige Temperatur von 4° Cels. besässe. Diese Annahme ist erst seit einigen Jahren als falsch erkannt worden. Aehnlich war es mit der Kenntniss des Lebens im Meere. Man nahm an, dass Korallen und korallenartige Thiere nur bis zu einer Tiefe von 40 Faden zu vegetiren vermöchten und dass tiefer als einige 100 Faden alles organische Leben in Folge des enormen Druckes erstorben sei. In 300 Faden Tiefe drückt das Wasser nämlich mit ca. 1000 Pf. auf den Quadratzoll. Proben vom Meeresboden in grösseren Tiefen waren bereits vor Jahrzehnten gewonnen worden, und diese, wie auch spätere bei den Lothungen zum Zwecke von submariner Telegraphenlegung gewonnenen sind zum Theile von Herrn Prof. Ehrenberg in Berlin untersucht worden und haben interessante Aufschlüsse bezüglich der darunter gefundenen mikroskopischen, den fossilen ähnlichen Foraminiferen gegeben. Doch auch diese Beobachtungen waren mehr vereinzelt und die gefundenen Formen sämmtlich ausgestorben. Von den lebenden Individuen, denen die Schalen angehört hatten, nahm man im Allgemeinen an, dass sie in minder' grossen Tiefen im freien Wasser schweben und erst todt auf den Meeresboden sänken, wennschon dieser Punkt als streitig galt. Englische Naturforscher sind es vorzugsweise gewesen, welche im Jahre 1868 es zuerst durchzusetzen vermochten, dass kleine englische Kriegsfahrzeuge disponibel gemacht wurden, um die grossbritannischen Küstengewässer, demnächst aber auch den Theil des atlantischen Oceans längs der Küste von Portugal und das Mittelmeer näher zu untersuchen. Schon für zoologische Zwecke, nämlich um die Lebensbedingungen der im Meere lebenden Thiere festzustellen, war dabei gleichzeitig eine physikalische Untersuchung des Meereswassers, also eine Untersuchung nach Temperatur, specifischem Gewicht, chemischer Zusammensetzung u. s. w. erforderlich, und diese Untersuchungen konnten wiederum gleichzeitig für die allgemeinen Verhältnisse des Oceans, namentlich für das System seines Pulsirens und damit direct für die Hydrographie nutzbar gemacht werden.

Die ersten englischen Untersuchungen beschränkten sich gleich denen, welche ihnen preussischer Seits in der Nordsee und Ostsee folgten, auf Gewässer von beschränktem Umfange und grossentheils beschränkter Tiefe; sie förderten aber so viel Neues und Interessantes zu Tage, dass bald die Expedition der britischen Corvette „Challenger" geplant wurde, um nunmehr auch die grossen Oceane der gleichen Untersuchung zu unterziehen. Für die „Gazelle" kam es darauf an, dass ihre Beobachtungslinien so gelegt wurden, dass sie mit denen der englischen Expedition sich nicht deckten, sondern so, dass die Beobachtungen beider Schiffe sich gegenseitig ergänzten. Dieser Gesichtspunkt hat zum Theil zur Feststellung der von der „Gazelle" genommenen Route geführt.

Die Beobachtungen zum Zwecke der Durchforschung der Oceane, wie ich sie gleich beschreiben werde, sind, soweit sie Tiefseelothungen betreffen, ziemlich zeitraubender Natur, weshalb sie nur in verhältnissmässig grossen Entfernungen von einander vorgenommen werden können, wenn einem Schiffe nicht ein Ueberfluss von Zeit zu Gebote steht. Es ist dies der Grund, weshalb meinerseits die Beobachtungen im Allgemeinen in der doppelten Entfernung derjenigen des „Challenger" gemacht worden sind, welche für dieselbe Erdumsegelung ziemlich die doppelte Zeit zur Verfügung hatte und davon keine zu astronomischen, politischen und militärischen Zwecken zu verwenden brauchte. Es lässt sich ferner die Prozedur des Tieflothens nur unter Dampf und nicht bei starken Stürmen vornehmen, wodurch man daher in ein anderes Abhängigkeitsverhältniss von Umständen tritt. Wenn Kohlen dafür verfügbar waren (Sr. Majestät Schiff „Gazelle" hat häufig Tausende von Seemeilen durchlaufen müssen, ohne dieses nothwendige Fortbewegungsmaterial ergänzen zu können), ist in der Regel jeden dritten Tag resp. in Zwischenräumen von 200 bis 250 Seemeilen oder 50—60 geographischen Meilen eine Tiefseebeobachtung ausgeführt worden, zeitweise allerdings auch in erheblich kürzeren Zwischenräumen. Im Allgemeinen sind diese Zwischenräume hinreichend, da die physikalischen Eigenschaften des Meeres sich in den grossen Oceanen, abgesehen von der wechselnden Oberfläche, in der Regel innerhalb obiger Entfernungen nicht erheblich ändern. Die Untersuchungen an der Meeresoberfläche sind jedoch sechs Mal an jedem Tage auf der ganzen Reise gemacht worden, wie es auch bei den meteorologischen Beobachtungen der Fall war.

(Der Vortragende beschrieb hierauf ausführlich die Art und Weise, in welcher auf der „Gazelle" die Tiefseelothungen vorgenommen wurden.) Es handelt sich bei dieser Operation, abgesehen von den die Fauna des Meeres betreffenden Untersuchungen, um folgende Feststellungen: 1) Tiefe des Meeres, 2) Temperatur und specifisches Gewicht des Meeres an der Oberfläche, 3) Temperatur und specifisches Gewicht in den Zwischenschichten bis zum Meeresboden, 4) directe Strommessungen an der Oberfläche, 5) directe Strommessungen in gewissen Tiefen, 6) Durchsichtigkeit und Farbe des Meerwassers, 7) Heraufholen einer Probe des Meeresbodens, 8) Heraufholen von Wasserproben aus beliebigen Tiefen und Aufbewahrung derselben behufs chemischer Analyse.

Die Tiefe des Meeres erhält man mittels eines Lothes. Für kleine Tiefen hat man das gewöhnliche Loth, d. h. ein an einer dünnen Leine befestigtes Stück Blei, das ins Meer hinuntergelassen wird. Sobald das Loth den Boden berührt, vermindert sich das Gewicht und derjenige, der die Leine durch die Hand gehen lässt, bemerkt hieran, dass es aufstösst; wenn die Leine dabei senkrecht gehalten wird, giebt dieselbe in Folge ihrer Eintheilung oder Markirung nach Meter oder Faden à 6 Fuss unmittelbar

die Tiefe des Meeres an der betreffenden Stelle an. Dies ist ausreichend
für verhältnissmässig geringe Tiefen. In grösseren Tiefen ist indess das
Berühren des Bodens seitens des Lothes in dieser Weise nicht mehr fühl-
bar, weil das Gewicht der ausgelaufenen Leine im Verhältniss zum Gewichte des Lothes zu bedeutend ist. Es sind für grosse Tiefen daher verschiedene andere Apparate versucht worden, auf die näher einzugehen hier zu
weit führen würde. Ich will nur bemerken, dass sie sich im Allgemeinen
in zwei Klassen theilen, nämlich in diejenige mit Leinen und in diejenige
ohne Leinen. Letztere sind Apparate, die in der Regel auf den Boden
des Meeres ganz frei hinuntergeschickt werden und nach Auslösung eines
Gewichtes durch den ihnen innewohnenden Auftrieb wieder zur Oberfläche
zurückkehren. Nach der dabei verflossenen Zeit oder nach den Um-
drehungen einer Schraube lässt sich annähernd festellen, wieviel Wasser
durchlaufen worden ist. Ich hatte auf der „Gazelle" Lothleinen von ungefähr eines kleinen Fingers Stärke in Länge von etwa 12,000 Faden. Da
diese Tiefe nicht vorkommt, so wird nur ein Theil dieser Leine benutzt,
der andere Theil dient als Reserve. Die Lothleine ist in der für die
meisten Lothungen ausreichenden Länge von 4000 bis 6000 Faden (also
1 bis 1½ geogr. Meilen) auf einer grossen Rolle auf dem Hintertheile des
Schiffes aufgerollt. Von der Rolle aus geht die Leine über einen Patentblock an der grossen Raa. Ein Patentblock ist ein Gehäuse mit einer
sich drehenden metallenen Scheibe darin. Dieser Block ist an einen sogenannten Accumulator angehängt, welcher bei dieser ganzen Operation
ein sehr wichtiges Instrument ist. Der Accumulator besteht nämlich
aus zwei Scheiben und einer Reihe von Gummibändern, die, wenn das
Gewicht, das dieser Block mittelst der Leine trägt, plötzlich zunimmt,
sich dehnen und dadurch verhindern, dass die Leine einer stossweisen
Anstrengung ausgesetzt wird. Letzteres würde aber namentlich bei
Schwankungen des Schiffes, dem sogenannten Schlängern, als Folge des
Seeganges fast stets ohne Anwendung des Accumulators der Fall sein.
Es wird also die Leine über diesen Block genommen, und demnächst wird
am Ende das Loth fest gemacht. Das Loth besteht aus einem eisernen
hohlen Stab, dem, um das Gewicht zu vermehren, eine Anzahl gusseiserner
Scheiben aufgestreift werden. Diese Scheiben haben eine solche Aufhänge-
Einrichtung, dass sie sich beim Aufstossen des Lothes auf den Meeresboden
abstreifen, so dass die eiserne Hülse allein an der Leine hängen bleibt.
Ich habe bereits erwähnt, dass die Lothleine sehr dünn ist, dass sie nur
die Dicke von einem kleinen Finger hat, trotzdem muss sie sehr stark sein
und wird mit einer Tragkraft von 13 bis 14 Centnern versucht. Von der
Haltbarkeit und Güte der Lothleine hängt Vieles ab, weil man, abgesehen
von dem Material an Instrumenten, welche an der Leine in das Meer gesenkt werden, viel kostbare Zeit verlieren würde, wenn die Lothleine bräche;
sie darf aber trotz der verlangten Haltbarkeit nur eine geringe Dicke besitzen, weil anderenfalls die Reibung im Wasser sehr bedeutend ist, welche
durch die verlangsamende Wirkung, die sie auf das Fallen des Lothes aus-

übt, wie wir sehen werden, die exacte Tiefenbestimmung erschwert. Ueber dem Lothe werden demnächst ein Wasserschöpf-Apparat, und über diesem ein paar Thermometer, welche die Bestimmung haben, die Temperatur des Bodenwassers anzugeben, befestigt. Das Ganze hängt an der Schiffsseite senkrecht über dem Meere, so dass das Loth frei ins Wasser fallen kann. Wenn die Vorbereitungen soweit getroffen sind, wird auf das Commando „*Fallen*" die bis dahin festgehaltene Rolle losgelassen, und nun geht das Loth zunächst mit sehr grosser Geschwindigkeit durch das Wasser dem Boden des Meeres zu. Die Reibung der Leine im Wasser hat aber zur Folge, dass sich die Geschwindigkeit nach und nach vermindert. Es lässt sich nun aus der Geschwindigkeit des Auslaufens der Leine die Tiefe des Wassers in folgender Weise bestimmen: Im Augenblick, wo das Commando „Fallen!" erfolgt, wird genau die Zeit nach Minuten und Sekunden notirt. Die Leine selbst ist eingetheilt von 25 zu 25 Faden und hat bei 100 Faden in der Regel eine besondere Marke; die Zeit, wenn je eine dieser Marken in das Wasser eintaucht, wird ebenfalls nach Sekunden notirt. Die ersten 100 Faden brauchen gewöhnlich um herunterzulaufen circa 40 Sekunden, die zehnten 100 Faden (also wenn 1000 Faden der Leine ausgelaufen sind) brauchen ungefähr schon 75 Sekunden, die zwanzigsten 100 Faden (also wenn 2000 Faden ausgelaufen sind) ca. 110 Sekunden. Nun gelangt das Loth auf den Boden, und in dem Moment, wo es den Boden berührt, lösen sich die Gewichte von der Leine, der Wasserschöpf-Apparat schliesst sich durch einfachen Mechanismus und die Thermometer nehmen die Temperatur des Bodenwassers an. Dadurch, dass die Lothgewichte und diese beiden Apparate, die von Eisen oder Metall sind, auf dem Meeresboden liegen, hört aber die Leine nicht auf zu laufen, weil das eigene Gewicht der Leine bei grösseren Tiefen vollständig genügend ist, die Reibung im Wasser und bei dem Rollen zu überwinden, es tritt aber, sobald die Gewichte nicht mehr wirken, ein Sprung in der Abnahme der Auslaufsgeschwindigkeit der Leine ein, und dieser Sprung giebt, auf Grund der nach Sekunden ausgeführten Zeitnotirung, genau den Moment an, wann die Gewichte auf dem Boden angekommen sind. Bei genügender Uebung und aufmerksamer Beobachtung der Lothrolle kann man übrigens auch an der plötzlich sich ändernden Geschwindigkeit in der Rotation dieser Rolle erkennen, wann das Loth den Boden erreicht hat. Das mechanische Moment beim Aufstossen des Lothes, welches, mit den Gewichten, ein bis zwei Centner schwer ist (die Gewichte werden vermehrt, entsprechend der vermutheten grösseren Tiefe des Meeres, um durch das vermehrte Gewicht die grössere Reibung, welche eine längere Leine beim Durcheilen des Wassers ausübt, so zu überwinden, dass die Fallzeiten nicht zu langsame werden), genügt, um den hohlen Lothcylinder, an dessen unterem Ende sich ein sogenanntes Schmetterlings-Ventil befindet, ein bis zwei Fuss in den meist weichen Meeresboden einzutreiben. Beim Emporwinden des Lothes schliesst sich das Ventil und die, Gegenstand der späteren Untersuchung bildende Bodenprobe kommt mit dem Lothcylinder herauf. Mit dem Aufwinden des

Lothes beginnt man aber nicht sogleich, vielmehr lässt man zunächst das Schiff durch den Wind und den Strom von der Leine forttreiben. Es kam bis dahin nämlich darauf an, das Schiff so zu halten, dass es senkrecht über dem Lothe stand, oder was dasselbe ist, dass die Linie senkrecht in das Wasser ablief, weil anderen Falls, nämlich wenn man Strom und Wind gestattet, das Schiff fortzutreiben, der Zug auf der Leine vermehrt wird und diese dann sehr leicht bricht, ganz abgesehen von dem falschen Tiefenresultat, das eine schief stehende Leine giebt; jetzt aber, wo das Loth auf den Boden angekommen ist, also die Leine nicht mehr beschwert, lässt man das Schiff ein Stück forttreiben. Darauf geht ein Boot an die Leine und macht sich daran fest, gewöhnlich wird eines der kleinsten Boote hierzu verwendet, damit es möglichst geringen Windfang hat. Das Boot liegt also an der Leine vor Anker und man ist nunmehr im Stande, vom Boote aus, also von einem festen Punkte, den Oberflächenstrom vermittelst eines Compasses und eines besonders dafür angefertigten Loggs ziemlich genau zu bestimmen. Nachdem diese der Sicherheit wegen 3 bis 4mal wiederholte Messung beendet ist, dampft das Schiff wieder genau senkrecht zur Lothlinie und man beginnt die Leine mit der Dampfwinde aufzuwinden. Wie ich schon bemerkte, wird nur der Lothcylinder mit aufgewunden, während die Gewichte auf dem Boden liegen bleiben und verloren gehen. Die Leine würde brechen, wenn man die Gewichte ebenfalls mit zu Tage fördern wollte. Die vorstehend beschriebene Methode, die Meerestiefe zu bestimmen, ist übrigens sehr genau und schliesst Irrthümer ganz aus, wenn nur Sorge getragen wird, die Leine immer genau senkrecht zu halten. Ich habe Gelegenheit gehabt, einzelne Controlbeobachtungen zu machen und gefunden, dass alle auf diese Weise gemachten Lothungen genau übereinstimmten. Das Aufwinden der Lothleine nimmt bei einer Länge von 2000 Faden mehrere Stunden in Anspruch, während das Hinunterlassen in diese Tiefe nur ca. ³/₄ Stunden beanspruchte. Die Zeit des Aufwindens der Leine benutzt das bereits erwähnte Boot, um die Strombeobachtungen in der Tiefe anzustellen. Ich habe in der Regel auf 50 und 100 Faden den Unterstrom messen lassen. Der Oberstrom pflegt eine Tiefe von über 50 Faden zu besitzen, oder doch bis zu dieser Tiefe nur unbedeutend in Richtung und Stärke zu variiren. Es ist aber gerade wichtig, seine Tiefe zu constatiren. Die Messungen in grösseren Tiefen als 100 Faden sind nicht so wichtig, weil hier eine grössere Gleichförmigkeit stattfindet und man aus den Temperaturen in der Tiefe sicherer auf die Strömung zu schliessen vermag, als an der Oberfläche. Es kann nun keinem Zweifel unterliegen, dass die Temperaturen allein weder ausreichend, noch massgebend sind, um Schlüsse zu ziehen auf Wasserbewegung resp. deren Ursachen. Es kommt nach meinen Erfahrungen sehr wesentlich auf das specifische Gewicht an, und in Folge dessen habe ich zur Untersuchung auf 50 und 100 Faden jederzeit das specifische Gewicht bestimmen lassen. Es geschieht dies vom Boote oder vom Schiffe aus, ebenfalls während die Leine aufgewunden wird. Ein etwas anders eingerichteter Wasserschöpf-Apparat, der auf willkürliche Tiefen zum Schliessen gebracht werden kann, wird zuerst auf 50 und dann auf 100 Faden versenkt und das specifische Gewicht der heraufgeholten Wasserprobe sofort untersucht.

Nachdem das Loth wieder aufgenommen ist, kommen zunächst die Thermometer herauf. Sie werden abgelesen, noch bevor man sie von der Leine abbindet, dann sorgsam abgenommen und nochmals abgelesen und ihre Temperatur sofort notirt. Es ist nothwendig, darauf zu achten, dass die Leine mit den Thermometern nicht erschüttert wird, weil diesen Falls der Index des Thermometers sich leicht verschiebt und unrichtige Angaben macht. Demnächst wird der Wasserschöpf-Apparat abgenommen, das Wasser durch einen Hahn in ein Gefäss abgelassen, um das specifische Gewicht zu bestimmen und, für eine spätere Analyse, in Flaschen gefüllt, welche sofort verkorkt und signirt werden.

Nachdem diese Operation des Lothens und der Bestimmung der Grund-temperatur vollendet ist, werden die sogenannten *Temperatur-Reihen* genommen. Es ist für die physikalische Kenntniss der Meere sehr wichtig, dass man die Temperaturen nicht bloss an der Oberfläche, sondern auch in verschiedenen Tiefen bestimmt. Zu diesem Behufe wird ein kleineres Loth von 40 Kgr., welches nur den Zweck hat, ein die Leine steif haltendes Gewicht darzustellen, am Ende der Lothleine befestigt und beim Herablassen werden Thermometer daran angebracht. Das erste Thermometer am Ende der Leine wird in der Regel bis zu einer Tiefe von 1500 Faden hinunter-gelassen. Die Meerestemperatur zwischen 1500 und 2000 Faden und mehr Tiefe differirt nur in sehr geringem Grade. In den meisten Oceanen fanden wir in Tiefen über 2000 Faden am Boden eine Temperatur zwischen 0° und etwa + 2½° C. und in 1500 Faden Tiefe in der Regel 2°—4° C.; bei dieser geringen Differenz ist zwischen 1500 Faden und dem Boden des Oceans eine weitere Messung in der Regel nicht erforderlich. Es wird also ein Thermometer auf 1500 Faden heruntergelassen, das nächstfolgende auf 1200 Faden, sodann je eines auf 900, auf 700, 500 Faden; weil, wie ich schon bemerkte, die Bewegungen und Aenderungen in den oberen Schichten viel bedeutender sind, so werden von 500 Faden an die Thermometer in der Regel jede 100 und zuletzt jede 50 Faden befestigt. Sobald die ganze Vorrichtung auf etwa 1500 Faden langsam hinuntergeführt ist, lässt man den Thermometern 10 Minuten Zeit, um die resp. Temperaturen anzunehmen, dann wird die Leine mit der Maschine langsam aufgewunden, jedes Thermometer wird abgelesen, abgenommen und die Temperatur notirt, sowie es über Wasser kommt, und aus der Vergleichung einiger solcher Temperaturreihen, welche an verschiedenen Orten gewonnen sind, ist man in der Lage, gewisse Schlüsse auf Wasserströmungen zu ziehen. Nachdem diese Operation beendet ist, wird zuweilen zu dem sogenannten „Schleppen" nach Meeresorganismen übergegangen, natürlich sofern die Wassertiefe nicht zu gross ist. Es ist zwar eine grosse Wassertiefe kein absolutes Hinderniss für diese Operation, indess ist sie äusserst zeitraubend und auf grossen Tiefen zu wenig lohnend, da die Zahl der Organismen sich mit der Tiefe verringert. Das dazu gebrauchte Netz befindet sich an einem rechteckigen eisernen Rahmen, von welchem zwei Seiten aus etwas schräg gestellten Schneiden bestehen. Der Rahmen hat ein Paar eiserne Arme, an welchen die Schleppleine befestigt wird. Die Leine ist viel stärker wie die Lothleine, sie muss 40 Centner tragen können, ohne zu reissen, weil das Netz sich häufig mit Schlamm auf dem Meeresboden anfüllt und dann sehr schwer ist, häufig aber auch hinter Korallen und Steinen festhakt. Es wird im Uebrigen, ebenso wie bei der Lothleine, ein Accumulator dabei benutzt, um die Stösse von der Leine fortzunehmen. Der Accumulator wird aber stärker genommen; während bei der Lothleine 12 Gummibänder angebracht sind, werden beim Schleppnetz 24 genommen. Das Netz wird, wie die Lothleine, auf den Meeresboden heruntergelassen, sodann lässt das Schiff sich mit dem Winde oder Strome ein Stück forttreiben, das Netz erhebt sich, wegen seiner Leichtigkeit, dabei und berührt nicht mehr den Boden. Deshalb wird an der Leine, bevor man sie hinunterlässt, etwa 200 Faden oberhalb des Netzes ein Holzknebel befestigt. Während das Schiff im Treiben ist, lässt man von oben ein paar eiserne Gewichte, welche an einem kleinen eisernen Ringe befestigt sind, der über die Leine gestreift ist, an der Leine entlang hinunterlaufen und lässt gleichzeitig ungefähr das $1\frac{1}{2}$fache der Meerestiefe an Leine aus. Die Gewichte erreichen den 200 Faden über dem Netz angebrachten Knebel und ziehen diesen auf den Boden des Meeres, so dass nunmehr der Zug der Leine auf das Netz nicht mehr in der Richtung nach oben wirkt (wodurch das Netz vom Boden abgehoben werden würde), sondern horizontal, also auf dem Meeresboden schleifend, wobei die scharfen Eisen des Zahnes Stücke des Meeresbodens nebst den Thieren, die darin enthalten sind, fassen und in das Netz gleiten lassen. Es kommt nun vielfach trotz aller Vorsicht vor, dass man namentlich auf felsigem Boden nichts in das Netz hineinbekommt. Aus diesem Grunde bedient man sich noch einer anderen Vorrichtung. Durch Zufall hat man bemerkt, dass verschiedene Seethiere, namentlich Seeigel, Seesterne, Korallinen, sich häufig mit ihren Füssen, Tentakeln u. s. w. an die Leine festklammerten. In Folge dessen kam man auf die Idee, an das Netz noch etwas anderes zu befestigen, nämlich sogenannte Schiff-Swabber. Wir benutzen an Bord nämlich aufgedrehte Taue, um die Decks zu reinigen. Diese Schiff-Swabber sind sehr faserig und eignen sich daher für den Zweck sehr gut. Man befestigt sie hinter dem Netze und sie fördern dann oft eine solche Menge von sehr wohl erhaltenen zarten Organismen des Meeresbodens an's Tageslicht, dass man gelegentlich die grösste Schwierigkeit hat, diese Thiere sämmtlich wieder aus den Fasern der Swabber zu entfernen.

Das Stillliegen des Schiffes während vorbeschriebener Prozeduren wird vielfach auch noch zu anderen Beobachtungen und Sammlungen benutzt. Von den Booten aus fischt man mit Käschern an der Oberfläche nach Thieren, angelt, wenn man Fische vermuthet, oft wird auch auf Jagd gefahren, d. h. Seevögel geschossen, weil während der Fahrt des Schiffes geschossene Vögel verloren gehen würden, denn man ist selten in der Lage, die Zeit zu opfern, welche erforderlich sein würde, um zum Holen eines geschossenen Vogels das Schiff zum Stillstande zu bringen und ein Boot auszusetzen.

Ich gehe nunmehr zu den anderen Beobachtungen über. Neben obigen Untersuchungen wurden auf Sr. Majestät Schiff „Gazelle" fortlaufend meteorologische Beobachtungen angestellt, welche die bei meteorologischen Stationen üblichen Gebiete umfassten und während der ganzen Reise von denselben sich vierstündlich ablösenden Beobachtern, nämlich von vier besonderen Officieren gemacht und von einem derselben reducirt und registrirt wurden. Es wurden dabei gleichzeitig die Temperaturen und das specifische Gewicht der Oberfläche des Meeres festgestellt und Beobachtungen über Bewegung und Höhe der Wellen, sowie über die Farbe des Meeres gemacht. Die Durchsichtigkeit des Meereswassers ist dagegen in der Regel bei Gelegenheit der Lothungen untersucht, weil für diese Beobachtung das Schiff still stehen muss. Es wurde dazu ein von dem Beobachter erdachtes einfaches Instrument benutzt, ein hohler, durchlöcherter, blecherner Körper, der weiss angestrichen war und an einem Lothe heruntergelassen wurde. Um einen richtigen Massstab für die verschiedenen Grade der Durchsichtigkeit zu gewinnen, schien es erforderlich, dass immer ein und dasselbe Auge diese Beobachtungen anstellte, weshalb sie auf der ganzen Reise ein und demselben Officiere übertragen worden waren. Das erwähnte Instrument wird so tief hinuntergelassen, als man es noch bestimmt sehen kann, und diese Operation mehrere Male an verschiedenen Seiten des Schiffes (um einseitige Beleuchtung zu vermeiden) wiederholt. Es ist das Instrument zuweilen bis auf 26 Faden Tiefe noch ganz gut sichtbar gewesen.

Eine weitere Reihe von Beobachtungen betrafen den Magnetismus. Es wurden täglich magnetische Beobachtungen gemacht und zwar um die drei magnetischen Elemente, Declination, Inclination und Intensität festzustellen. Diese wurden mit dem Fox'schen Apparat angestellt, der ausschliesslich auf Schiffen angewendet wird. In den Häfen, welche wir besuchten, und die nicht etwa ein Observatorium hatten, wurden diese Beobachtungen ebenfalls gemacht. Um die an Bord gemachten Beobachtungen genau berechnen zu können, ist es ferner nothwendig, von Zeit zu Zeit die bei den verschiedenen Schiffskursen verschiedenen magnetischen Störungskräfte im Schiffe zu bestimmen, was durch gleichzeitige, sich gegenseitig controlirende Beobachtungen am Lande und an Bord bei Richtung der Schiffsaxe nach den 32 Compassrichtungen geschieht.

Unter fortgesetzter Beschäftigung mit den vorgeschilderten Untersuchungen erreichten wir am 15. Juli *Madeira*. Die Küste ist von einer Tausendfadenbank umgeben. Hier wurden die ersten Grundschleppungen vorgenommen, die interessante und anregende Resultate lieferten. Demnächst ging es nach den *Cap Verde-Inseln*, nachdem vorher ein gefährliches Riff, das *Leton Rock*, auf dem vor Jahren fast eine ganze englische Escadre verloren gegangen ist, näher untersucht und die geographische

Lage genauer bestimmt worden war. Auf der Bank, die den Felsen umgiebt, wurde wieder mit grossem Erfolg für die Zoologie geschleppt. Von hier wurde die Reise nach *Monrovia* im Neger-Freistaat *Liberia* genommen, dessen Cultur-Fortschritte, seit ich ihn Anfangs der 50er Jahre kennen gelernt hatte, mich freudig überraschten. Vom würdigen Präsidenten der Republik mit Auszeichnung empfangen und von den dortigen Deutschen, namentlich dem deutschen Consul, mit grosser Freundlichkeit aufgenommen, hatten wir Gelegenheit beim Empfang, wie bei einem Diner das gute Orientirtsein der farbigen Minister über europäische und deutsche Verhältnisse, sowie den ihnen eigenen hohen Grad von Beredsamkeit zu bewundern. Für werthvolle, naturwissenschaftliche Untersuchungen war die Zeit unseres Aufenthaltes zu kurz, wie ja der Zweck dieses Besuches auch nur ein handelspolitischer war.

Von hier aus sollte der *Congo-Strom* besucht werden, hauptsächlich um der deutsch-afrikanischen Expedition eine moralische Unterstützung dadurch zu gewähren, dass ein Kriegsschiff gerade in dieser Gegend, welche als Basis für jene Expedition gewählt worden war, die Flagge zeigte, sodann aber auch um im Interesse jener Expedition an der Congo-Mündung geographische Ortsbestimmung und Bestimmung der magnetischen Elemente vorzunehmen. Ich sah mich, um der ersteren Aufgabe zu genügen, veranlasst, den Congo-Strom mit der Gazelle so weit aufwärts zu gehen, als es der Tiefgang des Schiffes gestattete, nämlich bis nach Puerto da Lenha, einem 30 Meilen von der Mündung belegenen Platze, und machte von da eine Excursion weiter aufwärts. Die Excursion auf diesem mächtigen Tropenstrom war natürlich nach mancher Richtung hin von grossem Interesse, ich glaube mich aber jetzt um so eher einer Beschreibung enthalten zu können, als diese Gegenden durch die deutsch-afrikanische und andere Expeditionen ja inzwischen schon ziemlich bekannt geworden sind. Der Kurs des Schiffes von Monrovia nach dem Congo wurde theilweise der Windverhältnisse, zum grossen Theil aber der oceanischen Beobachtungen wegen nicht direct genommen. Es handelte sich hier namentlich darum, möglichst senkrecht die *Guinea-Strömung* zu durchschneiden. Die Guinea-Strömung ist bekanntlich eine Strömung, die nördlich vom Aequator quer durch den atlantischen Ocean läuft, und zwar gerade entgegengesetzt zu den nördlich und südlich von ihr befindlichen Passatströmungen und mehrfach gegen den Wind, während die letztgenannten Strömungen nur mit dem Winde fliessen und diesem zum grossen Theil ihren Ursprung verdanken. Die hier angestellten Untersuchungen ergaben Verschiedenheiten im physikalischen Verhalten der Gewässer der Guinea-Strömung gegenüber demjenigen der Passatströmungen, sowohl hinsichtlich der Temperaturverhältnisse derjenigen Wasserschichten, die der Oberfläche zunächst sind, als in Bezug auf das specifische Gewicht, wie sich dies bei der Verschiedenheit der Stromrichtungen ja kaum anders erwarten liess, obgleich die Thatsache selbst bis dahin unbekannt war. Sie wird geeignet sein, einiges Licht über die Erzeugungsursache der Guinea-Strömung zu verbreiten.

Zunächst wurde die Insel *Ascension* angelaufen, um neue Kohlenvor-
räthe aufzunehmen. Die zuvorkommende Aufnahme Seitens des englischen Militärkommandanten der Insel, der beflissen war, uns selbst alles
naturwissenschaftlich Interessante zu zeigen und zu erklären, machte den
kurzen Aufenthalt auf der kleinen vulkanischen Felsinsel zu einem sehr
angenehmen. Es wurde dann die Richtung nach dem Congo genommen,
wobei die Untersuchungen im selten besuchten Aethiopischen Meere einige
Aufschlüsse über den Ursprung der Passatströmungen versprechen. Auf der
Route von Monrovia über Ascension nach dem Congo wurde unter Anderem
auch eine ausgedehnte atlantische Bodenerhebung südlich des Aequators
constatirt. Die Wassertiefe über derselben war allerdings noch 14—1600
Faden, aber da der Ocean auf beiden Seiten über 2000 Faden tief ist, so
kann man jene Bodenerhebung doch schon bedeutend nennen. Man darf
übrigens, auch ganz abgesehen von den Lothungen aus verschiedenen
Anzeichen schliessen, dass diese Bodenerhebung einigen Umfang besitzt.
Es ist nämlich bei den Temperaturmessungen die Eigenthümlichkeit zu
Tage getreten, dass man nicht blos im Stande ist, durch das Loth die
Bodentiefe annähernd zu bestimmen, sondern dass auch die Temperatur
annähernde Schlüsse auf die Formation des Meeresbodens gestatte, namentlich in Bezug auf grosse umfangreiche Erhebungen. Es ist bekanntlich
eine alte, aber vielfach angefochtene Theorie, dass ähnlich wie im Luftmeer
auch im Ocean die kalte Strömung von den Polen nach dem Aequator
auf dem Boden strömt, und das warme Wasser auf der Oberfläche vom
Aequator nach den Polen zurück. Durch die Beobachtungen des ,,*Challenger*‘‘
und der ,,*Gaselle*‘‘ ist nun aber so viel festgestellt, dass die kalten Wasserströmungen, die am Boden des Meeres von den Polen äquatorwärts wandern,
nicht in beiden Hemisphären einen gleichen Verlauf nehmen. Der Strom,
der von dem südlichen Polarmeer kommt, geht nicht blos bis zum Aequator,
sondern überschreitet ihn dergestalt, dass schon von ungefähr 30° N. Br.
ab der Strom des südlichen Polarmeers bemerkbar ist. Nun ergaben Messungen der Bodentemperatur etwas nördlich vom Aequator im östlichen Theile
des nordatlantischen Oceans, dass das Boden-Wasser in ca. 2000 Fd. nicht
diejenige Kälte besass, die ihm als Theil des antarktischen Stromes zukam,
vielmehr eine Temperatur hatte, welche einer Tiefe von ca. 1700 Fd. entspricht. Aus diesem Umstande konnte man folgern, dass in südlicher Richtung ein Bodenhinderniss existiren müsse, welches die Wasserschichten
unter 1700 Fd. hindere, weiter nordwärts zu dringen. Man darf daher annehmen, dass die in der That von Sr. Maj. Schiff ,,*Gaselle*‘‘ nördlich der
Insel *Ascension* angelothete Bodenerhebung eine ziemliche Ausdehnung
besitzt. Weil auch weiter westlich die Boden-Temperaturen höher sind, als
sie sein müssten, ist es nicht unwahrscheinlich, dass diese Bodenerhebung
im Zusammenhang mit der Bank stehe, auf dem die *St. Paul's* Felsen liegen.
In der Umgebung dieser Felsen sind bereits früher und wiederum vom
„Challenger“ geringere Wassertiefen gefunden worden. Die Gegend beansprucht auch insofern ein Interesse, als man hier vielfach vulkanische Wir-

kungen erfahren hat. Eine grosse Anzahl Schiffe haben hier sogenannte Seebeben gehabt, Erschütterungen des Meeres, die so stark gewesen sind, dass die Schiffe geglaubt haben, sie seien auf Felsen gestossen. Es sollen sogar Schiffe dadurch verloren gegangen sein. Ich habe in dieser Gegend, obwohl ich sie schon 10 Mal passirt habe, leider nicht Gelegenheit gehabt, Beobachtungen anzustellen.

In der Nähe der Congomündung war ferner die Beobachtung von Interesse, dass die Gewässer des Congo sich in bedeutender Entfernung durch geringeres specifisches Gewicht bereits bemerklich machen. Diese Beobachtung gab Anlass zu der Feststellung, dass die Farbe des Meerwassers sich wesentlich nach dem Salzgehalt richtet; es war dies bereits früher behauptet worden, indess fehlte die Begründung durch Untersuchungen des specifischen Gewichtes, die nunmehr von Sr. Maj. Schiff „*Gazelle*" bei dieser Gelegenheit und im Laufe der Reise mehrfach gemacht wurden. Im Allgemeinen wurde dabei festgestellt, dass bei sehr grossem Salzgehalte das Meer eine tief dunkelblaue Farbe hat und sehr durchsichtig ist, dass bei geringerem specifischem Gewichte die Farbe in helleres Blau und alsdann in blaugrün übergeht; sobald man sich den Flüssen nähert, wird sie in der Regel grüngelb.

Am 7. September wurde der Congo wieder verlassen, um nach der Capstadt zu segeln.

Aus den vorhergehenden Schilderungen wird erhellen, dass wir auch der Zoologie einige Aufmerksamkeit und Arbeit zugewendet hatten. Es wirkten namentlich die Schleppungen auf dem Grunde des Meeres und die dabei zu Tage geförderten Meeresthiere in hohem Grade anregend, und wir befanden uns in der glücklichen Lage, auch sachkundige Erläuterungen dazu zu erhalten, da eines der Mitglieder der Venus-Expedition, Herr Dr. Studer, Zoologe von Fach war. Wenngleich einzelne der Aerzte und Officiere des Schiffes sich vor Antritt der Reise etwas mit zoologischen Studien beschäftigt hatten, so wurde beim Hereintreten in die Praxis doch bald klar, dass die gute Gelegenheit, die für Forschungen auf zoologischem Gebiete geboten war, nur dann von wahren Nutzen für die zoologische Wissenschaft dienen konnte, wenn die gewonnenen Objecte gleich in Fachhände übergingen. Da der genannte Gelehrte sich bereit erklärte, auch für die weitere Reise der „*Gazelle*" seine Kräfte den Zwecken der Schiffsexpedition zu widmen, so konnte ich von der Capstadt aus einen dahin gehenden Antrag stellen, der auch alsbald die höhere Genehmigung erhielt.

Auf der Tour nach der *Capstadt* wurden die Beobachtungen in vorbeschriebener Weise fortgesetzt und ebenfalls interessante Aufschlüsse über den südlichen atlantischen Ocean gewonnen, namentlich auch insofern, als später auf der Rückreise eine Parallele zu unserem jetzigen Kurse gelegt werden konnte und diese Beobachtungslinien in Verbindung mit denen des „Challenger" ein Netz von oceanischen Beobachtungen über den südatlantischen Ocean bilden, wie dies in Betreff des nordatlantischen Oceans, grossentheils durch die fleissigen Beobachtungen der englischen Corvette bereits existirte.

Nach erneuerter Ausrüstung des Schiffes in der *Capstadt* und Vergleichung und Regulirung der wissenschaftlichen Instrumente auf der dortigen Sternwarte konnten wir am 3. October die weitere Reise antreten, um zunächst Untersuchungen im Agulhas-Strom anzustellen, welcher bekanntlich aus dem Indischen Ocean kommend, um die Südspitze Afrika's herumsetzt und sehr warmes Wasser führt. Man findet dort, wo dieser warme Strom auf die kalten Gewässer dieser Gegend stösst, schroffen Temperaturwechsel, Nebel und Sturm als wahrscheinliche Folge jenes Zusammentreffens. Eine eigenthümliche Erscheinung beim Agulhas-Strom ist ferner die, dass Schichten warmen und kalten Wassers mehrfach neben einander fliessend gefunden werden, ohne sich anscheinend mit einander zu mischen. Ich glaube, die Ursache ist zum Theil darauf zurückzuführen, dass die warmen Wasserströme erheblich salzhaltiger sind als die kalten. Es gleicht sich dadurch auf der einen Seite das Gewicht des Salzgehaltes, auf der andern Seite das Gewicht, welches durch die geringere Temperatur bedingt wird, gewissermassen aus, so dass die absoluten specifischen Gewichte in dem kalten und in dem warmen Wasser sich sehr nähern; das Gleichgewicht ist also nicht wesentlich gestört und aus diesem Grunde ist keine Veranlassung zu einer raschen Ausgleichung der Temperatur durch Strömungen gegeben.

Es war beabsichtigt, die *Crozet-Inseln* anzulaufen, um einen Chronometer-Vergleich mit einer amerikanischen Venusbeobachtungs-Expedition anzustellen, welche diese Inseln als Station wählen wollte, sofern ein Landen möglich wäre. Beim Anlaufen wurde gefunden, dass die zu den Crozets gehörigen *Pinguin-Inseln* in Wirklichkeit nicht aus zwei Inseln bestehen, wie sie bisher in alle Karten eingetragen sind, sondern nur aus einer Insel. Es trat bei den Inseln aber bald so dickes und stürmisches Wetter ein, dass ohne grosse Zeitopfer es unmöglich war, mit dem wahrscheinlichen amerikanischen Stationspunkte (eine Gewissheit über die Lage desselben war nicht vorhanden) zu communiciren. In Folge dessen wurde die Reise nach *Kerguelen* fortgesetzt. Ich erfuhr später auf der amerikanischen Kerguelenstation, dass jene amerikanische Expedition auf jener Insel nicht hatte landen können und nach Australien weitergesegelt war. Schlechtes Wetter ist in dieser Gegend vorherrschend. Unter heftigen Stürmen und dickem Wetter langten wir am 21. October bei den *Kerguelen-Inseln* an. Erst am 26. konnte ich die als deutsche Beobachtungsstation erkorene kleine Bucht *Betsy-Cove* anlaufen. Die wildfelsige Küste dieser Inseln mit ihren hohen, zum Theil mit Schnee bedeckten Bergen und der ganz mangelnden Baumvegetation machte einen, wenn auch grossartigen, so doch wenig einladenden Eindruck, an dem selbst der ausnahmsweise sonnige Tag wenig zu ändern vermochte. Eingelaufen in Betsy Cove wurde das Interesse aber gleich angeregt durch zwei am Strande schlummernde Robben: einen See-Elephanten und einen See-Leoparden, von denen der erstere verwundet entkam, der letztere erlegt wurde und sich gegenwärtig im hiesigen zoologischen Museum befindet.

Der *Kerguelen-Gruppe* ist ihrer Unwirthlichkeit und Unproductivität wegen bis vor Kurzem wenig Beachtung geschenkt worden; da ihr aber nach ihrer Wahl als astronomische Beobachtungsstation etwas mehr Interesse zugewendet sein dürfte, will ich mir gestatten, einige wenige Bemerkungen darüber zu machen. Die Inselgruppe hat ca. 60 Seemeilen Durchmesser nach der Breite, und ungefähr ebensoviel nach der Länge; sie besteht aus der Haupt-Insel, vielen kleineren Inseln und einer grossen Anzahl von Inselchen, Felsen und blinden Klippen. Die ganze Gruppe ist ungewöhnlich bergig und ganz vulkanischen Ursprungs. Es existirt auf ihr kaum eine einzige Ebene ausser der die Südspitze bildenden Halbinsel, welche eine weisse Steinebene ist. Die Thäler sind sämmtlich schluchtartig, von Gebirgswassern, die von allen Seiten an den Bergabhängen hinabstürzen, fast ausgefüllt, sofern sie nicht Gletschern als Bette dienen. Die Küsten der Gruppe sind ungemein entwickelt ähnlich den norwegischen Fjorden. Obwohl die Inselgruppe von Forschern, wie Cook und Sir James Ross besucht worden ist, war doch ein grosser Theil der Küsten und fast das ganze Innere unbekannt geblieben, weil diese berühmten englischen Entdecker sich fast ausschliesslich in einzelnen Theilen, namentlich im Norden bei Christmas-Harbour aufgehalten hatten. Was die naturwissenschaftlichen Verhältnisse der Gruppe anbetrifft, so war davon am Besten die Flora nach der ausgezeichneten Beschreibung eines der Mitglieder der Ross'schen Expedition Dr. Hooker bekannt geworden, denn wenn dieser ebenfalls auch nur vorzugsweise im Norden hatte beobachten können, so ist doch die Flora fast über die ganze Gruppe eine und dieselbe. Einige wenige neue Species sind allerdings auch vom Stabsarzte der *„Gazelle"* Herrn Dr. Naumann, auf der Insel gefunden und gesammelt worden, wie ein Gleiches Seitens des Herrn Dr. Studer, bezüglich der Fauna, stattfand. Die Unbekanntschaft mit den Verhältnissen der Insel und die Mehrzahl ihrer ausgezeichneten Häfen war der Grund, dass für die deutsche astronomische Expedition die kleine Betsy Cove, welche durch amerikanische Robbenschläger und Walfischfänger bekannter geworden war, als Platz zur Etablirung der deutschen astronomischen Station ausgewählt worden war. Es kam hinzu, dass der Challenger 1873 Auftrag erhalten hatte, die Kerguelen und Macdonald-Inseln anzulaufen, um über die Geeignetheit der in Aussicht genommenen astronomischen Stationen, nämlich Christmas-Harbour für eine englische, Royal Sund im Süden der Insel für eine amerikanische und Betsy Cove für eine deutsche zu berichten. Sein Bericht, der kurz vor Abgang der Gazelle eintraf, sprach sich in Bezug auf die atmosphärischen Verhältnisse günstig für Royal Sund und die Gegend von Accessible Bay (von der Betsy Cove ein Nebenarm ist) aus, und das glückliche Gelingen der Beobachtung des Venus-Durchganges hat ja auch diese Ansichten bestätigt. Die Vermessungen, welche diese Corvette bei dieser Gelegenheit an der Süd- und S.O.-Seite von Kerguelen ausführte, kamen uns beim Aufsuchen der Betsy Cove und später des Royal Sunds sehr zu Statten. Die ganze Westküste und der ganze mittlere Theil der Ostküste der Insel war aber noch ziemlich unbekannt geblieben, da die existirenden Karten davon hauptsächlich nach Angaben von Robbenschlägern gemacht waren und oft kaum eine schwache Aehnlichkeit mit den wirklichen Verhältnissen hatten. Wenngleich nun Betsy Cove ein für einen mehrmonatlichen Aufenthalt nicht gerade sehr geeigneter Hafen war, wurde doch gleich beschlossen, die Station hier zu etabliren, weil es an Zeit gebrach, einen ebensowohl in Bezug auf die atmosphärischen Verhältnisse, wie in Bezug auf die Eigenschaften als Hafen gleich geeigneten Platz ausfindig zu machen. Es wurde daher schon am Tage unserer Ankunft das Terrain, welches sich am besten zur Errichtung von Wohnhäusern und Observatorien eignete, ausgewählt, und zwar ein nach der Bucht abfallender Hügel, und die Tage darauf wurde sofort begonnen das Terrain einzuebnen, die Fundamente zu legen und die Bauten aufzuführen. Sobald die Aufstellung des Wohnhauses ganz, und die anderen Bauten nahezu beendet waren — es waren in Summa 11 verschiedene Baulichkeiten aufzuführen, was mehrere Wochen in Anspruch nahm — wurde mit einer kleinen Feierlichkeit unter Aufhissen der deutschen Flagge auf dem stattlichen Wohnhause, die Station den Astronomen übergeben, und die Herren schifften sich auch alsbald aus. Die Gazelle war damit für eine gewisse Zeit vom Aufenthalt in der beschränkten Betsy Cove entbunden; es lag uns zunächst aber noch ob, sogenannte Chronometer-Reisen zu machen. Es war nämlich nothwendig, die verschiedenen, für denselben Zweck arbeitenden astronomischen Stationen der Insel zum Vergleich von Ortsbestimmungen etc. mit einander in Verbindung zu setzen. Infolge dessen ging ich bald nach Royal Sund, um die amerikanische Station aufzusuchen, von der ich erfuhren hatte, dass sie in diesem inselreichen Sunde etablirt sein sollte. Wir fanden auf den uns bezeichneten Inseln nichts von der Station, aber zufällig in einer verlassenen Robbenschläger-Hütte ein Blatt Papier angenagelt, auf dem bemerkt war, dass die amerikanische Station sich in einem anderen Theile dieses grossen Sundes befände. Dort angekommen erfuhr ich, dass auch die englische Station, die eigentlich in Christmas-Harbour in Aussicht genommen war, im Royal-Sund etablirt war, wodurch somit Gelegenheit gegeben wurde, ohne grössere Reise auch mit dieser in Verbindung zu treten. Nach Rückkehr von dieser Fahrt fingen wir an, den mittleren Theil der Insel zu untersuchen. Vermessungen gingen hier mit einigen Explorationszügen in das unwirthliche, noch nie besuchte Innere Hand in Hand. Es bot sich dabei zum ersten Male einem deutschen Schiffe Gelegenheit, deutsche Benennungen für die vermessenen und in die Karten niedergelegten Landestheile in Anwendung zu bringen.*) Es ist nämlich üblich, und für die geographische und hydrographische Beschreibung sogar unerlässlich, den zu beschreibenden Objecten Namen zu

---

*) S. Karte der Kerguelen-Inseln in der Zeitschrift der Ges. f. Erdk. Bd. XI, 1876, Heft 1.

ertheilen, wenn sie auch nicht neu entdeckt worden sind. Unsererseits wurden aber hier, wie später mehrfach Baien, Häfen, Inseln, Wasserbecken, Gletscher u. s. w. aufgefunden, die bis dahin noch völlig unbekannt waren.

Geographische Notizen.

Briefe des Herrn Dr. Oskar Lenz an den Vorstand der deutschen afrikanischen Gesellschaft.*)

I.

Aufenthalt im Asimbagebiet.

Okande Land, Mitte Februar 1876.

Mein letztes Schreiben, dem eine kleine Karte mit dem Lauf des *Ogowe*, wie er mir von Osheba- und Adamalenten mitgetheilt wurde, beigegeben war, ist durch die Iningaleute nach den Factoreien befördert worden, eine etwas unsichere Gelegenheit, so dass es zweifelhaft ist, ob Sie diese Briefsendung erhalten haben.**) Ich hatte darin über die Treulosigkeit der Okande berichtet, die, nachdem sie mich fast drei Monate mit den Vorbereitungen zu der beabsichtigten Oshebofahrt hingehalten hatten, bereits bei der Mündung des Ofuo den Muth zur Weiterfahrt verloren und mich trotz aller Bitten und Drohungen sämmtlich verliessen.

Es waren hierfür verschiedene Gründe massgebend; einmal war es wirkliche Furcht vor den Osheba, da sich die Leute von Mbombi von der Reise ausgeschlossen hatten, und sich die Leute aus den Districten Lope und Aschuka allein zu schwach fühlten, obgleich wir in sieben grossen Canoes weit über 100 Mann stark waren. Dann aber hatte man durch Renoki von der beabsichtigten grossen französischen Expedition gehört, und man wollte mich bis zu deren Ankunft hinhalten, um nicht zweimal die Reise unternehmen zu müssen. Schliesslich spielte noch die Eifersucht der Lope- und Aschukaleute unter sich eine Rolle: die von Lope behaupteten, der weisse Mann gehöre ihnen allein, sie würden ihn schützen etc. Dieser Wunsch aber, allein für mich sorgen zu wollen, entsprang einem sehr niedrigen Motiv, wie ich später durch einige Schwätzer positiv erfahren habe: bei dem zu erwartenden Ueberfall durch die Osheba wollten

---

*) Vgl. Correspondenzblatt der Afrikanischen Gesellschaft No. 9 pag. 151-157, No. 14 u. 15 pag. 231-257 (Zeitschrift der Gesellsch. f. Erdk. zu Berlin Bd. X. Heft 3 u. 4 pag. 236-265), No. 16 pag. 282 bis 288. (Verhandl. der Ges. f. Erdk. 1875 pag. 249-254.

**) S. Correspondenzblatt etc. pag. 286., Brief von Herrn Dr. Lenz d. d. Asimba-Land, September 1875.

sich bei der darauf folgenden Verwirrung, etwaigem Umwerfen des Canoes die Lopemänner allein bei der Rettung, d. i. Plünderung, betheiligen, ohne den Aschukaleuten etwas zukommen zu lassen. So habe ich durch die Feigheit, Eifersucht und Habsucht der hiesigen Bevölkerung eine Menge Zeit verloren; indessen lasse ich mich dadurch nicht abschrecken und ich hoffe dennoch, meinen Plan durchzusetzen.

Nachdem dieser erste Versuch, nach dem *Oshebolande* zu kommen, vereitelt war, beschloss ich, den *Ofuefluss* hinaufzugehen, in das Gebiet der *Asimba*, einmal in der Hoffnung, mit diesem Volke das von den Osheba besetzte Gebiet abzuschneiden und so weiter oberhalb den Ogowe wieder zu erreichen, oder, falls auch dies nicht möglich sein sollte, die Zeit bis die Okandeleute bereit zur Reise sind, in einem neuen Terrain zuzubringen. Die Okande widersetzten sich zwar auf's Heftigste diesem; sie verlangten, ich solle in ihrem Lande und zwar speciell in Lope wohnen, sie verweigerten mir Träger und Canoes, aber trotzdem erreichte ich was ich wollte.

Der *Ofue* besitzt, wie der Ogowe, an seiner Mündung bis eine gute Tagereise aufwärts, eine Reihe der gefährlichsten Stromschnellen und Katarakte, so dass es ganz unmöglich ist, mit einem beladenen Canoe in den Ofue vom Ogowe aus einzudringen; ich musste also das ganze Gepäck zu Lande weiter befördern lassen, was mit meinen paar Leuten eine ungemein schwierige und viel Zeit in Anspruch nehmende Aufgabe war. Die Okande verweigerten jede Hülfe, trotzdem ich gute Bezahlung bot; wenn auch einzelne bereit waren, so hatte es doch Buaja, der mächtigste Okandechef, verboten, der die Uebertreter dieses Verbotes mit Hülfe seiner Oganga (Medizinmänner) unfehlbar tödten würde.

Nachdem mir in mehreren Dörfern der Aufenthalt versagt worden war, konnte ich mich endlich in dem Aschukadorf *Ngobo* niederlassen, von wo man in einem guten Tagemarsch die Asimbadörfer erreicht. Es liegt diess Dorf auf der Höhe, nur eine kleine halbe Stunde vom Ofue entfernt, der hier anfängt, fahrbar zu werden. Aber der Aufenthalt war auch Alles, was mir gestattet wurde, ich erhielt weder Träger noch ein Canoe. Auf vieles Zureden liess sich endlich ein mir befreundeter benachbarter Okandechef bewegen, mir ein Canoe zu verkaufen; derselbe, kein geborner Okande, ist als Sklave hierher gekommen, geniesst jetzt aber grosses Ansehen; er stammt weit her, aus dem Atekeland, und ihm verdanke ich auch eine Reihe interessanter Berichte über die Völker flussaufwärts; seine Erzählungen machen einen durchaus glaubwürdigen Eindruck. Nachdem das Canoe mit ungeheurer Mühe bis in die Nähe von Ngobo gebracht worden war, wurde es mir in einer regnerischen Nacht gestohlen, natürlich von Okandeleuten, ich weiss bis heute noch nicht, wohin es gekommen ist.

Ich musste also, um weiter zu kommen, wieder die Landreise antreten, was ja auch ganz gut gegangen wäre, wenn ich nur Leute gehabt hätte. So aber brauchte ich beispielsweise, um von Ngobo bis zu einem kleinen Akelle (Mbangwe-) Dorfe zwischen Ashuka und Asimba zu kommen, drei volle Tage, während die Entfernung nicht mehr als zwei Stunden beträgt! Aber viel Gepäck, wenig Leute und durchaus gebirgiges Terrain macht das Vorwärtskommen schwierig.

Ich blieb einige Zeit in dem erwähnten Mbangwedorfe, wo ein ziemlich lebhafter Verkehr mit den auf der gegenüberliegenden Seite des Flusses liegenden Oshebadörfern besteht und parlamentirte von hier aus mit den Asimba, zunächst wegen des Ankaufs von Canoes. Es gelang mir auch in kurzer Zeit, ein solches zu erhalten, aber eines schönen Tages war auch dieses verschwunden. Wie ich später erfahren, haben Okandeleute mit Hülfe der Akelle auch dieses Canoe gestohlen! Es musste also ein neues geschafft werden. Fast täglich machte ich den beschwerlichen Marsch zu dem Asimbakönig Ngoë, der mir schliesslich auch ein sehr grosses schönes Canoe überliess; ein zweiter Asimbachef gab mir, trotz des Verbotes der Okandeleute, einige Leute und so fuhr ich denn den Ofuefluss hinauf, bis ich am 20. October vorigen Jahres eine Stelle zwischen zwei grösseren Asimbadörfern erreichte, wo ich dicht am Ufer eine Station errichtete, um hier einige Zeit zu bleiben. Ich wollte ursprünglich in einem Dorfe bleiben, aber einmal sind dieselben zu weit vom Fluss entfernt auf der Höhe der Berge, andererseits sahen es die Asimbaleute nicht einmal gern. Die Okande hatten auch hier allerhand schlimme Gerüchte über mich verbreitet, ich sei überhaupt gar kein Mensch, sondern ein schlimmes Wesen und bringe ihnen nur Unglück u. s. w. Bei den abergläubischen Asimba war dies natürlich auf fruchtbaren Boden gefallen und ich wurde mit äusserstem Misstrauen betrachtet.

Der *Ofue* ist einer der grösseren Nebenflüsse des Ogowe und kommt parallel mit dem Rhembo Ngunie (und dem Lolo) fliessend aus Süden, oder richtiger SSW. An der Mündung gegen 350 Fuss breit, im Mittellauf zwischen 200 und 250 Fuss, besitzt er für diese geringe Breite eine verhältnissmässig bedeutende Tiefe und in Folge dessen ein ungemein stark fliessendes Gewässer. Mittel- und Unterlauf sind trotzdem schiffbar, wenn die Anwohner ihre Fahrten auch nur während der trocknen Zeit und des niedrigen Wasserstandes machen, wo zwar die Strömung weniger heftig ist, durch das Hervortreten von Felsen aber stellenweise eine Reihe mühsam zu passirender Schnellen entstehen. Seine schwach ansteigenden Ufer sind dicht bewaldet; nach Passirung dieser Streifen von Urwald erreicht man die freien nur mit Gras bewachsenen Höhen, auf denen die Dörfer errichtet sind: am rechten Ufer *Oshebadörfer*, gegenüber diejenigen der *Asimba* und in der Nähe der Mündung die der *Ashuka-Okande*. Von dem Asimbagebiet 5—6 Tage flussaufwärts folgen am rechten Ufer die *Okona*, von den Osheba durch einen mehre Tagereisen breiten unbewohnten Strich Landes getrennt, während am linken Ufer *Mbangwe* (*Akelle*) wohnen, die sich vom Rhembo Ngunie bis an den Ofue herüberziehen. Die Dörfer aller dieser Stämme liegen nicht dicht am Fluss, sondern etwas mehr landeinwärts, die der Asimba und Osheba ungefähr eine Stunde weit entfernt vom Ufer, die der Okona und Mbangwe eine Tagereise.

Die *Asimba* sind ein kleines, unbedeutendes, von den Okande völlig
abhängiges und von diesen fast als Sklaven betrachtetes Volk, das in vier
Ortschaften wohnt: *Mahonge*, König *Ngoë Abema*; *Ngonde*, König *Ma-
hole*; *Abongambele*, König *Aponge* und *Njaja*, König *Mondonge*. Die drei
letztgenannten Dörfer sind klein, von kaum mehr als 20—30 Häusern,
Mahonge ist dagegen für hiesige Verhältnisse gross, enthält 60—70 Häuser
und König Ngoë gilt auch als der mächtigste. Ein Dorf mit so viel Häusern erregt hier Aufsehen, da es hier Sitte ist, in vielen kleinen Dörfern
von 10—12 Häusern zu leben, gewissermassen familienweise. Innerhalb
des Asimbagebietes befindet sich auch eine kleine Abongoniederlassung,
nur aus 6 elenden Hütten mit einigen zwanzig Bewohnern bestehend. Wie
überall in dem Gebiet zwischen Rhembo Ngunie, Ofue und Ogowe haben
sich auch hier *Akelle* eingedrängt, die hier den Namen *Mbangwe* führen,
und auch zwischen den Asimba sind zwei Mbangwedörfer. Obgleich
numerisch nicht bedeutend, spielen die Mbangwe doch in dem Leben und
Treiben der Ogowe-Bevölkerung keine unwichtige Rolle; sie sind kriegerisch, lieben die Jagd, und obgleich sich die Okande etc. als höher orga-
nisirt betrachten und die Akelle als Buschmänner von oben herab ansehen,
so haben sie doch schliesslich vor ihnen gewaltigen Respect und vermeiden
jede Gelegenheit, es mit ihnen zu verderben.

Als einen neuen Beweis für das Vordringen der *Osheba* (*M'pangwe*)
muss man es ansehen, dass dieselben seit einigen Wochen ein kleines Dorf
am linken Ufer des Ofue gegründet, also diesen Fluss überschritten haben.
Es ist dies von grosser Wichtigkeit; betrachtet man das Verbreitungsgebiet
der Mpangwe, wie ich es auf der der letzten Briefsendung beigegebenen
Karte dargestellt habe, so findet man, dass sich dieselben von Ashuka an
flusswärts stets am rechten Ufer gehalten haben; diese Grenze ist jetzt
überschritten, wenn auch zunächst nur durch einige wenige Individuen,
bald aber werden mehr folgen, was für die Asimba und Okande von ernsten
Folgen sein kann.

Die Sprache der *Asimba* kann wohl nur als ein Okandedialekt angesehen werden, wie denn ihre ganze Lebensweise, ihre Sitten und Gebräuche
im Allgemeinen mit denen der *Okande* identisch sind. Die Mehrzahl der
Asimbafrauen haben bereits jene charakteristische Haartracht der Okande-
weiber angenommen, die in einem gewaltigen dreigetheilten Toupé besteht,
die drei einzelnen Wülste durch breite Farbenstreifen (roth oder gelb) getrennt. Man findet aber unter den Asimbafrauen auch noch die ursprüng-
liche Frisur: das heisst, sie lassen der Natur freien Lauf und drehen das
Haar nur an beiden Seiten des Kopfes in je zwei 2—3 Zoll lange, horizontal seitwärts abstehende Zöpfe, was einen höchst sonderbaren Anblick
gewährt. Aehnlich den Akellefrauen lieben die Asimbaweiber das Rauchen,
und zwar nicht bloss Tabak, sondern auch Ljamba, den indischen Hanf.
Den Tabak pflegt man hier aus Thonpfeifen mit langem Rohr zu rauchen,
wie bei den Okota, Apingi und Okande; den Ljamba, gewöhnlich mit etwas
Tabak gemischt, raucht man aus sehr kleinen Thonpfeifen mit einem 6 bis

7 Fuss langen Rohr, und zwar in der Weise, dass man nur einige Züge thut und dann die Pfeife im Kreise herumreicht. Einige Züge Ljamba sind für die hiesige Bevölkerung die grösste Erquickung nach angestrengter Arbeit.

Mein Aufenthalt im Asimbagebiet verlängerte sich unfreiwillig auf drei Monate und wurde mir durch allerhand Aergernisse, Enttäuschungen, Krankheit u. s. w. recht verbittert. Die Asimba hatten mir auf's Feierlichste versprochen, mich den Ofuefluss bis zu den Okona zu begleiten, von wo ich dann mit Leichtigkeit die am Lolo wohnenden Opove, von da die Nshavi und mit diesen den Ogowe erreichen konnte, aber wieder waren es die Okande, die Alles vereitelten. Ein Befehl von Buaja war hinreichend, um die Okona einzuschüchtern, so dass ich beständig nur mit leeren Versprechungen hingehalten wurde. Die Asimba erklärten schliesslich, sie fürchteten die Zauberei der Okande zu sehr, sie könnten nur auf ausdrücklichen Wunsch Buajas mit mir die Reise unternehmen. Auf meine wiederholte Aufforderung an Buaja, dies zu thun, erwiederte er einfach, er könne nicht beständig hin und her laufen für nichts, die Asimba seien Lügner u. s. w.; dasselbe sagten dann freilich die Asimba von Buaja, und ich sass inmitten dieser Sippschaft und konnte weder vor- noch rückwärts. Auch die Versuche, die Mbangwe als Träger zu miethen, um die Okona auf dem Landwege zu erreichen, schlugen fehl, indem die Okande den Mbangwe wer weiss was von mir erzählt hatten, so dass die letzteren allerhand Ausflüchte erfanden. Die Okande hatten es sich einmal in den Kopf gesetzt, mich in ihrem Lande zu haben und auch nach Oshebo zu bringen, nur sollte ich warten, bis für sie die rechte Zeit komme. Während dieser Verhandlungen war die kleine Regenzeit herangekommen, ich musste froh sein, unter Dach und Fach zu sein, denn fast jede Nacht hatten wir ein furchtbares Gewitter. Diese Tropengewitter sind wirklich etwas Grossartiges; ganz unglaubliche Wassermassen stürzen herab, so dass die Flüsse und Bäche in wenig Stunden bedeutend anschwellen und der Erdboden beständig wie ein feuchter Schwamm ist. Kein Wunder, wenn da Fieber eintreten.

Glücklicherweise war an dem Platze, wo ich mich häuslich eingerichtet hatte, kein Mangel an Nahrung; die Asimba und Mbangwe brachten täglich Mengen von Bananen, Maniok, Erdnüssen, Ananas und anderen Früchten; Fische kamen seltener, der Ofue enthält deren zwar, aber das reissende Wasser macht das Fischen schwierig; frisches oder getrocknetes Fleisch der wilden Rinder kam häufig, auch Antilopen wurden öfters erlegt, die grösste Delikatesse aber war für mich Wildschwein, das ich frisch, gesalzen oder geräuchert genoss. Die am anderen Ufer wohnenden Osheba kamen nicht selten zu den Asimba und zu mir, sie brachten gewöhnlich getrocknetes Fleisch, und zwar besonders Stachelschweine, Affen und eine grosse Buschratte, welche Artikel sie bei den Asimba eintauschten gegen Erdnüsse und grosse thönerne Kochtöpfe, welche die Frauen der letzteren ähnlich wie im Okandeland recht geschickt zu verfertigen wissen.

Von Hausthieren werden hier, wie überall, Schafe, Ziegen und Hühner gehalten, letztere in grossen Mengen, so dass dieselben meine tägliche Nahrung waren; weiter flussaufwärts bei den Okona, Oshebo (nicht zu verwechseln mit den Osheba oder M'pangwe), Nschavi u. s. w. finden sich auch Schweine als Hausthiere. Hunde giebt es hier gleichfalls, es ist die bekannte langohrige, kleine, gelb und weiss gefärbte, glatthaarige Raçe; die Osheba betrachten dieselben als grossen Leckerbissen.

Wie bei allen hier wohnenden Volksstämmen ist auch bei den *Okona* der Sklavenhandel die einzige Beschäftigung, nie sieht man Gummi, selten einmal einen Elephantenzahn, den sie von den Osheba oder M'pangwe eingehandelt haben, und zwar sind es die *Okona*, welche ihren Bedarf decken. Die *Okona* wohnen, wie schon erwähnt, 5—6 Tage flussaufwärts zwischen dem Ofue und dem Lolo; sie sind nur ein Zweig, und zwar der grössere und stärkere der Asimba, beide Stämme verhalten sich zu einander, wie Ininga und Galloa. Es waren während meines Aufenthalts im Asimbagebiet einige Okonaleute anwesend, dieselben erzählten mir viel von ihren grossen Dörfern und deren zahlreicher Bevölkerung; auch viele Abongo wohnen dort, wie auch bei den nur zwei Tagereisen entfernten Nshavi, mit denen die Okona Handel treiben. Es sind dies dieselben Abongo (Akkoa), von denen Du Chaillu spricht.

Wie ich schon erwähnte, ist das Gebiet der Asimba ebenso wie der Ashukudistrikt im Okandoland durchaus gebirgig, wenn auch die Berge nicht hoch sind; die Dörfer liegen meist sehr hübsch auf den mit Gras bewachsenen Höhen, so dass man einen weiten Ueberblick über die Gegend geniesst. Es geschah dies jedenfalls, um vor einem unverhofften Ueberfall der Osheba gesichert zu sein; denn trotzdem ein Verkehr zwischen beiden Völkern besteht, so betrachtet man sich doch immer mit Misstrauen.

Nachdem ich so mehrere Monate im Asimbagebiet verbracht und ich erkannt, dass auf dieses Volk nicht zu rechnen sei, musste schliesslich etwas geschehen. Fast täglich kamen Okandeleute mit der Nachricht, eine Anzahl weisser Leute sei im Anzuge, ich möge zurückkommen, denn sie seien nun bereit, mit mir nach Oshebo zu gehen. Es blieb mir nichts übrig; vorher aber machte ich noch einen verzweifelten Versuch. Durch Versprechungen und Drohungen brachte ich meine Leute so weit, das Canoe zu laden, ich wollte allein losgehen. Ich hatte nur noch 7 Mann, davon einer schwer krank, drei hatten mich, nachdem sie mich schmählich hintergangen und bestohlen, verlassen; den ersten Tag legten wir mit ungeheurer Mühe eine Strecke zurück; am zweiten Tage kamen wir an eine Stromschnelle, welche die paar Mann mit dem 17 Meter langen, entsprechend breiten und voll geladenen Canoe schlechterdings nicht passiren konnten. Ich musste also diesen Versuch aufgeben, mich wiederum den Okande auf Treu und Glauben übergeben und den Ofue verlassen. Es wurde dieser Entschluss allgemein freudig begrüsst, alle Welt versicherte mich, dass man mich diesmal ganz gewiss nach Oshebo bringen werde, denn sie, die Okande, müssten diesmal hinauf; Renoki mit den Ininga, sowie auch viele Galloa, seien im Anzuge, von beiden Stämmen aber haben die Okande Kredit zum Ankauf von Sklaven erhalten, diese müssten sie jetzt von den Oshebo holen. Das Ganze hat allerdings viel Wahrscheinlichkeit für sich, die Okande betragen sich jetzt sehr liebenswürdig gegen mich und ich gebe die Hoffnung durchaus nicht auf, das ersehnte Ziel zu erreichen.

Unterdess sind vor einigen Tagen die französischen Reisenden mit zahlreichen Galloa, Ininga, Okota und Apingi und einem umfangreichen Gepäck hier angekommen. Es sind dies der Graf de Brazza und Mr. A. Marche, der bereits mit dem Marquis de Compiègne Januar bis März 1874 hier war; zwei weitere Mitglieder der Expedition harren in dem Akelledorf Samiqniita der Beförderung nach Okande. Ob diese Herren schon in der nächsten Zeit weiter flussaufwärts wollen oder nicht, weiss ich nicht, es hängt zunächst von dem Eintreffen der Zurückgebliebenen ab, und es wird dies Schwierigkeiten machen, da Differenzen zwischen ihnen und den Galloa, Ininga u. s. w. ausgebrochen sind; die Okota und Apingi haben plötzlich in der Nacht Lope verlassen, ohne die angebotene Bezahlung anzunehmen, Galloa und Ininga drohen dasselbe zu thun.

Täglich höre ich hier die ernsteste Versicherung, dass die Okande bereit seien, mit mir nach Oshebo zu gehen, wir würden bald aufbrechen und sie könnten nicht warten, bis die Neuangekommenen fertig seien. Ich muss eben warten, ob man mich wieder belügt oder nicht; meine Hoffnungen sind wieder etwas gestiegen, es wäre ja zu traurig, wenn ich wieder zurückkehren müsste, ohne das Oshebo- und Adumagebiet betreten zu haben.

II.
Einiges über Oganga, Zauberei etc. der Ogowebewohner.

Okande, Mitte Februar 1876.

Wenn ich im Nachstehenden Einiges über die hier herrschenden abergläubischen Ansichten und Gebräuche, über Zauber- und Hexenunwesen berichte, so soll dies zunächst nur eine Reihe systemlos nebeinander gestellter Beobachtungen und Erkundigungen sein, ohne deren ursächlichen Zusammenhang unter sich oder ihre Beziehungen zu den Gebräuchen anderer, besonders der südlich wohnenden Nationen zu untersuchen. Denn nach Allem scheint es mir, dass man in dem in den Ogowe-Ländern verbreiteten Oganga- und Medizinmänner-Wesen die Anfänge (oder Ueberreste) des in den Congo-Ländern so intensiv und mannigfaltig entwickelten Fetischismus zu suchen hat; und wie man schliesslich eine Menge der an der Westküste verbreiteten, scheinbar sehr verschiedenen Sprachen und Dialekte auf gleiche Wurzeln zurückführen kann, ebenso lässt sich der gemeinsame Ursprung und die Zusammengehörigkeit vieler oft weit von einander wohnenden Volksstämme aus der Gleichheit oder Aehnlichkeit ihrer religiösen oder abergläubischen Gebräuche und Ansichten erkennen.

Was zunächst die figürliche Darstellung der Agatho- oder Kakodämonen betrifft, die in den Congo-Ländern so allgemein ist, so trifft man dieselbe hier selten. In den Dörfern der am Cap Lopez wohnenden Orunga fand ich derartige Götterbilder; an den beiden offenen entgegengesetzten Seiten des Dorfes waren je zwei, circa ein Meter lange und entsprechend dicke Pfosten eingeschlagen, deren oberes Ende in roher Weise zu einem menschlichen Gesicht geschnitzt worden war, verziert mit schwarzen und rothen Farben. Dieselben haben die Aufgabe, alle bösen und gefährlichen Wesen vom Dorfe abzuhalten. Auch bei den Ncomi (Kamma-) Leuten finden sich derartige Idole, dagegen habe ich dieselben weder bei den Okande-Stämmen (Okota, Apingi, Okande, Asimba) noch bei den Akelle und M'pangwe beobachtet.

Die Kakodämonen, welche des Nachts ihr Wesen treiben und besonders den Weibern gefährlich sind, werden mit den Namen Njamba und Nschaugo bezeichnet. Die Person, welche von ihnen heimgesucht wird, stirbt unfehlbar einige Tage nach dem Besuch. — Bei grossen Tänzen, in denen der Teufel durch eine Person dargestellt wird, sind die Gruppen der Weiber und Männer durch ein ausgespanntes Seil getrennt, welches mit grünen Blättern behangen ist. Dasselbe giebt die Grenze an, innerhalb deren die Weiber sich zu halten haben; überschreiten sie dieselbe, so dass sie vom Teufel erfasst werden können, so stirbt die betreffende Person gleichfalls kurz darauf. Diese Sitte ist sehr verbreitet, ich traf dieselbe von Gabun bis Okande, selbst bei den Akelle.

Bei allen von mir besuchten Völkern fand ich Ausdrücke für Betheuerungen, eine Art Schwur, die im Anrufen eines Dämonen, begleitet von einer eigenthümlichen Handbewegung, bestehen. Die Galloa und Ininga rufen Jazy, die Okota, Apingi und Okande Mangongo, wenn sie eine Aussage bekräftigen wollen; die Akelle (Mbangwe), Asimba, Abongo haben den Ausdruck Mangongo angenommen. Bei diesen Beschwörungen wird mit der rechten Hand der linke Arm von der Schulter abwärts bestrichen.

Es mögen diese Anrufungen eines Dämonen ursprünglich einen grösseren Werth gehabt haben als jetzt, denn bei jeder Gelegenheit hört man hier Jazy und Mangongo rufen, ähnlich wie bei uns der Ausdruck „bei Gott" auch nicht mehr als ein feierlicher Schwur, sondern als eine gewöhnliche Redensart zu betrachten ist, bei der man sich nichts weiter denkt. Den Weibern ist es auf's Strengste verboten, sich einer der genannten Ausdrücke zu bedienen.

Für das Wort und den Begriff „Gott" giebt es einen Ausdruck, Ndschambe bei den M'pangwestämmen, Anambje bei den Okandebewohnern, was sich die Leute aber darunter denken, weiss ich nicht. Bei einem der vielen Besprechungen und Palavern, die ich mit dem Okandekönig Buaja hatte, fing derselbe seine Rede in folgender Weise an: „Als Gott die Okande schuf, gab er ihnen den Ogowefluss zu beherrschen, und

als Gott die Asimba schuf, gab er ihnen den Ofuefluss. Es geht also
nicht, dass Okandeleute den Ofue befahren, um Handel zu treiben oder
Dich, den weissen Mann, zu begleiten."

Ndschambe und Anambje ist offenbar dasselbe Wort; es rührt von
den M'pangweleuten her, die in ihrer Sprache einen Ausdruck für das von
den Missionaren so oft gebrauchte Wort „Gott" haben wollten. — Beim
Eintritt gewisser Naturerscheinungen hat man verschiedene Gebräuche.
Wenn ein starkes Gewitter drohte, so nahm der alte blinde Iningakönig
Renoki seine Zauberglocke, schwang dieselbe gegen die Wolken und be-
schwor dasselbe: „Ningo mpolo, ningo mpolo (grosses Wasser, grosses
Wasser) bringe den Iningaleuten keinen Schaden, auch dem weissen Mann
nicht und seinen Begleitern, den M'pangwe und Gorre; grosses Wasser,
grosses Wasser!" — In Gabun finden beim Eintritt der Regenzeit allgemeine Waschungen statt. Die Weiber und Kinder ziehen schaarenweise
unter Singen und Tanzen an den Fluss, um zu baden; wer sich nicht bei
diesen öffentlichen Prozessionen betheiligen will, bestreut sich in seiner
Hütte mit Sand. Was die erwähnte Zauberglocke betrifft, so findet sich
dieselbe überall. Sie besteht aus einem einen Fuss langen eisernen Hand-
griff, an dem eine kleine Glocke befestigt ist, die einen Ton giebt, ähnlich
demjenigen, wie ihn die Kuhglocken in den Alpen haben. Die Akelle
und M'pangwe, welche sich mit Eisenarbeit beschäftigen, sind die Verfertiger
dieser Glocken. Ihre Anwendung erfolgt bei jeder feierlichen Gelegenheit;
sie dient vornemlich dazu, die schlimmen Geister aller Art durch ihren Ton
zu verscheuchen. Diese Glocken werden sorgfältig aufbewahrt und vererben
sich nicht selten von einem König oder Medizinmann auf den anderen.

Eine recht merkwürdige Sitte fand ich bei den Okandeleuten, die selbst
meinen Begleitern neu war und denselben grosses Vergnügen bereitete,
Ich wohnte einige Wochen in dem Ashukadorf Ngobo; hier producirte
sich täglich ein vom Teufel Besessener in folgender Weise. Der Betreffende
sass den grössten Theil des Tages in oder vor seiner Hütte und sprach
und handelte wie jeder vernünftige Mensch. Plötzlich, gewöhnlich gegen
Abend, springt er auf, rennt wie toll im Dorfe herum, wobei er ein un-
heimlich klingendes Gebrüll erhebt, und wendet sich dann dem nahge-
legenen Walde zu, immer in einem so schnellen Lauf, als nur irgend möglich. Im Walde reisst er dann mit den Händen einen Baum sammt den
Wurzeln aus der Erde, unter der grössten Anstrengung, denn er darf sich
keines Werkzeuges bedienen; er nimmt dann den Baum auf die Schulter
und rennt damit zum Dorfe zurück, so schnell als es eben mit dieser Last
möglich ist, wobei er beständig jenes schauerliche Geheul ausstösst. Bei
seiner Ankunft flüchten Weiber und Kinder in die Hütten und schliessen
dieselben; die Männer kümmern sich nicht um ihn. Ist er bei einer bestimmten Hütte angelangt, so versucht er es, immer den schweren Baum
auf der Schulter, in die geschlossene Hütte einzudringen, was natürlich
nicht geht, so dass er schliesslich schweisstriefend zusammenstürzt, den
Baum krampfhaft festhaltend. Aus dieser Lage wird er dann von einer

Frau betroit, die ihm einen Löffel cines weissen hier häufig vorkommenden Pflanzensaftes eingiebt; erst jetzt lässt er sich den Baum abnehmen, und wird in seine Hütte gebracht, wo er sich nach dieser strapaziösen Arbeit ausschläft.

Als ich dieses Schauspiel das erste Mal sah, glaubte ich, es sei dies eine Form des Wahnsinnes, die bei dem betreffenden Mann zum Ausbruch kam. Bald aber fand sich, dass sich mehrere Leute, drei oder vier, in diese Arbeit theilten, heute dieser, morgen jener; über die Bedeutung der ganzen Ceremonie konnte ich nichts Bestimmtes erfahren; fragte ich die Okande, so lächelten sie und antworteten stets: „der Mann ist vom Teufel besessen," sie wollten offenbar nicht viel hierüber reden. Ich liess durch meine Leute Nachforschungen anstellen und diese meinten, das Ganze habe den Zweck, die Weiber in Furcht zu halten und denselben beständig zu zeigen, 'dass ein für sie gefahrbringendes böses Wesen existirt, das über die Männer keine Macht hat. —

Das Institut der „Oganga, der Medizinmänner," existirt zwar bei allen im Flusssystem des Ogowe wohnenden Volkstämmen, ist aber nirgends so ausgebildet und einflussreich, als bei den Okandeleuten, die denn auch allgemein wegen ihrer Zauberei gefürchtet sind und den grossen Einfluss, den dieselben hier haben, nur diesem Umstande verdanken.

Es giebt im Okandeland eine grosse Anzahl der Oganga; der schlaueste und geriebenste dieser Leute hat natürlich das grösste Ansehen. Gegenwärtig gilt ein in einem Ashukadorfe wohnender Oganga, Namens *Ndschoa*, als der mächtigste. Da nun die Okandeleute den mächtigsten König, *Buaja* (sowie noch den alten Ambuenja) haben, die Ashuka aber den einflussreichsten Medizinmann, so erklärt sich, dass beide Stämme nicht immer in grosser Freundschaft leben; weltliche und geistliche Macht liegen auch hier in Fehde, es walten im Kleinen hier dieselben Verhältnisse, wie anderwärts zwischen Papst und Kaiser, zwischen Mikado und Taikun. Es ist hier sehr schwer, etwas Genaues über die ganze Angelegenheit zu erfahren, die Okandeleute weichen beständig aus, wenn man sie befrägt. Allgemein ist die Sitte, dass der Oganga zwei (oder auch drei) Namen, einen gewöhnlichen, bürgerlichen, und einen anderen, „wenn er Medizin macht," hat. Dieser zweite Name, den sie selbst wählen, soll gewöhnlich ihre grosse Macht andeuten; einige Beispiele mögen dies erläutern:

Gewöhnl. Name der Oganga:	Geschäftsname:
Oshoka	Kuamlegi (Name eines grossen Akellekönigs) oder auch Madi, wörtlich „Alles", um anzudeuten, dass sich in ihm alle Macht vereinigt.
Nkeme	Dschimbili (wörtlich tapferer Mann).
Ipove	Oguginschanga (viel und gefährliche Medizin machend).

Ndschoa	Monandschok (Elephantensohn).
Ngunji	Midschomadadi (Schlangenauge).
Saija	Tumakela (Name einer sehr gefähr-
	lichen Stromschnelle im Ogowe).

Unter den Medizinmännern ist das Prinzip der Arbeitstheilung, wenn auch nicht in sehr strenger Weise, eingeführt. Es giebt eine Anzahl Oganga, an die man sich wendet, wenn aus Mangel an Regen Unfrucht- barkeit eingetreten und Hungersnoth zu befürchten ist; diese bezeichnet man mit Oganga umumba; andere wieder werden in Anspruch genommen, wenn Krieg ist oder eine gefährliche Reise angetreten werden soll, z. B. durch das Oshebagebiet.

Um verloren gegangene oder gestohlene Gegenstände wieder herbei- zuschaffen, befragen die Okandeleute einen Oshebo - Oganga, da sich die Medizinmänner im Okandegebiet nicht mit dieser Frage befassen; übrigens giebt es in Gabun auch einen Oganga zu diesem Zweck.

Wenn die Doctoren die Medizin machen, so hängen sie sich stets ein Thierfell um den Leib (von Affen, Tigerkatze etc.), bemalen sich Gesicht, Arme, Brust mit weisser Farbe, wozu ein weisser stark abfärbender Kalk- mergel benutzt wird und schliessen sich in ihre Hütte ein, so dass man auf einen solchen Oganga die Worte Faust's anwenden kann, die derselbe von seinem Vater, einem Alchymisten, gebraucht:

. . . .
Der in Gesellschaft von Adepten
Sich in die schwarze Küche schloss
Und nach unendlichen Recepten
Das Widrige zusammengoss.

Dieses „Widrige" besteht bei der Medizin der Okande zum grossen Theil aus Antilopengehirn, das mit Fett und allerhand Stoffen zu einer schmierigen Flüssigkeit verarbeitet wird. Diese wird dann in kleinen urnen- artigen Thongefässen oder in den Hörnern von Rindern etc. aufbewahrt und auf Reisen mitgenommen.

Beim Antritt meiner Reise nach Oshebo, die durch das nichtswürdige Benehmen der Okande vereitelt wurde, waren natürlich die Oganga in voller Thätigkeit. Ich befand mich am Tage vor der Abfahrt in einem kleinen Dorfe, welches die zum Halteplatz der Canoes gehenden Leute passiren mussten. Als der Oganga mit seinem Topf voll Medizin kam, angethan mit einem grossen Affenfell und über und über, Kopf, Brust, Arme mit rother und weisser Farbe bemalt, warfen sich alle im Dorfe an- wesenden Männer auf die Erde und wandten das Gesicht ab, um den Me- dizintopf nicht zu sehen. Anders die Frauen. Als der Oganga das Dorf verlassen hatte, stürzte ihm die gesammte Weiblichkeit desselben nach, bildeten einen Kreis um ihn, so dass er halten musste, und hielten heftige Anreden. Gewöhnlich sprach eine alte Frau einige Worte, die von der auf- geregten Menge unter Singen und Tanzen wiederholt wurden; das Schlacht- opfer inmitten des Kreises verhielt sich ganz ruhig und liess all' das Geschimpfe und Drohen über sich ergehen. Die Weiber machten ihn nämlich für alles etwa eintretende Unglück, das ihre Männer, Brüder und Söhne betreffen könnte, verantwortlich. Als das Geschrei und Geschimpfe gar nicht aufhören wollte, wurde es dem Oganga zu viel und er brach sich einen Weg durch die Menge; viele aber liefen ihm nach und er musste noch lange die Drohungen und Verwünschungen der schwächeren Hälfte der Menschheit anhören.

Als später ein zweiter Oganga kam, wiederholte sich die Scene. Derselbe brachte eine seiner Frauen mit, und als das Geschrei etwas nachgelassen hatte, antwortete diese im Namen des Oganga, indem sie mit leise singender Stimme die Versicherung gab, dass sie ihren Mann energisch auffordern würde, alle seine Künste aufzubieten, um Unglück abzuwenden.

Als wir bis an die Mündung des Ofueflusses gekommen waren, wo die Oshebadörfer beginnen, wurden von dem Haupt-Oganga Amulette vertheilt. Er benutzte ein breites schilfartiges Gras, das er in schmale Streifen theilte, von denen sich jeder Okande einen um den Hals oder den Arm band. Am Abend vor dem beabsichtigten Aufbruch kamen sämmtliche Oganga zusammen, setzten sich im Kreis um ein Feuer und begannen feierliche Weisen zu singen. Nach einiger Zeit begaben sie sich in ernstem Zuge in den Wald, um Medizin zu bereiten, was kein profanes Auge sehen darf. Nach einiger Zeit kamen sie mit einem zugedeckten Topf voll dieser kostbaren Substanz zurück und kochten dieselbe über dem Feuer unter beständigem Absingen von Zauberliedern.

Trotz aller dieser sorgsamen und grossartigen Vorbereitungen liess mich doch die ganze saubere Gesellschaft am anderen Morgen im Stich; sämmtliche Okande fuhren plötzlich zurück, Furcht vor den Osheba vorgebend, und ich sass mit meinen paar Leuten allein auf einer Sandbank im Ogowefluss!

Auch bei Renoki's Abreise von dem Iningadorfe Elimbareni fanden Feierlichkeiten statt, bei denen besonders der Rum eine grosse Rolle spielte, ein bei den Okande noch nicht eingeführtes Civilisationsmittel. Die Iningaweiber, gleichfalls über und über bemalt, setzten sich in einem Kreis um Renoki; eine alte Frau, die im Geruch der Zauberei stand, tanzte und sang, und wurde von der jüngeren Bevölkerung durch einen Höllenlärm begleitet, dessen Effect noch dadurch auf's Höchste gesteigert wurde, dass jede der Frauen mehre kleine hohle Calebassen hatte, in denen Körner enthalten waren, die beim Schütteln ein starkes Geräusch hervorbrachten. Renoki liess es dabei natürlich nicht am häufigen Schwingen der Zauberglocke fehlen, der in grossen Mengen genossene Rum that dann das Uebrige, um eine recht belebte Scene hervorzubringen.

Auch die Weiber spielen bei dem Aberglauben der hiesigen Bevölkerung eine Rolle, indem sie es sind, die die eigentliche Medizin und Pharmacie in den Händen haben. Ist ein Dorfbewohner erkrankt, so gehen die Weiber in den Wald, um sich zu berathen. Was sie da sprechen und treiben, weiss Niemand, denn Männer sind von diesen Versammlungen streng ausgeschlossen. Wenn sie dann zurückkommen, so können sie sagen, ob der Kranke gesund wird oder ob er stirbt.

Die Leichen von Freien pflegt man hier zu begraben, gewöhnlich im Walde an einer einsamen Stelle, Sklavenleichen werden gewöhnlich in den Fluss geworfen. Während meines Aufenthalts in Ngobo starb ein Mann; man brachte die Leiche in ein kleines vor dem Dorfe gelegenes Haus, wo sie einige Tage verblieb, während welcher die Frauen ihr Klagegeheul ununterbrochen hören liessen. Während einer Nacht wurde die Leiche begraben und das Haus niedergebrannt. Vor einigen Tagen starb in der Nähe von Lope ein Oganga. Inmitten der grossen Ebene ragen an einer Stelle einige mächtige Granitblöcke aus der Erde hervor, dort begrub man ihn und steckte den Begräbnissplatz durch mit Stricken verbundene Pfähle ab; sonst habe ich nirgends ein äusseres Zeichen einer Grabstätte gesehen.

Eine eigenthümliche Sitte beobachtete ich in Okande mehrmals, die wohl auch im Süden herrscht. Tritt ein die Verhältnisse des Dorfes stark berührendes Ereigniss ein, z. B. es kommt ein Weisser, um dort einige Zeit zu wohnen, so schliesst sich der Oganga in seine Hütte ein, wahrscheinlich um Medizin zu machen. Nach einiger Zeit kommt er mit einem weissen Huhn heraus. Indem er nun singend mehrmals um das Haus geht, rupft er dem lebenden Thiere die Federn aus und bestreut damit den Platz um das Haus.

Wie in den Congoländern ist auch hier überall die Sitte des Mbunda-Trinkens verbreitet, um einen Verbrecher ausfindig zu machen. Es liegt dabei ganz in der Hand des Oganga, ob er den Angeklagten tödten oder nur betäuben will, 'je nach der Stärke des Trankes. Es kommt die Anwendung dieses Trankes gegenwärtig nicht mehr so häufig vor wie früher, am meisten noch bei den Orunga und Ncomi, während bei den Mpungwe durch das Zusammenleben mit den Weissen dieser abscheuliche Gebrauch fast ganz verschwunden ist.

III.
Einige Notizen über Geologie, Statistik, Meteorologie etc.

Okande, Mitte Februar 1876.

Wie ich schon in früheren Briefen erwähnt habe, besteht das westafrikanische Küstengebirge, das der Ogowe auf seinem Lauf von Oshebo bis herab nach Okoto durchbricht, aus einem Complex von krystallinischen Schiefern, Thonschiefer, Gneiss, granatreichem Glimmerschiefer, die durch verschiedene wenig charakteristische Gesteinsschichten ineinander übergehen; Einlagerungen von rothem und weissem Quarzit sind nicht selten. Im Ashukadistrikt des Okandelandes fand sich ein sehr schöner grosskörniger Granit, bestehend aus: Orthoklas, das vorherrschende Gemengtheil, fleischroth, und oft zollgrossen Krystallen, auf den Spaltungsflächen starker Perlmutterglanz; Oligoklas, gleichfalls reichlich, in kleineren Individuen, weiss, auf frischen Bruchflächen lebhafter Glanz, Zwillingsstreifung stellenweise deutlich sichtbar; Glimmer, grüne bis grünlich-schwarze Blättchen von Biotit, mit lebhaftem Glanz, bald vereinzelt, bald zu kleinen Putzen angehäuft; Hornblende, vereinzelte ziemlich grosse, tafelförmige Krystalle, von schwarzer Farbe und schwachem Glanz. Es ist, wie bemerkt, frisch gebrochen ein sehr schönes Gestein; von hier stammen jedenfalls auch die Granitblöcke mit fast völlig in Kaolin umgewandeltem Feldspath, die ich weiter flussabwärts getroffen und in einem früheren Briefe erwähnt habe.

Da das ganze westafrikanische Schiefergebirge im Allgemeinen eine nordsüdliche Streichungsrichtung hat und die Schichten unter einem steilen Winkel nach Osten einfallen, so erklärt sich das Vorkommen der zahlreichen oft gewaltig grossen Felsplatten, welche nach Ost geneigt quer im Fluss anstehen. Sie befinden sich in ihrer ursprünglichen Lage und haben dieselben beim Durchbrechen des Schiefergebirges durch den Ogowe den Gewässern-Widerstand geleistet. Derartige isolirte Schieferplatten sind, wie bemerkt, häufig, sie nehmen oft einen grossen Theil der Breite des Flusses ein und gewähren einen imposanten Anblick. Sie sind es auch, die mit Theil haben an der Bildung der zahllosen ungemein heftigen Stromschnellen, die das Befahren des Ogoweflusses innerhalb des Gebirges, d. h. von Okota bis Oshebo, so ausserordentlich gefährlich und beschwerlich machen.

Die Höhen zu beiden Seiten des Ogowe sind unbedeutend, im Durchschnitt 300—400 Meter hoch, nur einige vereinzelte Kuppen wie der Otombi, Onschiko und einige andere ohne Namen mögen 600—700 Meter absolute Höhe haben; die Ebene des Okandelandes selbst liegt schon 150—200 Meter über dem Meeresspiegel. Dieses ganze hügelige Terrain sowohl als auch die Hochebene ist mit einem gelben Lehm bedeckt, wie ich ihn schon vielfach am Unterlauf des Flusses antraf. Derselbe ist ungeschichtet und stark eisenschüssig, nicht selten sind Concretionen von thonigem Brauneisenstein und ebenso finden sich häufig Lagen eines weichen, weissen, stark abfärbenden Mergels, so dass das Ganze mit dem Löss vielfache Aehnlichkeit hat; dagegen habe ich keine Spur von organischen Resten gefunden, was indess durchaus nicht ausschliesst, dass dieselben darin enthalten sind, denn die üppige Vegetation bedeckt hier Alles und ordentliche Aufschlüsse sind selten.

In der ganzen weiten Ebene des Okandelandes sowohl als auch auf den Höhen finden sich ausserdem noch zahllose erratische Blöcke, meist ein Granit, wie er hier nicht ansteht, die natürlich nur durch das Wasser dahin geschafft wurden, ebenso wie die Alles überziehenden Lehmschichten ein Niederschlag des Ogowe sind. Es folgt hieraus, dass der Ogowe früher eine unendlich grössere Ausdehnung gehabt haben muss und dass seit jener Ablagerung des Lehmes und der erratischen Blöcke das Wasser allmälig gefallen ist, bis es seinen jetzigen Stand erreichte. Die Zeit, wann dies geschehen ist, dürfte mit der Diluvialzeit zusammenfallen. Aber nicht bloss diese Ablagerungen von Lehm und die zahllosen Granit- und Gneissblöcke (im Unterlauf trifft man vorherrschend Gneiss) geben die Grenzen der früheren Ausdehnung des Flusses an, sondern auch besonders die zahlreichen Seen, welche sich an den Ufern des Ogowe finden, sind ein unzweideutiger Beweis für das Zurückgehen des Flusses seit jener Zeit. Alle diese Seen stehen noch mit dem Hauptfluss in Verbindung und sind von diesem selbst nur durch einen mehr oder weniger breiten Damm desselben eisenhaltigen Lehmes getrennt, wie er Ebenen und Berge bedeckt. Der Scha- und Oyangasee im Akellegebiet, der Sile-See bei Elimbareni, der Asingosee im Adjumbaland, das grosse inselreiche Seengebiet des Eliva Jonanga (oder Sonanga), der Eliva Sawanga, Eliva Anenge etc., alle haben sowohl einen Zufluss als auch einen Abfluss und ist der Landstreifen, der diese Seen vom Hauptfluss trennt, oft sehr unbedeutend. So beträgt die Entfernung des Sile-Sees beim Dorfe Elimbareni kaum mehr als 200 Schritt und ist dieser Damm nur 15—20 Meter hoch, je nach dem Wasserstande des Ogoweflusses, der sehr bedeutenden Schwankungen unterworfen ist.

Es ist demnach gar nicht unwahrscheinlich, dass vor Ablagerung der Lössschichten das ganze Ländergebiet zwischen dem Aestuarium von Gabun und dem Delta von Kamma (Ncomi) von Wasser bedeckt gewesen ist; beim Fallen und Zurückweichen der Gewässer haben sich dieselben in den jetzigen Flussthälern des Como, Rembo, Ogowe und Kamma-Rembo angesammelt, während sich auf dem mehr oder weniger sumpfigen Laude jene ungeheuren Urwälder bildeten, die heute noch das Eindringen in das Innere des Landes von der Westküste aus so ungemein erschweren und in denen jene Fiebermiasmen entstehen, die die Küste von Niederguinea mit Recht in Verruf gebracht haben.

––––––––––

Wie bemerkt, sind die Höhen, aus denen das Schiefergebirge zusammengesetzt ist, nicht so bedeutend, als man wohl früher annahm; eine Anzahl Gipfel erhebt sich bis zu 2000—3000 Fuss, aber die Hauptmasse des Gebirges besteht, wenigstens im Ogowegebiet, aus Bergen von 1000 bis 1500 Fuss absoluter Höhe. Ich habe eine Anzahl Punkte gemessen und zwar mit einem sehr exact arbeitenden, die geringsten Höhendifferenzen angebenden Geissler'schen Normalhypsometer; mein Aneroid ist bereits auf meinen ersten Ogowefahrten unbrauchbar geworden. Es lag mir dabei weniger daran, eine grössere Anzahl Berggipfel zu messen, da sich dieselben wenig von einander unterschieden, als vielmehr das allmälige Ansteigen des Landes von der Gabunküste aus zu bestimmen. Einige Beispiele dieser Messungen mögen hier Platz finden:

Elimbareni, Mitte des Dorfes . . . = 100,2 Meter üb. d. Meere in Gabun,
Lope, meine Station . . . . = 169,4   „   „   „
Ogowe-Station (Aschukadistrikt) = 190,80   „   „   „

Ofue-Station (Asimbagebiet) . . . = 212,3 Meter üb. d. Meere in Gabun,
Dorf Ngobo (Aschukadistrikt) . . . = 239,3 „ . „
König Ngoë's Dorf (Asimbaland) = 326,15 „ . .
Abongo-Dorf (Asimbagebiet) . . . = 364,4 „ . „

Die vier erstgenannten liegen dicht am Fluss, man braucht daher nur ungefähr 10 Meter abzuziehen, um die Höhe des Wasserspiegels des Ogowe und Ofue zu bekommen; die drei letzten Dörfer liegen entfernt vom Wasser mitten im hügeligen Terrain, das Abongo-Dorf mit 264,4 Metern Höhe ist schon einer der höchsten Punkte im Aschukadistrikt, so dass man 300 Meter als Durchschnittszahl für den gebirgigen Theil des Okandelandes annehmen kann, während die Hochebene dieses Gebietes (die Distrikte Mbombi und Lope umfassend) eine Seehöhe von 150—175 Meter aufweist.

Die höheren Gipfel des Gebirges, wie die bekannten Berge Onschiko und Otombi, sowie noch eine Reihe ebenso hoher Punkte liegen nicht im Okandeland, sondern auf dem rechten Ufer des Flusses, im Gebiet der Osheba.

Was die Dichtigkeit der Bevölkerung in dem von mir bisher durchreisten Gebiet betrifft, so ist es natürlich ganz unmöglich, hierüber von den Eingeborenen Angaben zu erhalten, die nur irgend einen Werth haben. Ich habe für das Gebiet von Okota an bis zu den Asimba, ein Rechteck von ungefähr 15 deutschen Meilen Länge und 2½ Meilen Breite, die Dörfer gezählt, in vielen derselben auch die Häuser und deren Bewohner, und bin dann zu folgenden Resultaten gekommen. Es giebt:

im Okotagebiet . . . . 13 Dörfer,
„ Apingigebiet . . . . 5 „
„ Okandegebiet:
    a) Distrikt Mbombi-Njamba . . . . 7 .
    b) „ Lope . . . . 12 „
    c) „ Aschuka . . . . 14 .
. Asimbagebiet . . . . 5 .
Ausserdem Abongodörfer . . . . 5 „
                             Summa . . . 61 Dörfer.

Nimmt man nun für jedes Dorf die verhältnissmässig sehr hohe Zahl von 100 Seelen an (Männer, Weiber und Kinder, auch die eingebürgerten Sklaven), so bekommt man eine Bevölkerung von 6100 Seelen, die sich auf ein Terrain von circa 37½ Quadratmeilen vertheilen; zu dieser eigentlichen Ogowebevölkerung kommt aber noch eine nicht unbedeutende Anzahl Mbangwe-(Akelle) Dörfer, deren Bevölkerung man auf 1000 bis 1500 Seelen annehmen muss, so dass schliesslich circa 7500 Menschen auf 37½ Quadratmeilen kommen, also 200 auf eine Quadratmeile. Dies dürfte die mittlere Dichtigkeit für das ganze Küstengebiet sein von der Bai von Corisco bis Kamma, und vom Meer landeinwärts bis zu den Oshebo, während man weiter im Innern, in den Gebieten der Nshavi, Okona, Ateke,

Undumbo jedenfalls eine bedeutend höhere Zahl, wenigstens das Doppelte, annehmen muss.

Bedeutend dünner bevölkert ist das rechte Ufer des Ogowe, wo nur Osheba (Mpangwe) wohnen. Ist auch das Volk der Osheba sehr gross, so ist doch die Bevölkerung sehr schwach zerstreut in dem gewaltigen Terrain. das sie als ihnen gehörig beanspruchen.

Auf der dem II. Bande der „Bevölkerung der Erde" (Behm & Wagner) beigegebenen Weltkarte ist das von mir durchreiste Gebiet unter der Rubrik 500—1000 Seelen aufgeführt; diese Zahl ist ganz gewiss richtig, wenn man das innere Hochafrika im Ganzen betrachtet und Durchschnittszahlen annimmt, speciell für das kleine Gebiet, das mir näher bekannt wurde, ist sie zu gross und ist auf dasselbe nur die 5. Rubrik der erwähnten Weltkarte (100—500 Seelen) anzuwenden.

Auszug aus einem Briefe von Herrn Louis A. Lucas*) an Herrn Dr. Nachtigal.

Chärtūm, den 4. Mai 1876.

...... Gegenwärtig verweile ich noch in Chärtūm, doch hoffe ich nächsten Dienstag (9. Juni) von hier abreisen zu können. Sie haben, mein theurer Dr. Nachtigal, aus meinem früheren Briefe, wie ich glaube, erfahren, dass ich meinen Reiseplan insoweit geändert habe, als ich nun im Begriff stehe, die „terra incognita Africae" auf dem Gazellen-Flusse zu betreten. (S. pag. 148.) Zībēr Pascha hat mir Träger versprochen, und, wenn nöthig, noch eine Extra-Schutzwache durch seinen Verwaltungsdistrict. Mein Weg scheint bis Dēm Bekīr ganz frei zu sein, und, wie ich höre, werde ich auf keine Schwierigkeiten stossen, um nach Ingimma zu gelangen (vgl. Schweinfurth's Karte bis West von Menga.)

Ich habe von Zībēr Pascha gehört, dass eingeborene Reisende viel von einem ausgezeichneten See, südlich von Ingimma sprachen. Ich werde, wenn ich in jene Gegend gelangt bin, an Ort und Stelle nähere Erkundigungen über ihn einziehen und wahrscheinlich ihn selbst zu erreichen suchen. Existirt ein solcher See, so scheint er mir eine wichtige Rolle bei der Bildung der westlichen Flüsse zu spielen. Zībēr Pascha erzählte mir ferner, dass mehrere Leute zu ihm gekommen seien, welche einem offenbar in der Nähe dieses See's wohnenden, aber bisher unbekannten Stamme angehörten,

---

*) Herr Lucas ist ein junger, unternehmender Engländer, welcher nach längerer, sorgfältiger Vorbereitung zu möglichst wissenschaftlichen Entdeckungsreisen in Afrika im Herbste vorigen Jahres ausschliesslich mit eigenen Mitteln zur Ausführung seines Vorhabens schritt. Er wohnte im vergangenen Sommer dem internationalen geographischen Congresse in Paris bei, sowie der darauf folgenden Versammlung der „British Association for the advancement of science" zu Bristol, kam dann mit Dr. Nachtigal auf den Continent und ging nach Kairo und von da über Djeddā und Suākīn nach Chärtūm, woselbst er am 7. Februar d. J. eintraf. A. d. H.

und dass diese alle bis zu einem aussergewöhnlichen Grade behaart seien; ihre Bärte reichten bis zur Taille. Der ganze Stamm soll sich eines ähnlichen Haarschmuckes erfreuen. Dies dürfte von einigem Interesse für die Fragen der Abstammung des Menschen und der Rassenbildung sein.

Oberst Gordon gab mir die Erlaubniss, ihn zu *Ladó* auf der Durchreise zu besuchen (s. pag. 148); auch zweifle ich nicht dass er mich zurücksenden würde, doch würde ich in diesem Falle viel Zeit verlieren und durch eine Gegend zu reisen haben, welche zu dieser Zeit des Jahres im wahren Sinne des Wortes pestilenzialisch ist.

Meine „Hindernisse" sind in der That gross; ich habe sie zwar nach Kräften verringert, sie erreichen aber doch noch immer ungewöhnliche Proportionen.

Meine Mannschaft besteht aus 40 Leuten, welche alle wohl bewaffnet sind; ich werde aber noch gegen 200 Träger nöthig haben.

Ich danke Ihnen aufrichtig für Ihren guten Rath betreffs des Umganges mit den Eingeborenen. Erfahrung hat mir schon gezeigt, dass er den sichersten Weg zum Erfolg und zur persönlichen Befriedigung birgt; doch kann ich nicht läugnen, dass in der Praxis Ihre wohlbegründeten Rathschläge nicht gerade leicht zu befolgen sind. Als von Ihnen kommend, gewinnen sie gleichwohl noch an Werth und werden mein Verhalten gegen die Eingeborenen beeinflussen.

Die folgenden wenigen Beobachtungen werden Sie, wie ich hoffe, interessiren; sie sind das Resultat sorgfältiger Arbeit. Der Umstand, dass mein Sextant ein Stativ besass, machte alle meine Beobachtungen genau. Das Mittel, aus acht Breitenbestimmungen von Chártūm ist 15° 37' 36" Nordbreite; die einzelnen Bestimmungen weichen nur um wenige Secunden von einander ab. Das Mittel aus zwei Mondbeobachtungen ergab für die Länge von Chártūm 32° 25' 57" Ost von Greenwich, beide Beobachtungen zeigten eine Differenz von 1' 15". Zwei Bestimmungen der magnetischen Declination mittelst eines prismatischen Compasses ergaben im Mittel 6° 19' West; die Differenz der beiden Bestimmungen betrug 8'. Das Mittel aus 95 Bestimmungen der Höhe des Nils bei Chártūm, deren Details ich der R. Geogr. Soc. zu London eingesandt habe, ist 1353.3 engl. Fuss über dem Meeresniveau. Fast dasselbe Resultat erhielt ich aus 14 Höhenmessungen mit dem Kochthermometer. Die Breite des *blauen Nils* zwei engl. Meilen oberhalb seiner Vereinigung mit dem *weissen Nil* fand ich zu 535 Yards (489 Meter).

Es dürfte Sie vielleicht interessiren eine Skizze der Strömung des Nils gegenüber dem Postamte von *Chártūm* zu besitzen. Ich sende Ihnen die Copie einer sorgfältigen Aufnahme, welche ebenfalls der Geographischen Gesellschaft in London zugeschickt worden ist.

Die Breite des Flusses, wo der Strom gemessen wurde, schätze ich auf 560 Yards (512 Meter). Die Stärke des Stromes wurde mittels eines Strommessers von Cary in London gemessen. Die Distanzen zwischen jeden Beobachtungen wurden nach dem Augenmaasse gemessen und sind daher nur approximativ. Die durchschnittliche Tiefe zu dieser Zeit des Jahres und in diesem Theile des Flusses ist ungefähr 8 Fuss (englisch), und übersteigt nirgends 12 Fuss. Die durchschnittliche Geschwindigkeit des Stromes (mit Ausschluss des Theiles nahe am rechten Ufer) ist 341.₃ Fuss in der Minute oder 20,478 Fuss (= 3.878₁ engl. Meilen) die Stunde. Das einen gegebenen Punkt passirende Wasservolumen beträgt in dem ganzen Flusse (einschliesslich des langsamen Stromes an dem rechten Ufer) 28,7000,000 Gallons die Minute oder 17220 Millionen Gallons die Stunde.

Die botanischen Sammlungen sind beträchtlich vorgeschritten; auch habe ich 5 Photographien von *Chärtüm* und seiner Bevölkerung erhalten; palaeontologische, zoologische und ethnologische Sammlungen werden erst weiter südlich beginnen können.

Sie waren so freundlich, mir zu schreiben, dass Sie mit Vergnügen einige meiner Berichte von mir veröffentlichen würden. Ich glaube auch, dass es die Pflicht jedes Reisenden ist, mitzutheilen, welchen Beistand er erhalten hat, oder welchen spätere Reisende für ihre Forschungen von den verschiedenen einflussreichen Personen in ihren Reise-Ausgangspunkten zu erwarten haben. Ich glaube daher auch sicherlich nicht fehlzugreifen, wenn ich Sie ersuche, nachstehende Thatsachen über Ismaël Pascha, dem Gouverneur des *Sudan*, zu veröffentlichen.*)

Ich kann nicht genug die Freundlichkeit hervorheben, welche mir Ismaël Pascha seit seiner Rückkehr nach *Chärtüm* erwiesen hat; er hat mir jeden nur möglichen Beistand in allen, selbst den kleinsten mit meiner Reise und der Wissenschaft zusammenhängenden Angelegenheiten, geleistet. Ich bin sicher, jeden Gegenstand, den ich für diesen Zweck wünsche, zu erhalten. Wäre Ismaël Pascha bei meiner Ankunft hier in *Chärtüm* gewesen, so hätte ich ohne Zweifel meine Reise schon früher antreten können.

Ismaël Pascha's Intelligenz ist ausser Frage; er interessirt sich lebhaft für alle, eine Unternehmung und die Wissenschaft betreffenden Gegenstände. Selbst Reisender kennt er hinreichend die Schwierigkeiten, welche ein Forschungsreisender antreffen kann und die er überwinden muss. Wie ich selbst von ihm erfahren habe, ist er stets bereit, allen denen, welche irgendwie mit Wissenschaften sich beschäftigen, beizustehen; ich kann aus eigener Erfahrung versichern, dass, wenn ein Reisender eine Verzögerung seiner Reise erfährt, und Sie wissen am besten, wie zahlreich und unvermeidlich solche Verzögerungen sind, ein solcher Aufenthalt in *Chärtüm* nicht nur ein sehr angenehmer sein wird, sondern dass auch die Belehrungen, welche ein Reisender dort durch Ismaël Pascha erhalten kann, ihn in hohem Maasse für den Verlust der allerdings stets kostbaren Zeit entschädigen werden.

---

*) Auch Dr. Nachtigal, welcher mit Ismaël Pascha in der Hauptstadt von *Kordofan* zusammentraf, konnte nicht genug Rühmens von der Liebenswürdigkeit und der Intelligenz dieses hohen Beamten machen. Derselbe stand im Begriff, als Dr. Nachtigal die Grenzen *Darfur's* verlassen hatte, dies Land zu erobern, und konnte noch von einer Reiseroute, welche jener ihm aufzeichnete, Nutzen ziehen.   A. d. H.

Ismaël Pascha ist längere Zeit in West-Europa gewesen, und durch seinen Aufenthalt in Frankreich befähigt worden, fliessend französisch zu sprechen; er spricht auch ein wenig deutsch. Ich war stets ausserordentlich überrascht, wenn ich fand, wie merkwürdig gut er über europäische politische Verhältnisse, über afrikanische Geographie, über Alles, was den *Sudan* und die Gegenden betraf, die er durchreist hatte, unterrichtet war. Er ist stets bereit, eine Belehrung anzunehmen, und sein gutes Gedächtniss setzt ihn in den Stand, dieselbe zu behalten.

Se. Excellenz Ismaël Pascha hat mich beauftragt, Sie freundlichst zu grüssen und Ihnen zu sagen, dass die Mittheilungen, welche Sie ihm in Kordofan gemacht haben, ihm wesentliche Dienste geleistet haben.

In Europa ist es, wie ich glaube, noch unbekannt, welch grossen Antheil Ismaël Pascha an der Beschiffung des oberen weissen Nils hat, ich meine durch die Oeffnung der Pflanzenbarre des *Bahar el Dschebel*. Was Sir Samuel Baker nicht erreicht hat, und was er für unmöglich hielt, das unternahm Ismaël Pascha und führte es in der, zu der Grösse des Unternehmens verhältnissmässig kurzen Zeit von fünf Monaten aus. So gross war, wie ich höre, diese Barre, dass die Eingeborenen häufig Tausende von ihrem Vieh über dieselbe hinweg trieben. Ismaël Pascha soll seine Leute häufig dadurch aufgemuntert haben, dass er selbst Hand an die Arbeit legte. Wenn damals die Barre nicht durchschnitten worden wäre, so wäre die Ansammlung der Vegetation so bedeutend geworden, dass es zweifelhaft ist, ob es hätte jemals ausgeführt werden können und ob die Truppen des Khedive jemals einen regelmässigen Handel in und um Lado hätten eröffnen können.

Ismaël Pascha kehrte am 30. April von *Darfur* zurück, welches Land, wie Sie wissen, durch ihn völlig für Aegypten erobert ist. Eine so enthusiastische Aufnahme, wie die von Ismaël Pascha, habe ich vorher noch nie im Sudan gesehen; *Chartûm* war in einer Weise illuminirt, die in den Annalen dieser Stadt ohne Gleichen dasteht. Jeder war erfreut, die Rückkehr des beliebten Gouverneurs feiern zu können; die Festlichkeiten dauerten volle drei Tage.*)

Es mag hier wohl am Platze sein, dem Verhalten von Ismaël Pascha dasjenige von Chalid Pascha, dem Gouverneur des *Sudan* während der zweijährigen Abwesenheit des ersteren, gegenüberzustellen. Es ist allgemein bekannt, wie roh derselbe gegen seine Unterthanen war; das ganze Land fühlte seine eiserne Hand. Da Niemand an den Khedive appelliren konnte — denn wäre Chalid Pascha eine solche Appellation zu Gesicht gekommen, so wäre für den Betreffenden Tod oder Exil die Folge gewesen —

---

*) Eine ausführliche Schilderung des für Chartum beispiellos festlichen Empfanges von Ismaël Pascha Ajub nach seiner Rückkehr aus Darfur in Chartum und der darauf folgenden Festlichkeiten hat der K. u. K. österr.-ungar. Consul in Chartum, Herr M. Hansal der K. K. Geogr. Gesellschaft in *Wien* eingesendet. (S. Mittheil. d. K. K. Geogr. Ges. in *Wien* 1876, No. 6 u. 7, pag. 370.) A. d. H.

so kannte dieser die Thaten seines Stellvertreters nicht. Ich bin der Ueberzeugung, und ich spreche damit die jedes Sudaners aus, dass während der Herrschaft von Chalid Pascha das Land auf die furchtbarste Weise geschädigt worden ist. Unwissend in der Gerechtigkeitspflege, despotisch in seiner Macht, ungeduldig bei jedem Aufschube, ist Chalid Pascha ungeeignet für die Verwaltung und nicht einmal fähig, jedem Araber oder Europäer diejenige Höflichkeit zu zeigen, welche dem Charakter des Orientalen so tief eingeprägt ist.

Ich habe Ihnen, wie ich glaube, schon früher erzählt, wie er mich behandelt, wie er meine Escorte festgehalten und gefangen gesetzt hat, nur weil sie von mir engagirt war; wie sehr er bemüht war, mich von der Fortsetzung meiner Reise abzuhalten, und wie er den Telegraphenbeamten mit Strafen gedroht hat, wenn sie irgend eine Depesche von mir an den Khedive über ihn befördern würden. Die Rückkehr von Ismaël Pascha hat in der That eine erdrückende Last von dem armen Sudan abgewälzt. Schon scheint Alles wieder aufzuleben; es steht zu hoffen, dass *Chârtûm* wieder sich in die Klasse von Aegyptens blühenden Städten einreihen wird, nachdem es durch das Interregnum während der Abwesenheit seines erleuchteten Gouverneurs so rasch gesunken war.

Ismaël Pascha hat mich beauftragt, Ihnen seine Photographie zu senden, zur Erinnerung an die kurze aber schöne Zeit Ihres Besuches bei ihm. Ich knüpfe hieran persönlich meine Glückwünsche zu der Verleihung der französischen goldenen Medaille und zu Ihrer Wahl als Vorsitzender der so verdienstvollen afrikanischen Gesellschaft.

Ihr ergebener Freund

Louis A. Lucas.

Schreiben des Kaiserlich Deutschen Vice-Consuls Herrn Rosset zu Chârtûm an den Vorsitzenden der Gesellschaft Freiherrn von Richthofen.

Chârtûm, den 28. Mai 1876.

Hochgeehrter Herr Präsident! Die soeben hier eingetroffenen Nachrichten über die *oberen Nilgegenden* (s. weiter unten) beehre ich mich, Ihnen hiermit ergebenst mitzutheilen.

Herr Gessi, ein Italiener, dem Generalstab des Oberst Gordon beigegeben, erhielt von diesem den Befehl, von *Dufile* aus den *Albert-Nyanza* zu erreichen und denselben in seiner Länge und Breite zu exploriren. Es wurde zu diesem Zweck in *Dufile* eine kleine Barke von 30 Fuss Länge gebaut. Herr Gessi schreibt mir nun, dass die Gegend von *Dufile* bis an den *Albert-Nyanza* bisher noch von keinem Europäer bereist wurde, aber eine reizend schöne sei. Auf dem *Albert-Nyanza* hatte Herr Gessi sehr viel mit Stürmen zu kämpfen.

Die Länge dieses Sees beträgt nach Herrn Gessi 140—150 englische Meilen, die Breite 50 engl. Meilen; der See hat 8 Zuflüsse, von denen 4 immerwährend Wasser und 4 nur zur Regenzeit liefern; an dem Südwestrande des Sees ist kein Fluss bemerkt worden.

Die Karte der ganzen Route, 700 Meilen in 47 Tagen, hat Herr Gessi aufgenommen und dieselbe am heutigen Tage (28. Mai) an die Italienische Geographische Gesellschaft nach *Rom* gesandt.

Nach den Briefen Gessi's muss sich Stanley auf dem *Albert-Nyanza* befinden.*)

Oberst Gordon wird in einem Monat hier erwartet; ich werde Ihnen dann genauere Mittheilungen über die Ergebnisse der Explorirungsreise von Herrn Gessi machen können.

Den neuerdings von Oberst Gordon und dem General Stone an den Präsidenten der Geographischen Gesellschaft in *London* eingesendeten Nachrichten über die Umsegelung des *Albert-Nyanza* (*Mwutan* oder *Luta-Nsige*) durch Herrn Gessi entnehmen wir nachstehende Angaben, welche den eben mitgetheilten Brief Herrn Rosset's ergänzen und die Fragen der *Nilquellen* zum Abschluss zu bringen scheinen.

Am 8. März d. J. trat Herr Gessi im Auftrage des Oberst Gordon, mit Lebensmitteln für längere Zeit versehen, die Fahrt auf einer Barke von *Dufile* (am *Weissen Nil*) in 3° 38' Nord-Breite nach *Magungo* in 2¼° Nord-Breite (am *Albert-Nyanza*) an. Seine Gefährten bestanden, ausser dem bekannten Niam-Reisenden *Piaggia*, ausschliesslich aus Arabern. Widrige Winde im Verein mit der starken Gegenströmung des *Nils* verzögerten die Fahrt, so dass Gessi erst am 30. März in *Magungo* eintraf. Dadurch nun, dass Herr Gessi die letzte noch unbekannte Strecke des *Weissen Nils* von *Dufile* aufwärts bis an seinen Ausfluss aus dem *Albert-Nyanza* befahren hat und auch wirklich in diesen See gelangt ist, ist es ihm beschieden gewesen, den thatsächlichen Beweis von der Herkunft des *Weissen Nils* aus dem *Albert-Nyanza* beizubringen, welcher seinerseits wiederum durch den *Victoria-Nil* (oder *Somerset-Fluss*) mit dem *Ukerewe* oder *Victoria-Nyanza* in Verbindung steht (Long 1874 und Stanley 1875).

Von *Magungo* aus begab sich Gessi zunächst nach den *Murchison-Fällen* im *Victoria-Nil*, 22 engl. Meilen vom Einfluss desselben in den *Albert-Nyanza*; später sollte Piaggia den Lauf des *Victoria-Nil* näher untersuchen. Gessi selbst brach am 12. April zur Umsegelung des *Albert-*

---

*) Der „*Daily Telegraph*", dessen Correspondent Herr Stanley ist, theilt in seiner Nummer vom 25. Juli d. J. mit, dass er von Herrn Stanley, von welchem seit Mai 1875 keine Nachrichten eingelaufen seien, mehrere Briefe erhalten habe. Der erste datirt vom 29. Juli 1875 vom *Victoria-Nyanza*, der letzte vom 24. April 1876 aus Ubagwe in dem *Unyamwesi-Lande*. Stanley beabsichtigte zunächst nach *Ujiji* zu gehen und später auch den *Albert-Nyanza* zu besuchen. A. d. H.

Nyanza auf, ein Unternehmen, welches er in neun Tagen ausführte. Der
See ist nach Gessi's Messungen 140—150 engl. Meilen lang und 50 engl.
Meilen breit. Die östliche Küste besitzt einige gute Häfen, während die
westliche so unwirthbar ist, als man sich nur denken kann, indem die Berge
fast senkrecht in den See abfallen; das Land ist hier fast ohne Pflanzen-
wuchs, ohne irgend einen Ankerplatz und anscheinend ohne Bevölkerung.
Das Südende des Sees ist äusserst seicht, dichtes, undurchdringbares Ge-
strüpp umgrenzt dort das Ufer; es scheint hier eine Thalöffnung (gap)
zu sein, denn obwohl Gessi deutlich das Südende des Sees sah, konnte
er keine Vereinigung der Bergrücken auf der Westseite mit denen der
Ostseite bemerken. Herr Gessi fuhr vom Südende bis zum Nordende des
Albert-Nyanza in zwei Tagen unter heftigen Stürmen und hochgehender
See, so dass seine Araber sich in grosser Furcht befanden, bis sie sahen,
wie gut sich die beiden, von Samuda erbauten Boote bewährten. Gessi
glaubt, dass kein anderes Fahrzeug bei solchem Wetter sich über See
hätte halten können. Die Eingeborenen erwiesen sich allenthalben ziemlich
feindselig.

Der Ausfluss des Sees liegt im Norden desselben und theilt sich bald,
nachdem er den See verlassen hat, in zwei Arme: der breitere ist der bekannte nach Norden bei *Dufile*, *Gondokoro* oder *Ismailia* (jetzt ver-
lassene Station), *Lado* etc. vorbeifliessende *Weisse Nil*; der andere in
einer Breite von 200 Yards (ca. 180 Meter), aber mit sehr starker Strömung, fliesst nach Nordosten, und zwar, wie die Eingeborenen sagten, sehr
weit in das Innere hinein. Gordon nimmt an, es sei dies der *River Jak*
oder *Bahr* „*Djemit*" der Karten der nach Petherick als „*Amin*" unter
7° 20′ Nord-Breite in den *Weissen Nil* mündet, nach Ernst Marno aber
vielleicht der Oberlauf des auch von Schweinfurth berührten Flusses
Rohl ist (Vgl. hierüber noch Petermann's Geogr. Mitth. 1876, Heft VII,
pag. 266 und Globus Bd. XXX No. 6).

Oberst Gordon lässt jetzt in der Nähe von *Dufile* einen grösseren
Dampfer, der in England bei Samuda gebaut ist, zusammensetzen und
will sich auf ihm selbst nach *Magungo* begeben, sobald die Zusammensetzung des Dampfers erfolgt und die Maschine mit dem schwer transpor-
tirbaren Kessel versehen ist. Auf dieser Reise wird ihn Herr Lucas begleiten, welcher nach einem zweiten Briefe an Herrn Dr. Nachtigal (den
ersten Brief s. pag. 142) am 30. Mai in *Lado* bei Oberst Gordon eingetroffen
ist. Herr Lucas war in *Chärtüm* durch allerhand unangenehme Zwischen-
fälle Monate lang aufgehalten worden; schliesslich vermochte er keine
directe Gelegenheit, die ihn zum Landungsplatz am Gazellenflusse hätte
führen können, aufzutreiben, und so sah er sich genöthigt, um überhaupt
seinem alten Plan, in südwestlicher Richtung durch die Niam-Niamländer
den Continent zu durchdringen, treu zu bleiben, den weiteren Umweg über
Lado zu machen, wohin grade ein Regierungsdampfer abging. Herr Lucas
fand bei seiner Ankunft in *Lado* am 30. Mai bei Oberst Gordon, der in
letzter Zeit keinen einzigen Europäer in seiner Umgebung hatte, eine so

herzliche Aufnahme, dass er sich leicht von ihm bestimmen liess, seinem alten Reiseplan zu entsagen und das *Südende* des *Albert-Nyansa* an die Stelle des Gazellenstromes als Ausgangspunct seiner eigentlichen Expedition zu setzen. Herr Lucas beabsichtigt von da die Richtung von Living-stone's *Nyangwe* anzustreben und weiter gen Westen in dem Welttheil vorzudringen. Die zwei Boote, welche er mitgenommen hat, sowie alle seine Instrumente befinden sich in bester Verfassung und Herr Lucas selbst in erwünschtem Wohlsein. —

Berichte von anderen Geographischen Gesell-schaften Deutschlands.

Verein von Freunden der Erdkunde in Leipzig.

Sitzung vom 5. April. Dr. Friedrich Delitzsch hält einen Vortrag über die Ausgrabungen in Khorsabad und die aufgefundenen Trümmer von Niniveh, namentlich über die Bibliothek des Sardanapal und die Fortschritte in der Entzifferung dieser ungemein wichtigen und viel-seitigen schriftlichen Denkmäler. — Julius Löwenberg spricht über die geographischen Ansichten der Kirchenväter.

Sitzung vom 24. Mai. Ein verstorbenes Vereinsmitglied, Kaufmann Heinrich Lomer, hat ein Legat von 6000 *M.* ausgesetzt, und die Söhne desselben haben hiervon 1000 *M.* dem „Verein von Freunden der Erdkunde" zugewendet, mit dem Wunsche, dass diese Summe zur Unter-stützung wissenschaftlicher Untersuchungen, besonders im Norden der Erde, verwendet werden möge. Dr. Richard Andree erstattet Bericht über die am 9. April in Berlin abgehaltene Sitzung des Vorstands und Ausschusses der Afrikanischen Gesellschaft. Der Vorsitzende Prof. Dr. Bruhns, berichtet über die Verhandlungen des vom ersten inter-nationalen Meteorologen-Congress zu Wien (1873) eingesetzten perma-nenten Comité's zu London vom 18—23. April d. J.; der zweite inter-nationale Meteorologen-Congress findet im September 1877 zu Rom statt. Maler Anton Göring hält einen Vortrag über die geographische Ver-breitung der Thiere in Venezuela und theilt interessante Beobachtungen über Thierleben mit; Redner hat mehrere Jahre in jenem Lande künst-lerischen, zoologischen und botanischen Studien obgelegen.

Verein für Erdkunde zu Dresden.

Monatsversammlung am 7. April. Vors. Prof. Dr. Ruge.
Derselbe hält einen Vortrag über Columbus, worin er auf Grundlage
der von Navarrete zusammengestellten eigenen Briefe und Berichte des
Entdeckers von Amerika nachzuweisen sucht, dass derselbe ein fanatischer
Schwärmer war(?), der mit Hilfe der, in den zu entdeckenden Ländern ge-
hofften Schätze maritime Kreuzzüge zur Ausbreitung des Christenthums
und Wiedereroberung des heiligen Grabes zu unternehmen versprach, dass
seine nautischen und mathematischen, sowie seine naturwissenschaftlichen
Kenntnisse auf einer sehr niedrigen Stufe standen und seine Behauptungen
auf falschen Schlüssen beruhten. Das erkannte auch die portugiesische
fachwissenschaftliche Commission, der seine Pläne zur Prüfung überwiesen
wurden, und es wurde daher bis jetzt mit Unrecht dieser der Vorwurf
der Kurzsichtigkeit gemacht.

Sitzung vom 21. April. Der Vorsitzende Dr. O. Schneider,
berichtet über die letzte Sitzung des Ausschusses der Afrikanischen Gesellschaft und der Gesellschaft für Erdkunde in Berlin.

Monatsversammlung am 5. Mai. Vors. Prof. Dr. Ruge. E.
Ulrici bespricht die Flüsse und Seen Nordamerikas und deren land-
wirthschaftliche und commercielle Bedeutung.

Sitzung vom 12. Mai. Vorsitzender Geh. R.-R. v. Kiesenwetter.
Prof. Dr. Ruge hält einen Vortrag über das bis vor kurzer Zeit ver-
schollene turanische Culturvolk der Akkadier und ihren Einfluss auf die
Chaldäer.

Sitzung vom 19. Mai. Der Vorsitzende Dr. O. Schneider spricht
über die Naphthagebiete in Kaukasien und schildert besonders eingehend
das von ihm im Jahre 1875 besuchte Gebiet von *Baku*. Prof. Dr. Ruge
theilt einen Brief des auf einer Reise in Griechenland begriffenen corre-
spondirenden Mitgliedes Dr. Julius Schmidt über seinen Aufenthalt in
Spalato, Ragusa, Corfu, Kephalonia, Ithaka und Athen mit.

Sitzung vom 26. Mai. Vorsitzender Dr. O. Schneider. Prof.
Dr. Ruge beleuchtet die Frage nach dem Jahre der Entdeckung des
australischen Continents. Nach einem 1861 in London aufgefundenen Berichte des Manoel Godinho de Eredia vom Jahre 1601
musste schon in diesem Jahre Australien von jenem Portugiesen besucht
worden sein; die Holländer, die erst 1606 an die neuholländische Küste
kamen, konnten also nicht mehr als die ersten Entdecker gelten. Später aber
wurde in Brüssel ein anderer Bericht von Manoel Godinho aus dem Jahre
1613 aufgefunden, worin derselbe bestätigt, dass er bis dahin keine Expedition nach den südöstlich von Indien gelegenen Ländern gemacht habe;
es muss also 1606 wieder als Entdeckungsjahr für den Continent von
Australien gelten. Das Londoner Schriftstück ist offenbar eine Abschrift,
die von einer Person herrührt, welche des Portugiesischen unkundig war.

Kaiserl. Königl. Geographische Gesellschaft in Wien.

Vorsitzender: Hofrath Prof. Dr. von Hochstetter.

Monatsversammlung am 25. Jan. 1876. Vorlage eines Schreibens von Dr. Richard von Drasche-Wartinberg, d. d. Manila, 6. Dec. 1875, über seine Reise von Mauritius über Ceylon nach Manila. Professor Dr. Toula: Bericht über seine Reise durch das „Iskerdefilé", welche er im Auftrage der Königl. Akademie der Wissenschaften und zum Zwecke der geologischen Durchforschung des Balkangebietes unternommen hat.

Sitzung am 22. Februar. Bericht der italienischen Commission für die italienische Expedition nach Central-Afrika; als Ziel dieser Expedition wird das innerafrikanische Gebiet zwischen dem Reiche Schoa im Süden von Abessinien und der Ostküste des Victoria-Nyanza vorgeschlagen. Schreiben des Herrn E. Marno d. d. Chärtùm, 25. December 1875, über seine *Forschungsreise in Kordofan*. Bergrath Dr. Stache: Ueber Tunis. Freiherr von Call-Rosenberg: Ueber eine von ihm ausgeführte Besteigung des *Demavend*.

Sitzung am 28. März. Bericht über die im französischen Auftrage erfolgte Reise des Prof. der Archäologie Wiener nach *Brasilien*. Freiherr von Schwarzer-Lerchenfeld: Ueber die Topographie der projectirten syrisch-mesopotamischen Schienenwege. Oberst-Lieutenant von Muscynski: Ueber die Regulirungsarbeiten an der Sulina-Mündung und die Veränderungen im Donau-Delta.

Sitzung am 25. April. Freiherr von Schwarzer-Lerchenfeld: Ueber Bagdad.

Sitzung am 23. Mai. Schreiben des Herrn Dr. Richard von Drasche über seine Forschungsreise in *Manila*. Herr Ernst Marno: Resumé seiner Forschungsreise in Afrika. Hofrath J. R. Lorenz: Ueber die wirthschaftlichen Gebiete Oesterreich-Ungarns.

Einsendungen für die Bibliothek.

April-Sitzung.

Geschenke.

Payer, Die österreichisch-ungarische Nordpol-Expedition in den Jahren 1872—74. Lief. 15. 16. Wien 1876.

Vicuña, La question des limites entre Chili et la république Argentine. Paris 1876.

Narratives of the mission of George Bogle to Tibet, and of the journey of Thomas Manning to Lhasa. Edit. by Cl. R. Markham. London 1876.

Albérdi, La vida y los trabajos industriales de William Wheelwright en la América del Sud. Paris 1876.

Beiträge zur Statistik Mecklenburgs. Bd. VIII. Heft 2, 3. Schwerin 1876. Durch Umtausch.

Bulletin de la Société de géographie. 1876. Janvier, Février. Paris.

Mittheilungen der K. K. geographischen Gesellschaft in Wien. 1876. No. 2. Wien.

Bollettino della Società geografica italiana. Vol. XIII. Fasc. 1, 2. Roma 1876.

Tijdschrift van het aardrijkskundig genootschap. Nr. 8. Amsterdam 1876.

Petermann's Mittheilungen. 1876. No. III. Gotha.

Société de géographie commerciale de Bordeaux. Bulletin No. 1. Année 1874/75. Bordeaux 1876.

Gaea. XII. Hft. 3. Köln und Leipzig 1876.

Die kaukasische Abtheilung der Kaiserl. Russischen geographischen Gesellschaft 1851—70. Tiflis 1876. (russisch.)

Mai-Sitzung.

Geschenke.

Vivien de Saint-Martin, L'année geographique. T. XIII. Paris 1876.

Stizenberger, Index lichenum hyperboreorum. Sangallensis 1876.

Reise der österreichischen Fregatte Novara um die Erde. Anthropologischer Theil. 1. Abth. Cranien der Novara-Sammlung beschrieben von Zuckerkandel. Wien 1875.

Zaluar, Exposição nacional do Brazil en 1875. Rio de Janeiro 1876.

Koolemans Beynen, De reis der Pandora naar den Noordpoolgewesten in den zomer van 1875. Amsterdam 1876.

Payer, Die österreichisch-ungarische Nordpol-Expedition. Lief. 17—20. Wien 1876.

Dall, Report on Mount St. Elias. (U. S. Coast Survey Report for 1875, July 1875.)

Dall, Harbours of Alaska and the tides and currents in their vicinity. (Ebds. Appendix No. 10.)

Bulletin of the U. St. Geological and Geographical Survey of the Territories. Vol. II. No. 1. Washington 1876.

Kurtz, Ueber Arachis hypogaea. (Verh. d. bot. Ver. d. Prov. Brandenburg 1875.)

Verzeichniss der in Deutschland und einigen angrenzenden Ländern befindlichen öffentlichen und privaten Sammlungen von anthropologischen, ethnologischen und urgeschichtlichen Gegenständen. München 1876. Durch Umtausch.

Mittheilungen der K. K. geographischen Gesellschaft in Wien. XIX. No. 3. Wien 1876.

Bollettino della Società geografia italiana. Vol. XIII. Fasc. 3. Roma 1876.

Notizblatt des Vereines für Erdkunde etc. und des mittelrheinischen geologischen Vereins. 3. Folge. Heft XIV. Darmstadt 1875.

Cosmos di G. Cora. Vol. III. No. VI., VII. Torino 1875/76.

Petermann's Mittheilungen. Ergänzungsheft No. 46. Gotha 1876.

1. Jahresbericht des Vereines der Geographen an der K. K. Universität Wien. Wien 1875.

Reglamento de la Sociedad geographica de Madrid. Madrid 1876.

Revue maritime et coloniale. 1876. Mars. Paris.

Gaea. Natur und Leben. XII. Heft 4. Köln und Leipzig 1876.

Annual report of the board of regents of the Smithsonian Institution for the year 1874. Washington 1875.

Jahrbuch der K. K. Geologischen Reichsanstalt. 1875. No. 3, 4. Wien.

Ergebnisse der Beobachtungsstationen an den deutschen Küsten. 1875. Heft VI., VII. Kiel.

Zeitschrift für das Berg-, Hütten- und Salinenwesen im Preussischen Staate. Bd. XXIII. 6. Lief. 2. Thl. XXIV. Lief. 1. Berlin 1875/76.

Verhandlungen des botanischen Vereins der Provinz Brandenburg. XVII. Berlin 1875.

Juni-Sitzung.

Geschenke.

Coasts and ports of the Bay of Biscay. Compiled at the United States Hydrographic Office. Washington 1876. 8.

Popolazione. Movimento dello stato civile. Anno 1874. Roma 1876.

Navigazione nei porti del regno. Anno 1874. Roma 1875.

Annali del ministero di agricoltura, industria e commercio. Anno 1875. Statistica. Roma 1875.

v. Scherzer, Smyrna. Wien 1873.

Harcus, South Australia: its history, resources, and productions. Adelaide. 1876.

Zusammenstellung der Literatur der Gradmessungs-Arbeiten. Herausg. von dem Centralbureau der europäischen Gradmessung. Berlin 1875.

Ule, Die Erde und die Erscheinungen ihrer Oberfläche. Lief. 25. 26. Leipzig 1876.

Bessels, Ueber die Intensität der Wärmestrahlung der Sonne unter hohen Breiten. Washington 1875.

Katalog der Bibliothek des naturforschenden Vereines in Brünn. Brünn 1875.

Trafford, Amphiorama ou la vue du monde. Lausanne 1875.

Ziegler, Ueber das Verhältniss der Topographie zur Geologie. Text zur topographischen Karte vom Engadin und Bernina. 6 Bll. in 1:50,000. Zürich 1876.

Delaire, Le fond des mers, études lithologiques. (Extr. d. Annales du Conservatoire). Paris.

Elias, Introductory sketch of the history of the Shans in Upper Burma ad Western Yunnan. Calcutta 1876.

Portulan de Charles Quint donné à Philippe II. accompagné d'une notice explicative par M. F. Spitzer et Ch. Wiener. Paris 1875. (Geschenk von Herrn Spitzer.)

Wheeler, Topographical Atlas projected to illustrate geographical explorations and surveys west of the 100ᵗʰ meridian. Washington 1874.

Nordenskiöld, Karta öfver Pröfens färd till Jenisej och äter 1875. Stockholm.

Map of explorations undertaken by direction and the expensive of the Hon. T. Elder under the command of Ernest Giles, from Beltana Station in the Colony of South Australia, to the city of Perth in the Colony of Western Australia. 1875. Adelaide; nebst Text.

Map of the Ortos Country and adjacent parts of Mongolia by the Rev Fathers Verlinden & Devos. Calcutta 1876.

Expedition Prout 1875—76. Province de Kordofan. M. 1:800,000. Caire.

Facsimile der Mappa mundi der Cathedrale von Hereford, aus dem 13. Jahrhundert, herausgegeben von Havergal, Bevan und Phillott (Geschenk von Herrn Bevan); dazu als erläuternder Text:

Bevan and Phillott, Mediaeval Geography, an essay in illustration of the Hereford Mappa mundi. London 1874.

Lange, Neuer Volksschul-Atlas über alle Theile der Erde. 35 Karten in Farbendruck. Neue Bearbeitung von 1876. Braunschweig.

Lange, kleiner Atlas für ein- bis dreiklassige Volksschulen. 15 Karten in Farbendruck. Braunschweig 1876.

　　Durch Austausch.

Proceedings of the Royal Geographical Society. Vol. XX. No. III. London 1876.

Bulletin de la Société de géographie. 1876. Marr, Avril. Paris.

Mittheilungen der K. K. geographischen Gesellschaft in Wien. 1876. No. 4. 5. Wien.

Bollettino della Società geografica italiana. Vol. XIII. Fasc. 4. Roma 1876.

Tijdschrift van het aardrijkskundig genootschap to Amsterdam. D. II. 1. Amsterdam 1876.

Petermanns Mittheilungen. 1876. No. V. u. Ergänzungsheft No. 46. Gotha.

The Journal of the Roy. Asiatic Society of Great Britain and Ireland. New. Ser. Vol. VIII. P. II. London 1876.

Gaea. Natur und Leben. Jahrg. XII. Hft. 5. Köln. 1876.

Jahrbuch der K. K. Geologischen Reichsanstalt. 1876. Januar bis März. Wien.

Verhandlungen des naturforschenden Vereines in Brünn. Bd. XIII. 1874. Brünn 1875.

Bulletin de la Société Impériale des Naturalistes de Moscou. 1875. No. 3. u. 4. Moscou.

Vierteljahrshefte zur Statistik des Deutschen Reichs für 1876. IV. Jahrg. Heft I. Abthl. 1. Berlin.

Herausgegeben im Auftrage des Vorstandes von Dr. Georg von Boguslawski.

Verlag von Dietrich Reimer in Berlin.　　　Druck von Kerskes & Hohmann in Berlin.

BERLIN
Druck von Kerskes & Hohmann
SW., Zimmerstrasse 94.

VERHANDLUNGEN

DER

ESELLSCHAFT FÜR ERDKUNDE

ZU

BERLIN.

SITZUNGEN
VOM 8. JULI und 7. OCTOBER 1876.

BAND III. Nº· 7 u. 8.

BERLIN,

VERLAG VON DIETRICH REIMER.

1876.

VERHANDLUNGEN

DER

GESELLSCHAFT FÜR ERDKUNDE

ZU BERLIN.

1876.   **No. 7 u. 8.**

Mittheilungen sind zu adressiren an den Vorstand der Gesellschaft für Erdkunde, Berlin, SW.
Friedrichstrasse 191.

Die Referate über die Vorträge sind ausschliesslich von den Vortragenden selbst verfasst, welche für den Inhalt derselben verantwortlich sind.

Vorgänge bei der Gesellschaft.

Sitzung vom 8. Juli 1876.

Vorsitzender: Freiherr v. Richthofen.

Der Vorsitzende gedenkt des grossen Verlustes, welchen die Gesellschaft durch den am 27. Juni d. J. erfolgten Tod ihres Mitstifters und ihr seit 48 Jahren angehörenden Mitgliedes, des verstorbenen Geh. Medicinalrathes und Professors Dr. Christian Gottfried Ehrenberg (geboren 19. April 1795 zu Delitzsch), erlitten habe, und hebt die hohen Verdienste des Verstorbenen um die Naturwissenschaften und die Erdkunde hervor.

Derselbe begrüsst hierauf die heimgekehrten Mitglieder der Loango-Expedition, die Herren Dr. Falkenstein, Dr. Pechuel-Lösche, Lindner und Soyaux und zollt ihren Bemühungen, sowie der Reichhaltigkeit der von ihnen mitgebrachten Sammlungen die vollste Anerkennung.

Derselbe theilt mit, dass Se. Majestät der König der Belgier mehrere Geographen und Reisende und die Vorsitzenden der leitenden geographischen Gesellschaften Europa's zu einer Conferenz im September d. J. nach Brüssel eingeladen habe, um über eine Methode zur internationalen Erforschung und Erschliessung von Central-Afrika zu berathen (s. Sitzung v. 7. Oktober).

Nach einem Bericht über die eingegangenen Geschenke und Einsendungen für die Bibliothek, legt der Vorsitzende eine von den Herren Rev. W. L. Bevan, Rev. F. F. Havergal und Rev. H. W. Phillott angefertigte und auf Veranlassung des Erstgenannten der Gesellschaft als Geschenk überreichte, vorzüglich ausgeführte Reproduction der durch Beschreibungen bereits wohlbekannten *Mappa-mundi* der Kathedrale von *Hereford* vor. In einem ausführlichen Vortrag über mittelalterliche Kartographie überhaupt erläutert derselbe die Stellung und Bedeutung der Weltkarte und zeigt, dass, obgleich sie das bedeutendste Monument seiner Art aus dem 13. Jahrhundert und von hohem Interesse sei, dieselbe doch dem Standpunkt ihrer Zeit nicht ganz entspreche und fast in allen Beziehungen denjenigen des vorangegangenen Jahrhunderts zur Anschauung bringe. Mit besonderem Dank wird des freundlichen Gebers gedacht.

Herr Dr. Th. Studer (aus Bern, Naturforscher der Weltumsegelungs-Expedition S. M. Schiff „Gaselle") hält hierauf seinen angekündigten Vortrag *über das Thierleben auf den Kerguelen* (s. Seite 159). Herr Dr. med. Klunzinger aus Stuttgart spricht sodann über das *ägyptisch-arabische Wüstengebirge.*

Sitzung vom 7. October.

Vorsitzender: Freiherr v. Richthofen.

Der Vorsitzende begrüsst bei dem Beginn der Winterversammlungen die Gesellschaft und die nach Beendigung ihrer erfolgreichen Reisen wieder zurückgekehrten und hier anwesenden Herren Bastian und Jagor. Er gedenkt sodann der verstorbenen Mitglieder, Bankier Henkel — Berlin, Dr. Otto Ule — Halle, Professor Meinicke — Dresden, und widmet den letzteren Beiden Worte der wärmsten Anerkennung für ihre grossen Verdienste um die Erdkunde.

In Rumänien hat sich eine neue Geographische Gesellschaft mit ihrem Sitze in Bukarest gebildet. Se. Hoheit Fürst Carl von Rumänien ist Protector und Präsident derselben; Herr Cantacuzeno fungirt als Vicepräsident. Die Veröffentlichung eines Bulletin hat bereits begonnen.

Se. Majestät der König der Belgier haben das Diplom als Ehrenmitglied der Gesellschaft aus den Händen des Vorsitzenden am 11. September huldvollst anzunehmen geruht. Der Vorsitzende knüpft an diese Mittheilung Worte der lebhaftesten Anerkennung für die hohe künstlerische Ausführung dieses Diploms und für die uneigennützige Art, in welcher Herr Baumeister Grunert dieselbe freiwillig übernommen hat.

Der Vorsitzende macht sodann Mittheilung über die Verwendung der Karl Ritter-Stiftung für das Jahr 1876. Der Baarbestand der Zinsen derselben betrug im Juni 1876: 2633,50 ℳ. Aus dieser Summe sind vom Vorstand bewilligt worden: 1500 ℳ. zur Unterstützung einer Reise des Herrn Dr. von Bary in das Hagar-Gebiet (s. Seite 188); 300 ℳ. als Beitrag für die Anschaffung von Manuscript-Karten für eine grössere kartographische Arbeit des Herrn Professor Kiepert über Nordsyrien und Mesopotamien; 150 ℳ. für die Wiederherstellung eines von dem K. Auswärtigen Amt als Geschenk angebotenen Universalinstrumentes. Ausserdem wurden für die Herausgabe der Hauzknecht'schen Karten von Luristan 600 ℳ. als erste von zwei Raten an die Buchhandlung von D. Reimer gezahlt.

Der Vorsitzende theilt ferner mit, dass auf Veranlassung des Herrn Dr. Hartlaub in *Bremen* der Vorstand für eine von der *Royal Society* in *London* beabsichtigte geographische und naturhistorische Erforschung der Insel *Sokotra* Herrn von Heuglin auf das wärmste empfohlen habe.*) Derselbe erwähnt, dass durch Herrn von Barth Nachrichten von Dr. Pogge eingetroffen seien, wonach dieser bis an die Residenz des Muata-Yamvo gelangt sei (s. S. 193). Von Herrn Dr. Lenz am *Ogowe* ist ein Brief an den Vorstand der Afrikanischen Gesellschaft eingegangen, welchen Herr Nachtigal verliest (s. S. 184). Im Anschluss an diese Mittheilungen gedenkt der Vorsitzende einiger neuer Reiseprojecte von hervorragender Wichtigkeit, welche die Erforschung von *Centralasien* zum Gegenstand haben. Mehrere von ihnen gehen von der kaiserl. Geographischen Gesellschaft in *St. Petersburg* aus. In seiner Ausführung weit vorgeschritten ist das Project von Oberst Przewalski, welcher nach neuesten Nachrichten den *Lop noor* erreicht hat und den Winter daselbst zuzubringen gedenkt, um alsdann nach *Kuldja* zurückzukehren und von hier aus die Erforschung von *Tibet* in Angriff zu nehmen. Demselben Gebiet wird

---

*) Bei der Drucklegung geht uns die traurige Nachricht von dem am 5. November erfolgten Tod dieses verdienten Afrikareisenden zu. A. d. H.

eine neue Reise von Sosnowski gewidmet sein, während Herr
Ssäwerzof seine grosse Aufgabe der Erforschung des *Tiënschan* in
dem östlichen Theil dieses Gebirges fortführt. Ferner liegen englische
Reiseberichte vor, wonach Dr. Gill und Ney Elias von *Peking* aus
auf noch zu bestimmenden Wegen nach *Ost-Turkestan* zu gehen gedenken. Es wird hieran die Hoffnung geknüpft, dass Graf Szechényi
seinen kühnen Plan einer grossen, auf eigene Kosten ins Werk zu
setzenden Expedition und der Erforschung des zuerst von Marco
Polo begangenen Weges im Süden des *Tarym*-Flusses ausführen
werde.

Nach Vorzeigung und besonderer Hervorhebung einiger der seit
der letzten Sitzung zahlreich eingegangenen und zum Theil sehr
werthvollen Einsendungen und Geschenke für die Bibliothek (s. S. 195),
erstattet der Vorsitzende, Freiherr von Richthofen, seinen angekündigten Bericht über die *Conferenz in Brüssel* (s. S. 168).
Herr General von Etzel, Exc., hob im Anschluss an diesen Vortrag
hervor, dass unsere eigenen Bestrebungen in Bezug auf die Erforschung
des innern Afrika recht eigentlich erst Erfolg versprächen durch
die grossartige und praktische Initiative Sr. Majestät des Königs
der Belgier, welchen Europa sich gewöhne an der Spitze so vieler
internationaler humanitärer Bestrebungen zu sehen, wie das auch
wieder der jetzt in Brüssel im Anschluss an die Ausstellung tagende
Congress für Gesundheitspflege und Rettungswesen besonders beweise. Das hochherzige Beispiel, welches Se. Majestät der König
der Belgier in Bezug auf die Aufgaben der Geographie gegeben,
werde nicht verloren sein; der Gesellschaft für Erdkunde zu Berlin
sei es Pflicht, ihrem neuesten hochverehrten Ehrenmitgliede, Sr. Majestät dem König Leopold II., die Gefühle der höchsten Dankbarkeit
auszudrücken. Die Versammlung erhob sich zum Zeichen des Einver-
ständnisses bei diesen Worten von ihren Plätzen und beauftragte
den Vorstand, Sr. Majestät dem König der Belgier Kenntniss von
diesem Akte zu geben. —

Herr Bastian spricht hierauf über seine letzten Reisen in Süd-
und Nord-Amerika (s. S. 182).

Der Gesellschaft sind beigetreten in der Juli-Sitzung:

Herr Legationsrath Baron de Borchgrave, erster Secretär
der Königl. Belgischen Gesandtschaft; — Herr Zembsch, Corvetten-Capitain; — Herr v. Mechow, Major a. D.; — Herr Dr.
H. Bruns, Professor an der Universität; — Herr Dr. Fürsten-
heim; — Herr Albert Frisch.

Wieder eingetreten:
Herr Capitain zur See, Freiherr v. Schleinitz.

Der Gesellschaft ist beigetreten in der Oktober-Sitzung:
Als auswärtiges Mitglied: Herr A. Houtum Schindler, General-Inspecteur der persischen Telegraphenlinien.

Vorträge.

Herr Dr. Studer (als Gast):
Ueber das Thierleben auf den Kerguelen.

Der mehr als dreimonatliche Aufenthalt auf der Kerguelen-Insel, von Ende October 1874 bis Anfang Februar 1875, während der Arbeiten der deutschen Venus-Expedition auf dieser Insel, konnte von mir benutzt werden, um auch über die naturgeschichtlichen Verhältnisse der Kerguelen-Inseln einige Aufschlüsse zu gewinnen.

Die Hauptinsel der Kerguelen stellt ein bergiges, von Ost nach West sich erstreckendes Land dar, in welches eine Unzahl von Fjorden und kleineren Buchten tief einschneidet. Der Anblick, welchen sie dem durch die stets stürmisch bewegte See ihm Nahenden darbietet, ist kein vielversprechender. Schroffe Basaltmassen erheben sich aus der brandenden Fluth empor gegen das Innere, zu 2000—3000 Fuss hohen terrassenartig abgestuften Kämmen sich aufthürmend, die häufig noch von Schnee oder Eis bedeckt sind.

Vegetation ist wenig zu erkennen, die Felsen bieten meist die nackte Gesteinsfläche der Verwitterung dar, die durch den sturmgepeitschten Regen und die von den zahlreichen Wasserreservoirs der Schneefelder herkommenden Bäche beschleunigt wird, während die Brandung an den Küsten die schroffen Felsen unternagt. Nur in den geschützteren Thälern, an den vom herrschenden Westwinde abgekehrten Berghängen hat sich einige Vegetation angesiedelt. Hier bildet die *Azorella selago*, eine kleine Doldenpflanze, torfmoosartigen Rasen, in deren wasserdurchtränkten Massen der Fuss bis über den Knöchel einsinkt; dazwischen wachsen einzelne Farren, Moose und einige Blüthenpflanzen, wie Gräser, Rosaceen und namentlich eine sich über das Niveau der gewöhnlichen Vegetation in kohlartigen Köpfen erhebende Crucifere, die *Pringlea antiscorbutica*, deren saftige, scharfe Blätter ein wohlschmeckendes, blutreinigendes Gemüse liefern.

In den Seen, zu deren Bildung jede muldenförmige Vertiefung Veranlassung giebt, siedeln sich ausserdem eine Anzahl Süsswasserpflanzen, grüne Algen, Ranunculusarten u. s. w. an. Bäume und Sträucher fehlen vollkommen. Nehmen wir dazu, dass die Temperatur 10° C. selten übersteigt, allerdings auch selten unter 0° sinkt und fast beständig ein regnerischer Weststurm weht, so wird man leicht einsehen, dass unter diesen Verhältnissen kein reiches Thierleben zu erwarten ist.

Und doch musste es von Interesse sein, gerade hier eine *Thierwelt* aufzufinden, deren Vertreter nicht, wie die Seevögel, mit ausgezeichneten Flugorganen ausgestattet, sich über die ganze antarktische Zone zu verbreiten im Stande sind, sondern die durch ihre Organisation an den Boden selbst gefesselt sind. Bedenken wir, dass *Kerguelen* Tausende von Meilen von jedem Festlande entfernt ist und dass tiefe Meeresabgründe das Plateau, worauf es steht, davon trennen. Halten wir daran fest, dass verwandte Thierformen einen bestimmten Ausgangspunkt haben, von welchem aus sie sich ausbreiten, bis unübersteigliche Hindernisse ihrer Weiterverbreitung ein Ziel setzen, dass wir also aus der Verbreitung nahe verwandter Arten einen Schluss auf den bestehenden oder vorhanden gewesenen Zusammenhang des Verbreitungsgebietes ziehen dürfen, so sind auf der isolirten Kerguelensinsel drei Fälle möglich: 1. Es finden sich gar keine Landthiere; 2. Die Thierwelt ist eine ganz eigenthümliche Schöpfung; 3. Es lässt sich nach der Thierwelt ein früherer Zusammenhang mit andern bekannten Gegenden nachweisen, wie dieses durch Hooker für die *Flora* geschehen ist.

Der erste Fall war allerdings schon beseitigt durch die früheren Besucher der Insel durch Cook und später Ross, die auch für den dritten Punkt einen wichtigen Fingerzeig gaben. Es wurde nämlich ein eigenthümlicher Landvogel gefunden, der zu der Familie der Sumpfvögel gehört, die *Chionis minor* oder Scheidenschnabel, dessen nächster Verwandter *Ch. alba* auf den *Falklandsinseln* sich findet und eine kleine Schnecke *H. Hookeri*, die einem weitverbreiteten Geschlechte, wie auch unsre Gartenschnecke, angehört.

Es gab nun der lange Aufenthalt von über 3 Monaten hinlänglich Gelegenheit, noch weitere Landthiere zu finden. Dasselbe thaten die am *Royal Sound* stationirten englischen und amerikanischen Gelehrten und so dürfen wir denn jetzt als 'zur Fauna Kerguelens gehörend betrachten: 4 Säugethiere, 22 Vogelarten, 15 Insekten, worunter 5 *Käfer*, 5 *Fliegen*, 1 *Neuroptere*, 1 *Falter*, 3 *Schrecken*, 6 Arachniden, worunter 2 *Spinnen* und 4 *Milben*, 7 Crustaceen des süssen Wassers, 1 Schnecke und 2 Würmer. Ausser den Säugethieren und Vögeln sind diese Thiere meist unscheinbare Geschöpfe, die ein mehr verborgenes Dasein führen.

Von den Säugethieren ist nur eines, eine *Maus*, rein an das Land gebunden; sie scheint mit unserer Hausmaus identisch zu sein und ist wohl von den zahlreichen Walfischfahrern, welche die Küste Kerguelens alljährlich besuchen, eingeführt worden. Sie hat sich mit dem ihrem Geschlechte eigenthümlichen Acclimatisationsvermögen in dem dichten Azorellarasen am

Strande häuslich eingerichtet, zog aber bald nach Aufrichtung der Wohnungs- und Observationshäuser unsre Räumlichkeiten, ihren alten Gewohnheiten treu bleibend, vor.

Die drei andern Säugethiere sind Thiere, die zur Familie der *Robben* oder *Seehunde* gehören. Sie gehören mit zu den gigantischsten Thieren. Es sind der See-Elephant *Cystophora leonina*, der Seeleopard *Stenorhynchus leptonyx* und eine Ohrenrobbe, die sich nach den Untersuchungen von Prof. Peters als für die Wissenschaft neu erwies und von ihm *Arctophoca gazella* genannt wurde.

Der See-Elephant ist die grösste und häufigste Robbe, die Kerguelen besucht. Das Männchen dieser Art wird nach Angabe der Walfischfänger 20—30' lang und ist durch eine faltige Nasenhaut ausgezeichnet, die es im Affect zu einem häutigen Rüssel aufblähen kann, eine Eigenschaft, die mit der gewaltigen Körpermasse den Namen *See-Elephant* wohlberechtigt. Das Weibchen erreicht selten eine Länge von über 8' und entbehrt des Rüssels. Man trifft diese Thiere zuweilen am flachen Strande liegend, wo sie sich tiefe Betten in dem Azorellarasen ausgewälzt haben. Ruhig lassen sie den Menschen sich nahen und sich widerstandslos todtschlagen. Nur ein vorwurfsvoller Blick aus den grossen braunen Augen trifft das erbarmungslose Raubthier, den Menschen!

Die Begattungszeit dieser Thiere ist nach den Angaben der Walfischfahrer vom September bis October, dann sammeln sich hunderte von Weibchen an einer ruhigen Bucht mit sandigem Strand, geführt von einem grossen Männchen. Dieses wacht nun eifersüchtig über seine Schaar; naht sich ein zweites Männchen, so entspinnt sich ein furchtbarer Kampf zwischen beiden Rivalen, bis einer das Feld räumt. Sind die Weibchen von dem einen Männchen belegt, so zerstreuen sie sich an der *Küste*, im September des nächsten Jahres gebiert jedes ein Junges, das nun bis in November am Lande gesäugt wird. Solche säugende Weibchen traf man hin und wieder. Erst nach 6—8 Jahren sollen die Thiere erwachsen sein und fortpflanzungsfähig werden.

Nachdem durch fortgesetzte Nachstellungen die Walfische in diesen Gegenden selten geworden sind, hat sich die Gewinnsucht jetzt auf die Robben geworfen. Tausende werden jährlich von den dazu ausgesandten Schiffen erlegt und zur Thrangewinnung ausgebeutet und bei der spärlichen Fortpflanzung und der Wehrlosigkeit dieser Thiere ist wohl der Tag nicht fern, wo die Existenz des See-Elephants, wie die des Borkenthiers, Dodos und Riesenalks der Vergangenheit angehört.

Seltener als der Elephant ist der *Seeleopard*, ein Thier von 7—8' Länge mit grauem, schwarz geflecktem Pelz, der ihm seinen Namen verschafft hat. Ebenso gehört eine schöne *Ohrenrobbe* zu den Seltenheiten. Das Thier war früher häufig, wurde aber wegen seines kostbaren Pelzes in grossem Massstabe getödtet, so dass es als ein grosser Glücksfall betrachtet werden muss, dass es den Offizieren der „*Gazelle*" gelang, ein solches Thier in *Christmas Harbour* lebend zu erlangen, und eine bemerkenswerthe Thatsache ist es, dass dieses Thier sich nach den Untersuchungen von Prof. Peters als eine bis jetzt in der Wissenschaft noch unbekannte Art herausstellte.

Reichlicher als die Abtheilung der Säugethiere ist die *Vogelwelt* vertreten, die längs der ganzen Küste sich in vielen Arten herumtreibt. Alle mit einer Ausnahme gehören der Familie der *Schwimmvögel* an und sind in ihrer Existenz wenigstens an die Nähe der See gebunden, je weiter man ins Innere des Landes vordringt, um so mehr verliert sich diese lebendige Staffage der Landschaft.

Unter den Vögeln müssen wir solche Formen unterscheiden, die beständig die Insel bewohnen und sich selten weit von ihren Küsten entfernen, und solche, welche gewöhnlich eine pelagische Lebensweise führen und nur zur Brütezeit die im südlichen Ocean zerstreuten unbewohnten Inseln aufsuchen. Es gehören dahin die mächtigen *Albatrosse, Sturmvögel, Entenstürmer, Sturmschwalben*, welche man gewöhnlich weit auf offener See, sobald man die südliche Grenze des SOpassats passirt hat, antrifft. Ihr Haupttummelplatz ist das Gebiet der südlichen Westwinde. In dieser stürmischen Gegend, wo das schrankenlose Meer gigantische Wogen aufwirft, sieht man Schaaren dieser Vögel sich in der Umgebung des Schiffes tummeln und die über Bord geworfenen Abfälle gierig verzehren. Mag das Schiff noch so viel Fahrt laufen, die Vögel fliegen scheinbar ohne Anstrengung wie spielend hinterher, jetzt sich auf das Wasser niedersetzend, um eine Beute aufzunehmen und mit den Rivalen zu zanken, dann wieder mit wenigen Flügelschlägen das enteilende Schiff einholend.

Bei unsrer Ankunft auf *Kerguelen* im October waren von diesen Vögeln bis auf die *Captauben* und niederen Sturmvögel, welche dem Schiffe bis in den Hafen das Geleit gaben, wenig zu sehen; dagegen fielen am Lande eigenthümliche Löcher auf, welche in lange, oft gebogene Gänge unter dem Azorellarasen hinführten. Bewohner dieser Gänge waren nicht zu entdecken. In der Mitte des Novembers, also der dortigen Frühjahrszeit, vernahm man, wenn man über den Rasen schritt, unter den Füssen ein eigenthümliches trommelndes Geräusch, das seinen Ursprung im Grunde dieser erwähnten Gänge haben musste. Grub man nach, so fand sich im Hintergrund des Ganges ein Pärchen des niedlichen grauen Entenstürmers, eines blaugrauen Vogels von Taubengrösse mit breitem Sturmvogelschnabel, dessen Ränder wie bei einem Entenschnabel mit senkrechten Hornlamellen besetzt sind. Diese sonst auf hoher See lebenden Vögel hatten diese Gänge ausgehöhlt, um dort sicher vor Verfolgungen, denen sie von anderen Vögeln ausgesetzt sind, ihr Brutgeschäft zu verrichten. Bald im December fand sich auch das grosse weisse Ei des Vogels und Anfangs Januar auch das mit dichtem grauem Flaum bedeckte Junge. Die Alten blieben gewöhnlich den Tag über in dem Bau und flogen erst in der Dämmerung auf Futter aus. Bald siedelten sich auf ähnliche Weise auch andere Sturmvögel an, ihre Häuslichkeit in dem unterminirten Rasen einrichtend. Auch der schöne rauchgraue Albatross, *D. fuliginosa*, der auf See durch seinen anhaltenden eleganten Flug so auffallend ist, nahte sich jetzt der Küste und legte auf begrasten Plateaux ein einfaches aus Grashalmen bestehendes erhabenes Nest an, in dem er sein schwaneneigrosses, weisses Ei bebrütete.

Sobald von diesen Vögeln die Jungen flügge sind, was in relativ kurzer Zeit, Anfang Februar der Fall ist, gehen sie mit den Alten wieder in See und führen dort ihre pelagische Lebensweise.

Mannigfaltiger sind die Kerguelen eigentlich bewohnenden Vögel! Da belebt jede Klippe eine schöne weisse *Möve* mit tiefschwarzen Flügeln und mit gelbem Schnabel und Füssen, *L. dominicanus*. Schreiend sucht sie am Strande nach ausgeworfenen Thieren oder versammelt sich um das Aas des getödteten See-Elephanten, mit lachendem Ton ihre Gefährten rufend. Ueber dem aus Ufer geworfenen Tang flattert eine zierliche silbergraue *Seeschwalbe* mit korallenrothem Schnabel und Füssen; sie lässt sich, hat sie eine Beute erspäht, plötzlich mit eingezogenen Flügeln auf das Wasser fallen, um mit der errungenen Beute, von neidischen schreienden Kameraden verfolgt, einen sicheren Platz zum Verzehren derselben aufzusuchen. Da treibt sich die braune *Raubmöve, Skua antarctica,* herum, hier zudringlich sich zur Wohnung drängend, um Abfälle aufzulesen, dort eine Seeschwalbe verfolgend, oder regungslos vor der Röhre eines Sturmvogels sitzend, um denselben bei seinen abendlichen Ausgängen abzufangen und zu würgen. Längs den tiefen Buchten aber schwebt rastlos der mächtige Riesensturmvogel, *Ossifraga gigantea,* dessen kräftiger an der Spitze gebogener Schnabel und der Kopf und Hals mit glatt anliegendem Gefieder ganz an einen Geyer erinnert. Ein eigenthümliches Schauspiel, das an die Schilderung der Geyermahle in der Wüste erinnert, entrollt sich, wenn ein todter See-elephant am Strande liegt. Bald haben sich um das mächtige Cadaver Schaaren von Raubmöven und weissen Möven gesammelt und suchen die Augen und andere leichter loslösbare Theile abzulösen; bald aber weichen sie zurück, — ein Riesensturmvogel hat die Beute erspäht, bald sind die Kameraden benachrichtigt: sie lassen sich in Schaaren in der Nähe auf dem Wasser nieder und schwimmen an den Strand. Im Nu machen ein paar kräftige Schnabelhiebe unter dem Mövengesindel Platz; dem starken Schnabel weicht die dicke Haut des Elephanten und bald tauchen die Köpfe und Hälse bis zu den Schultern in die Leiche, um roth mit Blut überzogen und mit einem langen Stück Eingeweide wieder herauszukommen. Bald ist wenig mehr als Knochen und Sehnen vorhanden und vollgefressen suchen die Vögel mit ungeschicktem Gange das Wasser wieder zu erreichen. Jetzt fallen schreiend die gierigen Möven über die Reste her und reinigen vollends das Skelett von noch anhaftenden Fleischtheilen.

Häufig belebt die Buchten eine Art *Cormoran* von der Grösse unsres gewöhnlichen schwarzen Cormorans mit glänzend schwarzem Rückengefieder und weissem Bauch. Die Schnabelwurzel ist mit einer goldgelben, warzigen Haut geziert, die Augen mit einem blauen nackten Ring. Bis an den langen Hals ins Wasser gesenkt, schwimmt er umher, bis er tief unter

Wasser eine Beute erspäht. Kopfüber taucht er, sich erst etwas auf. schnellend, unter, um erst nach einer Minute wieder mit einem erhaschten Wurm auf die Oberfläche zu kommen. Zur Brütezeit im November sammelt er sich auf den vom Winde durch hohe Felswände geschützten Klippen. Dort legt er hohe abgestumpft kegelförmige Nester aus Mist und Gras an, um darauf dem Brutgeschäft obzuliegen. Eier werden, an Zahl 2—3, abgelegt und sind von bläulich weisser Farbe. Die ersten Jungen, fast nackt, mit sehr kleinen Dunen, krochen Anfangs December aus.

Eine der reizendsten Erscheinungen in der Vogelwelt ist der Scheidenschnabel, *Chionis minor*, ein Thier von Taubengrösse mit schneeweissem Gefieder, schwarzem, kräftigem, leicht gebogenem Schnabel, dessen Wurzel von einer hornigen, vorn offenen Scheide bedeckt ist, die die Nasenlöcher schützt. Die Beine sind fleischfarben und nur bis zur obern Hälfte der Unterschenkel befiedert. Dieser Charakter, sowie das Skelett, stellen das Thier in die Gruppe der *Wadvögel*, während es in der Beschaffenheit der Weichtheile Annäherungen an die Hühner und Tauben zeigt. Es hüpft gewöhnlich zu zweien oder dreien auf den Klippen herum, sucht sich Muscheln oder frisst auch Kobl und Sämereien. Zur Brütezeit der Cormorane und Pinguine aber verändert sich seine Lebensweise.

Er treibt sich dann scheinbar harmlos in der Nähe der Brutcolonieen herum, bis eine Cormoran-Mutter, vom Hunger getrieben, auf kurze Zeit ihr Nest verlässt. Im Nu sitzt die *Chionis* darauf, öffnet das Ei mit scharfen Schnabelhieben und verzehrt den Inhalt, bis die Mutter zurückkehrt und ihre Mühe vergeblich sieht. Bei diesem Geschäft bietet die Schnabelscheide der Chionis einen Schutz gegen das Verkleben der Nasenlöcher durch Eiweiss.

Die Hauptstaffage des Strandes bilden die *Pinguine*, von denen 5 Arten auf der Insel sich finden, wovon aber zwei seltener und auf einzelne Plätze beschränkt scheinen. Diese Vögel machen mit ihrer aufrechten Haltung, den kurzen, flossenartigen, mit schuppenartigen Federn bedeckten Flügelstummeln einen eigenthümlichen Eindruck. Derselbe wird noch erhöht durch die gravitätische Art, mit der sie sich auf dem Lande bewegen, und die vollkommene Furchtlosigkeit, mit der sie dem Menschen gegenüber treten. Anders ist ihr Benehmen im Wasser, ihrem eigentlichen Element. Da sieht man sie tauchen und mit den Flossen rudernd, gleich Delphinen, blitzschnell unter dem Wasser dahinschiessen, wobei die nach hinten gesetzten Beine mit ausgebreiteten Schwimmhäuten als Steuer dienen.

Wo am Strande am Fusse der Basaltwände heruntergestürzte cubische Blöcke wirr übereinander lagen, waren sie überdeckt von Tausenden einer kleinen Pinguinenart, die sich auszeichnete durch einen dicken, kräftigen Schnabel, gedrungene Gestalt und einen zierlichen gelben Federbusch über der Augengegend. Gewöhnlich standen die Männchen aufrecht auf den Felsblöcken, wachehaltend, während die Weibchen in den Lücken, die die übereinandergeschichteten Blöcke zwischen sich liessen, dem Brutgeschäft oblagen. Nahte sich Gefahr, so sammelten sich die Thiere, mit beiden

Füssen von Block zu Block hüpfend, und bildeten unter betäubendem Geschrei eine Phalanx, dem Eindringling mit Schnabel- und Flügelhieben
zusetzend, während sich die Frauen mit lauter Stimme in ihren Gemächern
über den frechen Fremdling unterhielten. Jedes Weibchen legt ein grosses
Ei, das durchschnittlich 30 Tage bebrütet wird, worauf das schon mit
Federn ganz bedeckte Junge auskriecht.

Ein verschiedenes Bild bot der grosse *Königspinguin*, *A. patagonica*.
An dem sandigen Strand der Buchten hielt sich dieses schöne Thier zu
3—6 Stück auf. Er wird aufrecht stehend 3' hoch, ist schwarz mit weissem
Bauch, längs des Halses mit einem schönen hochgelben Längsstreifen geziert. Der Schnabel ist lang, schlank und spitz. Sein Benehmen ist ernst
und würdig. Gewöhnlich lagen die Thiere platt auf dem Bauch im warmen Sande und liessen sich von der Sonne bescheinen. Nahte man sich,
so richtete sich der Vogel in ganzer Höhe auf und erwartete ruhig den
Kommenden, den er mit Schlägen seiner Flosse zu vertreiben suchte, doch
liess er sich auch endlich an der Flosse fassen und eine Strecke mitführen.
Eine dritte kleinere Art, *Sph. papua*, stand gewöhnlich in langen Reihen
am Strande; er suchte sich bei Annäherung des Menschen meist nach dem
Wasser zu flüchten, wobei er sich trabend bewegte, gewöhnlich dabei
einen Flügel nach hinten ausstreckend, so dass er einem laufenden Menschen mit einem übergeworfenen Palctot nicht unähnlich war.

Der einzige Vogel, welcher auch im Innern die Sümpfe belebt, war
eine kleine *Ente*, von Grösse und Gestalt unsrer Creekente, die paarweise
sich herumtrieb und zur Ebbezeit in grösserer Anzahl den Strand auf-
suchte, um die zahlreichen kleinen Crustaceen, die in den Tümpeln zurückgeblieben waren, aufzusuchen. Sie allein hatte schmackhaftes Fleisch.

Die spärliche niedere Thierwelt hielt sich mehr im Verborgenen auf.
Bei unsrer Ankunft fanden sich nur unter Rasen und Steinen kleine
Schnecken die *Helix Hookeri* und einige Rüsselkäfer vor, die mit unsren
Blattrüsselkäfern, *Phyllobien*, verwandt, sich alle durch den Mangel an
Unterflügeln, welche allein bei den Käfern als Flugorgane dienen, aus-
zeichneten.

Als aber Anfangs November das Thermometer in der Nacht nicht
mehr unter den Gefrierpunkt sank, die hier und da auftretenden Schnee-
stürme dem Regen Platz gemacht hatten, da zog auch in *Kerguelen*
kaum merklich der Frühling ein. In den Stengelgipfeln der *Azorella*
entwickelten sich unscheinbare grüne Blüthchen, die *Pringlea* liess lange
Blüthenähren hervorschiessen, hier und da schmückte sich auch ein anderes
Pflänzchen mit kaum merklichen Blumen. In den vorher todten Teichen
sprossten Ranunculusarten auf und bedeckte sich die Oberfläche mit grünen
Algen. Auf ihrer Fläche zeigte sich jetzt eine kleine Mücke, mit kleinen
Flügeln sich kaum über den Wasserspiegel erhebend, auf dem sie nach
kurzer Lebensdauer ihre Eier absetzte. An den breiten Blättern des
Kohls sass eine eigenthümliche schwarze Fliege mit langen Beinen, der
aber ein sonst wichtiges Attribut der Fliegen, die Flügel, vollkommen

fehlte; eine zweite ähnliche suchte nach Art unserer Aasfliegen Aas auf, in dem sich bald ihre Maden entwickelten, eine dritte kroch auf dem sandigen Strande. Alle zeigten in ihrem Bau, wie in ihrer Lebensweise und ihren Larven die Charaktere der richtigen *Musciden*, doch die Flügel, das Vermögen sich in die Luft zu erheben, fehlten Allen. Dasselbe war der Fall bei einem kleinen Schmetterling, der am Kohl ein kurzes Dasein fristete. Unter Steinen lebte eine Raubspinne, ähnlich unsren Wolfsspinnen, Milben, im Rasen kleine flügellose Heuschrecken zur Familie der Springschwänze gehörend, die ja auch bei uns unter Rinden, Rasen u. s. w. häufig sind.

In den Teichen wimmeln jetzt zahlreiche kleine Cruster, Formen, die zu den Muschelkrebsen und Flohkrebsen gehören, wie sie auch bei uns süsse Gewässer bevölkern und die als *Cyclopiden, Lynceiden, Daphniden* bekannt sind. Nicht einmal generische Unterschiede lassen sich gegenüber den bekannten europäischen Formen auffinden.

Hiermit hätten wir die *Fauna* des Landes, soweit sie uns in der Zeit von drei Monaten bekannt worden ist, erschöpft und es bliebe nun zu untersuchen, inwiefern dieselbe mit andern Gebieten übereinstimmt. Was die Säugethiere anbelangt, so haben der See-Elephant und der Seeleopard eine weite antarktische Verbreitung, während die Ohrenrobbe *Kerguelen* eigenthümlich wäre, ihre nächsten Verwandten aber in *St. Paul* und *Neu-Holland* hat. Von den Vögeln sind für Kerguelen eigen: die *Chionis minor*, die Ente, der Cormoran *Halieus verrucosus* und die Seeschwalbe. Der Gattungsverwandte von *Ch. minor* lebt auf den Falklandsinseln, die der Ente sind über die ganze Welt zerstreut, die dem Kerguelen-Cormoran nächste Form *H. carunculatus* lebt an den Südküsten *Tasmaniens* und *Neu-Seelands*, ebenso der nächste Verwandte der Seeschwalbe *Sterna virgata* in der *Sterna vittata* auf Neu-Seeland und in der Magelhaensstrasse. Die andern Vögel sind auch über andere antarktische Länder verbreitet.

Was die niedere Thierwelt anbetrifft, so fehlt leider noch eine genaue Kenntniss der entsprechenden Faunen, namentlich von *Tasmanien, Süd-Neuseeland, Feuerland* und den zahlreichen antarktischen Inseln, um einen hinreichenden Vergleich zu gestatten. Der Mangel der Flügel darf bei Fliegen und Käfern uns nicht verführen, die Thiere für eine ganz eigenthümliche Schöpfung zu halten, dieselben schliessen sich in andern Charakteren eng an bekannte Formen an. Wohl aber mag der Flügelmangel eine durch die meteorologischen Verhältnisse bedingte, mit der Zeit erworbene Eigenschaft sein. Ein Insekt, welches sich bei den hier herrschenden Weststürmen in die Luft erhöbe, würde wohl in kurzem in die See geworfen werden und zu Grunde gehn, während eine flügellose Varietät sich halten konnte und ihre Eigenschaften auf die Nachkommen vererbte.

Noch unter anderen Gesichtspunkten lässt sich aber die Zusammensetzung der niederen Thierfauna betrachten. Wir finden nämlich als Hauptvertreter der Käfer Formen, deren Existenz wir sonst hauptsächlich an

Holzpflanzen, an Bäume und Sträucher gebunden sehen, wir finden Fliegen, deren nächste Verwandte leicht beschwingt sind. Nehmen wir dazu, dass sich an der Westseite der Insel, im Basalt eingebettet, verkieselte Baumstämme und Kohlen finden, so möchte die Vermuthung auftauchen, dass wir es hier mit den Resten einer Thierwelt zu thun haben, die in glücklicheren Zeiten in Wäldern lebten, als vielleicht grössere Ausbreitung des Landes und vor dem Sturme schützende Bergzüge Bäumen hier das Wachsthum erlaubten.

Sehen wir nun, wie sich zu dieser Frage die *Meeresfauna* verhält. Während am Land Wälder und Büsche vollkommen fehlen, sehen wir im Meere eine reiche Pflanzenentwicklung. Von 10 Faden Tiefe bis zur Oberfläche reicht der Riesentang *Macrocystis pyrifera*, auf der Oberfläche des Wassers noch seine Zweige, die mit blasenartigen Luftbehältern versehen sind, ausbreitend; wo sich seichtere Bänke in 1—2 Faden an das Land anschliessen, herrscht eine üppige Vegetation von rothen zierlich verzweigten *Florideen*, grünen *Ulren* und einer *Fucoidee* mit breiten, lederartigen Blättern die *D'Urvillea*. Der Grund ist für die tiefere Zone ein schwarzer Schlick, in dem grosse, vom Lande vielleicht durch Gletscher oder Eisberge hertransportirte Blöcke liegen, in der höhern theils Fels, theils feiner Sand. Diese unterseeischen Wälder bergen nun eine reiche Thierwelt, die bald im Schlamme wühlt, oder an den Zweigen der Algen sitzt, bald den Rand des Ufers zum Aufenthalte auswählt.

Hierbei ist hinzuzufügen, dass die Seethiere eben so gut einen Anhaltspunkt für die Beantwortung unserer Frage bieten können, wie die Landthiere. Auch sie sind durch unübersteigliche Schranken, die hier in tiefen schlammerfüllten Abgründen bestehen, von andern Küsten abgeschlossen. Jede Art ist durch ihre Organisation an gewisse Eigenthümlichkeiten des Bodens, der Temperatur und des Salzgehaltes des Meerwassers an ihre Stelle gebunden; soweit die Verhältnisse sich gleich bleiben, wird sie sich weiter ausbreiten, wo andere auftreten, wird ihre Weiterverbreitung gehemmt. Man kann freilich einwenden, dass viele dieser Thiere, namentlich die *Echinodermen* und *Polypen*, freie Larvenzustände haben, in welchen sie von Strömungen an andere Küsten geführt werden können, aber abgesehen davon, dass das Larvenleben für eine so weite Fortführung zu kurz ist und die Strömungsverhältnisse für die Kerguelen gerade ungünstig sind, so trifft die Sache ausserdem für unsere Verhältnisse deswegen nicht zu, da die meisten Echinodermen auf Kerguelen keine freien Larvenzustände haben, sondern erst im vollkommenen Zustande die Mutter verlassen.

Die Umgebung von Kerguelen ist sehr arm an *Fischen*; nur drei Arten, wovon zwei der der antarktischen Zone eigenthümlichen Gattung angehören, kamen in den Tangwäldern vor, reicher sind die *Mollusken*, welche eigene Gattungen vertreten, die *Krebse*, worunter nur ein höherer kurzschwänziger Krebs, und eine Fülle von *Echinodermen*, von denen sich auf dem kleinen untersuchten Gebiete 20 Arten vorfanden. Merkwürdig ist, dass bei diesen sonst fünfstrahligen Thieren die Sechs-Zahl der Strahlen häufig vertreten ist, eine Eigenthümlichkeit, der wir im Norden auch wieder begegnen.

Soweit die Verhältnisse sich gegenwärtig überblicken lassen, so sind die Meeresformen *Kerguelens* grösstentheils diesem Lande eigenthümlich, schliessen sich aber am nächsten an Formen an, die von der *Magelhaens-strasse* und *Südtasmanien* bekannt sind, ja sie sind zum Theil sogar identisch. Wir dürfen daher annehmen, dass eine *circumpolare antarktische Fauna* existirt, welche vielleicht auf einen frühern Zusammenhang der jetzt zerstreuten Inselgruppen hinweist. Hoffen wir, dass bald weitere Untersuchungen Licht auf diese Frage werfen.

Freiherr von Richthofen:

Bericht über die unter dem Vorsitz Sr. Majestät des Königs der Belgier vom 12. bis 14. September in Brüssel abgehaltene internationale Conferenz zur Berathung der Mittel für die Erforschung und Erschliessung von Central-Afrika.

Meine Herren!

Als wir uns vor einem Jahr nach den üblichen Ferien hier zum ersten Mal wieder versammelten, lag es mir ob, Ihnen von einem geographischen Congress Bericht zu erstatten, bei welchem ich die Ehre gehabt hatte, diese Gesellschaft zu vertreten. Eine glänzende Versammlung von Männern der Wissenschaft aus allen Ländern, zahlreicher als wahrscheinlich jemals zuvor eine derartige internationale Vereinigung stattgefunden hatte; eine grossartige Ausstellung aller auf Geographie bezüglichen Producte der Industrie und der literarischen Thätigkeit, welche in einer noch nie gebotenen Weise die Leistungen der verschiedenen Länder auf diesem Gebiet zu vergleichen gestattete; eine vielseitige Thätigkeit des Congresses, die, auf Grund eines wohldurchdachten Planes, und durch eine reichgegliederte Organisation gestützt, sich in der Discussion über eine grosse Anzahl zum Theil wichtiger Fragen äusserte, in Betreff deren das Urtheil hochangesehener Vertreter der verschiedenen Nationen von Interesse und Wichtigkeit war; endlich das gastliche Entgegenkommen, welches die Fremden in der schönen Hauptstadt von Frankreich gefunden hatten — dies waren die wesentlichen Punkte, auf die ich damals Ihre Aufmerksamkeit zu richten mir erlaubte. Auch diesmal liegt mir die angenehme Pflicht ob, Ihnen über eine zu geographischen Zwecken berufene

internationale Zusammenkunft Bericht zu erstatten, welche jedoch einen
wesentlich anderen Charakter trug. Eine geringe Zahl von Männern, unter
ihnen die Präsidenten der ältesten und grössten geographischen Gesellschaften und die hervorragendsten Afrikareisenden, folgen dem Ruf eines
Königs, um unter seiner Aegide und seiner unmittelbaren Leitung, zugleich
aber auch als seine persönlichen Gäste, ein einziges Problem der praktischen Thätigkeit auf dem Gebiet der Geographie zu berathen, und nicht
nur, wie es leicht bei Congressen geschieht, sich auf eine Meinungs-
äusserung zu beschränken, sondern eine Organisation zu schaffen, welche
das gestellte Problem durch internationale Thätigkeit seiner Lösung ent-
gegenzuführen bestimmt ist. Abgesehen von den grossen geodätischen
Aufgaben, welche nur durch das Zusammenwirken der Regierungsorgane
verschiedener Staaten in Angriff genommen werden können, hatte ein mit
den Interessen der Geographie verbundener Zweck nie eine ähnliche Versammlung vereinigt. Zwar hatte man bei einzelnen Fragen, wie denjenigen
der arktischen Forschung und der Durchstechung von Landengen, wohl an
ein internationales Zusammengehen gedacht; aber es war niemals bis zur
Gemeinsamkeit der Berathung gekommen. Die Initiative zu dem nun ge-
schehenen Schritt, dessen Bedeutung nicht nur in seinem unmittelbaren
Zweck beruht, sondern sich vielleicht auch in der Uebertragung der ange-
bahnten Methode gemeinsamen Handelns auf die Lösung anderer Probleme
äussern wird, gebührt ganz und gar Seiner Majestät dem König der
Belgier, welcher im Juni d. J., theils durch seine Gesandten und theils
durch die Gunst persönlicher Handschreiben, eine Anzahl von Einladungen
zu einer Conferenz in Brüssel ergehen liess und bereits bei dieser Gelegenheit das internationale Zusammenwirken für die wissenschaftliche Erforschung und die civilisatorische Eröffnung von Central-Afrika durch Errichtung von Stationen im Allgemeinen als den Gegenstand, um den es
sich handeln würde, bezeichnete. Wie ich selbst, so ist gewiss Jeder der
Betheiligten mit besonderem Vergnügen der Einladung zu einer Berathung
gefolgt, deren Zweckmässigkeit zur Erzielung praktischer Ergebnisse sich
sofort erkennen liess. Denn das Aussprechen des Gedankens eines Zu-
sammenwirkens der civilisirten Nationen in den genannten Aufgaben ge-
nügte, um die Vortheile klar zu machen, welche ein organisirtes und
systematisches Vorgehen, im Vergleich zu der planlosen Art, in welcher
jetzt die Unternehmungen der Angehörigen verschiedener Nationen ineinander greifen, haben müsse. Gewöhnlich wird zu einer bestimmten Zeit
ein bestimmtes Ziel in's Auge gefasst. Verschiedene Kräfte treten auf
nahezu gleichen Wegen für seine Erreichung ein. Einer hat Erfolg; für
Andere waren die Schwierigkeiten zu gross; beträchtliche Mittel sind vergeblich verwendet, und ihr Zufluss hört oft in dem Augenblick auf, wenn
ein neuer Anlauf zum Ziel führen würde. Es liegt auf der Hand, dass
durch combinirtes Vorgehen der Zweck nicht nur sicherer, sondern auch
in jedem einzelnen Fall in weit grösserem Umfang erreicht werden könnte. In
noch höherem Grad jedoch, als bei der wissenschaftlichen Erforschung, macht

sich der Vorzug gemeinsamen Handelns hinsichtlich aller civilisatorischen Bestrebungen geltend, an denen sich die guten Kräfte mancher dazu bereiter Nationen überhaupt nicht betheiligen, weil ihnen der praktische Anhalt und die Grundlage fehlen.

Am 11. September trafen die Geladenen in Brüssel ein. Obwohl es nicht in nothwendiger Beziehung zu den erreichten Ergebnissen steht, muss ich es doch als den Charakter der ganzen Vereinigung kennzeichnend hervorheben, in welchem Maass die fremden Gäste dem König für die ehrenvolle Art ihres Empfanges und der während der Dauer ihres Aufenthaltes genossenen wahrhaft königlichen Gastfreundschaft zu tiefem Dank verpflichtet sind. In der glänzendsten Weise war für die Unterkunft eines Jeden in dem königlichen Schloss gesorgt, und wir hatten die hohe Auszeichnung, in des Wortes voller Bedeutung die persönlichen Gäste Seiner Majestät zu sein. Auch muss ich mit besonderem Dank des liebenswürdigen Entgegenkommens gedenken, das uns von allen Seiten zu Theil wurde. Wenn daher die dort verlebten Tage gewiss in jedem Einzelnen bleibende Erinnerungen der wohlthuendsten Art hinterlassen haben, so bitte ich Sie doch, es in besondere Erwägung zu ziehen, dass die Ehren unserer Aufnahme einerseits den wissenschaftlichen Körperschaften galten, welche wir vertraten, und andererseits die Hochschätzung kennzeichnen, welche ein erleuchteter Souverain den grossen wissenschaftlichen Aufgaben und Culturbestrebungen unserer Zeit entgegenträgt.

Die erste Sitzung der Conferenz fand am 12. September von 10 bis 1 Uhr statt. Während mir die ehrenhafte Aufgabe zufiel, unsere Gesellschaft und die geographischen Gesellschaften Deutschlands überhaupt zu vertreten, waren competentere Kräfte für die zu behandelnden Fragen in den Personen dreier unserer hervorragendsten Afrikareisenden, den Herren Rohlfs, Schweinfurth und Nachtigal, zugezogen worden. Die ausserdem eingeladenen Herren, Prof. Dr. Bastian, Prof. Dr. Kiepert, Dr. A. Petermann und Generalarzt Dr. Roth, waren leider verhindert zu erscheinen. Oesterreich war vertreten durch den Reichs-Finanzminister Herrn Baron Hofmann, welcher durch seine genaue Kenntniss der Geographie von Central-Afrika, und insbesondere der Ergebnisse der neueren Forschungen daselbst, Bewunderung erregte, ferner durch den Präsident der k. k. geographischen Gesellschaft in Wien, Herrn k. k. Hofrath Prof. Dr. v. Hochstetter, den ruhmvoll bekannten Förderer der Expedition von Payer und Weyprecht, Herrn Wirklichen Geheimen Rath Graf Edmund Zichy, und unseren eigenen Reisenden, Lieutenant Lux. Von den Belgischen Theilnehmern nenne ich in erster Linie den Generalsecretair im Ministerium des Aeusseren, Herrn Baron v. Lambermont, welchem die fremden Gäste in besonderem Maass für die vielfache ihnen erwiesene Freundlichkeit und für seinen thätigen und fördernden Einfluss bei den Berathungen zu Dank verpflichtet sind. In Herrn Banning, von demselben Ministerium, hatte die Conferenz einen eben so gewandten als ihren Zwecken ergebenen Protocollführer. Ferner waren anwesend: unser eigenes Mitglied Herr Legationsrath Emil de Borchgrave, der Herausgeber der „Indépendance Belge" Herr Couvreur, der durch seine Reisen wohlbekannte Comte Goblet d'Alviella, und die Herren James, de Laveleye, Quairier, Sainctelette, Smolders, van Biervliet, Léon van den Bossche und Jean van Volxem. Von Frankreich waren der Präsident und der Generalsecretair der Société de géographie in Paris, die Herren Vice-Admiral Baron de la Roncière le Noury und Maunoir erschienen, und am letzten Tag fanden sich die Afrikareisenden Duveyrier und Marquis de Compiègne ein. Herr Ferdinand de Lesseps war zu allgemeinem Bedauern verhindert zu erscheinen. Am zahlreichsten war England repräsentirt. Sir Bartle Frere, Sir Henry Rawlinson und Sir Rutherford Alcock vertraten die Royal Geographical Society, als deren drei letzte Präsidenten. Von Afrikareisenden waren Colonel Grant und der mit dem frischesten Lorbeer bekränzte Commander Cameron anwesend. Ausserdem hatte England ein Contingent von Männern stellen können, welche durch ihre philanthropischen Bestrebungen und Verdienste für die Hebung uncivilisirter Völkerstämme hervorragen. Die Anwesenheit dieses in anderen Ländern weniger zahlreich zu findenden Elementes hatte ihren besonderen Werth. Ist schon Sir Bartle Frere einer der ausgezeichnetsten Vertreter dieser Richtung, so kamen dazu: Admiral Sir Leopold Heath, Mr. Mackinnon, Sir Harry Verney, Sir Fowell Buxton und Sir John Kenneway M. P. Von Italien war nur der hochbejahrte verdiente Commendatore Negri gekommen, da der Präsident der Società geografica in Rom, Herr Correnti, als er auf der Reise von Pesth nach Brüssel begriffen war, nach Rom abberufen wurde. Russland hatte zwar nur Einen, aber einen um so hervorragenderen Vertreter, in dem Präsidenten der k. geographischen Gesellschaft in St. Petersburg, Herrn Wirkl. Staatsrath P. v. Semenow. Die Reihenfolge, in welcher ich die verschiedenen Staaten genannt habe, ist dieselbe, welche ihnen die alphabetische Ordnung bei der Conferenz anwies.

Der König begrüsste die Versammlung in warmen Worten und setzte sodann in kurzen, aber glücklich gewählten Ausdrücken die Zwecke der Conferenz auseinander, welche im Allgemeinen darin bestünden, der Civilisation den einzigen Theil der Erde zu eröffnen, in den sie noch nicht gedrungen sei, und den Schleier zu lüften, welcher dort noch ganze Völkerschaften und Länder decke. Zur Erreichung dieser Ziele sei es erforderlich, sich über die zu treffenden Maassregeln zu verständigen, die von Seiten der verschiedenen Nationen zu Gebote stehenden Kräfte zu vereinigen, alle sich darbietenden Hilfsmittel zu benutzen und die doppelte Verwendung der Kräfte zu gleichen Zielen zu vermeiden. Seine Majestät hob hervor, wie Belgien durch seine centrale Lage und seine Neutralität ein besonders geeigneter Boden für eine Vereinigung zur Durchführung solcher Bestrebungen sei, und fügte hinzu: „Ich würde mich glücklich schätzen, wenn Brüssel in gewisser Weise das Hauptquartier dieser civili-

satorischen Bewegung würde." — Bis dahin war der Zweck nur in allgemeinen Ausdrücken angedeutet; er wurde nun bestimmter dahin gefasst,
dass es sich darum handle, erstens, bestimmte Orte in Zanzibar oder am
Congo als Stützpunkte für die Unternehmungen im Inneren zu bezeichnen;
zweitens, die Wege anzugeben, welche sich zum Vorgehen von ihnen aus
nach dem Inneren empfehlen würden, sowie die Orte, wo „wissenschaftliche
und gastliche" Stationen, die zugleich einen Einfluss auf die Unterdrückung
des Sklavenhandels haben würden, errichtet werden könnten: und drittens,
eine Organisation durch die Einsetzung einer internationalen Commission
und nationaler Comité's herbeizuführen.*) — War hiermit das Feld der
in Aussicht genommenen Thätigkeit von vornherein beschränkt, so schlossen
sich doch alle Anwesenden sofort in dieser Beziehung der in den Vor-
schlägen involvirten Ansicht an, da das Programm gerade denjenigen Theil
von Afrika umfasste, welcher das der Erforschung bedürftigste Gebiet ist,
zugleich aber wegen des Reichthums seiner Producte besonderes Interesse
bietet und auch die eigentlichen Ausgangspunkte des Sklavenhandels
umfasst.

Nach der Ansprache übernahm der König auf Antrag der Versammlung den Vorsitz, und führte denselben auch in den späteren Sitzungen. Die
Conferenz war dem Präsidenten der geographischen Gesellschaft in London
zu Dank verpflichtet für eine besonders angefertigte, die Resultate der
neuesten Zeit umfassende, grosse und vorzügliche Wandkarte von Afrika.
An der Hand derselben gaben die anwesenden Afrikareisenden zunächst
eine Uebersicht ihrer Reisewege. Dann wurde zur Discussion der Tagesordnung geschritten, als welche die Frage gesetzt war: Würde es von
Nutzen sein, wissenschaftliche und gastliche Stationen (*stations scientifiques
et hospitalières*) zu errichten? — Eine interessante, theils auf persön-
liche Erlebnisse, theils auf eingehende Studien gegründete Discussion
knüpfte sich an diese Frage, und es herrschte keinerlei Meinungsverschie-
denheit in Betreff des allgemeinen Nutzens der Errichtung solcher Stationen. Es wurde darauf hingewiesen, wie Khartum früher diese Function
gehabt habe, bis es sich zu einem Handelscentrum entwickelte, um nun
als Stützpunkt für eine grosse Zahl sehr viel weiter nach dem Inneren vor-
geschobener Stationen zu dienen; wie Ghadames, Murzuk und Lokoja am
Zusammenfluss des Niger und Benue noch jetzt den Charakter solcher
Stationen haben und von grosser Bedeutung für einige der persönlich
anwesenden Reisenden gewesen seien. Auch die von Colonel Gordon
in gegenseitigen Entfernungen von 4 bis 10 deutschen Meilen angelegten
Stationen wurden als Beispiele angeführt. Noch mehr schien dem in
Berathung stehenden Zweck die soeben von den schottischen Missionen
am Nyassa-See gegründete Niederlassung zu entsprechen. Es wurde
jedoch auch hervorgehoben, dass man den Stationen zunächst nicht einen

---

*) Die Ansprache des Königs folgt vollständig im Anhang, No. I.

religiösen und politischen oder commerciellen Charakter zu geben habe; vielmehr hätten dieselben in erster Linie als Centren für wissenschaftliche Forschung, für die Einziehung von Erkundigungen über das Land, für die Ertheilung von Information an die Reisenden, für deren gastliche Aufnahme, so wie als Mittelpunkte civilisatorischer Thätigkeit zu dienen. Mit allgemeiner Zustimmung wurde die erste Frage bejaht. Als der erlauchte Vorsitzende jedoch die Bezeichnung von Orten, welche für die Errichtung von Stationen geeignet seien, als die zweite Frage der Tagesordnung bezeichnete, gingen die Ansichten auseinander, und es wurde beschlossen, dass die Vertreter der verschiedenen Nationen sich in Sectionen constituiren und die Frage einzeln erörtern sollten. Es bildeten sich zwei Gruppen, deren eine aus den Vertretern für England, Frankreich und Italien zusammengesetzt war, während sich in der anderen Russland, Oesterreich und Deutschland veeinigten.

Als am folgenden Tag um 10 Uhr die zweite Sitzung eröffnet wurde lagen die zwei Programme zur Berathung vor. In grossen Zügen war dasjenige der drei erstgenannten Nationen entworfen, indem sie, die praktischen Gesichtspunkte obenan stellend, die Errichtung eines durch eine Kette von Stationen bezeichneten grossen Verkehrsweges von der Ostküste Afrika's nach der Westküste, und die Abzweigung anderer Verkehrswege in der Richtung von Norden nach Süden, durch die Gebiete der grossen Seen, ins Auge fassten; an den Küsten sollten die besten Häfen aufgesucht werden und als Ausgangspunkte dienen, während es für das Innere in Aussicht genommen war, Dampfschiffe nicht nur auf den Seen, sondern auch auf dem Congo zu etabliren, um von einer so gesicherten Grundlinie aus den Zugang in das Innere zu einem leichten Unternehmen zu machen und eine breite Basis für civilisatorische Bestrebungen zu schaffen. — Dem gegenüber hatte die zweite Gruppe die wissenschaftliche Erforschung der unbekannten Gebiete als ihr erstes Ziel gestellt, und auch ich glaubte, als Vertreter einer wissenschaftlichen Gesellschaft, in Ihrem Sinne zu handeln, wenn ich von diesem Gesichtspunkt ausging. Als fernerer Zweck betrachtete dieselbe die Angabe der geeigneten Mittel, um Afrika der Cultur, dem Verkehr und dem Handel zu eröffnen und die Sklaverei zu unterdrücken. Zur Erreichung dieser Ziele schlug sie vor, an bereits von Europäern bewohnten Orten der Ost- und Westküste (z. B. Bagamoyo, gegenüber von Zanzibar, und Loanda) Verproviantirungsdepôts zu errichten und von daselbst domicilirten Personen verwalten zu lassen, Stationen einer zweiten und höheren Ordnung aber an weit vorgeschobenen Punkten im Inneren als Stützpunkte für eine möglichst grosse Zahl von Einzelreisenden, so wie als Centren civilisatorischer Thätigkeit, zu gründen. Die Anlage einer bestimmten Verkehrslinie glaubte die Gruppe nicht als nächstes Ziel in Aussicht stellen zu sollen, da man erwarten dürfe, dass eine Communication zwischen der Küste und den Stationen sich von selbst auf den dazu geeignetsten Wegen durch das Bedürfniss entwickeln würde. — So verschieden die Grundlagen dieser beiden Projecte waren, liess sich doch

13*

eine Vereinigung leicht erzielen, indem das erste als ein grosses und wichtiges, aber ferner liegendes Ziel in Aussicht genommen wurde, während die Zwecke des zweiten, als den ersten Stadien der Thätigkeit der zu organisirenden internationalen Vereinigung entsprechender erachtet wurden. Besonders musste in Erwägung gezogen werden, dass jenes nur mit Aufwand sehr grosser Kosten in's Werk gesetzt werden, und seine Durchführung einen politischen Nachdruck durch Anwendung von Gewalt erforderlich machen könne, während das Ausschicken von Einzelreisenden nach unbekannten Ländern mit geringeren financiellen Kräften ausführbar ist, und das friedliche Vordringen sich durch sie am besten anbahnen lässt. So wurde durch beiderseitiges Entgegenkommen ein Programm entworfen, welchem sämmtliche Mitglieder der Conferenz zustimmten, und das als die Grundlage für die zu schaffende Organisation dienen soll.*)

Nachdem so in der ersten und zweiten Sitzung Zweck und Mittel festgestellt waren, konnte es sich in der dritten nur noch darum handeln, die Organisation zur Durchführung der beschlossenen Maassnahmen zu schaffen. Es wurde beschlossen, eine internationale Commission zu constituiren, welche aus den Präsidenten der grossen in Brüssel vertretenen geographischen Gesellschaften und ausserdem aus zwei Vertretern für jedes Land bestehen soll; ferner, nationale Comité's zu bilden, aus denen jene Vertreter gewählt werden. Seine Majestät der König geruhte die einstimmige Wahl zum Präsidenten der Commission anzunehmen, beschränkte sie aber selbst auf ein Jahr. Es ist dem Präsidenten ein Executiv-Comité zur Seite gestellt, welches aus einem Generalsecretair und vorläufig drei Mitgliedern aus England, Frankreich und Deutschland, nämlich den Herren Sir Bartle Frere, Quatrefages und Dr. Nachtigal, besteht.**)

Gestatten Sie mir, nachdem ich Ihnen über den Gang der Verhandlungen Bericht erstattet habe, mit einigen Worten auf die Erläuterung unserer Zwecke und Ziele einzugehen. Ich will dabei die wissenschaftlichen Aufgaben, die sich in Hinsicht auf Central-Afrika bieten, jetzt nicht erörtern; sie sind in Verbindung mit unserer deutschen afrikanischen Gesellschaft, häufig von dieser Stelle aus besprochen worden. Doch möchte ich kurz auseinandersetzen, in welcher Weise die zu errichtenden wissenschaftlichen und gastlichen Stationen angelegt werden, und welchen Zwecken sie dienen könnten. Um analoge Beispiele anzuführen, möchte ich Sie an die Etappen erinnern, welche die katholischen Missionare in solchen Ländern, wo ihre Existenz mit Schwierigkeiten und Gefahren verbunden ist, zu besitzen pflegen. So standen sie in China, bis auf die neueste Zeit, schutzlos da und waren oft Verfolgungen ausgesetzt. Um auch dann noch zwischen weit von einander entfernten Orten sicher zu reisen und selbst ihren neu ankommenden und der Landessprache nicht

---

*) Dieses Programm wurde verlesen und folgt unten im Anhang, No. II.
**) Siehe die Fassung der beschlossenen Organisation im Anhang, No. III.

kundigen Mitgliedern die Erreichung ihrer fern im Inneren gelegenen Ziele zu ermöglichen, pflegten sie Ketten von Stationen zu haben, die meist eingeborenen Christen anvertraut waren und ebensowohl zum Schutz für die Reisenden, als zur Aufrechthaltung der Communication dienten. Viele derselben wurden mit der Zeit zu Centren der Mission erhoben. Ein anderes Beispiel giebt die Art, in welcher Russland die Sphäre seines Einflusses, seines Handels und seiner Macht erst nach Sibirien und dem Amurland, und dann nach Innerasien hin, meist auf friedlichem Weg, ausgedehnt hat und noch auszudehnen bestrebt ist. Ein Agent wurde auf eine gewisse Zeitdauer, z. B. zwei bis drei Jahre, nach einem Ort in den ausserhalb der Grenze gelegenen Ländern geschickt, um durch seine Kenntniss der Landessprache und seinen Verkehr mit den Eingeborenen den reisenden russischen Kaufleuten zur Stütze und Hilfe zu dienen. Allmälig wuchs der Bereich seines Einflusses; es bildete sich ein lebhafterer Verkehr nach dem Ort, an welchen er gesetzt war; in manchen Fällen schloss sich die Bevölkerung gern an Russland an und stieg durch feste Ansiedelung zu einer höheren Stufe der Cultur; in anderen wuchs die Bedeutung der Station als Centrum für Handel und Verkehr. Dies gilt z. B. von Urga, welches der Stützpunkt des russisch-chinesischen Caravanenverkehrs und der Poststrasse von Kiachta nach Peking geworden ist.

Während in dem erstgenannten Beispiel die Sicherung der Missionsthätigkeit und in dem zweiten die Ausdehnung der Sphäre commerciellen und politischen Einflusses erstrebt wird, verfolgt die Conferenz von Brüssel keinerlei politisches Ziel, und Mission und Handel sind nicht ihre zunächst liegenden Gesichtspunkte. Aber bei aller Verschiedenheit ihrer Zwecke ist doch die Methode, wodurch dieselben erreicht werden können, den in den anderen Fällen angewendeten Mitteln analog. Ein hervorragender Vertreter Englands setzte bei der Conferenz in schönen Worten auseinander, wie das Eindringen der Cultur in Afrika auf zwei Wegen möglich sei, durch gewaltsame und durch friedfertige Mittel. Man habe aber nicht nöthig, den ersteren Weg einzuschlagen. Denn es sei nicht die dem Europäer anhaftende Macht, welche ihm Ansehen und Sicherheit verschaffen, wenn er allein unter den Stämmen Inner-Afrika's reist, sondern die geistige Ueberlegenheit und das Prestige seiner höheren Cultur bewirken es, dass ihm die Eingeborenen ergeben sind und sich um ihn schaaren. Wie richtig dieser Ausspruch ist, haben Livingstone und andere Reisende, die zum Theil unserem eigenen Kreis angehören, zur Genüge bewiesen. Wo Stationen zu friedfertigen Zwecken, im Gegensatz zu denjenigen des Sklavenhandels, errichtet werden, wird daher der Neger in dem Weissen seinen Freund und Beschützer finden und, wenn dieser die richtigen Mittel anwendet, sich auch von ihm zu einer höheren Stufe emporheben lassen. So werden die eigenen Zwecke der Stationen ihre beste Macht, ihr bester Schutz und die beste Garantie ihres Erfolges sein. Diese Voraussetzung könnte als theoretisch gelten, wenn wir nicht schon ihre praktischen Beweise hätten, und zwar in den englisch-schottischen Missionen. Während die Sendboten dieser und anderer Missionsanstalten — ich brauche Sie nur an Krapf und Rebmann zu erinnern — in früherer Zeit ideale Ziele verfolgten und, indem sie das Werk der religiösen Bekehrung als ersten Zweck setzten, eine Reihe trauriger Misserfolge aufzuweisen hatten, haben sie in der letzten Zeit angefangen, die Lösung ihrer Aufgaben in praktischer Weise anzugreifen und den Keil mit seinem dünnen Ende in die afrikanische Uncultur zu schieben. Sie folgten darin dem Rath, welchen Livingstone auf Grund seiner reichen Erfahrungen ihnen fortdauernd gab, nämlich die industrielle Hebung des Volkes zur Grundlage ihrer Thätigkeit zu machen und Culturmissionen zu gründen, um erst später, wenn das Verständniss für die dem Christenthum verbundene Civilisation geweckt ist, den Lehren desselben Eingang zu verschaffen. In diesem Sinn sind in sehr kurzer Zeit bewundernswerthe Erfolge errungen worden, und es steht in Aussicht, dass sich dieselben in den nächsten Jahren noch bedeutend steigern werden. Das hervorragendste Beispiel ist die am Nyassa - See errichtete Station Livingstonia, deren Mitglieder den Eingeborenen die Künste eines vervollkommneten Ackerbaues, einer bessern Verwerthung der Produkte des Bodens, sowie Handwerke und Industrien lehren, zu gleicher Zeit aber, indem sie ein Dampfschiff auf den See gebracht haben, durch die Erforschung seiner Ufer eine bedeutende wissenschaftliche Aufgabe in Angriff genommen haben. Diese Station kann in der That jetzt als ein Muster gelten, indem sie, abgesehen von der Art, in der sie ihren unmittelbaren Culturzweck erreicht, als Stützpunkt für wissenschaftliche Thätigkeit in weitem Umkreis und für die Erschliessung eines ganz neuen Handelsgebietes dienen kann, während gleichzeitig die Errichtung anderer Stationen weiter im Inneren von dieser Basis aus ein verhältnissmässig leichtes Unternehmen ist. Bereits ist die Anlage von zwei ähnlichen Stationen an dem grossen See Victoria-Nyanza, dessen Existenz man vor einigen Jahren noch nicht ahnte, in Aussicht genommen. Eine Summe von mehr als 40,000 £ steht zu Gebote, und die schottisch-englischen Missionen beginnen, wie es scheint, eine grosse Laufbahn wissenschaftlicher und civilisatorischer Eroberungen.

Während die Missionare sich hierbei auf bereits entdecktes Gebiet beschränken, gehen unsere Ziele weiter, indem wir auch den Schleier von den ganz unbekannten Gegenden zu lüften streben. Die in Aussicht genommenen Stationen in Udjidji, Nyangwe und Kabebe oder Mussumbe können im Anfang den Charakter der genannten Niederlassung am Nyassa-See nicht haben, sondern werden zunächst gesicherte Punkte sein müssen, von denen Reisende ausgehen, und an denen sie einen Rückhalt haben. Sie werden bald einem besonders dafür ausgeschickten wissenschaftlichen Beobachter, oder einem zur Wahrnehmung der Interessen der Reisenden angestellten Agenten, bald einem bereits ansässigen Missionar oder Kaufmann anvertraut werden können; aber manche von ihnen dürfte schon nach kurzer Zeit eine erhöhte Bedeutung erlangen und als Communicationscentrum dienen, wie es Urga geworden ist, oder einen Knotenpunkt des Handels bilden, wie Khartum, oder eine Culturaufgabe erfüllen, wie Livingstonia.

Durch die Ausführung des Programms der Conferenz von Brüssel kann daher die Erforschung unbekannter Theile von Afrika in einer über die bisherigen Methoden weit hinausgehenden Weise gefördert werden, indem sich die Thätigkeit der dabei Betheiligten von der wissenschaftlichen Erforschung, welche ihre Grundlage bildet, den höheren, humanitären Aufgaben zuwendet und dadurch auch wieder die vollkommenere wissenschaftliche Erschliessung fördert. Die letztere liegt uns als einer geographischen Gesellschaft am nächsten; aber mit Freuden sollten wir die uns gebotene Gelegenheit begrüssen, die Sphäre unserer Wirkung, oder wenigstens unseres Einflusses, auch nach den grossen, in das Leben eingreifenden Gesichtspunkten des Fortschrittes in dem Verkehr und der Civilisation der Völker ausdehnen zu können. Gerade unsere Gesellschaft, die nicht in der Lage ist, wie diejenigen mancher anderer Länder, von hoher praktischer Bedeutung für den Staat zu sein und solche Länder zu erforschen, nach denen dieser seine Herrschaft auszubreiten suchen muss, ist stets wesentlich auf ideale Bestrebungen angewiesen gewesen; sie hat civilisatorische Zwecke in dem hier in Aussicht genommenen Sinn niemals unmittelbar verfolgt, wohl aber durch die Forschungsreisenden, die sie mit Stolz zu den ihrigen zählt, oftmals den Boden vorbereiten geholfen, auf dem jene erwachsen. Ist auch Letzteres wesentlich der Gesichtspunkt, von dem aus ich Sie bitte, den Beschlüssen der Conferenz in Brüssel und der Ausführung derselben die Stütze unserer Gesellschaft angedeihen zu lassen, so hoffe ich doch, dass wir dies gerade wegen des erweiterten Zweckes aus um so vollerem Herzen thun werden. Die geographischen Gesellschaften überhaupt werden, wie zu erwarten steht, einen sehr wichtigen Bestandtheil des zu constituirenden nationalen Comité bilden; aber da sich dieselben, um ihren Zweck zu erfüllen und Zersplitterung zu vermeiden, eine gewisse Einseitigkeit zur Pflicht machen müssen, so wird das Comité ausserdem noch andere gesellschaftliche Kreise in seinen Bereich ziehen müssen. Denn das Ziel ist gross und vielseitig.

Eine Seite der Stellung Deutschlands zu diesem Ziel wünschte ich hier noch etwas näher hervorzuheben.

In stetig wachsendem Maass bemächtigen sich die Culturvölker Europa's der Aufgabe, die intellectuelle Macht, welche sie sich erworben haben, dazu zu verwenden, die uncivilisirten Völker, die sie in anderen Continenten gefunden haben und in Afrika noch immer neu entdecken, zu einer höheren Stufe zu heben, ihren barbarischen Gebräuchen, sei es dass sie sich in gegenseitiger Vernichtung, in Sklaverei und Grausamkeiten der verschiedensten Art manifestiren, ein Ende zu machen und allgemeine Menschenrechte zur Geltung zu bringen; die Ansiedelung, den Ackerbau, die Industrie zu fördern und die Ertragsfähigkeit zu steigern; verbesserte Verkehrsmittel einzuführen, den Handel zu heben und die Lehren des Christenthums an die Stelle des Heidenthums zu setzen. Die Geschichte, so hoch sie das Andenken der Entdeckungsreisenden halten wird, wird doch unter den Nationen gewiss die Palme denen zuerkennen, welche sich ausserdem auch die wesentlichsten Verdienste um die Culturaufgaben erworben haben. Deutschland war bisher, wenn wir die Mission ausnehmen, von der directen Betheiligung an denselben beinahe ganz ausgeschlossen. Es fehlte ihm ein Boden und Anhalt dazu. Denn selten nur ist die Erfüllung jener Aufgaben Selbstzweck irgend eines Volkes gewesen; sondern sie war gewöhnlich mit politischen Motiven verbunden und fiel daher von selbst denjenigen Nationen zu, welche an dem Handel oder der Politik der betreffenden Länder ein Interesse hatten, oder den Bereich ihres Einflusses und Verkehrs von den Grenzen ihres eigenen Landes oder von denen ihrer auswärtigen Besitzungen und Colonien aus zu vergrössern suchten. Dies war auch in Afrika der Fall, und die bewundernswerthe uneigennützige Thätigkeit englischer Privatgesellschaften hat dort erst begonnen, nachdem das Verständniss für ihre Aufgaben durch das vorhergegangene praktische Bedürfniss vorbereitet und gereift war. In jenem Umstand nun liegt die Erklärung der Thatsache, dass Deutschland, so hervorragend seine Rolle in der Entdeckungsgeschichte von Afrika ist, doch einen Antheil an der Eröffnung dieses Continentes für den Weltverkehr nur in mittelbarer, man könnte sagen passiver Weise, genommen hat. Wenn Sie diesen Gesichtspunkt und die ganze Bedeutung der Aufgabe, einen halben Continent, der uns bis jetzt verschlossen ist, zu öffnen, beherzigen, so werden Sie mir gewiss darin beistimmen, dass wir nicht nur als Geographen, sondern auch als Deutsche, dem König der Belgier zu grossem Dank verpflichtet sind, dass er durch seine freie und edle Initiative die Wege eröffnet hat, auf denen auch Nationen, welche kein politisches Interesse in Afrika haben, sich an der Lösung der grossen dort gebotenen Culturaufgaben betheiligen können; und deshalb sollten gerade wir das angebahnte internationale Unternehmen nicht nur mit hoher Freude begrüssen, sondern ihm auch mit allen unseren Kräften, geistigen sowohl als materiellen, unsere Unterstützung angedeihen lassen. Ich hoffe, dass, wenn Sie mir darin beistimmen, die Gesellschaft dies dem erlauchten Urheber der Idee durch besondere Kundgebung bezeugen wird.*)

Anhang: Documente der Conferenz.

I. Ansprache Seiner Majestät des Königs der Belgier bei Eröffnung der Conferenz.

Messieurs,

Permettez-moi de vous remercier chaleureusement de l'aimable empressement avec lequel vous avez bien voulu vous rendre à mon invitation. Outre la satisfaction que j'aurai à entendre discuter ici

---

*) Siehe Seite 158.

les problèmes à la solution desquels nous nous intéressons, j'éprouve le plus vif plaisir à me rencontrer avec les hommes distingués dont j'ai suivi depuis des années les travaux et les valeureux efforts en faveur de la civilisation.

Le sujet qui nous réunit aujourd'hui est de ceux qui méritent au premier chef d'occuper les amis de l'humanité. Ouvrir à la civilisation la seule partie de notre globe où elle n'ait point encore pénétré, percer les ténèbres qui enveloppent des populations entières, c'est, j'ose le dire, une croisade digne de ce siècle de progrès; et je suis heureux de constater combien le sentiment public est favorable à son accomplissement; le courant est avec nous.

Messieurs, parmi ceux qui ont le plus étudié l'Afrique, bon nombre ont été amenés à penser qu'il y aurait avantage pour le but commun qu'ils poursuivent à ce que l'on pût se réunir et conférer en vue de régler la marche, de combiner les efforts, de tirer parti de toutes les ressources, d'éviter les doubles emplois.

Il m'a paru que la Belgique, Etat central et neutre, serait un terrain bien choisi pour une semblable réunion et c'est ce qui m'a enhardi à vous appeler tous, ici, chez moi, dans la petite conférence que j'ai la grande satisfaction d'ouvrir aujourd'hui. Ai-je besoin de dire qu'en vous conviant à Bruxelles, je n'ai pas été guidé par des vues égoïstes. Non, Messieurs, si la Belgique est petite, elle est heureuse et satisfaite de son sort; je n'ai d'autre ambition que de la bien servir. Mais je n'irai pas jusqu'à affirmer que je serais insensible à l'honneur qui résulterait pour mon pays de ce qu'un progrès important dans une question qui marquera dans notre époque, fût daté de Bruxelles. Je serais heureux que Bruxelles devint en quelque sorte le quartier général de ce mouvement civilisateur.

Je me suis donc laissé aller à croire qu'il pourrait entrer dans vos convenances de venir discuter et préciser en commun, avec l'autorité qui vous appartient, les voies à suivre, les moyens à employer pour planter définitivement l'étendard de la civilisation sur le sol de l'Afrique Centrale; de convenir de ce qu'il y aurait à faire pour intéresser le public à votre noble entreprise et pour l'amener à y apporter son obole. Car, Messieurs, dans les œuvres de ce genre, c'est le concours du grand nombre qui fait le succès, c'est la sympathie des masses qu'il faut solliciter et savoir obtenir.

De quelles ressources ne disposerait-on pas, en effet, si tous ceux pour lesquels un franc n'est rien ou peu de chose, consentaient à le verser à la caisse destinée à supprimer la traite dans l'intérieur de l'Afrique.

De grands progrès ont déjà été accomplis, l'inconnu a été attaqué de bien de côtés; et si ceux ici présent qui ont enrichi la science de si importantes découvertes voulaient nous en retracer les points *principaux, leur exposé serait pour tous un puissant encouragement.*

Parmi les questions qui seraient encore à examiner on a cité les suivantes:

1: Désignation précise des bases d'opération à acquérir entre autres sur la côte de Zanzibar et près de l'embouchure du Congo, soit par conventions avec les chefs, soit par achats ou locations à régler avec les particuliers;

2: désignation des routes à ouvrir successivement vers l'intérieur et des stations hospitalières, scientifiques et pacificatrices à organiser comme moyen d'abolir l'esclavage, d'établir la concorde entre les chefs, de leur procurer des arbitres justes, désintéressés, etc.;

3: création, l'œuvre étant bien définie, d'un comité international et central et de comités nationaux pour en poursuivre l'exécution, chacun en ce qui le concernera, en exposer le but au public de tous les pays et faire au sentiment charitable un appel qu'aucune bonne cause ne lui a jamais adressé en vain.

Tels sont, Messieurs, divers points qui semblent mériter votre attention; s'il en est d'autres, ils se dégageront de vos discussions et vous ne manquerez pas de les éclaircir.

Mon vœu est de servir comme vous me l'indiquerez la grande cause pour laquelle vous avez déjà tant fait. Je me mets à votre disposition dans ce but et je vous souhaite cordialement la bienvenue.

II. Declaration der Conferenz.

Um den Zweck der internationalen Conferenz in Brüssel zu erreichen, nämlich:

die unbekannten Theile von Afrika zu erforschen,

die Eröffnung derjenigen Wege herbeizuführen, auf denen die Civilisation nach dem Inneren von Afrika eindringen kann,

die Mittel zur Unterdrückung der Sklaverei ausfindig zu machen,

wird für erforderlich erachtet:

1) Die Erforschung der unbekannten Theile von Afrika ist nach einem gemeinsamen internationalen Plan zu organisiren. Die zu erforschende Gegend ist begrenzt: im Osten und Westen durch die beiden Meere, im Süden durch das Becken des Zambesi, im Norden durch die Grenzen des neuen ägyptischen Territoriums und die unabhängigen Staaten des Sudan. Das geeignetste Mittel für diese Erforschung wird die Verwendung einer hinreichenden Zahl Einzelreisender sein, welche von verschiedenen Operationsbasen ausgehen.

2) Die Festlegung dieser Operationsbasen durch die Errichtung einer Anzahl von wissenschaftlichen und gastlichen Stationen, ebensowohl an der Küste von Afrika, als im Inneren des Continentes.

Die Küstenstationen sind in sehr beschränkter Zahl an der Ost- und Westküste von Afrika an solchen Orten zu errichten, wo die europäische Civilisation vertreten ist, z. B. in Bagamojo und Loanda. Diese Stationen würden den Charakter von Entrepôts tragen und die Bestimmung haben, den Reisenden die Mittel zu ihrer Existenz und zu ihren Forschungen zukommen zu lassen. Sie könnten mit geringen Kosten hergestellt werden, da sie den bereits an diesen Orten angesessenen Europäern anvertraut werden würden.

Die Binnenstationen würden an solchen Orten im Inneren errichtet werden, welche sich am geeignetsten erweisen, um als unmittelbare Ausgangspunkte für Forschungsreisen zu dienen. Man würde die Errichtung dieser Stationen an denjenigen Punkten beginnen, welche sich schon heute als die günstigsten für den gestellten Zweck erweisen; als solche lassen sich z. B. Udjidji, Nyangwe, die Residenz des Muata-yamvo, oder irgend ein Platz in seinem Gebiet, bezeichnen. Später könnten die Forschungsreisenden andere Punkte angeben, an denen die Errichtung ähnlicher Stationen zweckmässig erscheinen würde.

Indem die Sorge, gesicherte Verbindungen zwischen den Stationen herzustellen, der Zukunft überlassen wird, spricht die Conferenz ganz besonders den Wunsch aus, dass eine möglichst continuirliche Communicationslinie von einem zu dem anderen Ocean. und zwar annähernd entlang dem Weg des Commander Cameron, hergestellt werde; ebenso spricht es die Conferenz als ihren Wunsch aus, dass in weiterer Folge Operationslinien in der Richtung von Norden nach Süden hergestellt werden.

Die Conferenz wendet sich vom heutigen Tage an den guten Willen aller Reisenden, welche wissenschaftliche Forschungen in Afrika unternehmen werden, und hofft auf ihre Mitwirkung, sei es, dass sie unter den Auspicien der von ihr errichteten internationalen Commission, oder unabhängig von derselben reisen.

III. Grundzüge der Organisation.

1) Es soll eingesetzt werden: eine internationale Commission für die Erforschung und Civilisirung von Centralafrika, und nationale Comité's, welche sich mit der Commission in Einvernehmen zu setzen haben, zum Zweck, so viel als möglich die Wirksamkeit der Angehörigen ihrer Nationen zu centralisiren und durch ihr Zusammenwirken die Ausführung der Beschlüsse der Commission zu erleichtern.

2) Die nationalen Comité's constituiren sich in der Art, welche ihnen die beste erscheint.

3) Die Commission besteht aus den Präsidenten der hauptsächlichsten geographischen Gesellschaften, sowohl denen, welche bei der Brüsseler Conferenz vertreten waren, als auch solchen, welche noch ihren Anschluss an dieselbe erklären sollten, ferner aus zwei von jedem Nationalcomité gewählten Mitgliedern.

4) Der Präsident hat die Vollmacht, diejenigen Länder, welche bei der Conferenz nicht vertreten waren, in die Association aufzunehmen.

5) Der Präsident hat die Vollmacht, die internationale Commission durch Aufnahme von wirklichen und Ehren-Mitgliedern zu vervollständigen.

6) Wenn die Centralcommission ihre Statuten entworfen hat, ist es ihre Aufgabe, die Unternehmungen und Arbeiten, welche die Zwecke der Association zu erreichen streben, durch das Organ eines Executivcomité's zu leiten und die von den Regierungen, den nationalen Comité's und den Privaten gewährten Mittel zu verwalten.

7) Das Executivcomité steht dem Präsidenten zur Seite und besteht aus drei oder vier Mitgliedern, welche vorläufig von der gegenwärtigen Conferenz, später aber von der internationalen Commission einzusetzen sind.

8) Die Mitglieder des Comité haben sich bereit zu halten, der Berufung durch den Präsidenten Folge zu leisten.

9) Der Präsident ernennt einen Generalsecretair, welcher durch diese Ernennung Mitglied der internationalen Commission und des Executivcomité wird, und einen Schatzmeister.

Herr Bastian: Uebersicht über seine letzten Reisen in Amerika.

Bei der bereits vorgerückten Zeit sah sich Herr Bastian ausser Stande, den angekündigten Vortrag in der beabsichtigten Weise zu halten, und beschränkte sich deshalb auf kurze Mittheilungen über den Verlauf der Reise, die, wie bemerkt wurde, im Auftrage der königlichen Museen für den Zweck ethnologischer Sammlungen unternommen worden und dadurch in ihrer Richtung bedingt war.

Im Mai 1875 in Liverpool eingeschifft, durchfuhr der Reisende die Magellanstrasse, besuchte Valparaiso (in Chili), Santjago, Caldera und Copiapo, die bolivianischen Häfen Antafagasta und Cobija, dann Arica und weiter Lima, von wo Ausflüge nach den umliegenden Ruinenplätzen (Supe, Ancon, Pachacamac u. s. w.) gemacht wurden. Eine Küstenfahrt brachte ihn nach Guayaquil, und in Bodegas am Guayaquilfluss wurde die Landreise nach Quito angetreten, auf demjenigen Wege, der, nachdem das Arenal des Chimborazo passirt ist, durch Ambato und Latacunga über das Querjoch von Tiopullo führt. Da die nach der Ermordung des Präsidenten drohende Revolution einen damaligen Abschluss der dortigen Touren rathsam machte, begab sich der Reisende nach Riobamba und über den Paramo des Assuay, unter dem Besuche der Monumente in Cañar, nach Azogues und Cuenca, sowie nach der durch neuere Ausgrabungen bekannt gewordenen Ortschaft Chordeleg am Pautefluss. In Cajas wurde die westliche Cordillere überstiegen und bei Molletura begann der Absteig neben der Bajada von Chalapud, die sich selbst unter den halsbrechenden Wegen Ecuador's noch eine besondere Berühmtheit bewahrt hatte. In

Naraujal vermitteln Kähne des Landes die Ueberfahrt nach Guayaquil, auf der fast ein Theil der mitgebrachten Sammlungen verloren gegangen wäre, da das Nachts leck gewordene Fahrzeug nur mit Mühe bis zum Morgen über Wasser gehalten werden konnte. Von Guayaquil brachte ihn das Dampfschiff nach Payta, eine Nachtreise nach Piura, und dann wurde der Despoblado von Sechura gekreuzt nach Morrepe, Lambayeque und Chiclayo, um sich in Eten nach Pacasmayo einzuschiffen, von wo der Weg über das Thal von Chicama nach Truxillo führte, und den Ruinen von Chanchan, die Fortsetzung der Reise über Virsu und den Santa-Fluss nach Chimbote, und das Dampfschiff zurück nach Lima, mit einem Ausfluge nach Chincha. Zum Besuche Columbiens begab sich der Reisende längst der aus der Geschichte der Cara interessanten Küste nördlich von Guayaquil nach Buenaventura in das Land der steten Regen, im Gegensatz zu dem regenlosen Strich südlich vom Punta Parina. Der Daguafluss wurde im Canoe bis Cordoba befahren, und dann der Küstenzug der Cordillere bei Tocotá gekreuzt zum Niedersteig nach Kali in das Cauca-Thal, dessen Bereisung von Palmyra aus durch die bei Beginn der Regenzeit angeschwollenen Flüsse einige Verzögerung erlitt. Von Cartago aus wurde das früher fast unzugängliche, jetzt durch die Ausdehnung neuer Ansiedelungen in der Oeffnung begriffene Bergland Antioquia's, betreten, dessen beschwerliche Wege vielfachen Aufenthalt verursachten. Durch die aufblühenden Ortschaften, wie Manizales, Neira, Salamina, Aguadas, Abejoral u. s. w. auf einem von den Conquistadores bevölkert angetroffenen und damals besiedelten, dann aber wieder bis zur letzten Colonisation verwildertem Boden, begab sich der Reisende nach den Hochthälern von Rio Negro und Medellin, um auf dem linken Ufer des dort im engen Bette strömenden Cauca durch die Bergwälder von Caramanta, wo sich westliche und centrale Cordillere zusammenschliessen, nach Manizales zurückzukehren und die schneeigen Pässe auf dem Paramo de Ruyz nach Honda ins Magdalenenthal zu übersteigen. Dort führt der Weg zur Hochebene von Bogota hinauf, das durch den Funzafluss im Wasserfall von Tequendama entwässerte Seenbett, und die Spuren des alten Seensystems liessen sich durch Boyaca verfolgen, in Tunja, die frühere Hauptstadt der Chibcha, bei den alterthümlichen Ueberresten von Leiva und anderen Punkten, die besucht wurden. Ueber Bogota nach Honda zurückgekehrt, schiffte sich der Reisende auf dem Magdalenenfluss ein, der beim Eintritt in die Niederungen den Cauca aufnimmt, dem er sich bereits bei seiner Quelle auf dem Knoten von Papas, nahe fand. Die Einschiffung in Sabanilla (von Barranquilla aus) führte zum Isthmus, und an der Küste des Stillen Oceans wurden Häfen in Costa-Rica, Nicaragua und San Salvador besucht. In San José gelandet, begab sich der Reisende nach der Hauptstadt Guatemala's, besuchte die alten Sitze der Quiché und ihrer Verwandten, in Tecpan-Guatemala, Santa-Cruz de Quiché, dann Quetzaltenango und einen Theil der Küste, wobei einige Zeit auf die noch unbeschriebenen Monumente von Santa Lucia de Cotzamagualpan verwendet wurde. Dann brachte ihn das

Dampfschiff von San José über Acapulco nach San Francisco, und die Eisenbahn, unter einem Besuche der Salt Lake City nach Philadelphia, wo der Vortragende Ende Mai, also mit Abschluss des Jahres, worauf die Reise ursprünglich berechnet war, eintraf. Spätere Bestimmungen machten noch einen Abstecher nach Westindien nöthig, wobei der Vortragende einen kurzen Aufenthalt in Puerto-Rico zum Studium der dortigen Alterthümer nahm, Hayti vorbeigehend berührte, bei Santjago de Cuba einige Reste der alten Antillen-Bevölkerung besuchte und sich längs der Küste nach Batabono begab, von dort nach Havana, und über New York (Ende Juli) nach Southampton zurückkehrte.

Geographische Notizen.

Brief des Herrn Dr. Oskar Lenz an den Vorstand der deutschen afrikanischen Gesellschaft.

Wörmann'sche Factorei am Ogowe, 25. Juli 1876.

Seit einigen Tagen bin ich von einer längeren und erfolgreichen Reise aus dem Innern hierher zurückgekehrt, über die ich Ihnen nur in wenigen Worten berichten will, indem ich einen längeren Bericht mit Karte u. s. w. später einsenden werde, sobald ich mich von den ganz fürchterlichen Strapazen etwas erholt habe.

Am 27. Februar d. J. habe ich mein letztes Schreiben, in denen einige Bemerkungen über abergläubische Gebräuche, über Geologie, Statistik u. s. w. enthalten waren, mit König Renoki von *Lope* aus (im *Okandelande*) in die Factoreien am Ogowe geschickt[*]).

Ende Februar d. Jahres kam die französische Expedition unter Graf Brazza in *Lope* an und dies sowie die Nachricht, dass Dr. Güssfeldt nach Europa zurückgekehrt sei, war natürlich von Einfluss auf meine weiteren Unternehmungen. Es musste bald etwas geschehen und da die Okandeleute immer zögerten, nach *Oshebo* zu reisen, so trat ich in Unterhandlungen mit den *Osheba* (*Fan*) wegen einer Landreise. Um kurz zu sein, die Sache gelang. Dasselbe Volk, das die Expedition von Marquis Compiègne angegriffen, vor dem hier Alles die grösste Furcht hat, und die Menschenfresser bis auf den heutigen Tag sind, mit eben diesem Volk unternahm ich einen dreizehntägigen Marsch durch den dichtesten, sehr sumpfigen Urwald, allerdings mit unsäglichen Leiden, aber ich kam doch beim Volk der *Osaka* wieder an den *Ogowe*. Alle Details auf den späteren Bericht verschiebend, will ich nur mittheilen, dass ich auf dieser Reise folgende Volksstämme, die kaum dem Namen nach bekannt sind,

---

[*]) S. Verhandl. d. Ges. f. Erdk. 1876, No. 6 pag. 126 ff.

besuchte: *Osaka*, *Oshebo*, *Aduma*, *Mbamba*, *Awansi*, *Mbangwe*, *Bakota* und *Banjaka*, die letzteren in der Nähe des am rechten Ufer mündenden Flusses *Schebe*. Bei den letztgenannten Völkern sind schon zahlreiche Gebräuche, die denen der Congostämme gleichen (z. B. Häuser mit einem Bett für ihre kunstvoll gearbeiteten Fetischidole u. s. w.). Viele der dort beliebten Waaren, besonders Perlen stammen aus den südlichen Factoreien, vermittelt durch die *Ateke* und *Akanike*.

Hier wurde nun meinem weiteren Vordringen ein Ziel gesetzt, die Furcht meiner Adumabegleitung vor den Völkern weiter östlich und südlich war zu gross. Nur eine dreitägige Fahrt den von Osten kommenden *Schebefluss* hinauf hätte mich zu den *Umbete* gebracht, von wo man in 3—4 Tagen das grosse Volk der *Undumbo* (auf Petermanns Karte bereits angegeben) erreichen kann. Oder eine 6—8tägige Fahrt den Ogowe weiter südwärts hinauf hätte mich durch die Gebiete der *Banschakani* und *Arumbo* zu den *Ateke*, *Akanike*, *Balari*, *Mbogo* etc. gebracht, von wo der *Congo* leicht zu erreichen gewesen wäre. Aber das Alles sollte mir versagt bleiben; alle meine Leute desertirten, und mit meinen 4 Gabunleuten, die ich von *Lope* mitgenommen, konnte ich Nichts anfangen. Sehr, sehr schwer wurde mir die Umkehr, aber es musste eben sein.

Graf Brazza war übrigens auch bis zu den *Oshebo* und *Aduma* gekommen (gleichfalls mit Oshebabegleitung), um womöglich diese Leute zu bewegen, sein sehr umfangreiches Gepäck mit Canoes von Lope aus flussaufwärts zu schaffen, da die Okande durchaus keine Anstalten machen, die Reise anzutreten; die Furcht vor einem neuen Osheba-Ueberfall, wie ihn Marquis Compiègne erlebte, ist noch allgemein zu gross.

Aber auch mir sollte nichts erspart bleiben. Die Rückreise trat ich auf dem Fluss und zwar mit *Aduma*-Begleitung an, da meine Osheba wieder zu Land in ihre Dörfer (am *Ofue* gelegen) zurückgekehrt waren. Etwas unterhalb der Mündung des *Irindeflusses* (rechtes Ufer) wurden wir von *Osheba* angegriffen. Der Fluss war an einer Stelle sehr schmal, durch Felsen eingeengt, das Wasser überaus reissend und wir fuhren mit voller Gewalt auf den Felsen auf. Während meine Leute beschäftigt waren das Canoe flott zu machen, kamen zahlreiche Osheba nahe an uns heran. Ich glaubte natürlich nur, sie kämen um Provision zu verkaufen, dass sie Gewehre hatten, fiel mir nicht auf, da kein Osheba selbst im Dorfe einen Schritt ohne Waffe geht, und ich redete sie, im Canoe stehend, an. Plötzlich aber fingen sie an eigenthümlich hin und her zu springen, hielten die Gewehre auf uns und ein Dutzend Schüsse krachten uns entgegen, glücklicherweise ohne einen von uns zu verwunden. Die Ladung, aus Stücken von Eisen, Kupfer, Messing bestehend, schlug dicht vor mir ins Wasser und ins Canoe; man kann eben mit diesen Feuersteingewehren nur auf eine ganz kurze Distanz mit Erfolg schiessen. Natürlich wurde von unserer Seite das Feuer erwidert und zwei Osheba fielen, ob todt oder nur verwundet, konnte nicht ausgemacht werden, da es unterdess finster geworden war. Die Nacht verbrachten wir am anderen (linken) Ufer, wo wir durch grosse Felsen gedeckt waren, an Schlaf war natürlich nicht zu denken, meine Adumabegleitung war ganz ausser sich vor Furcht.

Am andern Morgen kamen natürlich die Osheba wieder und fingen Unterhandlungen an. Sie hätten nicht gewusst, dass ein Weisser im Canoe gewesen sei und ähnliche Lügen kamen heraus, und schliesslich verlangten sie, dass wir alle in ihr Dorf kommen sollten. Ich wäre natürlich dazu bereit gewesen, aber die Aduma waren nicht zu bewegen und selbst meine Gabunesen meinten, den Leuten sei nicht zu trauen. Wir machten also das Canoe fertig, während dem die Osheba durch allerhand Erzählungen hingehalten wurden; als alles fertig war, fuhren wir davon und die Osheba, darüber erbost, schickten uns noch eine Anzahl Schüsse nach, aber ohne Erfolg, da die reissende Strömung das Canoe schon ein derbes Stück fluss-abwärts getrieben hatte. Eine Anzahl Osheba lief dann am Ufer entlang, um uns an einer Stelle weiter abwärts noch einmal anzugreifen, wir merkten das natürlich, hielten die Gewehre in Bereitschaft und so passirten wir diesen Punkt.

Von da ging die Reise ohne weitere Störung von Statten, wir erreichten glücklich das *Okandeland*, wo ich mich nur wenige Tage aufhielt, um so schnell als möglich in die Factoreien am Ogowe zurückzukehren.

Aus einem Brief des Herrn Ed. Mohr an Herrn Nachtigal.

Loanda, den 28. August 1876.

Als ich per Dampfer „*Bengo*" hier glücklich landete, war es mein erstes Geschäft, die Sachen der Expedition durch das Zollhaus zu be-kommen, was nach einiger Geduld und Mühe auch vollkommen gelang, so dass nun Alles in der „*Casa hollandesa*" bei einander steht. Die sämmt-lichen Collis der Expedition werden nun hier unter der Aufsicht eines erfahrenen alten Reisenden in 60 Pfund-Pakete umgepackt. Ist dies be-sorgt, so geht es binnen 8 Tagen von hier fort, über *Dondo* und *Pungo Andongo* nach *Malange*. Ein portugiesischer Händler forderte die Reisenden auf, sich ihm anzuschliessen, da er noch nach *Cassanje* hinauf will; ich weiss noch nicht, welche Bedingungen der Mann stellt, werde mich aber genau danach erkundigen. Jedenfalls nehme ich alles, was ich hier habe, mit nach *Malange*. Ich betrachte diesen Ort als Basis zum grossen Ab-marsch ins Innere, und es ist natürlich wünschenswerth, wenn hier unsere ganzen Ressourcen bei einander sind. Froh will ich sein, wenn ich erst werde ein für alle Male aus dem sandigen Loanda heraus sein.

Den Siedepunkt des Wassers habe ich hier bestimmt, und kann nun Höhenbestimmungen machen. Die meteorologischen Instrumente, wie über-haupt das ganze Material, sind in ausgezeichneter Ordnung und gut er-halten, ohne Bruch, hier angelangt.

Leider hat der *Quanso* jetzt so wenig Wasser, dass der kleine Dampfer statt 2 bis 3, jetzt 8 Tage braucht. Mein nächster Brief, hoffentlich aus Malange, wird Näheres mittheilen.

Auszug aus zwei Briefen des Herrn J. M. Hildebrandt an Herrn Rensch in Berlin.

Zanzibar, den 24. Juli 1876.

. . . . . . Mein unheilvoller Zustand hat sich in *Mombassa* nicht gebessert,[*]) so dass ich gezwungen war, nach *Zanzibar* zu gehen, wo ich im Hospitale des grossen Stationsschiffes „*London*" eine sehr gute Aufnahme und treffliche ärztliche Behandlung fand. . . . .

Da ich plötzlich von *Mombassa* abreiste, so konnte ich die Sammlungen nicht gleich mitnehmen; sie werden aber in ca. 1 Monat hier eintreffen. Das bis jetzt Erlangte sind ethnographische Gegenstände, welche meine frühere Sendung ergänzen, ferner einige Pflanzen, Conchylien und Seethiere, eine grössere Anzahl Amphibien und Fledermäuse in mehreren Arten. Besonders zu nennen aber ist eine Vogelsammlung, die früher von mir begonnen und später von Herrn von Kalckreuth und meinen Leuten fortgesetzt wurde, während ich zu Hause blieb und die Vögel präparirte und bestimmte. Sie besteht in bis jetzt 88 Arten und über 200 Exemplaren, darunter viele höchst interessante, wie z. B.: Buceros Deckeni, Pogonorhynchus melanopterus, Turdus Deckeni. Laniarius caudatus, L. quadricolor, Halcyon orientalis, Centropus senegalensis etc. etc.

Zanzibar, den 25. August 1876.

Dank der ausgezeichneten Pflege, welche mir im Hospitale des englischen Stationsschiffes „*London*" zu Theil wurde, bin ich fast ganz wiederhergestellt und kann nach Ansicht der Aerzte in 1 bis 2 Monaten getrost meinen Wanderstab wieder ergreifen und eilen, zum Innern zu gelangen, um das Versäumte nachzuholen. Meine Sammlungen von Mombassa sind (da der Monsun noch nicht zum NO-Monsun übergegangen ist) noch nicht hier angelangt. Die früher erwähnte Sammlung von Vögeln ist durch mehrere seltene Arten der Insel Zanzibar bereichert und zählt augenblicklich bereits über 100 Arten, d. h. fast den vierten Theil aller von Abessinien bis Natal bekannten Arten.

---

[*]) Ueber die erste Reise des Herrn Hildebrandt nach Ostafrika von März 1872 bis August 1874 vgl. Verhandl. etc. I. (1874) pag. 269, 277. Zeitschr. d. Ges. f. Erdk. Bd. X. (1875) pag. 1—38 und pag. 266—296. Die zweite Reise unternahm Herr Hildebrandt Ende Januar 1875; er besuchte und erforschte zunächst das Somal-Land, ging alsdann nach Zanzibar und sendete von dort werthvolle Sammlungen nach Berlin. Von Zanzibar reiste Hildebrandt im August 1875 nach der *Comoren*-Insel *Johanna* und kehrte am 20. September nach Zanzibar zurück. Die auf dieser Insel bewerkstelligte Sammlung enthielt u. A. eine grosse Anzahl getrockneter Phanerogamen, Farren, Flechten und Moose, worunter viele neue Arten sich befinden. Gegen Ende October 1875 beabsichtigte Hildebrandt von Zanzibar aus in das Innere Afrikas einzudringen bis nach dem *Kenia*, musste aber dieses Vorhaben aufgeben und langte um Weihnachten in *Mombassa* an, wo er erkrankt liegen bleiben musste. Zwar reiste er noch einmal mit Eintritt der Regenzeit nach Zanzibar doch kehrte er krank, mit bösartigen Geschwüren behaftet, nach Mombassa zurück, von wo er, wie in den oben mitgetheilten Briefen erwähnt ist, zu seiner Heilung wiederum nach Zanzibar sich begab. A. d. H.

14

Notiz über Herrn Dr. Edwin von Bary.*)

In einem Briefe an Herrn Nachtigal d. d. *Tripoli*, den 25. September 1876, heisst es: „Diesen Morgen ist eine Karawane aus *Ghát* eingetroffen, welche Herrn von Bary ganz gesund angetroffen hat; er liess viele Grüsse bestellen, hatte aber keine Zeit zu schreiben. Es ist wohl anzunehmen, dass er in wenigen Tagen in *Ghát* eintreffen werde."

Brief von Herrn Louis A. Lucas an Herrn Nachtigal.**)

Mayungo am *Albert Nyanza*, den 2. August 1876.

„Entschuldigen Sie meinen kurzen Brief, da die Post in kurzer Zeit abgeht. Ich kann Ihnen daher keine geographischen Mittheilungen machen, sondern nur schreiben, dass wir beide, Oberst Gordon und ich, die Unmöglichkeit einsehen, auf dieser Route (vom Südende des Albert Nyanza aus) durch den Continent nach der Westküste zu gelangen. Meine Begleitung ist sehr unzuverlässig und widerspänstig, auch für meine Vorräthe kann ich nicht genug Träger erhalten. Ich kehre daher nach *Suez* zurück und gehe von dort mit einem Dampfer nach *Zanzibar*; dort will ich 100 Mann als Eskorte und 200 Mann als Träger für die ganze Reise und die frischen Vorräthe engagiren. So ist die erste Ausgabe (édition) meiner Reisen gescheitert, ich bin aber an Erfahrungen reicher geworden."

Berichte von anderen Geographischen Gesellschaften Deutschlands.

Verein für Erdkunde zu Dresden.

Monatsversammlung am 2. Juni. Vorsitzender: Prof. Dr. Ruge. Herr Geh. Rath von Kiesewetter schildert eine meteorologische Excursion in der Sierra Nevada.

Sitzung vom 16. Juni. Der Vorsitzende Dr. O. Schneider hält einen Vortrag über die pseudo-vulkanischen Erscheinungen im Gebiete des Kaukasus, nämlich die Schlammvulkane, die Erdbeben und die Küsten-Schwankungen am Kaspi-See.

Monatsversammlung am 1. September. Vorsitzender: Prof. Dr. Ruge. Herr Dr. Rudel hält einen Vortrag über die Schriftstoffe und ihre geographische Verbreitung.

Sitzung vom 8. September. Der Vorsitzende, Geh. Rath von Kiesewetter, schildert seine Wanderungen in den Pyrenäen.

---

*) Herr Dr. v. Bary hat Mitte August d. J. seine wissenschaftliche Reise in Afrika, bei welcher er durch ein Stipendium der Karl-Ritter-Stiftung unterstützt wurde (s. S. 157), von *Tripoli* aus angetreten. Der Hauptzweck dieser Reise ist die Lösung wichtiger geologischer Fragen über das Alter und die Beschaffenheit der *Sahara*.

A. d. H.

**) Vgl. Verhandl. der Ges. f. Erdk. Bd. III. No. 6, pag. 142. u. 148.

Sitzung vom 15. September. Vorsitzender: Dr. O. Schneider. Prof. Dr. Ruge spricht über die erste Entdeckung von Australien, die nach nautischen Karten aus Nordfrankreich französischen Seeleuten im Anfange des 16. Jahrhunderts zugeschrieben werden kann, und über die Ansichten Peschel's und Henry Major's über die Entdecker Neu-Guinea's. Es ist möglich, dass Ortiz de Retes auf seiner in den Jahren 1543 und 1544 ausgeführten Expedition zuerst hierher gelangt ist. Dr. Schneider theilt einen Brief von Dr. Raddo in *Tiflis* über eine im Sommer 1876 ausgeführte Reise im Kaukasus mit.

Sitzung vom 22. September. Vorsitzender: Oberstabsarzt Dr. Leo. Assistenzarzt Dr. Evers hält auf Grundlage der Beobachtungen und Studien, die er im Anfange dieses Jahres auf *Neu-Seeland* selbst machte, einen Vortrag über die Geschichte der Entdeckung und Colonisation dieser Insel, über ihre Natur und ihre Bewohner, ihre Städte und ihren Handel.

Verein für Erdkunde in Halle.

Sitzung am 26. April 1876. Vorsitzender: Dr. Ule. Prof. Dr. Kirchhoff legt ein der Geographischen Sammlung der Universität geschenktes Bruchstück einer ägyptischen Mumie vor; es erwies sich ziemlich hygroskopisch, offenbar in Folge längeren Liegens in Salzlösung; die Unterseite der äussersten Leinwandhüllen war mit Asphalt überzogen; die Fusslänge des ziemlich ausgewachsenen Körpers betrug nur 16 Cm., die grosse Zehe war beträchtlich kleiner als die nächst folgenden. Der Vortragende knüpfte daran eine Vergleichung der Länder, in welchen die Sitte der Mumisirung heimisch war; sie alle (Aegypten, die libyschen Oasen, die Canarien, Peru) sind durch eine grosse Trockenheit der Luft ausgezeichnet, so dass in ihnen die Natur selbst Leichen zu Mumien dörrt und der Mensch durch Umwinden mit Geweben oder Fellen die Leichen sehr leicht fast vollkommen zu erhalten vermochte. So hängt offenbar nicht geschichtlich, sondern nur klimatisch das amerikanische mit dem afrikanischen Mumisiren zusammen, also auch wohl nur so das der Guanyer und der Aegypter. Höchst auffällig verband sich aber auch mit dieser Sitte wohl überall, am Nil wie im Staate der Incas, der Glaube an die Auferstehung im früheren Leibe, der somit im letzten Grunde hier klimatisch beeinflusst war. — Hierauf hielt Prof. Dr. Gosche einen Vortrag über Lieder und Märchen der Kirgisen.

Sitzung am 18. Mai 1876. Vorsitzender: Dr. Ule. Prof. Dr. Kirchhoff trug vor über einen Besuch in Papenburg, der ältesten und blühendsten Fehncolonie des Deutschen Reiches, und im Saterland, das keineswegs ein weites Morastland, sondern einen schmalen sandigen Geeststreifen in den Mooren des Emsgebietes darstellt und von tüchtigen katholischen Bauerschaften bewohnt wird, die mit dem echten Sachsenhaus allein noch ostfriesische Mundart verbinden. — Dr. Ule berichtete über Cameron's Reise quer durch Süd-Afrika.

14*

Sitzung am 15. Juli 1876. Vorsitzender: Dr. Ule. Prof. Dr. Freytag theilte Eindrücke mit, die er auf einer kürzlichen Bereisung Spaniens (unternommen mit dem Hauptzweck, die dortigen Hausthierracen zu studiren) von Land und Leuten empfangen hat. Er legte eine interessante Karte über die spanische Pferdezucht und Proben südspanischen Gewerbfleisses vor.

Geographische Section der 49. Versammlung Deutscher Naturforscher und Aerzte zu Hamburg.

Prof. Dr. Neumayer, Director der deutschen Seewarte, gedachte zunächst in seiner Eröffnungsrede am 18. September in warmen Worten des Dr. Otto Ule, des Stifters der geographischen Section innerhalb der Naturforscher-Versammlung, und sprach alsdann über die beiden jetzigen Hauptprobleme der Geographie: die Polarfrage und die Erforschung von Central-Afrika.

In den Sitzungen am 19., 21., 22. und 23 September wurden folgende grössere Vorträge gehalten:

Dr. Hartlaub-Bremen: Mittheilungen über die Finsch'sche Expedition nach Sibirien.

Dr. Pechuel-Lösche-Leipzig: Ueber die Loangoküste.

Dr. P. Schreiber-Chemnitz: Ueber Höhenmessungen mittels des Barometers und Ersatzmittel desselben.

Dr. P. Güssfeld-Berlin: Ueber seine jüngst ausgeführte Reise nach dem ägyptischen Kloster St. Paul in der arabischen Wüste.

Dr. R. Andree-Leipzig: Ueber die Anfänge der Kartographie.

Dr. Schunke-Leipzig: Ueber die geographische Verbreitung des Viehbestandes im deutschen Reiche.

Dr. G. Nachtigal-Berlin: Ueber die jüngst auf Veranlassung des Königs der Belgier in Brüssel stattgehabte Conferenz behufs internationaler systematischer Erforschung Inner-Afrikas.

Prof. Dr. Neumayer-Hamburg: Ueber das Reisebarometer.

Derselbe: Ueber die Polarfrage.

In der dritten allgemeinen Sitzung der 49. Versammlung deutscher Naturforscher und Aerzte am 23. September hielt Dr. G. Nachtigal einen Vortrag über Baghirmi und seine Heidenvölker.

Berichte von auswärtigen geographischen Gesellschaften.

Königl. Geographische Gesellschaft zu London.

In der Sitzung vom 8. Mai wurden unter dem Vorsitz von Sir Henry Rawlinson folgende Abhandlungen verlesen: Mr. A. C. Stone über das

Land und die Eingeborenen von Port Moresby und Umgegend in Neu-Guinea;
L. M. d'Albertis über die Eingeborenen und die Producte der Gegenden
am Fly-Flusse in Neu-Guinea.

Jahressitzung am 22. Mai unter dem Vorsitz von Major-General
Sir Henry Rawlinson. Die Gesellschaft zählt gegenwärtig 3186 Mitglieder (incl. 61 Ehrenmitglieder); in dem letzten Jahre 1875/76 sind
266 neue Mitglieder gewählt worden. Die Einnahmen betrugen am 31. December 1875 7931 £. 15 s. 6 d. und die Ausgaben 5683 £. 4 s. 10 d.

Die „Royal Founder's Medal" für das Jahr 1876 wurde dem Lieutenant (jetzt Commander) V. L. Cameron, R. N., verliehen für seine
Reise quer durch Afrika von Zanzibar bis Benguela, und für seine Vermessung der südlichen Hälfte des Tanganyika-See; die „Royal Victoria or
Patron's Medal" dem Mr. John Forrest in Anerkennung seiner Verdienste für die Geographie durch seine zahlreichen und erfolgreichen Erforschungen in West-Australien, und besonders für seine bewunderungs-
würdig ausgeführte Reise quer durch das Innere Australiens vom Murchison-
Fluss bis zur Ueberland-Telegraphen-Linie.

Unter den vom Vorsitzenden in seiner Jahresadresse über die geographischen Ereignisse des letzten Jahres verlesenen Nekrologen befanden sich u. A.
die der verstorbenen Mitglieder der Gesellschaft: Werner Munzinger (geb.
4. April 1832, gest. 1. October 1875), Marquis de Sá da Bandeira (geb.
1795), General Dufour (geb. 1787, gest. 14. Juli 1875), Commodore
James Graham Goodenough (geb. 3. October 1830, gest. 20. August 1875).

Für das Jahr 1876/1877 wurden gewählt als Präsident: Sir Rutherford
Alcock; als Vice-Präsidenten: Lord Cottesloe, Sir Bartle Frere,
Admiral Sir Alexander Milne und Sir Henry Rawlinson; als Schriftführer: Clements R. Markham, Esqu., Richard Henry Major, Esqu.,
und für die auswärtige Correspondenz Lord Arthur Russell.

Sitzung vom 12. Juni. Vorsitzender in dieser wie in den folgenden
Sitzungen Sir Rutherford Alcock. Brief von Lieut. E. D. Young, Führer
des schottischen Missions-Dampfers „Ilala" auf dem Nyassa-See, vom
19. Februar d. J., worin er über den guten Erfolg der Mission und seine
Umschiffung des Nyassa-Sees berichtete. Dieser See reicht nach Young
bis 9° 20' Süd-Breite und ist grösser, als Livingstone geglaubt hatte. —
Bericht des Herrn T. B. Bigg Wither über das Thal von *Pibagy* in
Brasilien (in der Provinz Paraná und für eine Colonie sehr geeignet).

Sitzung vom 26. Juni. Briefe von General Stone, Sir Samuel
Baker und Oberst Gordon über die Umschiffung des Albert Nyanza-
See's durch Herrn Gessi (s. Verhandl. etc. pag. 146), und über die Reise
des Oberst Gordon am Somerset-Flusse. — Capitain J. S. Hay: Ueber
das den Engländern gehörende Gebiet von Akem in Westafrika (zwischen
6° und 7° Nord-Breite) mit der Hauptstadt Kyebi. — Mr. R. B. Shaw:
Ueber die Geographie von Ost-Turkestan.

In der Versammlung der „British Association for the Advancement of Science" zu *Glasgow* im September 1876 wurden in der geographischen Section nachstehende Vorträge gehalten. Die Eröffnungsrede hielt Capitain Evans, Hydrograph der britischen Admiralität, er sprach vorzugsweise über die Forschungsreise des „Challenger" und über die Grundzüge der heutigen Tiefseeforschung, sowie über die Hypothesen der oceanischen Circulation, ein Problem, das noch seiner Lösung harrt. Im Anschluss hieran sprachen in späteren Sitzungen der geographischen Section Staff Commander Tizard: über die Temperaturen des Atlantischen Oceans, welche während der Fahrten des Challenger in demselben gemessen sind; Mr. J. Murray: über die geologische Vertheilung der oceanischen Ablagerungen, und Mr. Buchanan: über das specifische Gewicht des Oberflächenwassers der Oceane. Ferner sprachen noch: Mr. Octavius Stone: Ueber seine neueren Reisen in Neu-Guinea; Sir C. F. Cerruti: Ueber seine neueren Erforschungen im NW. von Neu-Guinea: Mr. Kerry Nicholls: Ueber die Inseln des Korallen-Meeres; Comm. V. L. Cameron: Ueber seine Reise quer durch Afrika; Oberst Playfair (britischer General-Consul in Algier): Ueber Reisen in Tunis auf der Route von Bruce (1763); Lieut. W. H. Chippindall: Bemerkungen über den Weissen Nil zwischen Gondokoro und Apuddo; Mr. A. Bowden: Ueber eine neue Route nach den Quellen des Niger; Professor Porter: Ueber einige interessante Punkte in der physischen Gestaltung und den Alterthümern des Jordan-Thales.

Geographische Gesellschaft zu Paris.

Sitzung vom 4. April. Vorsitzender: Mr. Malte Brun. Bericht über den Zustand der dänischen Ansiedelungen in Grönland im Jahre 1874/75. Brief von Sr. de Brazza über seine Reise am Ogowe.

Jahresversammlung am 19. April. Vorsitzender: Baron de la Roncière le Noury. Ueberreichung der grossen goldenen Medaille an Dr. G. Nachtigal für seine Reisen in Central-Afrika, sowie einer goldenen Medaille an Oberst Przewalski für seine Reisen in der Mongolei, und einer an M. Mariette Bey für seine archäologischen Entdeckungen in Aegypten. Herr Victor Guérin verlas einen Bericht über seine Erforschung des Jordan-Thales.

Sitzungen vom 5., 17. Mai, 7., 21. Juni, 5., 19. Juli, 2. August. Vorsitzender: Mr. Malte Brun. Berichte über die Reisen von Sr. de Brazza an Ogowe, über die Umsegelung des Albert Nyanza durch Gessi (s. oben), über das Project eines Schiffskanals in Central-Amerika, und verschiedene kleine Berichte und Mittheilungen.

Italienische Geographische Gesellschaft zu Rom.

Präsident: Commend. Cesare Correnti.

Sitzung vom 14. Mai, 18. Juni, 19. Juli. Sr. Camperio: Ueber den oberen Nil. (Eine lebhafte Discussion, ob der Albert Nyanza das Hauptreservoir für den Nil sei, schloss sich an diesen Vortrag.) Sr. Correnti: Ueber die Frage des inneren Meeres der Sahara nach den Untersuchungen von Capitain Roudaire über die Tunisischen Schotts.

Khedivale Geographische Gesellschaft zu Cairo.
Vorsitzender: General Stone.

In den Sitzungen vom 24. März und 21. April wurden ausser vielen kleineren Mittheilungen folgende grössere Vorträge gehalten: Sr. Bonola: Ueber italienische Reisende; Mr. de Compiègne: Ueber das Reich der Ashanti; über die Pygmäen in Central-Afrika; Oberst Colston: Ueber die Beduinen-Stämme von Sudan und Kordofan.

Kaiserl. Russische Geographische Gesellsaft zu St. Petersburg.

In den Sitzungen vom 27. März (8. April) und 14. April (26. April) wurden folgende Vorträge gehalten: Bericht des meteorologischen Comité's über Weyprecht's und Graf Wilczek's Schema für Polarforschungen. Das Comité empfiehlt zwei Beobachtungs-Stationen zu errichten: eine an der Mündung der Lena und eine andere auf Neu-Sibirien. Oberst Gilinsky: Ueber die in den Jahren 1873 bis 1875 ausgeführten Arbeiten zur Ausrottung der Pinsk-Sümpfe in Russland. Bericht über zwei im April nach Asien abgesendete Expeditionen, nämlich die von Potanin nach NW.-Mongolien, um daselbst Forschungen über den Handel jener Gegenden anzustellen, ferner die Expedition unter Przewalski's Leitung zur Erforschung der noch sehr unvollkommen bekannten Gegenden zwischen dem Himalaya, dem Tiënshan und den Steppen von China und Turkestan.

Nachtrag.

Brief des Herrn Dr. Pogge an den Vorstand der Afrikanischen Gesellschaft.

Nach Abschluss dieses Heftes No. 7 u. 8 der Verhandlungen etc. ist ein Brief des Herrn Dr. Pogge d. d. *Mona Cadinga* am *Lulua*, 3. Mai 1876, an den Vorstand der Afrikanischen Gesellschaft hier eingetroffen und in der Sitzung der Gesellschaft für Erdkunde am 4. November verlesen worden. Wir theilen der Wichtigkeit der in diesem Briefe enthaltenen Nachrichten wegen schon hier nachstehend den Inhalt desselben mit.

Mona Cadinga am *Lulua*, 3. Mai 1876.
(12 Tagereisen NO. von Difunda).

„Ich habe gestern den *Lulua* passirt und bin hier in *Mona Cadinga* angekommen. Am 16. September v. J. bin ich von *Kibondo* abgegangen und am 9. December in *Quisemena*, dem *Mussumba* (d. h. grosses Lager) von *Muata Jamro* eingetroffen. Am 17. April habe ich die Rückreise angetreten. Ich bin genöthigt hier bis Anfang oder Mitte Juni zu bleiben, um das Fallen der Wasser abzuwarten, da die Flüsse und Sümpfe jetzt schwer zu passiren sind, und ich von meinen 6 Reitochsen bereits 4 verloren habe.

Von *Mussumba* aus habe ich nicht schreiben können, weil mir eine Gelegenheit, die Briefe zu spediren, nicht zu Gebote stand. Meine Träger, welche nur bis *Mussumba* engagirt waren, weigerten sich, allein die Rückreise zu machen, da der Weg, wie sie sagten, ihnen zu weit sei. Meine Tauschartikel sind bis auf ein Minimum erschöpft, weshalb ich schon so früh aus *Mussumba* weggegangen bin, um die Träger über den *Lulua* zu führen, und von hier 30 Träger ohne Last nach *Kibondo* resp. *Malange* zu schicken, welche diese Briefe mitnehmen werden.

In *Mussumba* bin ich im Ganzen etwas über 3 Monate gewesen. Es war mir aber nicht möglich, nach Norden oder Nordost weiter zu gehen, da ich von Matiamwo (Muata Jamwo) die Erlaubniss, trotz wiederholter Versuche nicht erlangen konnte. Ich habe mich damit begnügen müssen, mit 5 Trägern 6 Tagereisen weit nach Südost zu gehen. Als ich 3 Tagereisen östlich vom *Casserigi*-Fluss in dem Dorfe *Inschibaraka* angelangt war, schickte mir mein Dolmetscher Germano schon einen Boten nach, um mich zur Umkehr zu bewegen, da Matiamwo voller Misstrauen gedroht habe, mich mit Gewalt holen zu lassen. Ich würde mich übrigens in meinem Vorhaben, den *Lubilasch*, nordöstlich von *Inschibaraka* zu erreichen, nicht haben stören lassen, wenn mir das Wasser und der Regen nicht so sehr hinderlich gewesen wären. Die Bäche mit steilen Ufern waren mit 5 und 6 Fuss Wasser angefüllt, so dass die Ochsen und Träger sehr schwer landen konnten, und stellenweise war die Ebene von *Inschibaraka* 1 und 2 Fuss hoch überschwemmt und man lief alle Augenblicke Gefahr, in die mit Wasser angefüllten 5 und 6 Fuss tiefen Löcher zu fallen, und dabei fiel Regen auf Regen.

Ich bin dann im südlichen Bogen wieder an die *Calange*-Flussfähre *Efuka*, 1 deutsche Meile östlich von *Mussumba* gegangen, und war im Ganzen von *Mussumba* vom 28. Januar bis 28. Februar weggeblieben. Diese kleine Tour ist aber von grossem Nutzen gewesen, da ich mich bei den verschiedenen Häuptlingen habe ungenirt betreffs der Geographie des Reichs Matiamwo's informiren können, was ich mir in *Mussumba* nicht erlauben durfte; denn alles was mich anging wurde dort Matiamwo hinterbracht, welcher ein unendlich misstrauischer und abergläubischer Neger ist.

Das Tagebuch betreffend, so theile ich dem Vorstande mit, dass es den Anforderungen der Gesellschaft genügen wird und bemerke, dass ich besonderes Gewicht auf Geographie gelegt habe, dass ich die Grenzen des Reichs Matiamwo's kenne und gut informirt bin, was den Landstrich zwischen *Quango* und *Kassay* betrifft. Ich constatire ferner, dass die *Petermann*'sche Karte von 1871 recht lückenhaft und falsch ist. Ich habe in der letzten Stunde in *Kibondo* einen Compass und Uhr von einem

Portugiesischen Händler geliehen bekommen, so dass ich einigermassen die Lage Mussumba's werde angeben können. Ein genaues Itinerar mit Berücksichtigung aller Gebirgszüge, Ebenen, Flüsse u. s. w. habe ich bis jetzt nach Compass und Uhr aufgenommen, von Mussumba bis hier (Mona Cadinga), und hoffe dasselbe fortzuführen bis Kibondo. Gesammelt habe ich Pflanzen, Schmetterlinge, Käfer, 16 Negerschädel, Hölzer, Geräthschaften etc. Die Schädel sind aber mehr oder weniger lädirt. Es sind Schädel des Cassanda-Stamm's, welcher 4 Tagereisen nördlich von Mussumba zwischen dem Luisa und Calangi wohnt, wohin Matiamwo Raubzüge zu unternehmen pflegt, um sich mit Sclaven zu rekrutiren. Von Pflanzen bringe ich wahrscheinlich eine neue Art mit. Dieselbe habe ich nur in der Hochebene zwischen dem Luisa und Casserigi angetroffen. Hinter dem Calangi wird sie schon seltener, hinter dem Casserigi habe ich sie nicht gesehen. Für die Landschaft bei Mussumba ist sie gewissermassen charakteristisch. Ob sie neu ist oder nicht, lasse ich dahin gestellt; nur steht fest, dass sie in Angola nicht vorkommt; nicht ein einziger meiner Träger hatte sie jemals gesehen. Ausserdem bringe ich Metallproben mit.

Ich hoffe nun Mitte August etwa in Kibondo einzutreffen. Dort werde ich einige Tage rasten müssen, während welcher ich 4 Tagereisen weit auf dem Wege nach Cabango an den Tschikapa gehen werde, wo derselbe nach der Aussage eines Führers Ebo dasselbe Metall führen soll, welches ich hier unterwegs gefunden habe. Ende September, oder Anfang October kann ich in Malange sein. Von Malange schreibe ich nicht mehr, sondern werde sobald als möglich, nach Loanda, und mit dem ersten besten Dampfer nach Europa gehen."

Einsendungen für die Bibliothek.

Geschenke.

Pissis, Geografía física de la república de Chile. Paris 1875 und Atlas ibd. 1876. (Gesch. d. Verf.)

Schomburgck, Botanical reminiscences in British Guiana. Adelaide 1876. (Gesch. d. Verf.)

v. Schrenck, Reisen und Forschungen im Amur-Lande in den Jahren 1854—56. Bd. IV. Lief. 1. St. Petersburg 1876. (Gesch. d. Verf.)

Van Campen, The Dutch in the Arctic Seas. Vol. I. London 1876. (Gesch. d. Verf.)

d'Uraba et de San Miguel, Canal interocéanique sans écluses ni tunnels à travers le territoire du Darien. Paris 1876.

Verzeichniss der Leuchtfeuer aller Meere, her. von dem Hydrograph. Bureau der Kaiserl. Admiralität. 2. Aufl. Thl. I. Berlin 1876. (Gesch. d. Kais. Admiralität).

Arctic expedition. Further papers and correspondence in continuation of Parliamentary Paper of 1875. London 1876.

Fils, Barometer-Höhen-Messungen vom Amte Ilmenau. Jena 1876. (Gesch. d. Verf.)

Wild, Repertorium für Meteorologie. Bd. V. Hft. 1. St. Petersburg 1876. (Gesch. d. Verf.)

Astronomische, magnetische und meteorologische Beobachtungen an der K. K. Sternwarte zu Prag im J. 1875. Prag 1876.

Meteorologiska jakttagelser i Sverige utg. af K. Svenska Vetenskaps-Akademien. Vol. XV. 1873. Stockholm 1876. (Von der K. Schwed. Akad. d. Wiss.)

Voyage autour du monde sur la frégate suédoise l'*Eugénie* executé pendant les années 1851—53 sous le commendement de C. A. Virgin. Hft. 13. 14. Stockholm. (Von d. K. Schwed. Akad. d. Wiss.)

Astronomical and meteorological observations made during the year 1873 at the United States Naval Observatory. Washington 1875. (Vom Naval Observatory.)

Das Kaiserreich Brasilien auf der Weltausstellung von 1876 in Philadelphia. Rio de Janeiro. 1876.

Reuter, Un retour au Pays Natal. Bruxelles 1876. (Gesch. d. Verf.)

—-, De l'amélioration de l'industrie agricole dans la provincede Luxembourg. Luxembourg 1875. (Gesch. d. Verf.)

Die Kgl. Preussische Landes-Triangulation. Haupt-Dreiecke. Thl. III. Herausg. von der trigonometrischen Abtheilung der Landes-Aufnahme. Berlin 1876. (Gesch. K. Preuss. General-Stab).

Delaire, Genéve et le Mont Blanc. Paris 1876. (Gesch. d. Verf.)

Schneider, Vorläufiger Bericht über im Laufe des Sommers 1875 in Transkaukasien ausgeführte Reisen (Aus der „Isis" 1876). (Gesch. d. Verf.)

Ekman, Description of hydrographical and meteorological instruments exhibited by Götheborgs och Bohus Läns Hushållings-Sällskap at the Philadelphia exhibition 1876. Stockholm. (Gesch. d. Verf.)

—, On the general causes of the ocean-currents. Upsala 1876. (Gesch. d. Verf.)

Dennys, Report on the newly-opened ports of K'iung-chow (Hoi-how) in Hainan and of Hai-phong in Tonquin. Hongkong 1876. (Gesch. d. Herrn v. Brandt, K. Gesandten in China.)

Annual report of the United States geological and geographical survey of the territories by Hayden. Washington 1876. (Von der U. S. Geolog. Survey of the Territories.)

Memoiren des Kaiserl. militairisch-topographischen Depot. T. XXXIV. St. Petersburg 1875. (Gesch. d. Kais. russ. milit.-topograph. Depot.)

Registrande der geographischen Abtheilung des Grossen Generalstabes 6. Jahrg. Berlin 1876. (Gesch. d. K. Preuss. Generalstabs.)

Dupuis, Mémoire et documents à l'appui de la pétition présentée à l'assemblée nationale. Paris 1876. (Gesch. d. Verf.)

Statistik des deutschen Reichs. Herausg. vom Kaiserl. Statistischen Amt. Bd. V. Berlin 1876.

Bulletin de l'Académie des Sciences de St. Pétersbourg. T. XX. N. 3. 4. XXI. XXII. N. 1. 2. St. Pétersbourg 1874/75. (Gesch. d. Kaiserl. Akad. d. Wiss. In St. Petersburg.)

Mittheilungen des deutschen und österreichischen Alpenvereins. Jahrg. 1876. N. 5.

Statistik des Verkehrs der Aemter des deutschen Reichs - Telegraphen-Gebietes für 1875. Berlin 1876.

Statistica elettorale politica. Elezioni generali degli anni 1861, 1865 66. 1867, 1870 e. 1874. Roma 1876. (Vom Minist. di agricoltura etc.)

Relazione statistica sull'costruzioni e sull'esercizio delle strade ferrate italiane a tutto l'anno 1875. Roma 1876. (Ebdh.)

Statistique internationale des caisses d'épargne compilé par le bureau de statistique du royaume d'Italie. Roma 1876. (Ebdh.)

Navigazione nei porti del regno. Anno 1876. Roma 1876. (Ebdh.)

Statistica dei bilanci communali per gli anni 1873—74. Roma 1876. — Degl. doi bilanci provinciali ibd. eod. (Ebdh.)

Kunstmann, Afrika vor den Entdeckungen der Portugiesen. Festrede. München 1853.

—, Valentin Ferdinand's Beschreibung der Westküste Afrika's bis zum Senegal. München 1856.

—, Valentin Ferdinand's Beschreibung der Westküste Afrika's vom Senegal bis zur Serra Leoa. München 1860.

—, Valentin Ferdinand's Beschreibung der Serra Leoa. München 1861.

—, Die Entdeckung Amerikas. München 1859.

—, Recension der Schrift: Geschichte des Seefahrers Ritter Martin Behaim, bearb. von Ghillany (Gelehrte Anzeigen d. K. Bayer. Akad. d. Wiss. 1853).

Fallmerayer, Das Todte Meer. München 1853.

—, Denkschrift über Golgatha und das Heilige Grab. München 1852.

—, Das Albanesische Element in Griechenland. Abthl. 1—3. München 1857—61.

Tafel, Symbolarum criticarum, geographiam Byzantinam spectantium partes duae. (Abhdl. d. K. Bayer. Akad. d. Wiss.)

Schmoller, Ueber ältere handschriftliche Seekarten. (Ebdh.)

—, Ueber Valentin Fernandez Alemã und seine Sammlung von Nachrichten über die Entdeckungen und Besitzungen der Portugiesen in Afrika und Asien bis zum J. 1508 (Ebdh.)

(Die 12 letzten Nummern Geschenk des Prof. Thomas in München.)

      Durch Umtausch.

The journal of the Roy. Geographical Society. Vol. XLV. 1875. London.

Proceedings of the Roy. Geographical Society. Vol. XX. N. IV.—VI. London 1876.

Bulletin de la Société de géographie. 1876. Mai—Août. Paris.

Tijdschrift van het aardrijkskundig genootschap gevestigd te Amsterdam.
D. II. N. 2. Amsterdam 1875. 76.

Mittheilungen der K. K. geographischen Gesellschaft in Wien. Bd. XIX.
N. 6—9. Wien 1876.

Mittheilungen des Vereins für Erdkunde zu Leipzig. 1875. Leipzig 1876.

Bulletin de la Société géographique roumaine. Annee L N. 1—6.
Bucarest 1876.

Bollettino della Società geografica italiana. Vol. XIII. Fasc. 6. 7.
Roma 1876.

Bulletin de la Société Khédiviale de géographie du Caire. N. 2.
Le Caire 1876.

Mittheilungen der deutschen Gesellschaft für Natur- und Völkerkunde
Ostasiens. Hft. 9. Yokohama 1876.

Le globe. Journal géographique. T. XIV. Livr. 4—6. 1875. Genève.

Petermann's Mittheilungen. 1876. Hft. VII.—IX. u. Ergänzungsheft
N. 48. Gotha.

Cosmos di G. Cora. Vol. III. N. IX. Torino. 1875/76.

Revue maritime et coloniale. T. I. Livr. 178. Paris 1876.

Mémoires de la Société nationale des sciences naturelles de Cherbourg.
T. XIX. Paris 1875.

Correspondenzblatt des naturforschenden Vereins zu Riga. Jahrg. 21.
Riga 1875.

Bulletin de la Société Imp. des Naturalistes de Moscou. 1876. N. 1.
Moscou.

Gaea. Natur und Leben. Jahrg. XII. Hft. 7—9. Köln u. Leipzig 1876.

Bulletin de l'Académie royale des sciences, des lettres et des beaux arts
de Belgique. T. XXXVIII—XL. Bruxelles 1874. 75.

Annuaire de l'Académie royale des sciences, des lettres et des beaux arts
de Belgique. 1875. 1876.

Bijdragen tot de taal-land-en volkenkunde van Nederlandsch-Indië. D. XI
St. 1. 's Gravenhage 1876.

Jahreshefte des naturwissenschaftlichen Vereins für das Fürstenthum
Lüneburg. Bd. VI. Lüneburg 1876.

Proceedings of the Boston Society of Natural History. Vol. XVII. P. 3. 4
XVIII. P. 12. Boston 1875.

Occasional papers of the Boston Society of Natural History. II. cont.:
Hentz, the spiders in the United States. Boston 1875.

Memoirs of the Boston Society of Natural History. Vol. II P. IV.
N. 3. 4. Boston 1875. 76.

Vierteljahrshefte zur Statistik des Deutschen Reichs für das J. 1876.
Jahrg. IV. Hft. 2. Abthl. 2. Hft. 3. Abthl. 1. Berlin.

Herausgegeben im Auftrage des Vorstandes von Dr. Georg von Boguslawski.
Verlag von Dietrich Reimer in Berlin.   Druck von Kerskes & Hohmann in Berlin.

BERLIN

Druck von Kerskes & Hohmann

SW., Zimmerstrasse 94.

VERHANDLUNGEN

DER

GESELLSCHAFT FÜR ERDKUNDE

ZU

BERLIN.

SITZUNGEN
VOM 4. NOVEMBER und 2. DECEMBER 1876.

BAND III. N⁰· 9 u. 10.

BERLIN,
VERLAG VON DIETRICH REIMER.
C 1876.

VERHANDLUNGEN

DER

GESELLSCHAFT FÜR ERDKUNDE

ZU BERLIN.

1876.   No. 9 u. 10.

Mittheilungen sind zu adressiren an den Vorstand der Gesellschaft für Erdkunde, Berlin, SW.
Friedrichstrasse 191.

Vorgänge bei der Gesellschaft.

Sitzung vom 4. November 1876.

Vorsitzender: Freiherr v. Richthofen.

Es wird zuerst die statutenmässige Wahl des Vorstandes für das Jahr 1877 vorgenommen. Es werden gewählt:

Als Vorsitzender . . . . Herr Bastian.
Als erster stellvertretender Vorsitzender . Herr v. Richthofen.
Als zweiter stellvertretender Vorsitzender Herr Hartmann.
Als erster Schriftführer . . . . . . Herr v. Boguslawski.
Als zweiter Schriftführer . . . . . . Herr Marthe.
Als dritter Schriftführer . . . . . . Herr Kersten.

Die Wahl des Schatzmeisters wird für die nächste Sitzung vertagt.

Der Vorsitzende begrüsst die anwesenden Delegirten der *Deutschen Gesellschaft zur Erforschung Aequatorial-Afrika's* (Afrikanische Gesellschaft) und gedenkt sodann in Worten höchster Anerkennung der vor wenigen Tagen glücklich heimgekehrten englischen Nordpolar-Expedition der beiden Schiffe „*Alert*" und „*Discovery*" (unter dem Capitain Sir George Nares), welche zwar ihr eigentliches Ziel nicht erreicht, aber sich doch die vollste Bewunderung wegen der mann-

haften Ueberwindung grosser physischer Schwierigkeiten und der
möglichsten Benutzung der Verhältnisse zu umfangreicher Forschung
erworben habe. Selbst das negative Resultat, dass auf dem Weg
durch den Smith-sound das erhoffte weitere Vordringen nicht möglich
ist, sei von hohem Werth. Auch wies der Vorsitzende darauf hin,
dass durch den Verlauf der Expedition der deutsche Plan (der auf
Anlass des Reichskanzleramtes im October 1875 zusammengetretenen
Commission) zur Erforschung der arktischen Gebiete durch schritt-
weises Vordringen eine neue Bekräftigung erhalten habe.

Herr Nachtigal berichtet alsdann über den Stand der Expeditionen der Herren Dr. Pogge, Dr. Lenz und Dr. Edwin von
Bary auf Grund der von denselben eingelaufenen Briefe (s. pag. 193
und 220—235). Von besonderer Wichtigkeit sei die nun authentisch
erfolgte Nachricht von dem Besuch des Dr. Pogge in der Residenz
des Muata-Yamvo. Die glückliche Lösung dieser lange vergeblich
verfolgten Aufgabe müsse als ein glänzender Erfolg bezeichnet werden;
es sei dadurch die von Cameron geschaffene Basis für fernere
Forschungsreisen erheblich erweitert worden.

Derselbe widmet in einem längeren Vortrag dem kürzlich verstorbenen Dr. Otto Ule herzliche Worte der Anerkennung seines
rastlos thätigen Wirkens und Schaffens für die Wissenschaft und das
Gemeinwohl. Er giebt eine kurze Skizze seines oft bewegten Lebens
und seiner vielseitigen Thätigkeit als Mann der Wissenschaft, als
Bürger und als Mensch. „Den geographischen Kreisen stand Ule,"
wie der Vortragende bemerkte, „besonders nahe durch seine erfolgreichen Bestrebungen auf dem Gebiet der Erdkunde, welche er seit
1861, wo er sein Buch: *„Die neuesten Entdeckungen in Afrika,*
Australien und der arktischen Polarwelt" schrieb und erfolgreiche
Propaganda für die deutsche Expedition zur Aufhellung von Eduard
Vogel's Schicksal machte, mit besonderer Vorliebe cultivirte. Seit-
dem blieb sein lebhaftestes Interesse der Geographie zugewendet; noch
kurz vor seinem Tode beendete er die Bearbeitung der physischen
Erdbeschreibung von Elisée Reclus, welche den ehrenvollsten
Schlussstein seines wissenschaftlich-schriftstellerischen Lebens bildet."

Herr Jagor zeigt ein kleines, höchst einfaches Instrument vor,
mit welchem die einheimischen Schiffer an der Küste Ostindiens die
Breitengrade auf See zu bestimmen pflegen.

Herr Bastian setzt seinen Vortrag über seine Reisen in Süd-
und Nord-Amerika fort. (S. pag. 202.)

Sitzung vom 2. December 1876.

Vorsitzender: Freiherr v. Richthofen.

Der Vorsitzende begrüsst die mit reichen Erfolgen zurückgekehrten Mitglieder der von dem *Bremer Verein für deutsche Nordpol-
erforschung* organisirten Expedition nach West-Sibirien,
von welchen Herr Dr. Brehm selbst anwesend ist, sowie den der
Sitzung beiwohnenden Hofrath Gerhard Rohlfs. Er stattet sodann
dem bisherigen Schatzmeister der Gesellschaft, Herrn Arndt, welcher
zum Schluss dieses Jahres sein Amt niederlegt, für seine langjährige
sorgsame und gewissenhafte Mühewaltung den Dank der Gesellschaft ab. An Stelle desselben wird Herr Geh. Legationsrath Hepke
als Schatzmeister der Gesellschaft gewählt

Als Mitglieder des Beiraths für 1877 werden gewählt die
Herren: Beyrich, Deegen, v. Etzel, Förster, Fritsch,
Goering, Greiff, Hauchecorne, H. Kiepert, Lange,
Meitzen, Nachtigal, D. Reimer, Freiherr v. Schleinitz,
v. Strampff.

Herr Nachtigal macht hierauf Mittheilungen über die neuesten
hier eingetroffenen Nachrichten der Afrika-Reisenden Dr. Pogge und
Ed. Mohr (s. pag. 235 und 237).

Der Vorsitzende theilt mit, dass Se. Majestät der König der
Belgier das in der Sitzung vom 7. October ihm dargebrachte Zeichen
der Dankbarkeit für seine hochsinnige Initiative zur internationalen
Erforschung von Central-Afrika huldreichst entgegengenommen habe.

Derselbe giebt Kenntniss von der Bildung dreier neuer Geographischer Gesellschaften zu *Brüssel, Antwerpen* und *Marseille*.

Freiherr von Schleinitz und Herr Cochius halten hierauf
die angekündigten Vorträge (s. pag. 204 und 217).

Der Gesellschaft sind beigetreten in der November-Sitzung:

Als Ansässige Ordentliche Mitglieder: Herr Freiherr
v. Holstein, Legationsrath; — Herr Th. Goldammer, Haupt-
mann im Generalstab; — Herr v. Thilau, Legationsrath; —
Herr Dr. med. Burchardt; — Herr Dr. Hoffmann, Stabsarzt
im Kaiser Alexander-Regiment; — Herr Dr. med. Klunzinger;
— Herr Dr. phil. Polakowsky; — Herr Henry Humbert; —
Herr Dr. Bruno Kerl, Professor; — Herr Wilhelm Meyer,
Director.

16*

Wieder eingetreten:
Herr Dr. Cochius, Oberlehrer.

Der Gesellschaft sind beigetreten in der December-Sitzung:
Als Ansässige Ordentliche Mitglieder: Herr Zöllner, Oberst der Artillerie z. D.; — Herr Roemer, Senator in Hildesheim; — Herr Posseldt, Eisenbahn-Director; — Herr Schmidt, Geh. Finanzrath; — Herr Bielefeldt, Stadtrichter; — Herr Lingner, Staatsanwalts-Gehülfe; — Herr Otto Kunze; — Herr C. Rubach, Rentier; — Herr Boeckh, Hauptmann im Cadetten-Corps; — Herr Spatz, Kaufmann; — Herr Dr. Jansen, Professor; — Herr Dr. Schelske; — Herr von der Hude, Baumeister; — Herr v. Schultzendorf, Oberst-Lieutenant a. D.; — Herr Hegelmaier, Regierungsrath; — Herr Dr. Falkenstein, Stabsarzt; — Herr Pfefferkorn, Justizrath und Divisions-Auditeur; — Herr P. Bornemann, Justizrath und Divisions-Auditeur: — Herr Schlubach, Kaiserlicher General-Consul in Valparaiso.

Vorträge.

Herr Bastian: Weitere Mittheilungen über seine Reisen in Süd- und Nord-Amerika.

An den vorigen Vortrag*) eines geographischen Ueberblickes seiner Reise anknüpfend, berührte der Vortragende im Besonderen die alten Culturvölker *Südamerika's*, die *Peruaner*, die unter der Herrschaft der *Inca* einige andere, zum Theil frühere, Culturschöpfungen absorbirt hatten, und dann zunächst die *Chibchas* in *Cundinamarca*, die auf ihrem isolirten Hochlande sich in völliger Abgeschlossenheit entwickelt hatten, und deshalb für das Studium ein hohes Interesse besitzen, um reine Vergleichungspunkte zu gewinnen.

Das in einer Höhe von mehr als 8000 Fuss über dem *Magdalena*-Fluss schwebende, und von demselben noch durch die Thäler von *Guaduas* und *Valleta* getrennte Hochplateau von *Bogota* oder *Cundinamarca* ist nach dem *Marañon* zu von dem tropischen Waldmeer umgeben, durch welches die Nebenflüsse zu jener grossen Wasserader hinabströmen, und besitzt keine directen Verkehrswege, weder mit dem pacificischen noch mit dem atlantischen Ocean. Von dem letztern aus muss erst die beschwerliche Beschiffung des *Magdalenen*-Flusses zurückgelegt werden, die z. B. zu Hum-

---

*) Vergl. Verh. d. Ges. f. Erdk. Heft 7 u. 8, pag. 182.

boldt's Zeit noch fünfzig Tage bis *Honda* in Anspruch nahm, und auch jetzt, trotz der Dampfbote, noch eine sehr unsichere ist, während die Reise von der Küste des *Pacific*, ihrer vielen Beschwerlichkeiten wegen, bis vor Kurzem für eine fast unmögliche galt und in nur sehr wenigen Fällen gemacht wurde. Die früheren Gefahren bei der Beschiffung des *Daguas*, der bei *Buenaventura* mündet, sind in Mollien's Reisewerk beschrieben, und obwohl der Weg, seit der zunehmenden Ausfuhr der *Palmyra*-Tabacke, etwas verbessert ist, bedarf es doch noch immer einiger Anstrengungen, um nach Verlassen des Canoe's in *Corduva* über den Kamm von *Tocota* in das *Cauca*-Thal zu gelangen. In diesem stellten die in damaliger Jahreszeit durch den Regen geschwollenen Flüsse mancherlei Hindernisse in den Weg, um *Cartago* zu erreichen, von wo gewöhnlich der Pass des *Quindiu* gekreuzt wurde, der noch, als Hamilton dort reiste, für Maulthiere unpassirbar war, so dass derjenige, welcher sich nicht der Silleros oder Sesselträger bedienen wollte, auf Fusstouren angewiesen war.

Der Vortragende wählte für den Zweck seiner Reise den neuerdings nach *Antioquia* geöffneten Weg, ein früher nur vom *Naré* aus zugängliches Hochland, das gegenwärtig indess durch die rasche Vermehrung seiner betriebsamen Bevölkerung und das Ueberfluthen derselben besonders in das Caucathal hinein, seine Bergfesseln zu zerreissen beginnt. In Folge dieser Auswanderung begannen sich auf einem von den ersten Conquistadores bereits bevölkert angetroffenen, aber seitdem wieder unter die Decke aufwuchernder Waldmassen zurückgesunkenen Boden neue Ortschaften zu erheben, bei deren Anlage mancherlei Alterthümer zu Tage gefördert sind. Nach dem Besuche verschiedener derselben, sowie auch der Hauptstadt *Medellin*, und sonstigen Touren, auf denen theils der dort durch ein enges Felsenbett rauschende *Cauca* Schwierigkeiten in seiner Passage bot, theils die ermüdenden und auch gefährlichen Bergwege, besonders die am linken Ufer, mancherlei Aufenthalt verursachten, benutzte der Reisende eine vor einigen Jahren, vornehmlich der Minen *Marmato's* wegen, wegsam gemachte Strasse über den *Paramo de Ruyz*, um nach *Honda*, dem Endpunkte der Schifffahrt auf dem *Magdalena* zu gelangen, und dann nach *Bogota*.

Dieses mit einer Luftinsel verglichene Hochland war trotz seines Versteckes in einem abgelegensten Winkel bei der ersten Eroberung, der Rendezvous-Platz für drei von verschiedenen Richtungen ausgegangene Entdecker geworden, die ohne irgend welche Kenntniss von einander dort fast zu gleicher Zeit zusammentrafen, und dadurch wieder einen Beweis ablegen, wie sehr die geographische Configuration der Länder geschichtliche Wege vorschreibt. Als eigentlicher Entdecker darf Ximenes de Quesada gelten, der, nachdem er durch lange Irrfahrten in den Morastwäldern des untern *Magdalena* bereits auf die Nothwendigkeit reducirt schien, gleich seinen Vorgängern den Rückweg einzuschlagen, durch einen glücklichen Zufall noch in einem Nebenfluss Spuren des Verkehres mit den oberen Gebirgsstämmen auffand, und dann über *Velez* nach *Bogota* gelangte. Bald darauf erschien mit den Eroberern Peru's der als Heerführer Francisco Pizarro's

von Quito ausgezogene Benalcazar, und wenige Tage darauf langte die
Botschaft über eine dritte Abtheilung Weisser an, die im Anzuge seien,
nämlich die Begleiter Federmann's, der drei Jahre gebraucht hatte,
um sich von Coro aus unter unsäglichen Mühseligkeiten einen Weg durch
die Urwälder zu bahnen und die Sierra an diesem steilen Absturz zu ersteigen. In der an wunderbaren Ereignissen so reichen Entdeckungsgeschichte bietet besonders dieses Zusammentreffen eine durch romantische
Einzelnheiten anziehende Episode, wie sie uns in den damaligen Berichten
überliefert ist.

Der Vortragende ging dann des Weiteren auf den Culturgrad der alten
Chibchas ein, auf ihre Staatsverfassung, die in dem Priesterkönig von
Sogamoso mit der Kronfeldherrschaft des Zaque und später noch des Zipa,
unter einem in Bergen abgeschlossenen Volksstamme die japanischen Verhältnisse insularer Abgeschlossenheit wiederholt, auf die Fluthsagen, die
bei dem Wasserabfluss des Tequendama in den Traditionen Nepaul's bei
gleicher geographischer Gestaltung, ihr genaues Seitenbild finden, auf die
Mythen von der Schöpfung, die in ihren Anklängen bis hoch in den Nordwesten
Amerika's verfolgt werden können, auf die Erschaffung von Sonne und
Mond, wie sie sich an ähnliche Vorstellungen in Mexico und unter den Quiché
anschliesst, auf die nach Kalenderrechnungen geheiligten Menschenopfer
gleich den azteklschen, auf die Ideen über die Fortexistenz und andere
Einzelnheiten der Mythologien mit deren Analogien in anderen Theilen Amerika's, sowie schliesslich auf die Erscheinungen jener mysteriösen Propheten,
die, wie die frühere Geschichte der Peruaner, Tolteken, Zapotecas, Mayas u.s.w.,
auch die der Chibchas durchziehen.

Capitain z. See Freiherr von Schleinitz: Uebersicht über die Forschungsreise Sr. Majestät Schiff
„Gazelle" in den Jahren 1874—1876.

(Zweiter Theil.*)

Bei meinem im Juni des Jahres über die Gazelle-Expedition gehaltenen Vortrage hatten Sie mich bis zur Insel Kerguelen begleitet, wo
wir den Venus-Durchgang am 9. December 1874 mit Erfolg beobachtet
hatten und uns sonst mit der Explorirung dieses noch so wenig bekannten
Landes beschäftigten.

Trotz des langdauernden Aufenthaltes bei der einsamen, unbewohnten
Inselgruppe, trotz ihrer rauhen Aussenseite war sie uns bei näherer Be-
kanntschaft lieb geworden, denn in der That übte sie in ganz eigener
Weise einen Zauber aus. Nicht nur konnte man sich bei jedem, allerdings
nur durch tüchtige Anstrengung und Schweiss zu erkaufenden Anlagen
auf einem hohen Berggipfel sagen: Hier hat vor dir noch kein Fuss geweilt,

---

*) Erster Theil s. pag. 108.

noch kein menschliches Auge hat diesen mächtigen Kranz schneebedeckter Kuppen, diese jähe abstürzenden Felsengrate, diese chaotischen Trümmermassen überschaut, sondern auch ganz unerwartet stiess man bei den Excursionen in das unbekannte Innere zuweilen auf freundliche landschaftliche Bilder, die zu dem allgemeinen rauhen Charakter des Landes einen angenehmen Gegensatz bildeten. Ich will in dieser Beziehung nur der wasserfallreichen Bäche, der schönen, zwischen die Berge gelagerten, mitunter recht grossen Gebirgsseen erwähnen, deren tiefgrüner Wasserspiegel, geschützt von den Bergen, kaum leise erzitterte, während hoch oben der Sturm tobte; ich will auch erinnern an die von uns aufgefundenen, an einzelnen Stellen der grösseren Insel bis fast in die Meeresbuchten hinabreichenden prachtvollen, schneeweissen Gletscher mit ihren himmelblau schimmernden Spalten und Eishöhlen, aus denen dann der gelbliche Gletscherfluss schäumend sich ergoss.

Wenn der Aufenthalt bei der Inselgruppe nicht die Schattenseite gehabt hätte, uns in Bezug auf Briefe und sonstige Nachrichten nahezu fünf Monate lang von der übrigen Welt zu isoliren, so würden wir vielleicht nicht einmal gern von den Inseln, auf denen noch Vieles zu erforschen übrig blieb, geschieden sein.

Indess warteten unserer ja noch andre Aufgaben und so brachen wir, nachdem die Astronomen ihre Aufgaben bezüglich genauer Ortsbestimmung der Station beendet hatten, binnen 48 Stunden die Häuser u. s. w. ab, deren Aufbau Wochen beansprucht hatte.

Ich hatte früher schon bemerkt, dass abgesehen von den astronomischen Beobachtungen und den Sammlungen im Gebiete der Zoologie, Botanik und Geologie auf *Kerguelen* magnetische, meteorologische, Pendel- und Gezeitenbeobachtungen angestellt wurden, welche durch gleichzeitige Beobachtungen auf diesen selben Gebieten der Wissenschaft auf den *Aucklands*-Inseln für die spätere Discussion an Bedeutung gewinnen sollten.

Der bei den Pegelbeobachtungen angenommene Nullpunkt wurde vor dem Fortgehen auf eine Steinplatte übertragen, um ein Mittel zu haben, Hebungen oder Senkungen des Landes resp. Aenderungen im Wasserspiegel durch in späteren Jahren vorzunehmende gleiche Beobachtungen constatiren zu können. Auch wurde ein kleines Beobachtungshäuschen mit Maximum- und Minimum-Thermometer und einem Buche zurückgelassen, in welchem in englischer und deutscher Sprache das Ersuchen an jeden den Platz Besuchenden eingetragen war, den Thermometerstand in das Buch einzuschreiben und demnächst die Indexstäbchen der Thermometer wieder einzustellen.

Am 3. Februar 1875 verliessen wir *Betsy Cove*, noch behufs Abschluss unserer Vermessungen und Bestimmung der Deviation eine andere Bucht aufsuchend, die als letzter der von uns vermessenen Theile der *Schlusshafen* getauft wurde.

Von *Kerguelen* begab sich das Schiff nach *Mauritius*, um daselbst die Astronomen abzusetzen, auf der Reise die Inselgruppe *Amsterdam* und *St. Paul* anlaufend. Letztere Insel war eine französische Beobachtungs-

Station, und es war wichtig, einen Zeitbestimmungsvergleich zwischen unserer Station auf *Betsy Core* und der französischen Station anzustellen. Leider wurde die französische Expedition nicht mehr angetroffen.

Die Insel *St. Paul* ist hinsichtlich ihrer Formation interessant, indem sie einen mächtigen Krater bildet mit eingestürzter einer Seite, und zwar derartig, dass eine Verbindung des Kraters mit dem Meere stattfindet, so dass Boote und kleinere Fahrzeuge in den Kratersee fahren können. Die, vielen Spalten unter Wasser entströmenden Dämpfe bringen das Wasser stellenweise fast zum Sieden, so dass sich die Leute (eine Fischerniederlassung der Insel *Reunion*) darin ihre Krebse und Fische ohne Feuer kochen. Der Kratersee bildet einen sehr gesuchten Laichplatz für viele Sorten von Seefischen und Krebsen. Auch von einer Ohrenrobbe wird die Insel, jedoch nicht allzu häufig, besucht. Ein Fell dieser früher noch wenig bekannt gewesenen Robbe befindet sich nebst dem einer ganz ähnlichen neuen, von *Kerguelen* stammenden und vom Director des hiesigen zoologischen Museums nach der „*Gazelle*" genannten Art in dieser Sammlung, woselbst auch die weit grösseren, von der „*Gazelle*" von *Kerguelen* mitgebrachten See-Elephanten und See-Leoparden aufgestellt sind. Letztere Robben sollen auf *St. Paul* nicht mehr vorkommen. Dass leichter zugängliche Inseln, wie z. B. *St. Paul*, jetzt nur noch wenig von Robben besucht werden, ist wahrscheinlich weniger im Klima, als darin begründet, dass je leichter zugänglich die Küste, um so schonungsloser das Hinschlachten der Robben durch die Robbenjäger stattfindet. Da die deutsche Gesetzgebung sich zur Zeit dieser für den Menschen durch Thran und Pelz so nützlichen Thiere anzunehmen im Begriffe steht, ist es vielleicht von Interesse, wenn ich einige Daten gebe über die in einem Jahre nur auf einer einzigen kleinen Insel im Süd-Indischen Ocean getödteten See-Elephanten. Der See-Elephant ist bekanntlich der Riese unter den Robben und wegen des grossen Quantums von Thran, welchen ein einzelner giebt (im Werthe bis 150 Thlrn.), sehr geschätzt. Er wird bis 30 Fuss lang und besitzt oft nahezu den Umfang eines Land-Elephanten. Trotz der enormen Verminderung, welche diese Thiergattung seit Ende des vorigen Jahrhunderts erfahren hat, wurden aber noch im Jahre 1866 auf einer der *Crozet*-Inseln in der Saison, d. h. in 2 bis 3 Monaten, 1959 Stück allein von einer Jagdparthie getödtet. Die Hauptsache ist aber, dass — wie ich aus den darüber etwa 5 Jahre lang geführten Büchern dieser Robbenschläger-Gesellschaft ersehen habe — die Thiere in der Regel erschlagen werden, wenn sie zum Gebären an Land kommen, so dass die Tödtung der Jungen gleichzeitig erfolgt.

An einer einzigen Strandstelle werden zuweilen am Tage gegen zweihundert Stück, d. h. eine ganze Heerde getödtet.

Freilich bedeutet diese Zahl noch nichts im Vergleich mit derjenigen der ebenfalls zur Gewinnung von Thran erschlagenen Pinguine, welche auf derselben Insel im Jahre 1869, nachdem die See-Elephanten durch das Abschlachten seit 1865 so gut wie ausgerottet waren, 44,859 Stück betrug.

In Betreff der Insel *St. Paul* bemerke ich noch, dass wir hier einige der interessanten, nur auf *Kerguelen* und bei den *Falklands*-Inseln vorkommenden schneeweissen Chionis aussetzten, weil uns seit dem Verlassen von Kerguelen schon mehrere Exemplare gestorben waren und wir fürchten mussten, dass auch die noch übrig gebliebenen, ein Männchen und mehrere Weibchen in den Tropen zu Grunde gehen würden. Es ist abzuwarten, ob der Vogel sich hier akklimatisiren wird. Bekanntlich ist er nur kurze Strecken zu fliegen im Stande, weshalb er nicht von anderswo nach den *Kerguelen*-Inseln eingewandert sein kann.

Nach kurzem Aufenthalte bei der Insel *St. Paul* setzten wir die Reise nach *Mauritius* fort. *Mauritius*, wo wir am 26. Februar 1875 anlangten, bietet einen selten hübschen Anblick bei der Ansegelung, indem das blaue Meer von den Streifen spiegelglatten, hellgrünen Wassers innerhalb des die Insel umgebenden Korallenriffes schön contrastirt und die zerrissenen Bergkuppen mit der tropischen Vegetation zu ihren Füssen einen wundervollen Hintergrund bilden.

Die Schönheiten der Insel in Verbindung mit der freundlichen Aufnahme, welche uns zu Theil wurde, liessen uns nach der langen Isolirung auf Kerguelen die Zeit nicht lang werden, welche bis zum Eintreffen der Post, auf die wir zu warten hatten, verfloss. Die Astronomen kehrten mit dem Postdampfschiff in die Heimath zurück, bis auf Dr. Studer.

Nach Empfang weiterer Segelordre und Neuausrüstung wurde *Mauritius* den 15. März 1875 verlassen und die Reise nach *Australiens* Südwest-Küste fortgesetzt, wobei wir der Windverhältnisse wegen zunächst südlich, dann auf 35 bis 38° Südbreite östlich und endlich nach der Westküste Australiens nach Norden zu steuern hatten.

Da ich in *Mauritius* durch die „Nachrichten für Seefahrer" auf die Existenz eines Korallenriffes, *Kali Maas* genannt, südlich von *Mauritius*, aufmerksam gemacht worden war, dessen Lage als unsicher galt, beschloss ich, es zur genaueren Bestimmung seiner geographischen Position aufzusuchen. Ich muss hier bemerken, dass die Seekarten, welche die Grundlage für alle Navigirung bilden, leider noch in allen Oceanen eine grosse Anzahl von Felsen oder Riffen angeben, von denen nicht blos die Position, sondern die Existenz zweifelhaft ist. Um zu erörtern, wie es zugeht, dass diese Unsicherheiten trotz der heutigen grossen Schifffahrt, sogar noch in dem bei weitem am meisten befahrenen Atlantischen Ocean bestehen, muss ich auf die Art und Weise eingehen, wie sich verschiedene Untiefen kennzeichnen. Liegen sie etwas über oder unter dem Meeresspiegel, so werden sie in den mehr frequentirten Oceanen leicht entdeckt und auch bald geographisch bestimmt, weil dann jederzeit, selbst bei Windstille, auf ihnen eine schwere Brandung steht. Solche Riffe sind im Allgemeinen die ungefährlichsten, weil man die Brandung selbst in der Nacht sieht, wenn man nicht gerade sogenanntes „dickes Wetter" hat. Liegt die Untiefe etwa 20 bis 30 Fuss unter Wasser, so ist sie gefährlicher, weil sie gewöhnlich oder wenigstens oft keine Brandung erzeugt, indess kennzeichnet sie sich auch dann — wenigstens in den tropischen Meeren — durch die Aenderung in der Wasserfarbe, welche von Tiefblau in Grün oder Hellgrün übergeht. Bei Nacht ist solches Riff allerdings äusserst gefährlich. Noch schlimmer sind aber die über 30 Fuss unter Wasser gelegenen Riffe, weil sie sich in der Regel gar nicht kennzeichnen und daher auch sehr schwer zu finden sind, während der Ocean stets, selbst bei ruhigem Wetter, so viel Bewegung durch langsames Heben und Senken, vom Seemann Dünung genannt, besitzt. dass ein nur 15 bis 25 Fuss tief gehendes Schiff beim Senken mit Gewalt auf solche Felsen stösst und schwer beschädigt wird, wenn es dabei nicht zu Grunde geht.

Es ist unter diesen Umständen nicht zu verwundern, wenn solche Riffe — namentlich wenn ihre Position noch zweifelhaft ist — einen wahren Schrecken der Seefahrer bilden und von den Handelsschiffen mit weiten Umwegen gemieden werden.

Das Aufsuchen einer solchen Untiefe zum Zwecke geographischer Bestimmung und hydrographischer Beschreibung ist nun natürlich auch nicht ohne Gefahr für das betreffende Schiff und geschieht daher gewöhnlich nur von Vermessungs- oder Kriegsschiffen.

Diese Gefahr wird in den Tropen dadurch vermehrt, dass man hier ein Riff in der Regel nicht „anlothen" kann, wie der seemännische Ausdruck ist. In den nicht tropischen Meeren, pflegt eine solche Bodenerhebung sich nicht plötzlich vom Meeresboden zu erheben, sondern allmählich anzusteigen. Wenn man nun beim Aufsuchen das sogenannte Handloth gebraucht, welches etwa jede halbe Minute einen Lothwurf, aber nur bis auf 60 oder 80 Fuss Tiefe giebt, so macht sich die Untiefe dadurch, dass das Loth auf etwa 80 Fuss den Grund erreicht, zeitig genug kenntlich, um zur Vorsicht zu mahnen. In den Tropen hingegen bauen die Korallen auf allen Untiefen senkrechte Kalkwände auf, resp. sie bauen immer wieder senkrecht in die Höhe, während vielfach die Bank einer allmählichen Senkung unterlag, wie dies bekanntlich namentlich im grossen Ocean der Fall ist. Man pflegt beim Anlaufen von Korallen-Riffen daher mit dem Handlothe nicht eher Grund zu erhalten, als bis man das gefährliche Riff nicht mehr tief unter dem Kiele hat, und kann dann schon im nächsten Moment auf einen der Felsen aufstossen. Wenn nun bei Tageslicht die Gefahr für das aufsuchende Schiff auch weniger gross ist, weil man — wie schon gesagt — in der Regel Anzeichen der Untiefe bemerkt, so befindet man sich, falls man das Riff nicht gefunden hat, bei Anbruch der Dunkelheit doch häufig noch in der unmittelbaren Nähe desselben und ist nun ausschliesslich auf das in den Tropen gegen die Gefahr des Aufstossens nicht völlig schützende Lothen angewiesen.

Beim Suchen nach dem Riffe *Kali Maas* liess ich in der Gegend der dafür angegebenen Position fortgesetzte Lothungen bis auf Tiefen zwischen 200 und 350 Fd. nehmen (ich bemerke, dass andere Schiffe nicht für das Lothen auf so grosse Tiefen ausgerüstet sind), ohne den Boden zu erreichen, weshalb angenommen werden kann, dass das Riff dort nicht vorhanden ist.

Auf der Weiterreise durch den *Indischen Ocean* wurden die physikalisch-oceanischen Beobachtungen in der in meinem vorigen Vortrage bereits beschriebenen Weise fortgesetzt.

(Der Vortragende giebt zur näheren Erläuterung derselben eine Beschreibung einiger der wichtigsten hierbei angewendeten, in dem ersten Vortrag noch nicht beschriebenen Instrumente, nämlich des Registrir-Thermometers und des Apparates zum Heraufholen des Wassers aus der Tiefe des Meeres und illustrirt dieselbe durch Zeichnung an der Tafel.)

Wie alle Continente an ihrer Südspitze, so besitzt auch der von *Australien* polaren resp. äquatorialen Strom, nämlich ersteren an der Westküste, letzteren an der Ostküste. Der polare Strom an der Westseite wurde indess weder stark, noch kalt gefunden. Er scheint sich hauptsächlich durch Wasser von leichterem specifischem Gewichte zu kennzeichnen, ist aber zu gewissen Jahreszeiten, nämlich wenn nördlich von *Australien* Westwinde vorherrschen und das Wasser durch die *Torres*-Strasse in den Stillen Ocean treiben, wahrscheinlich stärker.

Etwa hundert Seemeilen von der australischen Küste passirend, lief ich am 23. April die *Dirk-Hartog*-Insel an, indem ich in der an ihrer Nordspitze im *Naturalisten-Canal* gelegenen *Turtle-Bay* ankerte. Es ist dies eine der Küste in Abstand von etwa 40 Meilen fast parallel laufende langgestreckte Insel, hinter welcher die grosse *Freycinet-Bay* liegt. Sie besteht aus Versteinerungen führendem, steil zum Meere abfallenden Sand- und Kalksteinfels und dünenartigen Sandhügeln von 50 bis 150 Met. Höhe und ist mit hartem Grase und australischem, zum Theil stachlichem Buschwerk bewachsen. Abgesehen von Fliegenschaaren, die den Wanderer stark belästigen, Ameisen und einigen Vögeln, ist thierisches Leben kaum vorhanden. Es soll trotz des vorherrschenden Wüstencharakters von einem Deutschen in der Nähe der Freycinet-Bay etwas Viehzucht getrieben und die Bai von ihm durch Fischerei nach der Perlmuschel ausgebeutet werden.

Auf der die Westküste *Australiens* umgebenden Sandbank wurde mit vielem Erfolge mit dem Schleppnetz gearbeitet, namentlich ergab sich eine reiche Ausbeute an sehr verschiedenartigen Schwämmen, Hornkorallen und Hydroiden.

Weitersegelnd wurde nach einem anderen gefährlichen Riff, dem *Squacc-Rock*, gesucht und auf der für diesen Felsen angegebenen Position, anstatt einer Untiefe, 460 Faden Wassertiefe, d. h. die dem Meere hier gewöhnliche Tiefe gefunden. Dieser Fels liegt daher, wenn er existirt, jedenfalls an einer anderen Stelle.

Ferner wurde ein an der Nordwestküste *Australiens* gelegenes Riff, das *Ritchie-Riff*, in Bezug auf seine Position genauer bestimmt, weil diese stark brandende Untiefe von den nach der *Torres*-Strasse segelnden Schiffen in der Regel nahe passirt wird und die Kenntniss der exacten Position daher wichtig erschien.

Es lag in der Absicht, behufs Ergänzung von Kohlen und Vorräthen die südöstlich vom *Dampier-Archipel* gelegene *Nicolsbay* aufzusuchen, woselbst nach den mir gewordenen Mittheilungen eine englische Niederlassung existiren sollte. Da diese Bai indess in der Richtung des oft sehr stürmischen Ost-Passates ungeschützt ist, ankerte ich am 27. April in der westlich von *Nicolsbay*, zwischen dem Festlande und dem *Dampier-Archipel* laufenden, noch wenig bekannten *Mermaid*-Strasse.

Die vorgenommenen Recognoscirungen ergaben, dass in *Nicolsbay* keine Niederlassung existirt, sondern erst ca. 40 Seemeilen weiter östlich an der *Tientsinbay*, wo in Folge der 1861 stattgehabten Entdeckungsreisen im nordwestlichen Australien durch Franck Gregory die unbedeutenden Niederlassungen *Cossac* und *Roeburn* zur Betreibung der Viehzucht entstanden sind. Die Gregory'sche Reise gab indess auch den Impuls zu einer anderen, jetzt schon ziemlich schwunghaft betriebenen Industrie, nämlich zu dem Fischen nach der Perlmuschel, von welcher das Schiff, welches den Reisenden nach Nicolsbay brachte, einige Bänke entdeckte.

Es pflegen jetzt eine Anzahl kleinerer Fahrzeuge, zuweilen sogar englische Yachten, in der Saison (während des West-Monsuns, wo das Wasser geeigneter zum Tauchen, d. h. wärmer und klarer sein soll) hierher zu kommen und durch mitgebrachte malayische Taucher oder auch durch engagirte Australneger die Perlmuschel aus dem Grunde heraufholen lassen. Bei dem Werthe, welchen die Muschel wegen des Perlmutter — ganz abgesehen von den häufig gefundenen Perlen — hat, und bei der verhältnissmässig niedrigen, an die Regierung von Westaustralien zu zahlenden Abgabe von 5 £ für den Erlaubnissschein und 2 £ für die Tonne gefischter Muscheln, sollen die Fahrzeuge ein sehr lucratives Geschäft machen.

Von der *Mermaid*-Strasse aus unternahm ich mit Dr. Studer eine Excursion über die Bergzüge, welche die Küste hier einfassen, nach dem mehr ebenen Innern, die uns — wenn sie auch nur kurz war — eine kleine Probe von den Mühsalen australischer Wüstenreisen gab.

Die Bergzüge des *Dampier*-Archipels sowohl, wie die der Küste des Continents bestehen hier aus einem metamorphischen Quarzit, welcher, in rothen, würfel- und tafelförmigen Blöcken verwitternd, namentlich die Kuppen und Grate mit furchtbaren Trümmermassen überdeckt. In allen Spalten und Vertiefungen wachsen stachlige Sträucher, den Bergen durch den Wechsel von Grün und Roth ein ganz eigenthümliches Gepräge verleihend, aber das Ueberschreiten in der colossalen Hitze der tropischen Sonne ungemein erschwerend. Es bedurfte hierzu kaum noch der peinigenden Fliegenschwärme und des zufolge Austrocknens aller Flüsse entstehenden Wassermangels, um uns die Leiden zu vergegenwärtigen, mit welchen die grossen Australienreisenden zu kämpfen gehabt haben.

Die Schluchten und namentlich die bis auf einige Pfützen ausgetrockneten Flussläufe zeigten eine leidliche Vegetation von Casuarinen, Eukalypten, Akazien und von zuweilen mannshohem Grase und Kraut. Hier sammelte sich das Thierleben: zahllos umherschwärmende Insekten und Vögel schienen uns das gelbliche, warme Wasser einer armseligen Pfütze streitig machen zu wollen, Kängurubs und Beutelratten aber flohen in mächtigen Sätzen bei unserem Herannahen.

Eine hier von mir erlegte Beutelratte hat sich nach den Untersuchungen von Herrn Prof. Peters ebenfalls als eine noch nicht gekannte Art erwiesen.

Jenseits des Küstengebirges fanden wir vereinzelte domförmige Granitberge und grosse, zum Theil mit Salz incrustirte, fast vegetationslose Ebenen, welche in weiter Ferne von anderen Gebirgszügen abgeschlossen wurden.

In dieser Gegend stiessen wir auf Eingeborene, jedenfalls Papuaner, bis auf ein Hüftentuch nackt, mit Speer, Keule, Boumerang und einem schmalen Schilde bewaffnet. Von Gestalt waren sie klein, aber wohlgebaut, die Haut braun und ganz behaart, Bart um Kinn und Backen. Das Kopfhaar war eigenthümlicher Weise nicht kraus und schwarz, sondern braun, schlicht, etwas wellig. Aehnliches Haar sah ich später bei Knaben, welche als Taucher auf einem Perlenfahrzeuge engagirt waren, so dass wohl Einfluss des Seewassers jenen Zustand zu Wege gebracht haben wird.

Nachdem die Karten hinsichtlich der *Mermaid*-Strasse und des *Dampier*-Archipels durch eine, wegen Zeitmangels allerdings nur oberflächliche Vermessung verbessert waren und fortgesetzt mit vielem Erfolg für die zoologische Sammlung gefischt und geschleppt worden war, gingen wir am 1. Mai 1875 nach *Timor* in See, unterwegs wieder ein Riff, die *Corona*-Bank aufsuchend, auf dem 10 Fuss oder Faden gemeldet sind, aber 2875 Faden gefunden wurden. Ich lief auf dem Wege ferner noch die unbewohnte *Dana*-Insel an, ein aus jungem Kalk bestehendes, einige hundert Fuss über den Meeresspiegel gehobenes Korallenriff. Sie besitzt eine schöne Vegetation und ist von vielen Vögeln bevölkert, unter denen namentlich Adler und Reiher zu nennen sind. In den Bergen fanden wir wilde — oder wohl vielmehr verwilderte — Ziegen, von denen einige geschossen, eine sehr erwünschte Mahlzeit für die Schiffsbesatzung abgaben, die auf dieser Reise so selten frische Nahrungsmittel erhalten konnte. Die Insel wird auch viel von der grossen Seeschildkröte besucht, deren Junge am Strande in Erdlöchern massenhaft vorhanden, den Adlern eine gesuchte Beute wurden, wenn sie sich aus ihren Löchern wagten.

Am 14. Mai wurde in die grosse, schöne Bai von *Koepang* auf *Timor* eingelaufen, um bei dieser holländischen Niederlassung Kohlen und Vorräthe aufzufüllen und die Post abzuwarten.

Ich benutzte den Aufenthalt hier fast ausschliesslich, um Excursionen zu Pferde in das Innere dieser sehr gebirgigen und noch sehr wenig bekannten grossen Insel zu machen.

Die Gebirge, welche Bergspitzen bis zu 6000 Fuss besitzen, bestehen in dem Theile der Insel, welcher südlich der *Koepang*-Bai liegt, aus Versteinerungen führendem, jüngerem und älterem Kalk, Thonschiefer und Sandstein, in dem nördlich der Bai gelegenen Theil aus älterem Kalk und Thonschiefer. Als Bruchstücke wurde in Flüssen aber auch Basalt, Diorit, Serpentin, Porphyr, Jaspis gefunden. Nicht weit vom Ostende der Bai kommen Stücke von gediegenem Kupfer und Kupfererz mit Malachit in einer rothen mergelartigen Masse vor.

Der mittlere Theil der Insel trägt einen anderen geologischen Charakter, indem Serpentin und Serpentin-Conglomerat mit Nestern von Kaolin vorherrschend ist, jedoch wurde auch Trachyt, Kalk und Sandstein von Adern von Porphyr, Diorit und Grünstein durchzogen, gefunden. Auch hier kommen Kupfererze vor, während die Eingebornen aus dem Innern oft Gold bringen.

Obgleich die Insel sehr gebirgig ist, sind doch auch grosse, fruchtbare Ebenen vorhanden, die in der Regenzeit zum Theil von den geschwollenen Flüssen überschwemmt sind, und auf denen Paddy gebaut wird.

In landschaftlicher Beziehung bietet die Insel sehr viel Hübsches, ein grosser Theil macht den Eindruck eines hügeligen Parkes mit tropischer Vegetation.

Die Fruchtbarkeit wird beeinträchtigt durch achtmonatliche Trockenheit. Trotzdem wäre aus der Insel um so eher etwas zu machen, als die Trockenheit wiederum einen günstigen Einfluss auf den Gesundheitszustand ausübt, der ja — namentlich für Europäer — so wesentlich ist. Der holländische Handel und die holländische Industrie ist dagegen unbedeutend. Einfuhr findet, abgesehen von etwas Zeug und Geräth für die Eingeborenen durch Chinesen, fast nur für die einige hundert Köpfe starke europäische Bevölkerung statt: die Ausfuhr besteht vorzugsweise aus Sandelholz durch Chinesen.

Die eingeborene Bevölkerung gehört zur papuanischen Race, wenn schon an den Küsten viel Malayen und malayische Mischlinge vorkommen. Die folgenden Bemerkungen beziehen sich auf die noch wenig bekannten Bergbewohner (Balinesen), die ich auf meinen Excursionen antraf. Die Eingeborenen bekriegen sich fast beständig unter einander. Ihre Bewaffnung ist: Flinte mit Steinkugeln und langes Messer oder Kries. Der Krieg wird unter Leitung despotischer Häuptlinge oder Rajahs grossentheils zu Pferde geführt, besteht aber weniger in Schlachten, als in Legen eines Hinterhaltes, Erschiessen einiger vorbeiziehender Feinde, Abschneiden ihrer Köpfe und Verschwinden. Das Kopfabschneiden gilt als die grösste Heldenthat. Jeder abgeschnittene Kopf ermächtigt zum Anlegen gewisser Schmucksachen, als silberner oder elfenbeinerner Ringe und silberner Platten, die im Haar oder an der Mütze befestigt werden. Nur dieser Eitelkeit wegen wird auch vielfach Frauen und Kindern des Feindes der Kopf abgeschnitten.

Die Frauen scheinen sonst gut gehalten zu werden, tragen sich geschmackvoll und züchtig gekleidet und sollen durchaus sittsam sein. Die Männer beobachten den Frauen gegenüber eine gewisse — in diesen Gegenden, wo die Frau allgemein als Sclavin gilt, auffallende — Galanterie, indem ich z. B. öfter sah, dass der Mann auf steilen schwierigen Gebirgspfaden von seinem Pferde stieg und dasjenige der Frau am Zügel führte.

Die Häuser sind ganz und gar von Rippen und Blättern der Palmen recht gut gebaut. Es existirt, trotz der kriegerischen Neigung, häusliches Leben. Abends wird vor den Häusern musicirt auf Violinen und Guitarren, die ebenfalls von Palmblatt gemacht werden; auch Flöten werden gespielt. Zum Tanz, den hübsch geschmückte junge Mädchen ausführen, werden die wohl von den Chinesen eingeführten schrecklichen Gongs und Trommeln geschlagen.

Die Eingeborenen scheinen viel Gehör zu haben, indem ein junger Mensch z. B., der auf einer europäischen Harmonika ganz hübsche Weisen zu spielen gelernt hatte, mit diesem Instrument nach einmaligem Hören die vorgepfiffene Melodie eines deutschen Liedes ziemlich richtig nachspielte. Auch Gastfreiheit ist keineswegs unbekannt, wovon wir selbst einen Beweis erhielten. Bei einer Gebirgstour, welche das Besteigen eines hohen Berges, des *Taimanano*, zum Zweck hatte, begegnete uns der Häuptling des hoch am Berge gelegenen Dorfes mit seiner Familie auf einem Zuge nach den grossen Dörfern in der Ebene begriffen. Da ihm gesagt wurde, dass sein Dorf unser Zielpunkt sei, kehrte er sogleich mit allen den Seinen (etwa 10 Pferde) um, uns selbst zu geloiten und zu bewirthen. Da wir das Dorf an dem Tage indess nicht mehr erreichten, bezog er mit seinen durch Zuzug aus dem nicht mehr fernen Dorfe verstärkten Kriegern, den Frauen und Kindern — mit uns zusammen ein Bivouac auf einem Bergplateau und sorgte durch Reis und die besten Stücke eines unterwegs geschossenen Schweins für unseren Unterhalt, wofür er Belohnung durchaus ablehnte.

Ihre Beschäftigung besteht, abgesehen vom Kriege, im Anbau von Reis, Mais, Bananen, Palmen, sowie in Bienenzucht zur Honiggewinnung. Sie weben und färben auch einen unserem groben Baumwollenzeug ähnlichen Stoff.

Ein kleines, sehr ausdauerndes Pferd und der indische graue Büffel, Karabau genannt, kommen in grossen Heerden vor, sonst an essbaren Thieren noch ein schöner Hirsch, das verwilderte Papuaschwein und Hühner.

In Folge der Häufigkeit des Pferdes ist der Timorese geborner Reiter. Er reitet ohne Steigbügel, zuweilen nur eine lose Decke unter sich. Gebiss nebst Zaum werden aus Kokosfasern bereitet. Auch die Frauen und Kinder reiten in der Regel.

Das holländische Colonialgouvernement sucht in einigen Richtungen cultivirend auf die Eingeborenen einzuwirken, indem es z. B. unter Anderem beabsichtigt durch Anlage von Stütereien in der Bucht von *Koepang* die Pferderace zu veredeln, um sie exportfähig zu gestalten.

Es bemüht sich auch, die Bewohner zum Anbau von Baumwolle und Kaffee zu bewegen, doch bisher mit nicht grossem Erfolge, da die Eingebornen auf Beispiel und Rath nicht gewohnt sind, zu hören, vielmehr bei dem Despotismus, welcher als Folge der muhamedanischen Religion herrscht, nur auf Befehle, und das Befehlen nicht mehr in Uebereinstimmung ist mit der von der Regierung seit Kurzem eingeschlagenen liberaleren Colonialpolitik.

Man kann kaum sagen, dass Holland eine thatsächliche Herrschaft über sämmtliche ostindischen Inseln ausübt. Die Rajahs haben sich allerdings zum grösseren Theile nominell den Holländern unterworfen, indess walten und schalten sie häufig fast ganz nach eigener Willkür, besteuern ihre Unterthanen nach Belieben und führen ebenso Krieg mit ihren Nachbarn.

Die Holländer üben auf Timor ihre nominelle Herrschaft aus, indem sie die Insel in Districte getheilt haben, denen sogenannte „Postenhalter", in der Regel Abkömmlinge von Weissen und eingeborenen Frauen, vorstehen. Militair wird nicht auf Timor gehalten, vielmehr nur eine grossentheils aus dem Halbblut rekrutirte Polizeimannschaft. Muss durchaus gegen einen Rajah vorgegangen werden, so verstärkt diese Polizeimannschaft einen der dem Rajah feindselig gesinnten Stämme, deren es immer giebt, und sucht ihm so beizukommen.

Zur Behauptung ihrer Herrschaft werden auch zuweilen Niederlassungen von Einwohnern anderer Inseln im Gebiete eines Unzufriedenheit erregenden Stammes angesiedelt und genöthigt, das ihnen überwiesene Land zu vertheidigen, wobei sie event. mit Waffen und Munition unterstützt werden.

Als eine wesentliche Stütze der holländischen Macht dient das Christenthum, indem man überall die Erfahrung gemacht hat, dass die Hauptunruhestifter auf den ostindischen Inseln fanatischen Hass gegen alle Europäer predigende Muhamedaner oder Slems (von Moslems) sind, wie man sie dort nennt. Der Krieg gegen die Atchinesen und namentlich auch die zähe Widerstandskraft dieser soll vorzugsweise auf die Fanatisirung durch muhamedanische Priester zurückzuführen sein.

Das Christenthum wird daher auch möglichst gepflegt, und durch den damit Hand in Hand gehenden Schulunterricht sind schon recht erfreuliche Resultate in einzelnen Bezirken erreicht worden. Ich habe weit von jeder europäischen Niederlassung ausserordentlich hübsche Handschriften gesehen und geläufigem Lesen und correctem Singen von eingeborenen Mädchen beigewohnt, die 6 bis 8 Jahre alt waren. Die Kinder wurden mir als sehr gelehrig und talentvoll geschildert.

Im Ganzen ist es indess schade, dass aus dieser schönen Insel nicht mehr gemacht wird. Mit etwas Unternehmungsgeist und Kapital liessen sich noch grosse Schätze heben und ein gut beanlagter, wilder Volksstamm der Cultur gewinnen.

Am 26. Mai wurde *Koepang*, dessen europäische Bewohner uns sehr freundlich aufgenommen hatten, verlassen und unter Anlaufen von *Atapupa*, einer in tiefer, mit einem Felsenthor abgeschlossenen Bergschlucht romantisch gelegenen chinesischen Niederlassung, durch die *Ombay*-Passage nach *Amboina* gesegelt.

Die *Sunda*-Inseln mit ihren ungeheuren Bergmassen und vielen kegelförmigen Bergriesen, die oft schon in fast 100 Seemeilen Entfernung sichtbar werden, machen einen grossartigen Eindruck bei der Passage durch eine der vielen Strassen, die zwischen ihnen in die *Molukken*-See führen.

Auch innerhalb dieser inselumkränzten Gewässer wurden die Lothungen resp. das Nehmen der Temperatur-Reihen von der Meeresoberfläche nach dem Boden fortgesetzt.

Die auffallende, früher nicht gekannte Gleichmässigkeit resp. Regelmässigkeit der Temperaturen der untersten Wasserschichten gaben hier Veranlassung, einen interessanten Schluss zu ziehen. Während nämlich nach unseren anderweiten Beobachtungen den Tiefen unter 1600 bis 1700 Fd. in diesen Breiten, wenigstens dort, wo nach den antarktischen Gewässern kein Bodenhinderniss das Wasser abschliesst, eine Temperatur von unter 2 bis 2,5° Cels. zukommt, so wurden hier nur Temperaturen von über 2,5° gefunden und zwar fiel die Temperatur von 1600 oder 1700 Faden an fast gar nicht mehr.

Es sind nun bisher die Tiefen dieser Gewässer, namentlich auch diejenigen der verschiedenen Meeresstrassen zwischen den *Sunda*-Inseln und derjenigen nach dem grossen Ocean fast nirgend gemessen worden. Man kann aber auch ohne Messung aus dem geschilderten Verhalten der unteren Temperatur schliessen, dass das Molukkenmeer mit den es umgebenden Oceanen unterhalb von 16 bis 1700 Faden nicht communicirt, es ist also ein directer Schluss aus der Temperatur an einer Stelle auf die Tiefenverhältnisse an ganz anderen Stellen zulässig.

Auf der Reise wurde die kleine Gruppe der *Lucipara*-Inseln angelaufen, welche als Ausnahme von all den umgebenden gebirgigen Inseln ziemlich flache Korallenformation aufweist mit atollförmiger Vertheilung der einzelnen Inseln.

Wie bei sehr vielen Korallen-Inseln, ist auch hier ein Ankern nicht möglich, weil die Korallen senkrecht in die Höhe bauen. Eine Schiffslänge vom brandenden Riffe wurden schon 70 Faden Wassertiefe gefunden. Es wurden daher nur Boote an's Land gesandt. Die Gruppe ist unbewohnt, obwohl sie eine reiche Vegetation und namentlich das Haupterhaltungsmittel der farbigen Tropenbewohner, die Cocos-Palme, in grosser Menge besitzt.

Am 2. Juni 1875 wurde in der Bai von *Amboina* geankert.

Amboina ist ebenfalls eine sehr gebirgige Insel, jedoch mit einigen zum Anbau wohl geeigneten welligen Gegenden.

Die Insel zerfällt in zwei durch eine niedrige Landzunge mit einander verbundene Theile von ziemlich verschiedenem geologischem Charakter, zwischen welchen Theilen der Hafen eingeschlossen ist.

Der nördliche grössere Theil mit hohen Bergen hat vorzugsweise vulkanisches Gestein, der südliche mit nicht sehr hohen Hügeln und welligen Hochebenen zeigt dagegen Granit, Gneiss und sedimentäre Gesteine.

Die Vegetation ist in Folge des vielen Regens eine prachtvolle.

Regen und üppige Vegetation erzeugen im Tropenklima ja in der Regel ungünstige Gesundheitsverhältnisse, und diese hatte *Amboina* früher auch in hohem Grade aufzuweisen, indem viel und schweres Tropenfieber neben Dysenterie u. s. w. vorkam. Eigenthümlicher Weise soll aber der Gesundheitszustand sich in Folge eines grossen Erdbebens, welches namentlich die benachbarte Insel *Banda* mit thätigem Vulkan heimsuchte, plötzlich so erheblich gebessert haben, dass *Amboina* jetzt als die gesundeste Station dieser Gegend gilt.

Die Stadt liegt an der Nordseite des südlichen Inseltheils sehr hübsch in einem von hohen bewaldeten Bergen umringten Thalkessel, indess macht sie von der Bai gesehen einen unverdient ärmlichen Eindruck, da am Strand nur die ärmlichen Häuser der Malayen und Chinesen liegen und die europäischen Häuser gänzlich den Blick verdecken.

Die Verhältnisse von *Amboina* lassen, namentlich wenn man es mit *Koepang* vergleicht, erkennen, dass diese Colonie sich einmal grösserer Sorge der Regierung zu erfreuen gehabt hat. Die Stadt besitzt hübsche breite Strassen, gute Brücken und ziemlich gute Befestigungen nebst Kasernen, Hospitälern etc.

Von Interesse war es für uns, hier in etwas das eigenthümliche System kennen zu lernen, welches die Colonialregierung in Bezug auf ihre Truppen angenommen hat. Dieselben sind principiell in Europäische (Europäner) und Inländische (Inlanders) geschieden. In Bezug auf Erstere ist nichts weiter zu bemerken, als dass sie sehr gut besoldet sind und nur zum Theil aus Holländern, zum grössern Theil aber aus Deutschen und anderen Europäern bestehen. Die Inlanders werden nur aus Eingeborenen rekrutirt, tragen beinahe dieselbe Uniform wie die Europäer, mit dem Unterschied, dass sie barfuss gehen, und erhalten nur sehr geringe Löhnung. Das Eigenthümliche ist aber, dass bei der Organisation dieser Truppen auch das Element der Weiber und Kinder eine Rolle spielt. Dem Eingeborenen ist es nämlich ganz undenkbar, ohne Frau zu leben, und mir wurde versichert, dass man überhaupt keine freiwillig dienende Eingeborene haben würde, wenn man dies nicht in Rücksicht zöge. In Folge dessen sind die in der Regel aus Palmblattrippen erbauten Kasernen derartig eingerichtet, dass überall die Frauen mitwohnen. Es sind ganz einfach eine Anzahl Holzpritschen mit Vorhängen versehen, und zwar so, dass, wie in unseren Kasernen, zwei Pritschen übereinander stehen, von welchen sowohl die obere, wie die untere von einem Paare nebst ihren Kindern eingenommen wird. Die Frauen empfangen den Proviant und kochen unter Aufsicht eines Unteroffiziers für ihre Familie in besonderen Kochhäusern. Die Kinder, ob ehelich oder unehelich, werden auf Gouvernementskosten erzogen.

Es [wurde während unserer Anwesenheit gerade eine Compagnie eingeschifft, um nach der Insel *Ceram* zu einem kleinen Feldzuge gegen einen aufrührerischen Bergstamm verwendet zu werden. Die Frauen begleiten auch hier die Männer und sorgen für ihre Verpflegung im Felde event. für die Pflege, wenn diese verwundet oder krank sind, so dass sie nicht blos nicht ein Hinderniss in den Feldoperationen, sondern bei denselben sogar nützlich sein sollen. Die Sache geht natürlich nur deshalb, weil die Frauen in den Gebirgen, welche auf diesen Inseln stets der Kriegsschauplatz sind, ebenso gut zu Fuss und dieselben Strapazen auszuhalten im Stande sind, wie die Männer, und da die Ernährung der vorzugsweise nur von Sago, Reis und Früchten lebenden Inländer keine allzu schwierige ist.

Die Insel *Amboina* producirt sehr wenig. Ihre Bedeutung hat sie bekanntlich durch die Gewürznelken, welche als Monopol der holländischen

Regierung früher nur auf dieser Insel gebaut werden durften und bedeutende Einnahmen erbrachten. Nebst anderen Monopolen ist aber auch dieses von der Regierung aufgegeben und dadurch der Anbau auf anderen Inseln ebenfalls gestattet, was zur Folge hatte, dass heut zu Tage auch dieser Handelsartikel keine so grosse Bedeutung mehr hat und *Amboina* allmählich zurückkommt. Leider scheint Unternehmungsgeist und Industrie hier ebenfalls keinen rechten Boden zu finden, was sich unter Anderem daran zeigt, dass bei enormen Fleischpreisen nicht einmal Viehzucht besteht, vielmehr alles Schlachtvieh von anderen Inseln eingeführt werden muss, während es trotz des im Allgemeinen gebirgigen Charakters der Insel keineswegs an einzelnen welligen, grasbedeckten Gegenden mangelt.

Nach allem dem, was ich auch über andere Inseln erfuhr, habe ich den Eindruck gewonnen, als werde fast die ganze Colonisationskraft Hollands von der Insel *Java*, der Perle Ostindiens, und allenfalls von einigen Theilen von *Celebes*, *Borneo* und *Sumatra*, welche *Java* wenig nachgeben sollen, erschöpft, während die anderen zahllosen schönen Inseln vorläufig der Cultur mehr oder weniger verloren gehen.

Auch in *Amboina* wurde uns eine sehr liebenswürdige Aufnahme von Behörden, Bürgern und Officieren zu Theil, die unsererseits durch einen Ball an Bord erwidert wurde, bei dem sich die sonst in ihrer Erscheinung etwas phlegmatischen Damen der Colonie, namentlich die halbblütigen, als die leidenschaftlichsten Tänzerinnen zeigten, die ich noch gesehen, und dies trotz der herrschenden feuchtschwülen Luft von einigen 30 ° Cels.

Amboina wurde nach Ergänzung der Ausrüstung am 11. Juni Abends verlassen und durch die *Bouro* - oder *Manipa*-Strasse nördlich der Insel *Ceram* nach dem Golf von *Mac Cluer* in *Neu Guinea* gedampft.

Wenn die bisher von der „Gazelle" besuchten Gegenden schon mehr oder weniger bekannt und beschrieben sind, so hatten wir uns von nun an mehrere Monate in Gegenden aufzuhalten, die noch von wenigen Europäern besucht worden sind. Unsere hier gewonnenen Anschauungen werde ich in einem nächsten Vortrage skizziren.

Herr Cochius: Reisen im mittleren Japan.
(Einleitung.)

Während eines 3½jährigen Aufenthalts in *Tokio* (*Yedo*) hatte der Vortragende mehrfach Gelegenheit, das Innere von *Japan* kennen zu lernen; unter Anderem machte derselbe im Juli und August 1875 in Gemeinschaft mit seinem Collegen an der medicinischen Akademie zu *Yedo*, Stabsarzt Dr. Schulze, eine Reise durch die Provinzen *Musashi*, *Kootsuke* und *Shinano* auf dem *Nakasendo* („der Strasse der mittleren Gebirge") zu dem 3000 Met. hohen erloschenen Vulcan *On Take* oder *Mi Take*, der bestiegen wurde. Bei der Stadt *Oï* in der Provinz *Mino* verliess der Reisende den *Nakasendo* und begab sich durch die von Europäern bisher noch nicht be-

suchten nordwestlichen Theile von Mino zu dem gleichfalls vul-
canischen, über 2700 Met. hohen *Haku San* in *Kaga*, der auf europäischen
Karten unter dem in Japan wenig gebräuchlichen, gleichfalls den „weissen
Berg" bezeichnenden Namen *Shiro jama* zu finden ist. Er verweilte kurze
Zeit in den durch Naturschönheit und eine interessante, von ausländischer
Cultur noch nicht berührte Bevölkerung ausgezeichneten Gebirgsland-
schaften in der Nachbarschaft dieses Vulcans, ging hierauf durch das
fruchtbare *Echisen* nach *Fukuje*, der Hauptstadt der genannten Provinz,
und dann zum Hafenplatz *Mikuni* am japanischen Meer. Von hier aus
benutzte er einen Küstendampfer zur Fahrt nach *Tsuruga*, der bedeutendsten unter den dem Fremdenverkehr noch nicht geöffneten Hafenstädten
an der Westküste der japanischen Hauptinsel, und reiste darauf durch
die Provinz *Oomi* über den *Biwa*-See nach *Kioto*, der alten Mikado-Haupt-
stadt. Diese Stadt und ihre Umgebungen, ebenso wie die noch ältere
Residenz *Nara* in *Jamato* hatte er schon 1874 bei einem längeren Aufenthalt kennen gelernt.

Der Vortragende gab in diesem einleitenden Vortrag zunächst eine
allgemeine Uebersicht über diese Reise und sodann eine ausführliche Schilderung der Art des Reisens im Innern von *Japan*.

Unter den vorgelegten japanischen Karten wurde die von Akijama,
1845, herausgegebene „*Karte der 13 Provinzen*", d. h. derjenigen Theile des
Landes, von denen aus der Vulcan *Fuji no jama* sichtbar ist, besonders
hervorgehoben; diese Karte entspricht wissenschaftlichen Anforderungen
allerdings nicht, sie ist indess durch viele historisch und statistisch interessante Notizen ausgezeichnet und erwies sich auf der erwähnten Reise
und bei Touren durch das *Hakone*-Gebirge und zum *Fuji no jama*, sowie
nach dem 18 geogr. Meilen nördlich von *Yedo* belegenen *Nikko* als recht
brauchbar und zuverlässig in ihren Angaben über den Lauf der grösseren
Flüsse und über die Lage der wichtigeren Ortschaften.

Der Vortragende fand in den Wirthshäusern und, wo solche fehlten,
bei Ortsvorstehern und Privatleuten stets freundliche Aufnahme und ge-
wann den Eindruck, dass eine Reise in den meisten Theilen *Japan*'s jetzt
für den Europäer nicht mehr mit Gefahren verbunden ist. Er schilderte
die Einrichtung der Wirthshäuser und die Lebensweise in denselben, sprach
über die verschiedenen in *Japan* gebräuchlichen Beförderungsmittel: *Ji-
rikisha's* (zweirädrige, von Menschen gezogene Wagen), *Kago's* und *No-
rimon's* (Sänften), Packpferde, die zugleich zum Reiten benutzt werden,
und bemerkte, dass dieselben auf den grösseren Strassen den Reisenden
gegen einen mässigen Taxpreis von Gesellschaften (Kaisha's) geliefert
werden, die von der Regierung privilegirt sind.

Bei der Schilderung des Lebens und Treibens auf der Landstrasse
machte der Vortragende darauf aufmerksam, dass die entsprechenden Beobachtungen, welche Kaempffer vor fast 200 Jahren bei seiner Reise auf
dem *Tokaido* („der Strasse am östlichen Meer") gemacht hat, noch heute in
vielen Beziehungen zutreffend sind. Nur die stattlichen Züge der Daïmio's,

die früher mit grossem Gefolge von Bewaffneten die Landstrassen belebten, fehlen jetzt ganz, da diese depossedirten Fürsten ihre Pensionen in *Yedo* verzehren müssen und nur ausnahmsweise die Erlaubniss erhalten, als Privatleute zu kurzem Besuch in ihre früheren Länder zurückzukehren; die Hondjin's, stattliche Gebäude, welche ihnen und den Vornehmsten unter ihren Begleitern als Herbergen dienten, sind neuerdings grossentheils in Schulhäuser verwandelt.

Die zahlreiche Volksklasse, welche durch die Beförderung der Reisenden und ihres Gepäcks, sowie durch den Transport der Waaren auf den Landstrassen ihren Lebensunterhalt gewinnt, zeichnet sich, wie fast alle Japaner niederen Standes im Innern des Landes, durch Anspruchslosigkeit und freundliches Wesen aus; bei schwerer Arbeit und geringem Lohn zeigen diese Leute den besten Humor, sind sehr verträglich und verkehren unter einander in den höflichsten Gesellschaftsformen; dabei sind dieselben im Sommer meist unbekleidet und viele von ihnen, namentlich die Betto's (Pferdeknechte), sind auf Rücken, Gesäss, Oberschenkeln und Armen in oft kunstvoller Weise tätowirt; besonders beliebt sind in blauer und rother Farbe ausgeführte Darstellungen von Helden, schönen Frauen und Drachen.

Der *Naka:endo* durchschneidet zunächst die Provinz *Musashi*, welche den wesentlichsten Theil der von Herrn R e i n *) mit dem alten historischen Namen *Kuranto* bezeichneten, vom *Tonegawa* und seinen Nebenflüssen durchströmten fruchtbaren Ebene ausmacht; etwa 11 geogr. Meilen nordwestlich von *Yedo* überschreitet die viel belebte Strasse den *Tonegawa*, welcher hier die Grenze zwischen *Musashi* und *Kootsuke* bildet.

Flüsse dienen den alten japanischen Provinzen nur ausnahmsweise als Grenze; meist sind dieselben durch scharf ausgeprägte Gebirgsgrenzen getrennt, und in manchen Gegenden, z. B. in dem Berglande *Shinano*, sind auch die Unterabtheilungen der Provinzen, die Kreise, durch die Gestaltung der Gebirge bedingt. Dem entsprechend hat sich das Volksleben in benachbarten Landschaften meist verschieden entwickelt, so dass ausgeprägter Localpatriotismus und partikularistische Gesinnung in der älteren japanischen Geschichte oft zur Geltung gekommen sind und noch heut im privaten und politischen Leben der Japaner eine hervorragende Rolle spielen. Die Angehörigen derselben Provinz oder besser desselben Clan's fühlen sich durch ein Band vereinigt, das der Einzelne unter Aufopferung seiner speciellen Interessen respectiren muss. Die neue politische Eintheilung des Reiches in *Ken* und *Fu* nimmt vielfach wohl absichtlich auf diese natürlich und historisch begründeten Grenzen nicht Rücksicht.

Das Wort *Musashi* bedeutet „Haus der Kriegsgeräthe" und bezieht sich auf den Sitz der Siogune (Taikune) in dieser Provinz, der Name *Shinano* oder *Shinshin* bezeichnet „das treue Land".

Vierzehn geographische Meilen nordwestlich von *Yedo* liegt die Stadt *Takasaki*, die zu den bedeutendsten Landstädten *Japan's* gehört; sie bildet

*) S. pag. 60.

das Centrum eines Districts, in welchem Seide in Menge und in besonders
guter Qualität gewonnen wird, und vermittelt den Verkehr der benachbarten Gebirgsländer mit der fruchtbaren Ebene und dem Meer. Unmittelbar am Fuss des Gebirges belegen, ist die Stadt nur 3 geogr. Meilen
von dem hier bereits für kleinere Fahrzeuge schiffbaren *Tonegawa* entfernt;
sie wird von der wahrscheinlich schon seit mehr als 1000 Jahren bestehenden
grossen Heerstrasse durchschnitten, in welche an dieser Stelle viele kleinere
Wege einmünden. Auf ihren Strassen herrschte reges Treiben; weisse
und gelbe Cocons waren vor den Häusern in Massen ausgebreitet; viele
Läden, die zum Theil auch verhältnissmässig reichlich mit europäischen
Waaren ausgestattet waren, zahlreiche Wirthshäuser und eine grosse Anzahl von Packpferden auf den Strassen und in den Ställen der Herbergen
gaben Zeugniss von dem lebhaften Handel des Orts. Unter ganz ähnlichen
Bedingungen hat sich nicht weit vom Abhange der Gebirge von *Nikko*,
die die Ebene des *Kwanto* im Norden begrenzen, an der *Oschinkaido* genannten nördlichen Heerstrasse die Stadt *Utsunomiya* entwickelt, die in
etwas verkleinertem Massstabe fast dasselbe Bild darbietet wie *Takasaki*.

Von *Takasaki* aus besuchte der Vortragende das etwa 3 geogr. Meilen
südwestlich am Fuss der hohen, schön geformten Gebirge belegene Städtchen *Tomioka* (deutsch: „Hügel des Reichthums"), in welchem die Regierung durch einen französischen Fachmann eine grosse Seidenspinnerei nach
europäischem Muster hat errichten lassen; mehrere Hundert junge Mädchen
aus verschiedenen Provinzen werden daselbst in der Kunst des Seiden-
spinnens unterwiesen. — In der Nähe von *Tomioka* findet sich im Puzzolan,
dem Product des benachbarten vulcanischen Gebirges, welchem der noch
thätige, über 2500 Met. hohe *Assamajama* angehört, ein werthvoller Magnet-
eisenstein, auch jüngere Braunkohlen und Kalk mit zahlreichen jung-
tertiären Meeresconchylien kommen hier in dem Hügellande vor, welches
den Uebergang vom Gebirge zur Ebene des *Kwanto* bildet.

Geographische Notizen.

Briefe des Herrn Dr. Oskar Lenz an den Vorstand der deutschen afrikanischen Gesellschaft in Berlin.

I.

Wörmann'sche Factorei am Ogowe, Mitte August 1876.

(Vom Verlassen des Asimba-Gebietes an bis zur Reise zu den *Oscheba*,
Februar bis Mai 1876.)

In einem früheren Schreiben (*Okande*-Land, Februar 1876)*) hatte ich
über meine Reise auf dem *Ofuë*-Fluss berichtet, über den Aufenthalt unter

---

*) S. Verhandl. d. Ges. f. Erdk. 1876, No. 6 pag. 126 ff.

den *Asimba* und die vergeblichen Versuche, dieses Volk zu bewegen, mit mir den *Ofuë* hinauf bis zu den *Okona* und *Opore* zu gehen. Die *Okande*-Leute widersetzten sich diesem Vorhaben und die *Asimba* wagten nicht, selbstständig und nach eigenem Willen zu handeln, sie fürchteten, wie überhaupt hier alle umwohnenden Stämme, die Zauberei und Hexerei der *Okande*. Die letzteren aber verlangten unbedingt meine Rückkehr, und schliesslich blieb mir auch nichts übrig, als den wiederholten und heiligsten Versicherungen der *Okande*-Häuptlinge und der *Ogangas* einigen Glauben zu schenken, dass sie nun bald bereit seien, mit mir die Reise in das *Oschebo*- und *Aduma*-Gebiet anzutreten. So verliess ich denn im Anfang Februar d. J. meine mitten im Wald gelegene Station am *Ofuë*, offen gestanden nicht ungern, denn häufige und lang andauernde Krankheiten, Ungemach und Entbehrungen aller Art, zahllose ebenso langwierige als resultatlose Verhandlungen mit den feigen und energielosen *Asimba*, häufige Stehlereien und Betrügereien seitens der letzteren, Ungeduld und Unlust meiner eigenen Leute, Alles das ist nicht geeignet, einen Lichtpunkt in der langen Reihe von Leiden zu bilden, die mein Aufenthalt an der Westküste aufzuweisen hat. Ich errichtete meine Hütte wieder im *Okande*-Land, aber nicht in *Lope*, sondern an einem Punkt mehrere Stunden flussaufwärts, an der Grenze zwischen dem Distrikt von *Lope* und dem von *Aschuka*; ich hatte dadurch den Vortheil, mit den Bewohnern beider Distrikte, die nicht immer im besten Einvernehmen leben, leichter verkehren zu können.

Wie schnell die *Okande* bereit sind, die vermeintlichen übernatürlichen Kräfte ihrer *Oganga* zu benutzen und irgend ein zufälliges Ereigniss zu ihren Gunsten auszulegen, geht aus Folgendem hervor. Kurze Zeit nach meiner Uebersiedelung waren einige *Okande*-Leute in einem Canoe nach *Okota* gefahren, um da Handel zu treiben, wie es scheint, gegen den Willen einiger Mächtigen', die eifersüchtig auf diese selbstständige Handelsreise waren; gewöhnlich nämlich betheiligen sich sämmtliche Chefs und Familienoberhäupter an diesen Handelszügen, so dass Jeder weiss, wie viel oder wie wenig der Andere gewonnen hat. In der Nähe des *Apingi*-Gebietes, wo der *Ogowe* einige sehr heftige Stromschnellen und Katarakte bildet, zerschellte das erwähnte Canoe an einem Felsen in Stücke, die Ladung ging verloren und die Insassen retteten mit Mühe ihr Leben. Sofort waren die *Okande* mit der Erklärung bereit: „Siehst Du, weisser Mann", sagten sie, „wie es Denen geht, die gegen den Willen unserer Oganga etwas unternehmen. Es ist unter uns besprochen worden, dass kein *Okande* eine Handelsreise flussabwärts unternehme, bevor wir mit Dir die *Aduma*-Reise ausgeführt haben; einige Leute haben es trotzdem versucht, ihr Canoe ist zerbrochen, ihre Güter verloren, und jedes andere Fahrzeug würde dasselbe Schicksal haben". Das Ganze war natürlich eine jener Spitzfindigkeiten, mit der man mich immer hinzuhalten suchte und mich glauben zu machen, dass die *Okande* nun wirklich die Furcht vor den *Oscheba* verloren hätten und bereit seien, mich zu den *Oscheba* und *Aduma* zu begleiten.

In diese Zeit fällt auch die Ankunft der französischen Expedition unter Graf **Brazza**; derselbe kam mit Mr. **Marche** in Begleitung von zahlreichen *Galloa, Ininga* und *Okota*; zwei weitere Mitglieder der Expedition waren zunächst mit dem Rest des Gepäckes in dem *Bakelle-*Dorf *Samiketa* zurückgeblieben und wurden in einigen Wochen erwartet. Es war dies natürlich auch für mich von Einfluss, da meine bisherigen Dispositionen dadurch gestört wurden; entweder wurde nun mein Aufbruch beschleunigt oder er zog sich noch mehr in unbestimmte Ferne hinaus, jedenfalls aber lenkte sich jetzt das ganze Interesse der *Okande* den neuen Ankömmlingen zu, deren gewaltige Massen von Gepäck, sowie die uniformirten Soldaten ihnen gewaltig imponirten. Obgleich ich mit den Mitgliedern der französischen Expedition vom ersten Tage an bis zu meiner Abreise im besten Einvernehmen lebte, und wir uns in Kleinigkeiten gegenseitig unterstützten und aushalfen, wo es nöthig war, so fühlte doch wohl Jeder, dass wir uns gegenseitig im Wege waren und ich musste daher ernstlich darauf denken, diesen Zustand zu ändern.

Die *Ininga* und *Galloa* kehrten Ende Februar von *Lope* in ihre Heimath zurück, ich übergab ihnen Briefe und einige Kisten mit Sammlungen, die in der Hamburger Factorei aufbewahrt werden sollten; auch war ich genöthigt, einen meiner Gabunleute zurückzuschicken, der schon seit Monaten an einer entsetzlichen Hautkrankheit litt, die in Gabun nicht gerade selten ist. Einige Tage später ging ein Trupp *Okande* - Leute hinab, um die in *Samiketa* zurückgebliebenen zwei Weissen zu holen, und da vor deren Ankunft hier kaum irgend etwas entschieden werden konnte, so schickte auch ich ein Canoe mit zwei meiner Gabunesen und 20 Okandeburschen in die Factoreien, um mein stark reducirtes Waarenmagazin wieder etwas zu vervollständigen. Es war wohl das erste Mal, dass die *Okande* soweit flussabwärts gingen, früher war *Okota* ihr letztes Reiseziel gewesen, denn die *Ininga* und *Galloa* erlaubten kein weiteres Hinabgehen. Diesmal aber mussten sie den *Okande* den Anblick der Factoreien gönnen, da die letzteren doch auf Veranlassung der Weissen diese Reise unternommen hatten. Je weiter die Weissen vordringen, um so mehr verschwinden die starren Grenzlinien, welche die Eifersucht der verschiedenen Stämme untereinander um deren Bewegungsgebiet gezogen hat, und veraltete Einrichtungen und Gewohnheiten, die im Laufe der Zeit Gesetzeskraft angenommen haben, verlieren ihre Gültigkeit in demselben Maasse, als der directe Verkehr der Europäer mit den Eingeborenen zunimmt.

Mein Gesundheitszustand in den Monaten Februar, März und April, also während der grossen Regenzeit, war durchaus unbefriedigend. Die entsetzliche Hitze und die häufigen Regengüsse brachten mir ein Fieber nach dem andern, besonders bedenklich aber waren mir die häufigen Anfälle von Schwäche und Schwindel, dass ich mich kaum aufrecht erhalten konnte. Es verging kein Tag, an dem nicht wenigstens 31° C. im Schatten waren, und selbst Abends zwischen 8 und 9 Uhr waren immer noch 26—27° C. Die häufigen schlaflosen Nächte schwächten mich ungemein, das Reisen zu Lande war mir kaum möglich, und es war allemal eine höchst anstrengende Tour für mich, wenn ich bei den Franzosen in Lope einen Besuch machen wollte, obgleich man den Weg recht gut in 2½ Stunden zurücklegen konnte.

Eine wahre Wohlthat in dieser schwülen Zeit sind die häufigen und gewaltigen Tornados, die, gewöhnlich Abends oder Nachts, reinigend und erfrischend durch die drückend heisse Luft sausen. Furchtbar sind dieselben, wenn man mitten im Wald von einem solchen Orkan überrascht wird; Alles was morsch ist, wird zerschmettert, dicke Aeste brechen krachend von den Bäumen herab, ja häufig werden ganze Stämme geknickt und entwurzelt, nirgends ist man sicher, jeden Augenblick muss man fürchten, von einem herabstürzenden Ast getroffen zu werden. Gewöhnlich folgen dem Tornado, der selten länger als eine Viertelstunde andauert, heftige Gewitter, jene Gewitter der Tropen, die in kurzer Zeit so gewaltige Wassermassen entladen, dass im Augenblick Flüsse und Bäche anschwellen und Alles mit sich fortreissen, was ihnen im Wege liegt. Diese von überaus starken elektrischen Entladungen begleiteten Gewitter treten zu allen Tageszeiten auf, kaum aber hat der Regen aufgehört, so gelangt wieder die senkrecht stehende Sonne zur vollen Geltung, trocknet in unglaublich kurzer Zeit Wald und Wiese, und erzeugt aufs Neue jene schwüle Treibhaustemperatur, die dem Europäer Krankheit und Tod bringt. Unmöglich ist es während dieser heissen Regenzeit, etwas Grösseres zu unternehmen, man ist auf den unbehaglichen Aufenthalt in der Hütte angewiesen.

Trotz des häufigen Regens hat sich auch hier im *Okande*-Land eine Plage eingestellt, die ich bisher nur von *Gabun* aus kannte, es sind dies zahllose Sandflöhe, Dissus, wie man sie hier nennt, oder Bichub. Trotzdem ich natürlich stets Strümpfe und Schuhe trug und mich durch häufige Waschungen mit heissem Wasser zu schützen suchte, litt ich doch sehr stark von diesen Thieren. Ich konnte oft Tage lang das Bett nicht verlassen, in alle Zehen hatten sich diese Flöhe gebohrt und liessen beim Herausziehen schmerzhafte und eiternde Wunden zurück. Der Platz, an dem ich mich niedergelassen, war ausserdem reich an Schlangen und Skorpionen, in der ersten Zeit verging fast kein Tag, dass nicht eine Schlange getödtet wurde, und in dem trockenen Feuerholz, das meine Leute einsammelten, fanden sich häufig grosse Skorpione. Die Mehrzahl der Schlangen war giftig und in einem benachbarten Dorfe starb eines Tages ein Knabe von ungefähr 12 Jahren am Biss einer Viper. Der Vater desselben kam klagend zu mir, die Leute haben, wie es scheint, kein Mittel gegen Schlangenbisse, und als ich mit etwas Ammoniak helfen wollte, war der Knabe bereits gestorben. Nebenbei bemerke ich, dass ich höchst ungern bei den Krankheiten der Eingeborenen helfend eingreife; bei den abergläubischen Ansichten und den herrschenden Vorurtheilen wird schliesslich doch der Weisse für den Tod eines Kranken verantwortlich gemacht. Stets versicherte ich aufs Entschiedenste, dass ich kein Oganga für Krankheiten sei und meine ganze ärztliche Thätigkeit beschränkte sich auf die Verabreichung von etwas Chinin und Bittersalz in einigen wenigen Fällen.

Während so Klima und Land mir allerhand Ungemach bereiteten, trugen auch die *Okande* durch ihre wahrhaft unverschämten und frechen Stehlereien dazu bei, mir den Aufenthalt zu verleiden. Wiederholt hatte ich dieselben gewarnt, diese nächtlichen Einbrüche zu unterlassen, meine Leute hatten gedroht, Jeden niederzuschiessen, der sich nächtlicherweile bei unseren Häusern blicken liesse, aber nie war es geglückt, einen der Diebe zu erwischen, und viele Patronen waren schon vergeblich verschossen worden, bis doch schliesslich einen sein Schicksal erreichte. In einer Nacht hatte ein *Okande* die Thür zu meiner Hütte, die ich der grossen Hitze wegen nicht fest verschlossen hatte, geöffnet und mir verschiedene Stücke Zeug, ein Muskitonetz u. s. w. gestohlen. Am andern Morgen liess ich rund um mein Haus eine Menge trockenes Gezweig aufschichten, so dass, wenn sich Jemand nähert, das Holz unter den Fusstritten mit Geräusch zerbricht. An demselben Tage kam Mr. Marche von Lope zum Besuch, und da er sich gegen Abend unwohl fühlte, blieb er während der Nacht in meinem Hause. Er meinte lachend, heute würde es wohl Niemand wagen, zu stehlen; aber gegen 10 Uhr, als wir uns schon niedergelegt hatten, höre ich plötzlich ganz deutlich Jemand kommen und an der Hütte herum arbeiten, das trockne Holz krachte unter den Tritten. Sofort machte ich Lärm, und meine Leute sehen einen Kerl, der sich schnell in den Wald flüchten will; er war aber noch nicht weit gekommen, als ihn eine Kugel von einem meiner Gabunjungen, die ihn natürlich verfolgten, niederstreckte. Seit der Zeit war ich vor nächtlichen Einbrüchen gesichert. Ich glaubte anfangs, die *Okande* würden nun kommen und mir ein grosses Palaver bereiten, aber es geschah nichts; man fand in dem Hause des Burschen eine Menge Sachen, die mir hier und am *Ofuë* gestohlen worden waren, und billigte das Benehmen meiner Leute vollkommen. Es gehört diese Art von Selbsthilfe eben zu den Gebräuchen des Landes; wenn ich die Nacht in der Nähe eines fremden Dorfes zubrachte, unterliess ich nie, die Bewohner zu warnen; regelmässig gab mir dann der Chef des Ortes die Versicherung, dass bei ihm kein Dieb sei, und ich möge unbedenklich von den Waffen Gebrauch machen, wenn sich Jemand während der Nacht in der Nähe meines Bivouaks blicken liesse.

Am 20. März langten die Canoes aus den Factoreien wieder im *Okande*-Lande an; meine Leute brachten mir eine Anzahl Güter und etwas Provision, die mir Herr Schmieder, der selbst sehr leidend war, in gewohnter Freundlichkeit überlassen hatte, und auch die zwei zurückgebliebenen Mitglieder der französischen Expedition kamen einige Tage darauf an. Mit Hilfe der neuen Güter konnte ich es nun noch eine Zeit lang aushalten, und von Neuem versuchen, sobald als möglich auf irgend eine Weise flussaufwärts zu reisen, um das Gebiet der *Oscheba* und *Aduma* zu erreichen. Viele der letzteren, unter ihnen auch der einflussreiche König Ndumba, waren im Laufe der Zeit herabgekommen, denn das Gerücht, dass Weisse in *Okande* seien, die ihr Land zu besuchen wünschten, war schon längst zu ihnen gedrungen, und sie drängten selbst die *Okande* zu der

Fahrt. Für den Fall, dass die letzteren immer noch zögerten, hatte ich gehofft, mit den zurückkehrenden *Aduma* reisen zu können, aber dieselben waren nur in ganz kleinen Canoes herabgekommen, die höchstens zwei Mann fassen; sie reisen nur während der Nacht, gleichfalls aus Furcht vor den *Oscheba* (*Fans*); an schlimmen Stellen im *Ogowe* tragen sie das kleine Canoe und ihre geringen Habseligkeiten auf der Schulter am Ufer durch den Wald oder über die Felsen, bis sie wieder ruhiges Fahrwasser finden. Die Furcht vor den Angriffen der *Oscheba* ist eben allgemein, und der Ueberfall des Marquis Compiègne und der *Okande* ist noch nicht vergessen, obgleich es nun schon mehrere Jahre her ist.

Das grosse Fest in Aschuka. — In den letzten Wochen des März und Anfang Februar fanden bei den *Okande* grosse Feierlichkeiten statt, und zwar unter Leitung des ersten und angesehensten *Oganga*, dem von *Aschuka*. Lange Zeit hindurch waren sämmtliche *Oganga* daselbst versammelt und hielten ihre heimlichen Versammlungen und Berathungen ab, gewöhnlich abseits im Walde, wozu keine anderen Menschen kommen durften, und auch alle Auskunft über ihr Thun und Treiben daselbst wurde mir verweigert. Als dann endlich alle Vorbereitungen getroffen waren, eine Masse von Medizin hergestellt war und die *Oganga* sich untereinander geeinigt hatten, sollte das Ganze mit einem solennen allgemeinen Feste schliessen. Auf alle Erkundigungen meinerseits über den Zweck der Verhandlungen und Ceremonien erhielt ich von allen Seiten wie auf Verabredung nur die eine Antwort, es würden von den *Oganga* die religiösen Vorbereitungen für die nun bald zu unternehmende Reise nach *Oschebo* und *Aduma* getroffen. Am 4. April wurde, als officieller Schluss des Ganzen, von dem „Volk" unter Anführung ihrer Priester und Häuptlinge*) ein Kampfspiel aufgeführt, um mir zu zeigen, wie tapfer die *Okande* bei dem zu erwartenden Angriff seitens der *Oscheba* diesen Stand halten und mit ihnen kämpfen würden.

Als ich an dem oben bezeichneten Tage in *Aschuka* ankam, waren Tausende von Menschen daselbst versammelt, von allen Seiten waren sie herbeigeströmt, und selbst die Häuptlinge von Lope wie Buaja, Indendo u. A. m. waren gekommen, obgleich sie natürlich lieber gesehen hätten, dass das Fest bei ihnen und unter Leitung von *Lope-Oganga's* stattgefunden hätte; doch der Einfluss des *Aschuka-Oganga's* war eben der grössere.

Die *Oganga*, sowie die zur Darstellung des Schauspieles ausgewählten *Okande*-Leute waren in einem nahegelegenen Walde versammelt und schickten Boten in die Dörfer, als alle Vorbereitungen getroffen waren; als Spielplatz hatte man ein kleines Wiesenthal gewählt, das rings von Hügeln eingeschlossen war, auf denen die Zuschauer standen und die einen guten Ueberblick gewährten.

Die *Okande* hatten sich in zwei Parteien getheilt, jede ungefähr 100

---

*) Die Mehrzahl der Häuptlinge gelten allerdings als *Oganga*, aber nicht alle.

Mann stark, von denen die eine die angreifenden *Oscheba* darstellte. Alle Theilnehmer hatten sich auf die unsinnigste und möglichst abschreckende Weise geschmückt; der Oberkörper und die Beine bis zum Knie waren roth gefärbt mit einzelnen weissen Zwischenstreifen, um die Hüften und Köpfe waren Kränze von frischem Laub befestigt, einzelne hatten sich Hörner von Büffeln aufgesteckt, Felle von allerhand Buschthieren, von Leoparden, Affen, Tigerkatzen u. s. w. spielten natürlich eine grosse Rolle vor Allen aber stachen die *Oganga* hervor, die es meisterhaft verstanden hatten, sich auf eine wahrhaft schauderhafte und Furcht erregende Weise zu entstellen.

Die angegriffene Partei, die *Okande*, standen im Thal und führten da allerhand Tänze auf, während die Angreifer von einem benachbarten Berge langsam und beständig in Schlangenlinien gehend, sich näherten; beide Theile waren mit hölzernen Speeren bewaffnet, einzelne hatten auch Schilde. Als die imitirten *Oscheba* sich in bedrohlicher Nähe zeigten, ordneten sich auch die *Okande* zur Vertheidigung und zum Angriff: bald krochen sie leisen Schrittes vorwärts, wie wenn sie sich im Walde in der Nähe des feindlichen Lagers befänden, bald rannten sie unter Ausstossung des Kriegsgeheuls ein Stück vorwärts, immer sich in Kreisen oder Schlangenwindungen bewegend, so dass es längere Zeit dauerte, bis sich beide Parteien nahe gegenüberstanden.

Von jeder Abtheilung gingen einzelne, die tapfersten, vor die Kampflinie, um zu recognosciren, sie wurden vom Gegner erblickt, angegriffen und mussten schnell zurück flüchten; dann wurden wie auf Kommando von sämmtlichen Kriegern die Speere geworfen, d. h. man machte nur die Handbewegung, nach jedem Wurf aber stiessen sie ein Geheul aus, warfen sich auf den Boden, um gleich darauf wieder aufzuschnellen. Dieses Spiel wurde mehrmals wiederholt, bald wich die eine Partei etwas zurück, bald die andere, Angriff und Vertheidigung wechselten ab, bis man sich gegenseitig auf wenige Schritte Distanz genähert hatte. Auf ein Zeichen schleuderten plötzlich beide Theile ihre kleinen hölzernen Speere aufeinander, vereinigten sich zu einer einzigen wirren Masse und liefen unter ungeheurem Geschrei und Geheul dem nahegelegenen Walde zu.

Zwischen den Zuschauern und den darstellenden jungen Künstlern war ein Trupp von einigen 30 jungen Burschen postirt, deren isolirte Stellung mir auffiel. Auf Befragen erklärte man mir, dies seien Neulinge, die noch nie einen derartigen Kriegstanz und die darauf bezüglichen religiösen Ceremonien gesehen hätten. Als nun die beiden kriegführenden Parteien sich in oben erwähnter Weise vereinigt hatten, wurden diese Neophyten von einem Theil derselben umringt, an Händen und Armen gepackt und gleichfalls in den Wald geschleppt; dort aber schmückten sie sich mit Laubwerk, malten sich Gesicht und Oberkörper schwarz und wurden dann in den Kreis der Krieger aufgenommen. Es war dies jedenfalls die symbolische Darstellung des Ueberganges vom Jüngling zum Mann, der das Recht und die Pflicht hat, an den Kämpfen der Okande theilzunehmen.

Dieses Kampfspiel wurde dann wiederholt, da es von den Zuschauern sehr beifällig aufgenommen worden war; dabei näherten sich aber die aufgeputzten Darsteller immer mehr unserm Platz, so dass die Weiber bereits deutliche Zeichen von Furcht gaben, einige auch schon schreiend davon liefen und nur mühsam beruhigt werden konnten.

Nach Beendigung der Vorstellung strömten die Okande in ihre Dörfer zurück, die *Oganga* aber und die Darsteller blieben noch längere Zeit im Wald, wo Medicin gemacht und überhaupt allerhand Beschwörungen vorgenommen wurden. Niemand Fremdes wurde dazu gelassen, und alle meine Bemühungen, über dieses geheimnissvolle Treiben etwas Näheres zu erfahren, oder selbst in den Wald einzudringen, waren vergeblich.

Gegen Abend kam die ganze Gesellschaft in einer langen Prozession in das Dorf des Oberpriesters zurückmarschirt, natürlich unter einem Höllenlärm. Sie zogen erst einige Mal um das Dorf herum, stellten sich dann in einem dichten Kreis um die *Oganga* auf, die nun allein ihre Tänze begannen.

Während des Marsches lief eine Anzahl junger Leute vor und zu beiden Seiten des Zuges in beständig taumelnder Bewegung, bald sich im Kreis drehend, dann den Oberkörper rück- und vorwärts biegend, bis sie von Krämpfen erfasst wurden oder ohnmächtig zusammensanken; sie wurden dann aufgehoben und bei Seite gelegt, bis sie sich wieder erholt hatten, und Andere traten an ihre Stelle. Diese wahnsinnigen Taumeltänze und ihre schlimmen Wirkungen auf die Tänzer gewährten einen schrecklichen Anblick. Derselbe wurde aber noch weit übertroffen durch die nun folgenden Scenen. Die *Oganga*, furchtbar entstellt mit Malereien und allerhand Putz, begannen unter Tamtambegleitung, Geschrei und Händeklatschen der Umstehenden, ihre sinnverwirrenden Tänze, so dass schon bei Beginn derselben einige mir nahestehende junge Okandeburschen von Krämpfen erfasst wurden, zusammenstürzten und dann plötzlich anfingen zu rasen und um sich zu schlagen; sie wurden sofort in ein Haus geschafft, bis sie wieder zu sich kamen. Schon bei Aufführung des Kriegstanzes waren einige junge Leute durch den Klang des *Tamtam* und die ganze aufregende Scene krank geworden, sie stürzten plötzlich aus dem Kreis heraus, liefen auf allen Vieren wie Thiere auf der Wiese umher und fingen dann an zu rasen; sie wurden mit Mühe bewältigt und bei Seite geschafft. Hier im Dorf aber bei den grässlichen Tänzen der *Oganga* wollten diese Anfälle gar kein Ende nehmen, überall, wohin man blickte, wälzte sich einer dieser Unglücklichen auf der Erde und die älteren Männer und Frauen hatten vollauf zu thun, um dieselben in die Häuser oder bei Seite zu bringen.

In einem früheren Briefe habe ich schon jener eigenthümlichen Erscheinung Erwähnung gethan, wonach irgend ein *Okande* plötzlich „vom Teufel erfasst wird", in den Wald rennt und mit Aufbietung aller Kräfte einen Baum aus der Erde reisst, um denselben ins Dorf zu schleppen. Das erste Mal sah ich das nur vereinzelt, heute aber, nach und während der

Tänze der Oganga, war es, als würde die ganze Bevölkerung vom Wahnsinn erfasst, die Leute waren in der furchtbarsten Aufregung und zahlreiche Okandemänner stürzten wie wüthend in den Wald, kamen keuchend mit einem schweren Baum zurück, den sie ohne Anwendung von Instrumenten nur mit den Händen aus der Erde gerissen hatten und stürzten dann im Dorfe ohnmächtig zusammen. Unerklärlich war mir dabei die Erscheinung, dass die beiden Hände eines solchen vom Teufel Besessenen fest an den Baum gebunden waren, was ohne Zuthun eines Anderen kaum möglich ist; die *Okande* aber bestritten eine solche Beihülfe sehr energisch, Alles dies sei das Werk des Teufels. Waren sie dann im Dorfe zusammengesunken, so erhielten sie von einer Frau einen Löffel voll weissen Pflanzenfettes eingeflösst, worauf sie sich den Baum abnehmen liessen und sich in einer Hütte in kurzer Zeit erholten. Solcher vom Teufel Besessenen gab es an diesem Tage zahlreiche, oft kamen drei, vier derselben hinter einander aus dem Wald gerannt, den schweren Baum hinter sich schleifend, brachen sich stieren Blickes Bahn durch die Umstehenden und fielen dann vor einer Hütte nieder. Das Ganze war grässlich anzuschauen und ich war wirklich froh, als ich fortkommen konnte aus diesem Kreis sinnloser, durch religiösen Wahnsinn aufs Aeusserste aufgeregter Fanatiker, die in diesem Zustande zu Allem fähig sind.

Während der Nacht fand dann ein allgemeiner Tanz statt, an dem auch die Frauen theilnahmen, so dass ich es vorzog, in einem benachbarten Dorf ein Unterkommen zu suchen, denn ich bedurfte ernstlich der Ruhe und in Aschuka hätte ich dieselbe in dieser Nacht sicherlich nicht gefunden.

Am andern Morgen wurden noch einige kurze Palaver der *Oganga* untereinander erledigt, noch einige kleine Aufzüge und Tänze von ihnen aufgeführt, wobei es wieder zu ähnlichen Scenen kam wie Tags vorher, und dann war die Feierlichkeit zu Ende. Das von allen Seiten herbeigeströmte *Okande*-Volk wurde in ihre Heimathsdörfer zurückgeschickt und die *Oganga* stiegen aus ihrer Verzückung und hohen Begeisterung wiederum soweit zu den gewöhnlichen Erdenkindern herab, dass ich mich mit ihnen über meine Angelegenheit, die Reise nach *Oschebo* und *Aduma*, besprechen konnte.

Reise der Okande nach Okota, Anfang der Verhandlungen mit den Oscheba (Fan) wegen der Landreise nach Aduma. — Was ich gefürchtet hatte, geschah auch: trotzdem das grosse Kriegsfest der *Okande* nun vorüber war, so zeigten sie sich doch noch nicht bereit, mit mir die Reise nach dem *Aduma*-Lande anzutreten, sie hatten wieder allerhand Ausflüchte. Zunächst gaben sie vor, nicht genug Güter zu haben, sie wollten deshalb erst noch einmal nach *Okota* reisen, um mehr zu holen; ausserdem aber beabsichtigte Graf Brazza noch einmal in die Factoreien am *Ogowe* und in *Gabun* zu schicken, um noch etwas mehr Waaren und Provision heraufkommen zu lassen, und obgleich sich die Mehrzahl der *Okande* weigerte, nochmals hinab bis zu den *Galloa* und *Ininga* zu gehen.

so fand sich schliesslich doch ein König dazu bereit. Es mussten natürlich Monate vergehen, ehe die erwarteten Gegenstände von *Gabun* eintreffen konnten, und so war ich wiederum in allen meinen Erwartungen auf baldige Abreise getäuscht, denn die *Okande* hatten gleichzeitig erklärt, sie würden nur mit allen Weissen die ihnen so gefährlich scheinende Reise unternehmen.

Am 26. April verliess Dr. Balley, der Arzt der französischen Expedition, mit einigen Canoes und einer Anzahl *Okande*-Leute *Lope*, um nach *Gabun* zu gehen; die letzteren mit König Indundo wollten ihn bei den *Ininga* zurückerwarten; gleichzeitig fuhr ein anderer Trupp *Okande* nach *Okota*, um da noch etwas Handel zu treiben, so dass im Laufe der nächsten Monate an ein Aufbrechen nicht zu denken war.

Der erwähnte König, ein ziemlich einflussreicher Mann, der sich im Allgemeinen wenig um die übrigen Chefs und *Oganga's* kümmert, und gern seinen eigenen Weg geht, stand zu jener Zeit in häufigem Verkehr mit den so gefürchteten *Oscheba*, hatte sich sogar eine Frau von diesem Volke genommen.

Indundo's Dorf liegt recht hübsch auf einer Bergspitze, ungefähr eine halbe Stunde vom *Ofue* entfernt, und man sieht von dieser Höhe aus weit in das *Oscheba*-Gebiet hinein, kann sogar eins ihrer Dörfer wahrnehmen. Diese *Oscheba* hatten nun natürlich schon Vieles von den Weissen gehört, die sich im *Okande*-Land aufhalten, ich selbst hatte mit vielen derselben während meines Aufenthaltes bei den *Asimba* persönlich verkehrt, und eines schönen Tages kam ein ganzer Trupp derselben mit zwei Königen im *Okande*-Land an, um einen Besuch in *Lope* bei der französischen Expedition und bei mir zu machen. Ein Theil derselben blieb in *Lope*, ein anderer Theil, der Familie *Bnjam* angehörig, unter König Mbia kam zu mir und blieb da einige Tage. Ich versprach, bei ihnen einen Besuch zu machen, worüber sie sehr erfreut schienen, da ich aber gerade zu jener Zeit unwohl war und nicht gehen konnte, so schickte ich sie zunächst zurück in ihr Dorf und bestellte sie auf später. Sie baten sich übrigens einige meiner bewaffneten Gabunjungen als Begleitung aus, da sie fürchteten, die *Okande* würden ihnen unterwegs allerhand Palaver machen, vielleicht sogar einen von ihnen abzufangen suchen. Den *Okande* nämlich war das ganz unerwartete Erscheinen der *Oscheba* und deren intimes Verhältniss zu den Weissen gar nicht recht und nur die Furcht hielt sie ab, feindlich gegen die ihnen verhassten Fans aufzutreten.

Am 14. Mai kehrten meine Oschebafreunde mit König Mbia zurück mit einem Geschenk für mich, bestehend aus Ziegen, Hühnern und Bananen, wofür ich natürlich ein entsprechendes Gegengeschenk machen musste. Im Allgemeinen liebe ich es nicht, Geschenke von den Eingeborenen zu nehmen, es sind dies Danaergeschenke, denn man muss stets viel mehr Güter dafür geben, als wenn man die Gegenstände kauft. Geschenke zurückzuweisen, ist aber eine arge Beleidigung, und bei einflussreichen Personen, die man für sich gewinnen will, durchaus nicht in Anwendung zu bringen.

Am nächsten Morgen frühzeitig verliess ich mit 4 meiner *Gabun*-Leute (zwei blieben zur Bewachung des Hauses zurück) und etwas Gepäck, besonders Salz und Zeug, meine Station, um dem Oschebagebiet den ersten Besuch abzustatten; ich gab mich schon anfangs der Hoffnung hin, dass ich König M bia bewegen könnte, mir Träger zu einem Landmarsch nach *Aduma* und *Oschebo* zu stellen, eine Hoffnung, die sich auch später erfüllen sollte.

II.

(Besuche im Oscheba-Gebiet bis zum Begiun der Landreise nach Aduma und Oschebo, Mai 1876.)

Ich hatte dem König Mbia versprochen, zu ihm zu kommen, und da derselbe nach einiger Zeit zurückkehrte, um mich zu holen, so machte ich mich am 15. Mai auf den Weg in das *Oscheba*-Gebiet. Es war recht heiss an diesem Tage, und da der Distrikt von *Aschuka*, den wir zu durchwandern hatten, sehr bergig ist, so kamen wir nur langsam vorwärts; doch erreichten wir noch bei Tage das recht hübsch auf einem steilen Hügel gelegene Dorf des Königs In du n do, wo ich die Nacht zuzubringen gedachte. Die Hügel dieses Gebietes sind nicht bedeutend, zwischen 1000—1500 Fuss hoch, nicht bewaldet und durchgängig mit einer mächtigen Schicht von Berglöss bedeckt; die Thalwässer aber haben sich tief eingewühlt, und die Gehänge der Berge sind oft recht steil. Kleine und grosse Geschiebe und Gerölle von gemeinem Quarz, Quarzit, Kieselschiefer, sowie Fragmente von krystallinischen Schiefern und Granit sind allenthalben auf den Gehängen und in den Thälern zerstreut, das anstehende Gestein aber ist vorherrschend ein in dicken Bänken abgesonderter, wenig charakteristischer glimmerreicher Thonschiefer.

Dicht bei In du n do's Dorf ist eine kleine *Mpangwe*-Niederlassung, und dort quartirten sich die *Oscheba*, die mir als Träger dienten, ein; Abends führten dieselben ihre eigenthümlichen Tänze und Gesänge auf, bei denen eine Art Nasenpfeife und ein kleiner hohler, an der Spitze mit einer Oeffnung versehener Elephantenzahn eine Hauptrolle spielte.

Am nächsten Morgen führte uns ein unbequemer und beschwerlicher Weg von *Indundo's* Dorf hinab zum Ufer des *Ofwe*-Flusses, wo ein *Mbangwe* mit einem alten zerbrochenen Canoe, das stets halb voll Wasser war, als Fährmann fungirte; zu meinem Erstaunen entdeckte ich dann, dass dieses Canoe eins von denen war, die ich bei den *Asimba* gekauft und die mir die *Okande* gestohlen hatten, um mich zu verhindern, den *Ofwe* aufwärts zu fahren; man hatte es absichtlich zerbrochen, damit ich dasselbe, selbst wenn ich es wieder fände, doch nicht mehr benutzen könnte.

Der Weg führte am andern Ufer eine sehr steile Anhöhe hinauf und dann einige Stunden auf einer schwach gewellten, mit Gras bewachsenen Hochebene weiter, die sich bis zum ersten *Oscheba*-Dorfe erstreckte; der

Name des ziemlich grossen Ortes ist *Nianga*, der Chef desselben heisst
Memiáka.

Hier wurde eine kurze Zeit gerastet; die Einwohner waren neugierig
und zudringlich im höchsten Grade, ganz erpicht waren sie auf unsere
Feuerwaffen, und besonders waren es die Patronen, welche ihr höchstes
Interesse erregten. Da sie selbst nur Steinschlossgewehre haben, so
können sie es gar nicht begreifen, wie man schiessen kann, ohne das Gewehr halb voll Pulver zu laden. Von diesem Dorf führte der Weg weiter
durch einen dichten und sehr feuchten Urwald, worin einen Weg zu finden,
mir unmöglich war, während die *Oscheba* mit grösster Sicherheit die Richtung einhielten und mitten im dichtesten Busch sich orientiren konnten;
es sind echte Buschmenschen. Nach einem zweistündigen Marsch erreichten
wir ein zweites Dorf, welches wir schnell passirten, um nach einer kleinen
halben Stunde in König Mbia's Dorf selbst einzutreffen.

Die Dörfer der *Oscheba* sind sämmtlich sehr gleichförmig und regelmässig gebaut und ähneln denen der *Mbangwe* (*Akelle*); sie bestehen aus
zwei oft sehr langen schmalen Reihen von kleinen Häusern, die ohne
Zwischenraum dicht neben einander gebaut sind, so dass die Wand des
einen zugleich die Wand des Nachbarhauses bildet; in der Mitte des
Dorfes stehen gewöhnlich einige grössere öffentliche Häuser oder Hallen,
die zu den Versammlungen dienen und in denen die Palaver besprochen
werden. Die Wände der Häuser bestehen aus Baumrinde, das Dach aus
Blättern, die durch darüber gelegte Stäbe festgehalten werden; das Ganze
ist trotzdem sehr fest und regendicht und widersteht jedem Tornado. Es
giebt weder Matten (zum Dachdecken), wie bei den *Okande-* und *Mpangwe-*
völkern, noch auch werden die schönen langen Blattstiele der Bambu-
(Wein-)Palme (hier häufig fälschlich als Bambu bezeichnet) in Anwendung
gebracht.

Die Kleidung der *Oscheba* ist ausserordentlich einfach: die Männer
tragen nur ein kurzes Stück Zeug um die Lenden, welches aus Baumrinde
besteht. Die weisse Rinde eines bestimmten Baumes wird abgeschält, in
Wasser gelegt und dann platt und weich geschlagen; die Fasern der Rinde
erweitern sich dadurch, ohne sich völlig von einander zu lösen, und man
erhält auf diese Weise eine Art Zeug, das noch mit Rothholz etwas gefärbt und dann getragen wird. Man sieht aber auch schon vielfach das
schöne Mattenzeug, welches die *Okande* verfertigen, ja einige ältere Leute,
die mit den letzteren vielfach verkehren, hatten von diesen etwas Baum-
wollenstoff eingehandelt. Die Kleidung der Frauen ist sehr eigenthümlich;
die hintere Partie des Körpers wird durch ein steif gegerbtes Affenfell bedeckt, ein sehr kleines, schmales Stück des erwähnten Rindenzeuges wird
vorn umgehängt, so dass die Hüftengegend unbedeckt ist. Zum Schmuck
dient vorherrschend Messing, und zwar tragen die Frauen mit grosser Vorliebe dicke schwere Messingringe um die Knöchel, die von den *Oscheba*
selbst verfertigt werden, und zwar aus den hier beim Elfenbeinhandel eine
Hauptrolle spielenden Neptuns (Messingblech in Form runder Pfannen);

Arme und Finger werden gleichfalls mit Messingringen geschmückt, besonders am Daumen wird häufig ein unförmlich dicker Ring getragen. Der Haarwuchs der *Oscheba* ist sehr dicht; die Männer haben vielfach grosse Kinn- und Schnurrbärte, die ersteren liebt man so lang wie möglich zu tragen und in dünne Faden auszuziehen, oft bis tief auf die Brust herab. Das Haar bei jungen Männern und Frauen ist gewöhnlich auch mit Messingschmuck und Perlen versehen, und zwar häufig in der Weise, dass eine Anzahl kleiner Zöpfe rings um den Kopf gedreht wird, die man mit Messingdraht umwindet; Perlen und besonders auch Kaurischnecken werden vielfach in symmetrischen Reihen auf dem Kopfe befestigt. Diese Kaurischnecken kommen übrigens hier nicht vor, sie werden aus den Factoreien am Gabun bezogen und kommen von den *Mpangwes* am *Rhambo* und *Como* bis hierher zu den *Oscheba*. Eine eigenthümliche Haartracht der Frauen besteht auch noch darin, dass man das Haar in lange dünne Zöpfe dreht und in dieser Weise rund um den Kopf herumhängen lässt. Eine ähnliche Frisur, nur schöner und regelmässiger als hier bei den *Oscheba*, beobachtete ich bei *Goree*-Frauen vom *Senegal*.

Tättowirungen auf Brust, Armen und Rücken sind sehr allgemein, oft von wunderbarer Schönheit der Zeichnung; die zierlichsten und regelmässigsten Figuren, Kränze, Sterne u. s. w. sind auf der Haut in Reihen oder kreisförmig eingeschnitten, bei Frauen sowohl als bei Männern, und man ist sehr stolz auf diese Art Schmuck.

Taback wird hier überall gebaut, und zwar ist es eine sehr starke, aber auch sehr gute Qualität, jedenfalls bedeutend besser, als der von den Factoreien gelieferte; das Rauchen geschicht durchgängig aus einem 5—6 Fuss langen Rohr, aus dem man nur einige starke Züge nimmt und das dann im Kreise herumgereicht wird; sehr selten findet man die kurzen Pfeifen, wie bei den *Okande* und *Okota*, die nur von einer Person benutzt werden.

Ljamba (Hanf) bauen die *Oscheba* nicht, aber sie kaufen manchmal etwas von den *Okande* oder *Asimba*, das Rauchen dieses gefährlichen Giftes ist aber nicht allgemein verbreitet, sondern kommt nur vereinzelt vor.

Die Mehrzahl der Männer hier zeigte recht deutlich den reinen Typus der *Fan*; dahin gehören hauptsächlich eine verhältnissmässig sehr helle, stark ins Gelbliche spielende Hautfarbe, sehr starkes Haupt- und Barthaar und jener eigenthümlich stierende, wilde Blick des Auges, der durch das Ausreissen der Augenbrauen noch erhöht wird.

Die allgemeine Bewaffnung der *Oscheba* besteht in Steinschlossgewehren, die hier in grossen Massen verbreitet sind; Jedermann, selbst kleine Burschen von höchstens 10 Jahren, hat sein Gewehr, das natürlich beständig geladen herumgetragen wird. Es ist eigenthümlich zu sehen, wie alle Welt hier stark bewaffnet ist; Keiner verlässt seine Hütte, ohne das Gewehr mitzunehmen, selbst wenn er nur im Dorfe spazieren geht, oder sich ein Paar Schritt von demselben entfernt. Flinten und Pulver nebst

Feuersteinen erhalten sie über den *Rhambo*-Fluss her von *Gabun*; obgleich die Entfernung sehr bedeutend ist, so besteht doch ein beständiger und lebhafter Verkehr zwischen den verschiedenen *Fan*-Stämmen. Grosse Messer und Speere werden gleichfalls allenthalben getragen, Armbrust aber sowie Bogen und Pfeile sind jetzt etwas verdrängt durch die Feuerwaffen.

Zum Erlegen kleinerer Thiere bedienen sich die *Oscheba* aber immer noch der kleinen Bogen und stark vergifteten Pfeile, wie sie die *Abongo* haben. Das Gift wird aus einer fast armdicken, sich bis in die Wipfel der höchsten Bäume erstreckenden Liane bereitet, die fusslange Schoten trägt; öffnet man diese Schoten, so findet man zahlreiche kleine längliche Körner, die in einer Hülle von feinen weissen Fasern liegen. Diese Körner werden auf einem glatten Stein gewöhnlich mit einer Schneckenschale zu einem feinen Pulver zerrieben, mit einigen Tropfen Wasser angefeuchtet, so dass eine breiartige Masse entsteht, womit dann die Spitzen der Pfeile vergiftet werden. Die Liane führt bei den *Oscheba* den Namen *Né*, die *Mpangwe* sprechenden Völker nennen sie *Nai*; die Blätter der Pflanze sind ganz ähnlich derjenigen Liane, aus welcher man hier den Gummi gewinnt.

Wie bei den *Akelle* und anderen Buschvölkern werden auch bei den *Oscheba* grosse Netze zur Jagd verwendet; dieselben werden im Wald ausgespannt und das Wild hineingetrieben, wo es dann leicht mit Speeren erlegt werden kann. Die Netze sind sehr grossmaschig und werden aus einem starken Bindfaden gestrickt, den man auf sehr geschickte Weise aus Pflanzenfasern darzustellen versteht. Fallgruben, sowie zwischen Bäumen aufgehängte Fallspeere, die mit am Boden laufenden Stricken in Verbindung stehen, werden ebenfalls in Anwendung gebracht, besonders zur Erlegung von Wildschweinen.

König Mbia und seine Leute gehören, wie schon früher bemerkt, zur grossen Familie der *Bnjam*, welche aus 12 Dörfern besteht und mit den an dem grossen Wasserfall *Oboŏ* lebenden *Binschimili* verwandt ist. Das Dorf, in dem ich wohnte, führt den Namen *Mfele*, in der Nachbarschaft befinden sich noch folgende Ortschaften: *Ngunguma* mit dem Häuptling Nkomi; *Nseng*, König Mbekále; *Akkam*, König Léh; *Osá*, König Nkémbe. Alle diese Orte besuchte ich natürlich, da sie nur wenig Stunden von einander entfernt sind; sie ähneln sich sämmtlich, eines ist gebaut wie das andere, einige von ihnen sind sehr gross und bestehen aus 100 und mehr Häusern. Alle diese Niederlassungen sind auf einer grossen Hochebene errichtet, nach meinen hypsometrischen Beobachtungen durchschnittlich 1200 Fuss über dem Meeresspiegel in *Gabun* gelegen, durchaus mit dichtem Urwald bedeckt, der nur durch die Dörfer und Plantagen der *Oscheba* unterbrochen wird. Ich bemerke hier, dass jedes Volk und jedes Dorf eine Anzahl von Plantagen hat, in denen Bananen, Maniok, Yam, Bataten, Pistazien (Erdnüsse) u. s. w. gebaut werden; dort werden auch die Sklaven untergebracht, die mit den Frauen die landwirthschaftlichen Arbeiten in der primitivsten Weise verrichten.

Das Volk der *Fan*, soweit ich es zu kennen Gelegenheit hatte, trennt

18*

sich in zwei grosse Hauptgruppen: die am *Ofue* und am linken Ufer des *Ogowe* (oberhalb des *Okande*-Landes) wohnenden, inclusive einiger Familien am rechten Ufer dieses Flusses, bezeichnen sich als *Maké-Fan*, während die *Fan* in *Gabun* (*Mpangwe*) am *Rhambo*, *Como* etc. unter dem Namen *Mbele-Fan* zusammengefasst werden. Diese zwei grossen Gruppen theilen sich nun wieder in zahlreiche Familien, von denen jede aus mehreren Dörfern zu bestehen pflegt; die verschiedenen Familien leben in beständiger Feindschaft untereinander und blutige Fehden, oft um der geringsten Kleinigkeit willen, gehören zur Tagesordnung. In Folge davon sucht man sich auf alle Weise zu schützen; die Zugänge zu den Dörfern sind so schwierig wie möglich gemacht; zahlreich umherliegende Baumstämme und Stümpfe, Löcher und Gruben, selbst künstlich aufgeführte Barrikaden sollen den plötzlichen Ueberfall eines benachbarten Stammes verhindern; die zum Dorf führenden Wege sind absichtlich ausserordentlich schmal gelassen, zu beiden Seiten ist dichter Wald, in welchen man zahlreiche, oben zugespitzte Holzpflöcke gesteckt hat, die nur wenig über die Erde herausragen, aber für die nackten Füsse der Schwarzen sehr gefährlich sind. Wenn also Feinde kommen, so können dieselben nicht en masse auf das Dorf stürmen, sondern können nur auf dem engen Wege einer hinter dem andern gehen und müssen die Fallgruben und spitzen Holzpflöcke zu vermeiden suchen.

Am 19. Mai erhielt ich plötzlich den Besuch des Grafen Brazza, des Leiters der französischen Expedition, der mit Leuten des Königs Memiaka einen Streifzug im *Oscheba*-Lande unternommen hatte; er kehrte den nächsten Tag nach *Lope* zurück, und ich übergab ihm einen jungen Okandeburschen, den ich bewogen hatte, mit mir zu gehen, der aber während des ganzen Aufenthaltes im *Oscheba*-Gebiet sich in meiner Hütte versteckt hielt und vor Furcht kaum essen und schlafen konnte. Beständig fürchtete er, die *Oscheba* würden ihn abfangen, tödten und seine sterbliche Hülle unter ihren spitz gefeilten Zähnen verarbeiten!

Unterdess liess ich den eigentlichen Zweck meines Besuches bei den *Oscheba* nicht aus dem Auge; überall erkundigte ich mich nach den *Oscheba* und *Aduma*, und erfuhr überall dasselbe; die *Oscheba* kennen sehr wohl einen Weg durch den Urwald nach den erwähnten Ländern, sie stehen mit den *Osaka*, die ein wenig unterhalb *Oschebo* wohnen, in lebhaftem Handelsverkehr, zur Zeit hielten sich gerade eine Anzahl Leute aus der Familie der *Bnjam* dort auf; wenn ich aber dahin reisen wolle, müsse ich mich mit einem Manne, Namens Lemme in Verbindung setzen, dieser sei der Herr des Weges, er allein kenne auch den Weg genügend, um mich sicher dahin zu bringen. Es ist dies eine Ausflucht, die vielfach angewendet wird, und die ich schon kannte; wenn ein König keine rechte Lust zu etwas hat, so wird von diesem irgend Jemand vorgeschoben, der dann dem Weissen eine abschlägige Antwort giebt; auf diese Weise glaubt es der König mit dem ersteren nicht zu verderben. Trotz alledem verhandelte ich sofort mit Lemme, sprach sehr energisch mit König Mbia, versprach

gute Bezahlung u. s. w., so dass ich schliesslich merkte, die Leute seien
nicht ganz abgeneigt, die Reise anzutreten. Nur wendeten sie noch ein,
ich möchte einige Zeit warten, die grosse Regenzeit sei eben erst zu Ende,
der Wald sei noch sehr sumpfig und die zahlreichen zu überschreitenden
Flüsse noch sehr angeschwollen. Dieses Bedenken hatte allerdings seine
völlige Richtigkeit, ich bestand aber hartnäckig auf sofortige Abreise, und
da ich nicht nachgab, so erklärte man mir denn eines Tages nach einer
etwas langen und stürmischen Sitzung, König Mbia würde mich selbst begleiten, mir auch eine genügende Anzahl Träger stellen, aber nicht eher,
als in 5—6 Tagen; die Weiber müssten erst genügend Maniok herrichten, da
wir viele Tage durch Urwald marschiren müssten, ohne ein Dorf zu
treffen; auch ich müsse noch einmal nach *Okande* zurück, um mehr Güter,
besonders das so wichtige Salz zu holen, dann aber könnten wir ohne
Weiteres losgehen.

Damit war ich natürlich völlig einverstanden, ich verliess sogleich das
Oscheba-Dorf und kam am 21. Mai wieder in meiner Station im *Okande*-
Lande an. Hier ordnete ich mein Gepäck für eine Landreise und erwartete
die *Oscheba*. Am vierten Tag wurde ich schon ungeduldig und schickte
zwei meiner Leute zurück zu König Mbia, um denselben zu holen. Am
31. Mai endlich kam Mbia mit ungefähr 40 Leuten an; Alles hatte ich
schon bereit gemacht für eine längere Abwesenheit, zwei meiner Leute
liess ich zur Bewachung meines Hauses und des zurückgelassenen Gepäckes
zurück, und schon am nächsten Morgen, den 1. Juni, verliess ich mit vier
meiner Gabunburschen, einem ungewöhnlich muthigen jungen *Okande*-Mann
und einem Trupp wilder *Oscheba* das Gebiet der *Okande*. Die letzteren
schüttelten gewaltig die Köpfe und es war ihnen gar nicht recht; aber sie
konnten doch nichts gegen meinen Entschluss thun und begnügten sich
damit, die *Oscheba* zu verdächtigen: sie seien grosse Lügner, wollten mich
nur mit vielen Gütern in ihr Land locken, um mich auszuplündern, es
gäbe überhaupt gar keinen Landweg nach *Aduma* u. s. w. Natürlich hatte
das gar keine andere Wirkung, als dass sie die *Oscheba* erzürnten, und
sich mit der Faust in der Tasche zurückziehen mussten.

Auszug aus einem Schreiben des Herrn Ed. Mohr an
den Vorstand der Deutschen Afrikanischen Gesellschaft.*)

Dondo, den 6. October 1876.

„Am 26. September Morgens verliess der Dampfer „*Cunga*" die Rhede
von *Loanda* und trat die Reise nach *Dondo* an. Der augenblickliche niedrige Wasserstand des *Cuenza* liess uns nur bis zur Handelsstation *Cunga*
kommen; hier trafen wir den kleinen Dampfer „*Olireira*", nahmen einen

---

*) S. Verhandlungen der Gesellschaft für Erdkunde Heft 7 und 8, pag. 187.

Theil der Güter über, und, nachdem wir fünfmal im Fluss festgelaufen waren, kamen wir am 26. September Morgens in *Dondo* an.[*])

Hier fand ich freundliche Aufnahme im Hause der Herren Eusebio und Serodio Gomes und bin heute noch hier, weil ich auf die übrigen in *Cunga* zurückgelassenen, zur Expedition gehörigen Sachen noch warten muss, welche der Dampfer „*Olireira*" bei seiner Rücktour von *Cunga* mitbringen soll.

Hier in *Dondo*, wo sämmtliche astronomische und meteorologische Instrumente der Expedition in unversehrtem Zustand angekommen sind, kann ich mit den systematischen Beobachtungen beginnen. Es werden dreimal täglich die beiden Barometer, ebenso das Schleuder-Thermometer und das Hygrometer abgelesen und das in je 24 Stunden stattfindende Minimum und Maximum der Temperatur an dem Quecksilber-Thermometer von Negretti und Zambra notirt.

Die astronomischen Beobachtungen beschränken sich vorläufig auf die Längenbestimmungen durch Chronometer und die des Azimutes von *Dondo.* Nach den an einem auf der Hamburger Seewarte geprüften Azimutal-Compass von Negretti und Zambra angestellten Beobachtungen beträgt die Missweisung (Declination) für Dondo 19° 32'.0 West.

Die Längenbestimmung von *Dondo* erfolgte durch Chronometer und ist bei Berechnung der Stundenwinkels die von Capitain Alexandersohn angegebene Breite von 9° 22'.2 Süd als richtig angenommen. In Zukunft werde ich die Längenbestimmungen nur durch Monddistanzen machen; in diesem Falle aber ist die Bestimmung durch Chronometer gerechtfertigt, weil der Gang des Chronometers auf dem Observatorium der Kriegsschiffe zu *Loanda* genau bestimmt war und das Chronometer auf der kurzen Reise von *Loanda* bis *Dondo* sorgfältig verpackt war. Im Mittel aus 4 Beobachtungen am 27. September und 2. October ergiebt sich die Länge von *Dondo* zu 14° 34' 11.5" = 58 Min. 16.8 Sek. Ost von Greenwich. Der längere Aufenthalt hier und in *Loanda* war sehr unangenehm, aber der niedrige Wasserstand des *Cuenza* hat jede Bemühung des Weiterkommens fruchtlos gemacht; die Dampfer, die sonst 5—6 Tage gebrauchen, bleiben 3 Wochen aus, denn sie müssen wiederholt Güter löschen, um nur fortzukommen.

Sobald der Dampfer „*Olireira*" angelangt sein wird, will ich nach *Malange* aufbrechen, von wo die eigentliche Reise in das Innere erst beginnen wird, in der festgehaltenen Absicht, von irgend einem Punkte *Angola's* aus möglichst in nordöstlicher Richtung, soweit es nur irgend angeht, vorzudringen, oder sollte dies nicht möglich sein, östlich vorzudringen mit möglichster Vermeidung des *Muata Janco* oder *Sha Mana*, wie er eigentlich heissen soll, oder schlimmsten Falles zu ihm selbst und dann zum *Lualaba*, was nach Herrn Silva (Associé des deutschen Handlungshauses

---

[*]) In dem Brief des Herrn Mohr ist derselbe Tag 26. September für die Abreise aus *Loanda* und die Ankunft in *Dondo* angegeben.

Schultze in *Cassanga* [nicht *Cassange*]. der grossen Kaffeegegend *Angola's*) möglich sein soll."*)

Auszug aus einem Schreiben des Herrn Dr. Pogge an den Vorstand der Deutschen Afrikanischen Gesellschaft in Berlin.**)

Malange, 8. October 1876.

„Gestern am 7. October bin ich in *Malange* eingetroffen, habe aber leider keine Briefe vorgefunden. Meine Tagebücher und Sammlungen sind vollständig; um letztere während der Reisen vor Stössen und vor dem Wetter zu schützen, lasse ich jeden Blechkoffer mit Holz verkleiden. Für ein etwa beabsichtigtes Vordringen in das äquatoriale Innen-Afrika bringe ich die günstigsten Nachrichten mit. Die von mir beabsichtigte Excursion von *Kimbundo* nach *Cabungo* habe ich aufgeben müssen, da ich zu leidend war und in *Kimbundo* zurückbleiben musste. Ende November gedenke ich mit dem Postschiffe nach *Lissabon* abreisen zu können."

Aus einem Schreiben des Hrn Dr. Edwin von Bary.***)

Herr A. von Bary hat an Herrn Dr. Nachtigal d. d. *Malta*, 27. November 1876 die Abschrift eines an ihn gerichteten Briefes des Herrn Dr. Edwin von Bary d. d *Ghât*, den 9. October 1876, eingesandt, welchem wir Nachstehendes entnehmen: „Am 7. October Nachmittags trafen wir hier (in Ghât) ein. Ich war mit Zammit der Karawane vorausgeeilt und liess diese in *Serdeles* zurück. Die Reise war sehr anstrengend, da Zammit nie einen Rasttag gönnte. In *Ghât* habe ich freundliche Aufnahme gefunden. Wie lange ich hier bleiben werde, hängt ganz von Umständen ab. Die Aussichten, in das *Hogar*-Gebiet zu gelangen, sind günstiger, als ich zu hoffen wagte, obgleich die Wege unsicher sind wegen der fortdauernden Feindseligkeiten zwischen den beiden Stämmen der *Atgar* und *Hogar Tuareg*; aber Zeit und Geduld sind vor Allem nöthig. Alle Lebensmittel sind hier sehr theuer, das Trinkwasser aber sehr gut."

Notiz über Herrn Hildebrandt. †)

Nach einem Briefe des Herrn Hildebrandt an Herrn Rensch, d. d. Zanzibar den 15. November 1876 wollte dieser Reisende in einigen Tagen von *Zanzibar* aus, wo er sich von seiner Krankheit völlig erholt und auch

---

*) Nach einem neueren Schreiben von Herrn Ed. Mohr vom 21. October aus *Dondo* war derselbe im Begriff von *Dondo* über *Pungo Andongo* nach *Malange* hin aufzubrechen. Die ersten Regen hatten bereits begonnen. Herr von Barth war leidend von *Cassanga* dort eingetroffen.

) Vgl. pag. 193. *) Vgl. pag. 169. †) Vgl. pag. 167.

seine weitere Reiseausrüstung besorgt hatte, nach dem Festland abreisen und über *Mombassa* baldmöglichst zu den Schneebergen aufbrechen. Nach der von Herrn Hildebrandt eingezogenen Nachricht sind zwar die Wege durch die *Mosoi*- und die *Somáli-Galla*-Gegenden der Kriege wegen geschlossen, die Route durch *Ukambári* dagegen relativ ruhig. Dieser will Herr Hildebrandt auch zunächst folgen. Auch die jetzige Jahreszeit (November) ist günstig zum Landreisen. Die kleinen Regen haben etwas erfrischt, ohne die Wege zu überfluthen, danach folgt bis April Trockenheit. Am 30. November ist der Reisende bereits in *Mombassa* eingetroffen und will von da aus unverzüglich seine Reise in das Innere antreten.

Tod des Herrn A. Lucas.[*])

Herr Louis A. Lucas, welcher sich die Lösung des Problems, das centrale Afrika von Osten nach Westen zu durchdringen, vorgesteckt hatte, aber schon bald zu Anfang seiner Expedition mit grossen Schwierigkeiten zu kämpfen hatte (s. pag. 188), erkrankte auf dem Wege nach *Chartúm* an heftigen Fieberanfällen. Der deutsche Viceconsul zu *Chartúm*, Herr Friedr. Rosset, begleitete noch den schwer Kranken über *Suakin* und *Dscheddah* nach *Suez*, aber auf dem Wege dahin verstarb Herr Lucas am Bord des Dampfers „*Massaua*". Mit ihm ist ein für wissenschaftliches Forschungswesen ausgezeichnet veranlagter Mann dahin gegangen, dem für die Durchführung seiner weittragenden Pläne ausser voller Hingebung und verständnissvoller Energie zugleich unbeschränkte Mittel aus eigenem Vermögen zu Gebote standen.

Berichte von anderen geographischen Gesellschaften Deutschlands.

Verein für Erdkunde zu Dresden.

Monatsversammlung am 6. October. Vorsitzender: Prof. Dr. Ruge. Dr. Dolch hält einen Vortrag über die Umwandlung geographischer Eigennamen in Gemeinnamen und weist darin nach, wie wichtig die von Städten, Ländern, Fluss- und Gebirgsnamen abgeleiteten Namen von Steinen, Pflanzen, Thieren, Geräthschaften, Münzen etc. für die Handels- und Culturgeschichte sind. Prof. Dr. Ruge theilt die neuesten Berichte über die Vollendung der Nordenskjöld'schen Jenissei-Expedition und die Rückkehr des „Challenger" mit.

Sitzung am 13. October. Vorsitzender: Geh. Regierungsrath von

---

[*]) Vgl. pag. 142 u. 188.

Kiesewetter. Dr. Sturm hält einen Vortrag über die religiösen Vorstellungen der Neger und Indianer.

Sitzung am 20. October. Vorsitzender: Dr. O. Schneider. Derselbe schildert nach eigenen Beobachtungen den Auszug der Mekka-Karawanen aus Konstantinopel und Kairo. Prof. Dr. Ruge berichtet auf Grund der dem Verein zugegangenen Protokolle über den Geographen-Congress zu Brüssel.

Sitzung am 27. October. Vorsitzender: Oberstabsarzt Leo. Assistenzarzt Dr. Evers spricht über seine Rückreise von Neuseeland und besonders über seinen Aufenthalt in Bombay; Herr Th. Schäfer über Wanderungen in Nordböhmen mit vorzüglicher Hervorhebung der dortigen Glasindustrie.

Sitzung der pädagogischen Section am 11. October. Vorsitzender: Prof. Dr. Ruge. Derselbe gibt einen Ueberblick über die Geschichte der Kartographie von der ältesten bis zur neuesten Zeit. Herr Th. Schäfer erörtert die Gefahren, welche die schwankenden Schreibweisen der Namen, wie sie nicht nur in verschiedenen Atlanten, sondern auch auf verschiedenen Karten eines und desselben Atlas vorkommen, für die Orthographie der Schulen mit sich bringen.

Monatsversammlung am 3. November. Vorsitzender: Prof. Dr. Ruge. Dr. Leipoldt spricht über plastische und graphische Terraindarstellung. Die dachförmige Schraffirung der Gebirge erhielt ihre wissenschaftliche Ausbildung durch J. G. Lehmann († 1811 als K. Sächs. Major). Eine zu Täuschungen über die Böschungsverhältnisse verleitende Verletzung des Lehmann'schen Princips ist die Verbindung desselben mit der seitlichen Belenchtung. Karten mit äquidistanten Niveaucurven machen orographische Karten nur dann überflüssig, wenn der Verticalabstand der Niveaucurven ausserordentlich klein ist (c. 1 m.); andernfalls bleibt eine Vereinigung des orographischen und hypsographischen Elements auf einem einzigen Bilde das Vollkommenste. Für Höhenschichtenkarten empfiehlt sich statt des Gebrauchs mehrerer Farben zur Darstellung der Schichten die Anwendung verschiedener Nüancen derselben Farbe und zwar so, dass die Farbentöne mit der Zunahme der Höhe heller werden. —

Sitzung am 10. November. Vorsitzender Geh. Reg.-R. R. v. Kiesewetter. Stabsarzt Dr. Falkenstein, Mitglied der deutschen Expedition in Afrika, hält einen Vortrag über Land und Leute der Loango-Küste.

Sitzung am 17. November. Vorsitzender: Dr. O. Schneider. Herr Chalybäus bespricht die Gewinnung des Erdwachses und Erdöls im Gebiete von Boryslav in Galizien und theilt eine Zusammenstellung der Fundorte von Petroleum und Erdwachs mit. Generalarzt Dr. Roth berichtet über die in Berlin abgehaltene Delegirtenversammlung der Afrikanischen Gesellschaft, über Stanley's Umschiffung des Victoria-Nyanza und über die Absicht Hildebrandt's, von der Ostküste Afrika's ins Innere nach dem Kenia zu gehen.

Verein für Erdkunde zu Halle.

Sitzung am 12. October. Vorsitzender: Prof. Dr. Kirchhoff. Derselbe widmet dem am 7. August verstorbenen hochverdienten Begründer und bisherigen Leiter des Vereins, Dr. Otto Ule, als dem Muster wahrhaft selbstloser Opferwilligkeit in allen das Volkswohl, zumal echte Volksbildung betreffenden Dingen, dem in seltenem Grade formgewandten Verbreiter naturkundlichen Wissens in weitesten Kreisen, unseres Vaterlands, dem berühmtesten Geographen von Halle, seitdem hier J. R. Forster sein Leben beschloss, Worte dankbarer Erinnerung. Darauf berichtet derselbe über den internationalen Brüsseler Congress zur Erforschung und Civilisirung Afrikas und über Gogorza's Ermittelungen der Forschung der interoceanischen Kanalbau höchst förderlichen Küsten- und Bodenverhältnisse der Landenge von Darien zwischen dem Golf von Urabá und dem von San Miguel.

Sitzung am 8. November. Vorsitzender: Prof. Dr. Kirchhoff. Dr. Brauns theilt Reisebeobachtungen, namentlich geognostischer Art, aus Nordböhmen mit. Darauf schildert der Vorsitzende die noch besonders treu im Bairischen Wald' bewahrte Sitte, Todtenbreter zu errichten, mit Hinblick auf die der Erhaltung derselben gerade hier besonders günstige Landesnatur und auf die völkerkundliche Bedeutung dieses auf den bairischen Stamm beschränkten Brauches.

Sitzung am 13. December. Vorsitzender: Prof. Dr. Kirchhoff. Dr. Emil Jung schildert nach eigenen Beobachtungen die Mündungsgegend des *Murray*, dessen Austritt ins Meer durch Seichtigkeit die Schifffahrt hindert, folglich keiner Grossstadt den Ursprung geben konnte; ausführlich beschreibt er sodann den in jener Gegend heimischen Australierstamm der *Narringerie*, der, in raschem Verschwinden begriffen, bereits jetzt kaum 500 Häupter zählt, während sich noch im Jahre 1812 deren Anzahl auf 3200 belief.

Geographische Gesellschaft in Hamburg.

Sitzung vom 7. December 1876. Vorsitzender Herr Bürgermeister Dr. Kirchenpauer. Herr Capitain Koldewey giebt ein Resumé der Resultate der englischen Nordpolexpedition unter Sir G. Nares. Redner definirt zunächst die Aufgabe der englischen Expedition, die er als rein wissenschaftliche bezeichnet. Es habe sich dabei um die Erforschung eines Theiles der unbekannten Gebiete um den Nordpol gehandelt mit der Absicht, dabei in so hohe Breiten vorzudringen, als es die Umstände gestatten würden. Ob der Pol als geographischer Punkt dabei erreicht würde, galt in den Augen derer, welche die Expedition geplant hatten, wenn nicht als nebensächlich, so doch als zurückstehend gegen die möglichst grösste Erweiterung unserer Kenntniss der arktischen Gegenden sowohl in rein geographischer Beziehung, als auch in Bezug auf sämmtliche Naturwissenschaften. Zur richtigen Beurtheilung der Resultate der Expe-

dition sei es nothwendig, diesen rein wissenschaftlichen Standpunkt fest-
zuhalten, da man sonst leicht verleitet werden könne, die erreichte Pol-
höhe als Norm für die Erfolge der Expedition anzusehen. Die Gründe,
warum der Weg durch den Smithsund zum weiteren Eindringen in die
arktische Centralregion gewählt wurde, seien in dem Bericht des von der
Royal Geographical Society erwählten arktischen Comités niedergelegt.
Redner giebt dann eine kurze Uebersicht über die Reise der beiden Schiffe
„Alert" und „Discovery" durch den Smithsund, die Ueberwinterung und
die verschiedenen von den Besatzungen der beiden Schiffe unternommenen
Schlittenreisen, wobei derselbe besonders hervorhebt, dass seiner Ansicht
nach nicht allein dem Sinne der Instruction vollständig entsprochen und
Alles das ausgeführt worden sei, was unter den gegebenen Umständen und
mit den vorhandenen Mitteln ausgeführt werden konnte, sondern dass auch
die Argumente, welche für ein Vordringen durch den Smithsund sprachen,
sich glänzend bewährt hätten. Diese Argumente waren: 1) die Sicherheit
der Entdeckung und Erforschung eines vorher unbekannten Gebietes von
beträchtlicher Ausdehnung; 2) Die Aussicht auf die werthvollsten Entdeckungen in verschiedenen Zweigen der Wissenschaft; 3) die beste
Garantie für eine sichere Rückkehr. Alle drei Punkte seien zur voll-
ständigen Ausführung gebracht. Dass keine höhere Breite erreicht sei,
läge eben darin, dass die eine Voraussetzung, nämlich die weitere Er-
streckung der Küste des *Grantlandes* nach Norden, wie man dieselbe nach
den Berichten der letzten amerikanischen Expedition vermuthen konnte,
nicht zugetroffen sei. Wenn man die nach Westen erforschte Küstenlinie
sich nach Norden gelegt denkt, so würde die Expedition über den 86. Breitenparallel hinüber gekommen sein. Auf die Resultate der Expedition eingehend, so hätte sich zunächst das alte Dogma arktischer Seefahrer wiederum bewahrheitet, dass nämlich arktische Entdeckungen nur auf Grund
einer gegebenen Küste weiter zu fördern seien. Jeder Versuch, über das
Packeis fern von der Küste vorzudringen, sei vergeblich und ebenso
wenig könne man zu Schiff im arktischen Meere innerhalb der Packeis-
grenzen ohne die Stütze der Küste weiterkommen. Sämmtliche arktische
Reisen ohne irgend eine Ausnahme hätten dies bis jetzt gezeigt. Nach
der Beschreibung sei das im Norden von Robeson Channel gesehene
Packeis ganz ähnlich wie das von Mac Clure westlich von *Banksland*
gesehene. Dieses Decennien alte, mehr durch fortwährende, Jahre lang
angehäufte Schneefälle, als durch Frost von unten und Zusammenschieben
so mächtig gewordene Eis könne sich nur in ausgedehnten Meeren bilden.
Auch an der Ostküste von *Grönland*, wo der einzige für die gänzliche
Abführung des alten Eises anzunehmende Ausfluss des arktischen Meer-
beckens sei, fände sich dieses alte mächtige Eis, wenn auch auf den von
der deutschen Expedition besuchten Breiten nicht mehr ganz von der
bedeutenden Stärke, wie das von der englischen Expedition angetroffene,
und zwar nach Norden zu an Mächtigkeit und Stärke anwachsend. Diese
Wahrnehmungen über den Zustand dieser mächtigen ausgedehnten Eis-

felder (Redner ist beispielsweise Feldern von 60 Seemeilen Länge und darüber begegnet), verbunden mit den Beobachtungen der von Norden kommenden Fluthwelle, der Verbreitung der Moschusochsen und anderer Thiere an der Ostküste von Grönland, dieselben, die auch von der englischen Expedition gefunden worden seien, schienen dafür zu sprechen, dass man im Norden. von Robeson Channel in der That an den Ufern desselben Polarbeckens stände, wie an der Ostküste von *Grönland*, mit anderen Worten, dass das Festland von *Grönland* sich nicht allzu weit mehr gegen den Pol erstrecken könne. Die weitere Erforschung der Nordküste von *Grönland* auf Basis des Robeson Channels sowohl als auch von der Ostküste aus scheine Redner daher von der allergrössten Wichtigkeit zur weiteren Förderung unserer Kenntnisse der arktischen Regionen. Dies sei von ihm bereits in dem Schlussworte zum Werke über die 2. deutsche Nordpolexpedition (Band I, zweiter Theil, pag. 699) hervorgehoben.

Redner bedauert, dass es die Umstände und theilweise wohl auch die Instruction dem Capitain N a r e s nicht gestattet hätten, noch einen Winter in jenen hohen Breiten am Ausgange des Robeson Channels zu verweilen, und die Erforschung der Nordküste *Grönlands* so weit als möglich zu vollenden. Im Uebrigen seien die Resultate in wissenschaftlicher Beziehung bedeutend und Epoche machend zu nennen, in geographischer Beziehung sei eine weite ausgedehnte Küstenstrecke und zwar unter den erschwerendsten Umständen neu entdeckt und erforscht, man sei dem Pol näher gekommen wie je vorher und durch die Ueberwinterung an zwei verschiedenen Stellen auf so hoher Breite, nördlicher als irgend eine andere Ueberwinterung, seien werthvolle meteorologische, magnetische und naturhistorische Beobachtungen und Sammlungen in ausgedehntem Maasse heimgebracht, so dass es unbegreiflich wäre, wie die Expedition selbst in England in gewissen Kreisen als eine erfolglose beurtheilt werden könne, wenn man nicht den verkehrten und unwissenschaftlichen Standpunkt dieser Leute zugleich berücksichtige. Die Manie, den Pol zu erreichen und eine gewisse damit verknüpfte Eitelkeit, verdrängten aber alle übrigen Rücksichten.

Redner weist schliesslich noch darauf hin, dass er schon vor 5 Jahren nach seiner Rückkehr von *Ostgrönland* gerathen habe (Hansa 1871, No. 10, Beilage), das blosse Jagen nach dem Nordpole aufzugeben, sich aber die gründliche methodische naturhistorische Erforschung der arktischen Gegenden auf Grund der gegebenen Küsten zur Aufgabe zu machen. Dazu bietet kein Land grössere Aussichten auf Erfolge, als eben *Grönland*, und hat ebendesshalb Redner auch den Weg durch den *Smithsund* sowohl, wie auch die Ostküste von *Grönland* als eine genügende Basis hierzu empfohlen. Redner spricht die Hoffnung aus, dass sich auch die deutsche Flagge an diesen Bestrebungen, aber nicht an dem Jagen nach der Erreichung des Poles ferner betheiligen möge. —

Herr F r i e d e r i c h s e n berichtet sodann über die von Herrn Clemens Denhardt aus Zeitz geplante Expedition nach Nord-Ost-Afrika in die *Somali-* und *Galla*-Länder, welche bei einer Anzahl der mit Afrika in

Handelsbeziehungen stehenden Hamburger Kaufleute Interesse und pecu-
niäre Unterstützung gefunden habe. Das Haus Hansing & Co. zumal,
welches an der fraglichen Küste in *Marka*, *Brara* und *Mogadoxa* feste
Factoreien besässe und schon früher Herrn Hildebrandt daselbst wesentliche Dienste leisten konnte, habe Herrn Denhardt weitgehende Unterstützung angedeihen lassen und werde die Expedition gratis auf seinen
Schiffen hinaus befördern. Durch einen wiederholten und längeren Aufenthalt in Hamburg im Verkehr mit den afrikanischen Kaufleuten seien
Denhardts Aufgaben und Ziele klar gestellt worden und bei einer jahre-
langen Vorbereitung für die Reise stände Erfolg für die Wissenschaft zu
erwarten. —

Die Gesellschaft beschliesst auf Antrag des Vorstandes, Herrn Denhardt's Expedition aus der Gesellschaftskasse zu unterstützen.

Verein von Freunden der Erdkunde zu Leipzig.

Sitzung vom 19. Juli. Der Vorsitzende Prof. Dr. Bruhns begrüsst
zunächst die aus Westafrika heimgekehrten Reisenden Dr. Pechuel-
Lösche und Dr. Falkenstein. Dr. Pechuel-Lösche hielt hierauf
einen Vortrag über die Loango-Küste und schildert die physikalischen und
ethnographischen Verhältnisse des Landes zwischen Quillu und Congo.

Sitzung vom 25. October. Der Vorsitzende Prof. Dr. Bruhns erwähnt den im August erfolgten Tod des Ehrenmitgliedes Otto Ule in
Halle. Aufgenommen wurden 8 neue Mitglieder. Herr E. Hasse berichtet
über den internationalen statistischen Congress zu Buda-Pest und Dr.
R. Andrée über die geographische Section der Naturforscherversammlung
zu Hamburg. Dr. Pechuel-Lösche hielt einen Vortrag über Gottes-
gerichte und Fetisch-Priester an der Loango-Küste.

Sitzung vom 22. November. Herr E. Debes berichtet über die
Delegirten-Versammlung der deutschen afrikanischen Gesellschaft am
4. November. Aufgenommen wurden 11 neue Mitglieder. Dr. R. Andrée
spricht über die Anfänge der Kartographie, welche er durch die Art, wie
die Naturvölker ihre Karten zeichnen, erläutert. Herr Oskar Loew,
welcher als Mineralog zu Lieutenant Wheeler's Expedition in Nord-
Amerika westlich vom 100. Meridian Theil genommen hat, berichtet unter
Vorlage zahlreicher Photographien und Karten über den Verlauf dieser
Expedition.

Geographische Gesellschaft in München.

Hauptversammlung am 11. Mai. Vorsitzender: Prof. v. Jolly,
welcher Bericht erstattet über die geographischen Forschungen in Central-Asien.

Hauptversammlung am 22. Juni. Dr. Frdr. Ratzel: Vortrag über
die chinesische Auswanderung. Die hierauf vorgenommene Neuwahl der Vor-
standschaft ergab dieselben Namen wie für das ablaufende Vereinsjahr.

Hauptversammlung am 5. October. Herr Oskar Loew berichtet über Lieutenant Wheeler's geographische Expedition in Nordamerika westlich vom 100. Meridian.

Hauptversammlung am 23. October. Dr. Gerhard Rohlfs, seit 1871 Ehrenmitglied der Gesellschaft, spricht über die Depressionen der Wüste Sahara und berichtet dann über die Brüsseler Conferenz. In der am 12. October stattgefundenen Vorstandschaftssitzung wurden Lieutenant J. M. Wheeler und Herr Oskar Loew zu Ehrenmitgliedern ernannt.

Einsendungen für die Bibliothek.

Juli-Sitzung (Nachtrag).

Geschenke.

Payer, Die österreichisch-ungarische Nordpol-Expedition. Lief. 21—23. Wien 1876.

Transactions of the Connecticut Academy of the Arts and Sciences. Vol. III. P. 1. New Hawen 1876.

Tableau général méthodique et alphabétique des matières contenues dans les publications de l'Académie Imp. des sciences de St. Pétersbourg. 1re Partie. St Pétersbourg 1872.

Registrande der geographisch-statistischen Abtheilung des Grossen Generalstabes. Jahrg. VI. Berlin 1876.

1. Jahresbericht der zoologischen Station in Neapel. Leipzig 1876.

Preussisches Handelsarchiv. 1876. 1. Semester. Berlin.

Durch Umtausch.

Proceedings of the Roy. Geographical Society. Vol. XX. N. III. 1876. London.

Bollettino della Società geografica italiana. Vol. XIII. Fasc. 4, 5. Roma 1876.

Petermann's Mittheilungen. 1876. No. VI. und Ergänzungsheft No. 47. Gotha.

Le Globe, journal géographique. T. XIII. No. 5, 6. Genève 1876.

Aus allen Welttheilen. 1876. Juni. Leipzig.

Gaea. Jahrg. XII. Hft. 6. Köln und Leipzig 1876.

Revue maritime et coloniale. 1875. Novembre. 1876. Juin. Paris.

Annales hydrographiques. 1876. 1er trimestre. Paris.

Schriften des naturwissenschaftlichen Vereins für Schleswig - Holstein. Bd. II. Hft. 1. Kiel 1876.

Ergebnisse der Beobachtungsstationen an den deutschen Küsten. 1875. Hft. X. XI. Berlin.

Oesterreichische Monatsschrift für den Orient. 1876. No. 6. Wien.

Vierteljahrshefte zur Statistik des deutschen Reichs. IV. Jahrg. 2. Hft. 1. Abth. Berlin 1876.

November-Sitzung.

Geschenke.

Relazione sulle strade communali obbligatorie per l'anno 1875 presentata alla camera dal Ministro dei Lavori publici. Roma 1876.

Publicationen des K. Preuss. geodätischen Institutes: Das Rheinische Dreiecksnetz. Hft. 1. Die Bonner Basis. Berlin 1876. — Das Präcisions-Nivellement ausgeführt von dem geodätischen Institute. Bd. I. Arbeiten in den Jahren 1867—75. Ebds. 1876. — Maassvergleichungen. II. Hft. Beobachtungen auf dem Steinheil'schen Fühlspiegel-Comparator. Ebds. 1876. — Astronomisch-geodätische Arbeiten im Jahre 1875. Ebds. 1876.

Bruhns und Hirsch, Verhandlungen der vom 20. bis 29. September 1876 in Paris vereinigten permanenten Commission der Europäischen Gradmessung. Berlin 1875.

Chavero, Calendario Azteca, ensayo arquelògico. 2ª edic. Mexico 1876. 8.

Sturz, Der wiedergewonneue Welttheil ein neues gemeinsames Indien. Berlin 1876.

Le Gras, Phares des côtes nord et ouest de France etc. corrigés en juin 1876. Paris 1876.

— Phares des côtes des îles Britanniques, corrigés en avril 1876. Paris 1876.

Durch Umtausch.

Bulletin de la Société de géographie. 1876. Septembre. Paris.

Boletin de la Sociedad de geografía y estadística de la republica Mexicana. 3. epoca. T. III. No. 1, 2. Mexico 1876.

Buletinul Societatii geografice romane. Anul I. No. 7, 8. Bucarest 1876.

Petermann's Mittheilungen. 1876. No. X. Gotha.

Ergebnisse der Beobachtungsstationen an den deutschen Küsten. 1876. Hft. 1, 2. Berlin.

December-Sitzung.

Geschenke.

Protokolle der Verhandlungen des permanenten Comité's, eingesetzt von dem ersten Meteorologischen Congress in Wien 1873. Sitzungen in London 1876. Leipzig.

Itinerario jeneral de las distancias que existen de la capital de los estados unidos de Colombia. Bogotà 1870.

Reiss und Stübel, Alturas tomadas en la república de Colombia en los años de 1868, 1869. Quito 1872.

Reiss und Stübel, Alturas tomadas en la república del Ecuador en los años de 1871—73. Quito 1873.

Reiss, Carta sobre sus viajes al las montañas Iliniza y Corazon. Quito 1873.

Reiss, Carta sobre sus viajes a las montañas del sur de la capital. Quito 1873.

Stübel, Carta sobre sus viajes a la montañas Chimborazo, Altar etc. Quito 1873.

Toula, Eine geologische Reise in den westlichen Balkan. Wien 1876.

Ule, Die Erde. Nach Reclus. Lief. 31. Leipzig 1876. 8.

Pütz Leitfaden bei dem Unterrichte in der vergleichenden Erdbeschreibung.
16. Aufl. Freiburg i. Br. 1877.

Pütz, Lehrbuch der vergleichenden Erdkunde. 10. Aufl. Freiburg i. Br. 1877.

Les voyages d'études autour du monde. Paris 1876.

Annali del Ministero di agricoltura, industria i commercio. Anno 1876. Roma.

Oesterreichische Monatsschrift für den Orient. 1876. No. 10.

Verein für die Deutsche Nordpolarfahrt in Bremen. Hft. 6—8. Bremen 1876.

Hann (J.), Zur barometrischen Höhenmessung (a. d. Sitzungsber. d. Wiener Akad. d. Wiss. 1876).

Jahresbericht des Vereins für Naturkunde zu Zwickau. 1871—75. Zwickau.

Durch Umtausch.

Mittheilungen der K. K. geographischen Gesellschaft in Wien. 1876. No. 10. Wien

Le Globe. Journal géographique. T. XV. Livr. 1—3. Genève 1876.

Bulletin de la Société de géographie. 1870. Octobre. Paris.

Boletin de la Sociedad geográfica de Madrid. T. I. No. 1. Madrid 1876.

Cora, Cosmos. Vol. III. 1875 76. No. X. Torino.

Aus allen Welttheilen. VIII. 1876. Hft. 1. Leipzig.

Zeitschrift für Ethnologie. 1875. Hft. V, VI. 1876. Hft. 1. Berlin.

Petermann's Mittheilungen. 1876. Hft. XI. Gotha.

Revue maritime et coloniale. T. LI. 1876. Novembre. Paris.

Gaea. 1876. Hft. 11. Köln und Leipzig.

15. Bericht der Oberhessischen Gesellschaft für Natur- und Heilkunde. Giessen 1876.

Vierteljahrshefte zur Statistik des Deutschen Reichs für das Jahr 1876. Jahrgang IV. Hft. 2. Abth. 3. Berlin 1876.

Nature. 1876. No. 364—69. London.

Herausgegeben im Auftrage des Vorstandes von Dr. Georg von Boguslawski.

Verlag von Dietrich Reimer in Berlin.   Druck von Kerskes & Hohmann in Berlin.